U0497808

本书受重庆工商大学学术著作出版基金、重庆工商大学高层次人才科研启动项目（项目编号：1955056）资助。

长江上游地区
环境保护税政策有效性评估

贺 渝 著

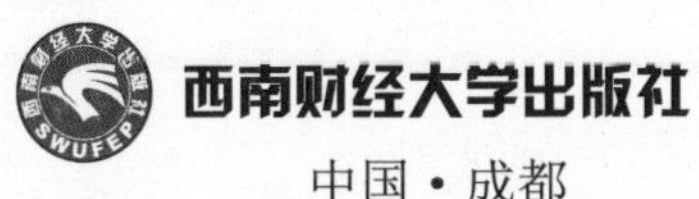

中国·成都

图书在版编目(CIP)数据

长江上游地区环境保护税政策有效性评估/贺渝著.—成都:西南财经大学出版社,2023.8
ISBN 978-7-5504-5880-2

Ⅰ.①长… Ⅱ.①贺… Ⅲ.①长江流域—上游—环境税—税收政策—研究
Ⅳ.①F812.424

中国国家版本馆 CIP 数据核字(2023)第 139330 号

长江上游地区环境保护税政策有效性评估

CHANGJIANG SHANGYOU DIQU HUANJING BAOHU SHUI ZHENGCE YOUXIAOXING PINGGU

贺 渝 著

责任编辑:李思嘉
责任校对:李 琼
封面设计:墨创文化
责任印制:朱曼丽

出版发行	西南财经大学出版社(四川省成都市光华村街 55 号)
网　　址	http://cbs.swufe.edu.cn
电子邮件	bookcj@ swufe.edu.cn
邮政编码	610074
电　　话	028-87353785
照　　排	四川胜翔数码印务设计有限公司
印　　刷	四川五洲彩印有限责任公司
成品尺寸	170mm×240mm
印　　张	20
字　　数	336 千字
版　　次	2023 年 8 月第 1 版
印　　次	2023 年 8 月第 1 次印刷
书　　号	ISBN 978-7-5504-5880-2
定　　价	88.00 元

前言

2018年1月1日我国正式实施《中华人民共和国环境保护税法》（以下简称《环保税法》）。同年首季度环境保护税的顺利开征，开启了生态文明建设的新篇章。作为典型的生态脆弱和敏感重叠区，长江上游地区不仅肩负着构筑长江经济带生态屏障的重任，更面临着经济增长的环境约束和资金瓶颈。提高环境保护税政策在该地区实施的有效性对于克服当地环境脆弱和经济落后的双重矛盾，进而推进整个长江经济带“生态优先，绿色发展”战略的实施有着重要意义。2011—2017年，长江上游地区主要废气、废水排放量在全国占比显著上升11.92%和28.17%。同时，该地区经济相对落后，其人均GDP、人均可支配收入仅为长江下游地区的49.83%和52.87%（《中国统计年鉴》，2018）。此外，长江经济带11省市环境保护税额呈现出“下游高、上游中、中游低”的不协调格局，长江上游各省市税额制定也存在着明显的空间不匹配问题。面对上述问题，评估环境保护税政策实施有效性，研究环境保护税政策的实施能否有效地改善上游地区生态环境，是否会造成上游地区经济压力过大，以及能否合理地制定环境保护税额空间协同策略，突破以传统行政区为基本单元的管理体制，从而促进共抓大保护、不搞大开发战略目标的实现具有重大现实意义。

本书通过环境经济学、流域生态学、环保税法学的学科知识交叉融合，采用理论研究与实证分析相结合的方法，评估环境保护税政策对长江上游地区三省一市在宏微观层面的经济和环境效应，并提出空间协同策略，以期优化长江上游地区环境保护税结构，进而促进共抓大保护、不搞大开发战略的实施。主要研究内容如下：

第1章，导论：一是从研究背景与研究意义角度，深入阐释本书涉及的研究问题具有的重要理论和现实意义；二是从研究内容、研究方法和技术路线角度，系统介绍本书所涉及的主要研究对象、研究目标、研究方法和框架结构。

第2章，现状分析：一是通过宏观数据，了解长江上游地区环境保护税政策实施情况，对比长江上游地区与全国的差异；二是利用上市公司等的微观数据，了解长江上游地区企业层面经营状况，对比长江上游地区与全国的差异；三是通过宏观数据，了解长江上游地区生态环境和经济发展现状，对比长江上游地区与全国的差异。

第3章，理论构建：主要是建构环境保护税对生态环境和经济发展影响的理论。该章在文献梳理基础上，明晰环境保护税的产生、国外环境保护税的发展历程、我国环境保护税法的发展历程、具体内容、政策目标等；探讨中外环境保护税以及各种环境保护政策对生态环境和经济发展的短期和长期影响；建构环境保护税政策实施有效性评估的系统分析框架。

第4章和第5章，政策评估（微观层面和宏观层面）：主要是对环境保护税政策有效性进行定量测算，构建环境保护税政策实施有效性的生态环境和经济发展指标评估体系，进而评估环境保护税政策对生态环境和经济发展的影响。同时，考虑到微观层面和宏观层面政策效应评估方法的不同，该部分研究对政策在微观层面和宏观层面的政策效应分别进行了评估。

第6章，仿真预测：主要是预测环境保护税政策实施后的持续影响。完成上述跟踪评估后，利用前阶段所收集到的宏、微观数据，构建环境动态一般均衡（E-DSGE）模型，对环境保护税政策实施后对生态环境和经济发展产生的持续影响进行仿真预测。

第7章，典型探索：主要是通过对云南、四川、贵州、重庆三省一市的典型地区进行案例分析的方式，探讨适应典型地区的环境保护税政策，从而克服上述地区生态环境脆弱和经济发展落后的内在矛盾。

第8章，空间协同：主要是利用前阶段政策评估和仿真预测得到的实证分析结果，探讨长江上游地区环境保护税的税额空间协同策略，主要包括税率设定比较分析、协同模式与非协同模式比较分析和空间协同策略。

第9章，主要结论、理论启示与政策建议：主要分为主要结论、理论启示与政策建议两个部分。其中，主要结论包括环境保护税经济效应的研究结果和环境保护税环境效应的研究结果；理论启示与政策建议包括空间协同化税率设定、细化环境保护税征收税目和环境保护税收入精准使用。

本书在写作过程中参阅了大量的文献资料，部分文献资料已在参考文献中注明，受篇幅所限，未列出的参考文献还请相关作者海涵，这些成果为本研究提供了很大的帮助，在此向所有作者表示诚挚的谢意。本书在撰写过程中得到了西南财经大学经济学院陈师教授、重庆交通大学经济与管理学院郑欢副教授，重庆工商大学金融学院朱小波同学、吴少凡同学、张莹同学的帮助，在此向他们表示感谢。感谢西南财经大学出版社编辑对本书提出的宝贵建议。最后，感谢家人对我工作的支持。

由于时间仓促和个人水平有限，本书的研究还有待进一步深入，书中也难免存在不足之处，敬请读者予以批评、指正。

贺渝

2023 年 5 月 25 日

目录

1 导论 / 1

1.1 研究背景与研究意义 / 1

1.1.1 研究背景 / 1

1.1.2 研究意义 / 3

1.2 研究内容、目标、方法及技术路线 / 4

1.2.1 研究内容与目标 / 4

1.2.2 研究方法 / 6

1.2.3 技术路线 / 6

2 现状分析 / 8

2.1 环保税实际征收情况 / 8

2.1.1 全国环保税实际征收情况 / 8

2.1.2 长江上游地区环保税实际征收情况 / 10

2.2 现状分析：微观层面 / 12

2.2.1 全国现状分析：微观层面 / 12

2.2.2 长江上游地区现状分析：微观层面 / 14

2.3 现状分析：宏观层面 / 16

2.3.1 全国现状分析：宏观层面 / 16

2.3.2 长江上游地区现状分析：宏观层面 / 18

3 理论构建 / 21
3.1 环保税 / 21
3.1.1 环保税的产生 / 21
3.1.2 国外环保税的发展历程 / 22
3.1.3 中国环保税的发展历程、政策目标及核心内容 / 23
3.2 环保政策及环保税对经济—环境的影响及作用机理 / 24
3.2.1 环保政策对经济—环境的影响及作用机理：微观层面 / 24
3.2.2 环保政策对经济—环境的影响及作用机理：宏观层面 / 31
3.2.3 环保税相关研究 / 36
3.2.4 文献述评 / 39
3.3 环保税政策实施有效性评估的系统分析框架 / 41
3.3.1 微观层面政策经济效应评估的分析框架 / 41
3.3.2 微观层面政策环境效应评估的分析框架 / 43
3.3.3 宏观层面政策经济效应评估的分析框架 / 44
3.3.4 宏观层面政策环境效应评估的分析框架 / 45

4 政策评估：微观层面 / 46
4.1 政策短期效应评估：经济 / 46
4.1.1 数据和样本 / 46
4.1.2 变量选择 / 46
4.1.3 模型构建 / 48
4.1.4 实证分析 / 49
4.1.5 小结 / 68
4.2 政策短期效应评估：环境 / 68
4.2.1 数据和样本 / 69
4.2.2 变量选择 / 69
4.2.3 模型构建 / 71
4.2.4 实证分析 / 71
4.2.5 小结 / 88
4.3 政策长期效应评估：经济 / 89
4.3.1 数据和样本 / 90
4.3.2 变量选择 / 90

4.3.3 模型构建 / 93
4.3.4 实证分析 / 97
4.3.5 小结 / 111
4.4 政策长期效应评估：环境 / 112
4.4.1 数据和样本 / 112
4.4.2 变量选择 / 113
4.4.3 模型构建 / 115
4.4.4 实证分析 / 118
4.4.5 小结 / 132

5 政策评估：宏观层面 / 135
5.1 政策效应评估：经济 / 135
5.1.1 数据和样本 / 135
5.1.2 变量选择 / 135
5.1.3 模型构建 / 143
5.1.4 实证分析 / 146
5.1.5 小结 / 164
5.2 政策效应评估：环境 / 167
5.2.1 数据和样本 / 167
5.2.2 变量选择 / 168
5.2.3 模型构建 / 169
5.2.4 实证分析 / 172
5.2.5 小结 / 212

6 仿真预测 / 214
6.1 模型构建 / 214
6.1.1 最终产品厂商 / 214
6.1.2 环境、能源变量及环境政策 / 215
6.1.3 中间产品生产 / 215
6.1.4 能源厂商 / 216
6.1.5 家庭 / 217

6.1.6 资源约束与政策 / 219
6.1.7 冲击过程 / 219
6.2 其他地区经济 / 219
6.3 模型校准 / 220
6.4 环保税政策的稳态分析 / 223
6.5 脉冲响应分析 / 230

7 典型探索 / 273
7.1 云南省典型探索 / 273
7.2 四川省典型探索 / 274
7.3 贵州省典型探索 / 276
7.4 重庆市典型探索 / 278

8 空间协同 / 281
8.1 税率设定比较分析 / 281
8.2 协同模式与非协同模式比较分析 / 284
8.3 空间协同策略 / 286

9 主要结论、理论启示与政策建议 / 288
9.1 主要结论 / 288
9.1.1 环保税经济效应的研究结果 / 288
9.1.2 环保税环境效应的研究结果 / 290
9.2 理论启示与政策建议 / 291
9.2.1 建立环境制度“全领域协同”体系 / 291
9.2.2 建立跨行政区、跨主体功能区“全空间协同”体系 / 292
9.2.3 建立上下游、干支流、左右岸“全流域协同”体系 / 292
9.2.4 建立差异化、全覆盖的污染物税收征收“全方位协同”体系 / 292
9.2.5 建立和完善职能部门“全方面协同”体系 / 293
9.2.6 建立税收使用与跟踪评估“全过程协同”体系 / 293

参考文献 / 294

1 导论

1.1 研究背景与研究意义

1.1.1 研究背景

自改革开放以来，快速的工业化进程使得中国成为世界第二大经济体。但是，粗放式的经济发展模式所造成的严重环境污染问题已经给人们的生命健康乃至国民经济都带来了严重的负面影响（Watts，2005；Wang，2016），唯 GDP 论的时代已经过去，绿色发展方式逐渐成为整个社会的共识。考虑到环境污染的根本原因在于私人成本和社会成本的不一致，私人的利益最大化并不意味着社会利益的帕累托最优。仅仅依靠市场行为解决工业污染问题并不现实，只有进行政府干预才能有效地实现环境问题治理。因此，在过去的 20 年里，中国政府实施了大量政策去应对环境污染，这些政策在一定程度上减轻了工业发展对自然资源的大肆掠夺，但仍然未能彻底地解决生态问题引发的社会矛盾。在《环保税法》实施前一年（2017 年）的统计中，中国的二氧化硫排放量为 610.84 万吨，氮氧化物排放量为 1 348.40 万吨，化学需氧量排放量为 608.88 万吨，氨氮排放量为 50.87 万吨[①]。上述数据显示，当时中国污染物的排放量依然较大，造成的环境问题仍然突出。为了应对环境污染问题，我国于 2016 年 12 月 25 日颁布并于 2018 年 1 月 1 日正式实施了《环保税法》，将排污费列入其中，从法律层面强化了政府对环境的治理。

党的十九大明确指出我国经济已由高速发展阶段转变为高质量发展阶

① 数据来源：国家统计局。

段。党的二十大报告进一步指出“高质量发展是全面建设社会主义现代化国家的首要任务”“推动经济社会发展绿色化、低碳化是实现高质量发展的关键环节”。长江经济带作为关系国家发展全局的重大战略区域，其土地面积约占我国土地总面积的 21.39%，地区总人口和生产总值分别约占全国总值的 42.92%和 52.31%[①]。同时，长江经济带横跨我国东、中、西三大区域，属于典型的流域生态经济，在推动长江上、中、下游协同发展，对沿江地区高质量发展起到至关重要的作用。鉴于此，2016 年 3 月 25 日，中共中央政治局通过了《长江经济带发展规划纲要》，纲要描绘了长江经济带发展的宏伟蓝图，是推动长江经济带发展重大国家战略的纲领性文件。习近平总书记也多次发表重要讲话，强调推动长江经济带发展必须走生态优先、绿色发展之路，涉及长江的一切经济活动都要以不破坏生态环境为前提，共抓大保护、不搞大开发，共同努力把长江经济带建成生态更优美、交通更顺畅、经济更协调、市场更统一、机制更科学的黄金经济带。2021 年 4 月，由国家发改委长江办编制的《“十四五”长江经济带发展实施方案》已基本完成，方案提出了生态环保、绿色低碳、创新驱动等重点任务，要强化生态环境系统保护修复，推动经济绿色低碳发展，促进城乡区域协调发展。

长江经济带的高质量发展必须解决上、中、下游之间的协调发展问题，也就必须重视长江上游地区的绿色发展问题。长江经济带所涉及的上游地区涵盖了四川、贵州、云南和重庆三省一市，截至 2020 年年底，该地区的土地总面积、地区总人口和生产总值分别约占整个长江经济带的 55.4%、33.2%和 23.3%[②]。该地区由于地理位置独特，是长江“黄金水道”的源头、流域资源供给的“大仓库”以及构建长江绿色生态保护屏障的“基础线”，在整个长江经济带中占有重要地位。以推动成渝地区双城经济圈建设和长江经济带发展的重大战略提出为时代背景，长江上游地区的绿色发展不仅关系到整个长江经济带绿色发展目标的实现，而且关系到整个国家的经济发展和社会稳定的大局，推进其绿色发展具有重要的时代价值。

《环保税法》作为我国首部专注于环境保护的专项税法，它的实施是

---

① 数据来源：2020 年国家统计局数据。

② 数据来源：2020 年国家统计局数据。

政府对环境保护的一次重要尝试。政府希望通过该税法倒逼企业增加绿色创新投入，增强企业和社会可持续发展能力，进而实现环境保护与经济增长的目标。在上述社会层面以及政策层面背景下，评估环保税政策实施有效性，研究环保税政策的实施能否有效地改善上游地区生态环境，是否会造成上游地区经济压力过重，以及能否合理地制定环保税额空间协同策略，对突破以传统行政区为基本单元的管理体制，从而促进共抓大保护，不搞大开发战略目标的实现具有重大现实意义。

1.1.2　研究意义

1.1.2.1　理论意义

第一，本研究借助环境经济学、流域生态学、环保税法学的学科知识，丰富和发展“流域环境经济学”理论框架。就本研究的研究对象而言，环保税法作为一项环境经济政策，对其实施的有效性进行评估需要借助环境经济学和环保税法学的学科知识；同时，就本研究的研究区域而言，长江上游地区位于长江“黄金水道”的源头、流域资源供给的“大仓库”以及构建长江绿色生态保护屏障的“基础线”，对该区域的研究需要借助流域生态学的学科知识。因此，本研究针对长江上游地区环保税政策实施的有效性进行评估，可以在一定程度上丰富和发展“流域环境经济学”理论框架。

第二，针对长江上游地区环保税政策实施空间协同策略问题进行理论研究，为跨行政区、跨主体功能区和跨流域区制定差异化环境保护政策提供理论支撑。我国环保税政策是中央立法，地方政府根据本地区环境承载能力、污染物排放现状和经济社会生态发展目标要求，在规定的税率幅度内提出各省市具体适用的税率标准。然而，这可能会在客观上造成各省市税额不协调的问题。本研究通过研究长江上游地区环保税政策实施空间协同策略问题，突破以传统行政区为基本单元的管理体制，从而促进共抓大保护，不搞大开发战略目标的实现。

第三，环保税作为我国首个针对环境保护的税种，对环保税展开系统研究，丰富中国特色社会主义下的环保税理论，为后续设计、制定和实施相关税种提供理论支持。单一的环保税也无法满足我国绿色发展的政策需求，还需进一步实施资源税和碳税等绿色税种。然而，我国绿色税制尚处于探索阶段，相关税种的设计、制定和实施需要充分考虑我国的基本国情。因此，本研究针对环保税展开系统研究可以为完善已经实施资源税和制定尚处于讨论中的碳税提供理论支持。

1.1.2.2　现实意义

第一，本研究考察如何利用环保税将长江经济带“生态优先、绿色发展”核心理念落实于长江上游地区，探索兼顾“环保效益”与“经济效益”的绿色发展路径。长江上游地区既是长江流域的绿色生态保护屏障，区域内又有成渝地区双城经济圈这一西部高质量发展的重要增长极。因此，本研究可以考察如何有效利用环保税政策，进而探索出一条兼顾“环保效益”与“经济效益”的绿色发展路径。

第二，本研究提出环保税政策有效性的跟踪评估体系，评估该政策对环境和经济的双向影响。作为一项重大的环境经济政策，征收环保税若只能实现单一的环境保护绿色红利或经济发展蓝色红利，则该政策必然无法长期有效地实施。本研究通过系统研究该政策在长江上游地区实施后的政策效应，评估其对环境和经济的双向影响，为后续完善环保税政策提供依据，进而确保该政策能长期有效地实施。

第三，本研究依据不同行政区、主体功能区和流域区的战略定位不同，制定与之相适应的空间协同环保税税额政策，为后发地区推进可持续性发展提供政策抓手。长江上游地区既有成渝地区双城经济圈这样的经济开发区，又有三峡库区这样的生态保护区。本研究的相关研究可以探索一条考虑主体功能区定位的环保税空间协同策略，为有类似情况的后发地区推进可持续性发展提供政策抓手。

1.2　研究内容、目标、方法及技术路线

1.2.1　研究内容与目标

本研究的研究对象为长江上游地区的环保税政策，具体包括：针对环保税政策实施后对生态环境和经济发展所产生的短期和长期效应展开评估；针对长江经济带的重要生态屏障区，即长江上游所涵盖的四川、贵州、云南、重庆三省一市，所实施的环保税税额空间协同策略问题展开研究。

本研究的总体框架包括现状分析、理论构建、政策评估、仿真预测、典型探索、空间协同和理论启示与政策建议。其中，现状分析一是通过宏观数据，了解长江上游地区环保税政策实施情况，对比长江上游地区与全国的差异；二是利用上市公司等微观数据，了解长江上游地区企业层面经营状况等，对比长江上游地区与全国的差异；三是通过宏观数据，了解长江上游地区生态环境和经济发展现状，对比长江上游地区与全国的差异。

理论构建主要是建构环保税对生态环境和经济发展影响的理论，包括三个方面的内容：一是明晰环保税的产生、国内外环保税的发展历程、我国环保税法的具体内容、政策目标等；二是探讨中外环保税以及各种环境保护政策对环境和经济的影响；三是建构环保税政策实施有效性评估的系统分析框架。

政策评估主要是对环保税政策有效性定量测算，包括两个方面的内容：一是构建环保税政策实施有效性的环境和经济指标评估体系；二是评估环保税政策对环境和经济的影响。此外，本研究对政策在微观层面和宏观层面的政策效应分别开展评估。

仿真预测主要是预测环保税政策实施后的持续影响，通过构建环境动态一般均衡（E-DSGE）模型，对环保税政策实施后对生态环境和经济发展产生的持续影响进行仿真预测。

典型探索主要是对云南、四川、贵州、重庆三省一市的典型地区通过案例分析的方式，探讨适应典型地区的环保税政策。

空间协同主要是探讨长江上游地区环保税税额的空间协同策略，分为税率设定比较分析、协同模式与非协调模式比较分析和空间协同策略。

主要结论、理论启示与政策建议主要分为主要结论和启示与政策两个部分。其中，主要结论总结归纳环保税环境和经济效应的研究结论；启示与政策总结归纳空间协同化税率设定、细化环保税征收税目和环保税收入精准使用的政策建议。

本研究的主要目标为评估长江上游地区环保税政策实施的有效性，优化长江上游地区环保税结构，进而促进共抓大保护，不搞大开发战略的实施。围绕总目标，分解出理论和应用两个分目标：理论上拟实现环保税政策实施对生态环境和经济发展影响的学理阐释；应用上尝试构建环保税政策对生态环境和经济发展影响的评估体系，并提出环保税税额空间协同策略。

1.2.2 研究方法

本研究主要使用宏观数据与微观数据相结合的研究方法。首先，本研究通过宏观数据，了解长江上游地区的环保税政策实施情况，对比长江上游地区与全国的差异。其次，本研究使用上市公司等微观数据，了解长江上游地区企业层面经营状况等，对比长江上游地区与全国的差异。最后，本研究通过宏观数据，了解长江上游地区生态环境和经济发展现状，对比长江上游地区与全国的差异。

同时，本研究在实证研究方面主要使用计量分析与空间分析相结合的研究方法：利用金融市场数据，观测环保税政策出台后上市公司中环保型企业和污染型企业的股价波动情况，结合事件分析法（event study methodology）、OLS 回归等多种计量模型评估环保税政策在微观层面的短期政策效应；利用上市公司等微观数据，如资产收益率和全要素生产率等，结合二重差分法（difference in differences，DID）、PSM-DID 等多种计量模型评估环保税政策在微观层面的长期政策效应；利用宏观层面数据，如地区经济发展情况和污染物排放量等，结合空间计量、门槛效应等计量模型评估环保税政策在宏观层面的政策效应；利用宏观层面数据，结合环境动态一般均衡（E-DSGE）模型，对环保税政策实施后对生态环境和经济发展产生的持续影响进行仿真预测。

1.2.3 技术路线

本研究遵循“导论—现状分析—理论建构—政策评估—仿真预测—典型探索—空间协同—主要结论、启示和建议”的逻辑思路来安排研究内容（见图 1-1），对长江上游地区环保税政策对生态环境和经济发展的影响进行短期和长期的跟踪评估，并对空间协同策略进行理论和实证研究。

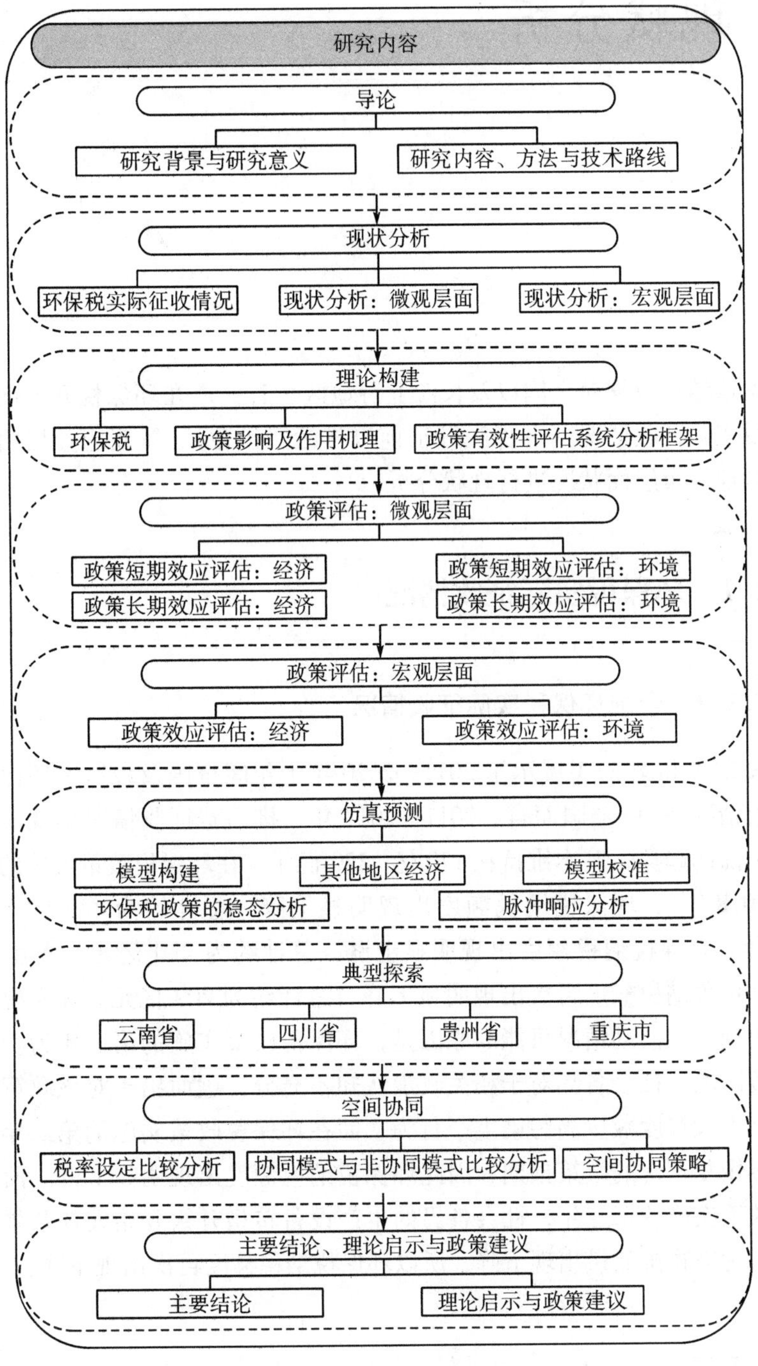
研究内容
导论
研究背景与研究意义
研究内容、方法与技术路线
现状分析
环保税实际征收情况
现状分析：微观层面
现状分析：宏观层面
理论构建
环保税
政策影响及作用机理
政策有效性评估系统分析框架
政策评估：微观层面
政策短期效应评估：经济
政策短期效应评估：环境
政策长期效应评估：经济
政策长期效应评估：环境
政策评估：宏观层面
政策效应评估：经济
政策效应评估：环境
仿真预测
模型构建
其他地区经济
模型校准
环保税政策的稳态分析
脉冲响应分析
典型探索
云南省
四川省
贵州省
重庆市
空间协同
税率设定比较分析
协同模式与非协同模式比较分析
空间协同策略
主要结论、理论启示与政策建议
主要结论
理论启示与政策建议

图 1-1　本研究技术路线

2 现状分析

本章结合数据对全国以及长江上游地区三省一市在环保税开征前后的环保税实际征收情况（环保税开征前以排污费代替）、微观企业层面状况和宏观地级市层面状况进行现状分析。

2.1 环保税实际征收情况

2.1.1 全国环保税实际征收情况

表 2-1 和图 2-1 展示了 2011—2020 年十年间全国及各地区环保税实际征收情况①。就全国而言，2011—2017 年，排污费征收情况呈现出小幅波动上涨的趋势，基本维持在 170 亿~220 亿元。在环保税政策实施的第一年（2018 年），环保税纳税额度出现明显下降，总计约为 149 亿元。在 2019 年，环保税纳税额度出现明显上涨，总计约为 220 亿元，而在 2020 年，环保税纳税额度再次出现明显下降，总计约为 207 亿元。环保税纳税额度出现上述波动情况可能的原因是，环保税政策实施的第一年为费改税的过渡阶段，社会各界对于相关政策认知不充分，进而出于对该政策的震慑作用而大幅度减少高污染生产行为。而在环保税政策实施的第二年，社会各界恢复正常的政策预期，因此环保税纳税额度出现明显上升。而在环保税政策实施的第三年，社会各界的生产设备转型升级开始发挥效果，进而使得污染物排放量出现下降，所以环保税纳税额度再次出现下降。

① 其中，2011—2017 年为排污费额度，2018—2020 年为环保税额度。

表 2-1　全国及各地区环保税征收情况　　单位：万元

年份	2011	2012	2013	2014	2015
全国	1 898 959	1 889 205	1 982 039	1 866 991	1 733 615
东部地区	924 454	912 920	943 617	923 981	881 382
中部地区	664 428	647 591	664 448	591 772	549 170
西部地区	310 076	328 694	373 974	351 238	303 063
长江经济带	703 146	716 496	735 133	705 434	662 063
非长江经济带	1 195 813	1 172 709	1 246 906	1 161 557	1 071 552
年份	2016	2017	2018	2019	2020
全国	2 008 933	2 199 140	1 489 646	2 209 600	2 068 500
东部地区	1 053 089	1 219 664	792 307	1 223 900	1 114 000
中部地区	617 813	629 256	461 639	643 000	618 900
西部地区	338 031	350 220	235 700	342 700	335 600
长江经济带	756 651	845 954	520 958	811 100	776 700
非长江经济带	1 252 282	1 353 186	968 688	1 398 500	1 291 800

注：西藏、台湾、香港和澳门 4 个地区因缺乏数据，故未被统计在上表中。东部地区包括：北京、天津、辽宁、河北、山东、江苏、上海、浙江、福建、广东、广西和海南。中部地区包括：黑龙江、吉林、内蒙古、山西、河南、安徽、江西、湖北和湖南。西部地区包括：重庆、四川、贵州、云南、陕西、甘肃、宁夏、青海和新疆。长江经济带包括：重庆、四川、贵州、云南、安徽、江西、湖北、湖南、江苏、上海和浙江。非长江经济带包括：北京、天津、辽宁、河北、山东、福建、广东、广西、海南、黑龙江、吉林、内蒙古、山西、河南、陕西、甘肃、宁夏、青海和新疆。

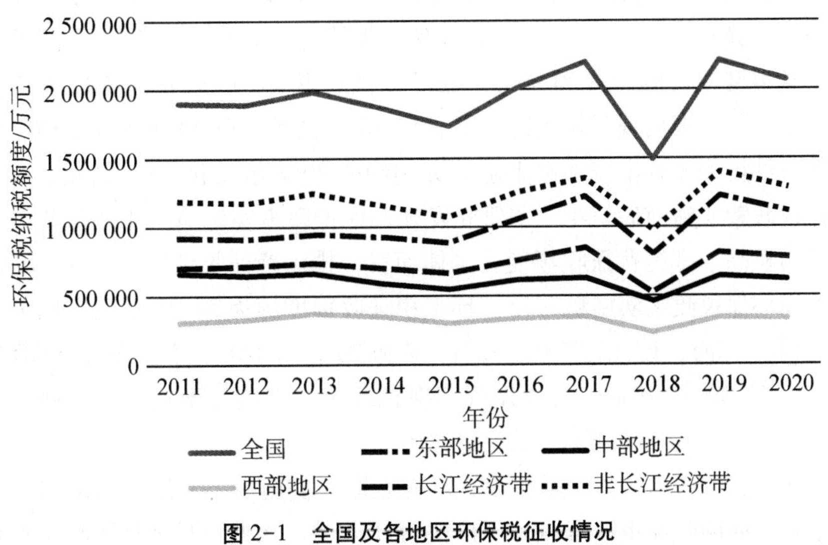

图 2-1　全国及各地区环保税征收情况

对比环保税政策实施前后三年，本研究发现环保税政策实施前三年，排污费征收额度约为 594 亿元，而环保税政策实施后三年，环保税征收额度约为 577 亿元。考虑到 2015—2017 年和 2018—2020 年全国经济规模（GDP）的变化以及环保税相对排污费税率的调增，可以发现环保税政策实施后应税污染物排放量明显下降，这与国家统计局公布的全国污染物排放量数据吻合。

此外，分地区来看，东部地区、中部地区、西部地区、长江经济带和非长江经济带的环保税纳税额度均出现与全国类似的波动情况，即 2011—2017 年，排污费征收情况呈现出小幅波动上涨的趋势，2018 年环保税纳税额度明显下降，2019 年环保税纳税额度出现明显上涨，而 2020 年环保税纳税额度再次出现明显下降。对比东中西部以及长江经济带和非长江经济带可以发现，东部地区环保税纳税额度明显高于中西部地区，而长江经济带则明显高于非长江经济带。然而，上述数据并不能说明东部地区和长江经济带环保税政策实施效果较中西部地区和非长江经济政策实施效果差。以长江经济带和非长江经济带为例，长江经济带九省二市的 GDP 占全国 GDP 近一半，而其 2018—2020 年环保税纳税额度仅占全国的 36.56%。

2.1.2 长江上游地区环保税实际征收情况

表 2-2 和图 2-2 展示了 2011—2020 年十年间长江上游地区及各省市环保税的实际征收情况。长江上游地区环保税的实际征收情况与全国相比有一定差异。2011—2017 年，排污费征收情况呈现出小幅波动下降的趋势，基本维持在 14 亿~20 亿元。在环保税政策实施的第一年（2018 年），环保税纳税额度出现明显下降，总计约 13.7 亿元。在 2019 年和 2020 年，环保税纳税额度则出现明显上涨，分别约为 20.2 亿元和 20.4 亿元。对比环保税政策实施前后三年，本研究发现环保税政策实施前三年环保税纳税额度明显高于排污费征收额度。具体而言，排污费征收额度约为 48.19 亿元，而环保税政策实施后三年，环保税征收额度约为 54.33 亿元，约上升 12.74%。同时，该地区 2015—2017 年和 2018—2020 年经济规模（GDP）约增长 35.39%。因此，可以发现环保税政策的实施对于长江上游地区的三省一市绿色发展起到了一定促进作用。

此外，分省市来看，重庆市在环保税政策实施后，其纳税额度出现明显下降，而同时期重庆市 GDP 则呈现上升趋势，由此可见环保税政策在重庆市实施的有效性较高。四川省在环保税政策实施前后，其纳税额度仅出现小幅波动，但考虑到其 GDP 呈上升趋势，可见环保税政策在四川省实施也具有一定的有效性。而反观云南、贵州两省，环保税政策实施后，其纳税额度出现明显上升。当然，同时期云南、贵州两省 GDP 呈现上升趋势。因此，并不能简单地认为环保税政策在上述两省实施的有效性较差，其政策有效性还有待进一步分析。

表 2-2　长江上游地区及各省市环保税征收情况　　单位：万元

年份	2011	2012	2013	2014	2015
长江上游地区	173 739	179 276	202 183	168 802	144 247
四川	60 549	55 326	73 309	54 842	49 261
贵州	44 454	51 209	54 499	43 641	36 926
云南	31 561	36 399	35 773	34 721	18 913
重庆	37 171	36 342	38 602	35 598	39 147
年份	2016	2017	2018	2019	2020
长江上游地区	162 149	175 495	137 042	202 400	203 900
四川	56 138	65 411	48 552	60 600	58 600
贵州	43 898	49 461	45 741	63 500	59 400
云南	21 846	20 286	21 337	49 600	58 800
重庆	40 267	40 337	21 412	28 700	27 100

注：长江上游地区包括三省一市，即四川、贵州、云南和重庆。

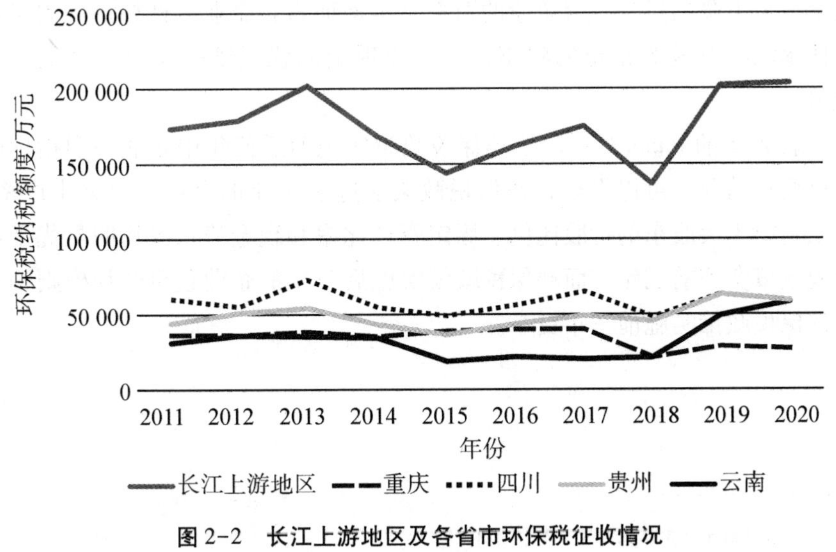

图 2-2　长江上游地区及各省市环保税征收情况

2.2 现状分析：微观层面

2.2.1 全国现状分析：微观层面

表2-3展示了2015—2020年，即环保税政策实施的前后三年间，全国微观企业层面的经营状况（数据包括2 327家上市公司[①]）。在表2-3的Panel A中，资产收益率（ROA）的均值为0.040 1，其最大值为0.188 0，最小值为-0.166 7；用LP法计算的全要素生产率（TFP_{lp}）的均值为7.435 9，其最大值为9.875 4，最小值为5.476 3。HP Firms的均值为0.281 1，代表样本中有28.11%的观测值是重污染企业。First和Sedtenth的均值分别为0.350 5和0.242 3，代表样本企业的第一大股东、第二到第十大股东的平均持股比例分别为35.05%和24.23%。

从表2-3的Panel B可以发现，企业的资产收益率和全要素生产率在环保税政策实施之前经历了一个上升的过程，而在环保税政策实施之后则经历了一个下降的过程。而污染型企业在样本中的占比则呈现出下降的趋势，从2015占比30.01%下降到2020年占比25.99%。企业第一大股东持股比例和董事会规模一直维持较为稳定的状态，但第二到第十大股东的持股比例则在2015—2018年经历了一个上升的过程，在2019年和2020年经历了一个下降的过程。就企业的财务基本面而言，企业的杠杆率和固定资产比率均维持较为稳定的状态，而企业现金流状况则呈现出一个上升的趋势。

表2-3的Panel C反映了环保税政策实施前后三年中企业各项指标的对比变化情况。可以发现，环保税政策实施后三年的企业全要素生产率、第二到第十大股东的持股比例、固定资产比率和现金流状况均明显优于环保税政策实施前三年。而环保税政策实施后三年的企业董事会规模则相对比环保税政策实施前三年更小。

① 具体样本公司筛选与4.3.1节相同。

表 2-3　全国微观层面：上市公司现状

Panel A：全样本						
变量	Obs	Mean	Median	Std. Dev.	Max	Min
ROA	11 587	0.040 1	0.035 7	0.051 2	0.188 0	−0.166 7
TFP_{lp}	11 587	7.435 9	7.344 5	0.933 1	9.875 4	5.476 3
HP Firms	11 587	0.281 1	0.000 0	0.449 6	1.000 0	0.000 0
First	11 587	0.350 5	0.330 2	0.148 0	0.748 9	0.090 3
Sedtenth	11 587	0.242 3	0.232 8	0.126 6	0.553 5	0.029 0
Board Size	11 587	2.297 1	2.302 6	0.251 6	2.944 4	1.609 4
Age	11 587	2.302 9	2.397 9	0.743 1	3.295 8	0.693 1
Leverage	11 587	0.434 1	0.428 9	0.192 1	0.860 8	0.071 4
Tangible	11 587	0.922 6	0.952 9	0.090 1	0.999 9	0.516 7
Cash Flow	11 587	0.002 5	0.008 1	0.092 9	0.262 4	−0.276 2

Panel B：年均值						
变量	2015 年	2016 年	2017 年	2018 年	2019 年	2020 年
ROA	0.034 4	0.040 6	0.045 3	0.043 0	0.040 1	0.036 9
TFP_{lp}	7.346 3	7.392 7	7.478 4	7.455 8	7.477 8	7.438 0
HP Firms	0.300 1	0.295 5	0.287 6	0.279 6	0.274 5	0.259 9
First	0.358 5	0.349 5	0.350 4	0.353 8	0.350 0	0.343 3
Sedtenth	0.216 9	0.234 2	0.242 5	0.254 4	0.250 0	0.247 5
Board Size	2.324 5	2.318 3	2.300 5	2.271 9	2.282 2	2.297 3
Age	2.351 9	2.328 8	2.315 1	2.210 3	2.304 1	2.323 8
Leverage	0.449 0	0.432 1	0.429 2	0.429 4	0.434 3	0.433 4
Tangible	0.923 3	0.919 7	0.917 9	0.920 6	0.923 6	0.928 9
Cash Flow	−0.002 6	−0.008 4	−0.014 2	0.000 3	0.017 6	0.015 0

Panel C：实施环保税政策前三年与实施环保税政策后三年						
变量	前三年		后三年		*t*-test of difference	
	Obs	Mean	Obs	Mean	Difference	*t*-stat.
ROA	5 056	0.040 4	6 531	0.039 9	0.000 5	0.498
TFP_{lp}	5 056	7.408 9	6 531	7.456 8	−0.047 9***	−2.741
First	5 056	0.352 6	6 531	0.348 9	0.003 8	1.357
Sedtenth	5 056	0.231 8	6 531	0.250 5	−0.018 8***	−7.935
Board Size	5 056	2.313 9	6 531	2.284 2	0.029 7***	6.309

表2-3(续)

变量	前三年		后三年		t-test of difference	
	Obs	Mean	Obs	Mean	Difference	t-stat.
Panel C：实施环保税政策前三年与实施环保税政策后三年						
Age	5 056	2.331 1	6 531	2.281 0	0.050 1***	3.602
Leverage	5 056	0.436 3	6 531	0.432 4	0.003 9	1.079
Tangible	5 056	0.920 2	6 531	0.924 5	−0.004 3**	−2.534
Cash Flow	5 056	−0.008 7	6 531	0.011 2	−0.019 8***	−11.449

注：1. ROA 是公司资产收益率；TFP_{lp}是用 LP 法测算的企业全要素生产率；HP Firms 是分组虚拟变量；First 是第一大股东持股比例；Sedtenth 是第二到第十大股东的持股比例；Board Size 董事会规模；Age 是公司上市年龄；Leverage 是公司的杠杆率；Tangible 是公司的固定资产比率；Cash Flow 是公司现金流状况。具体变量定义请参见表 4-50。

2. *、**、*** 分别表示在 10%、5%和 1%水平下显著，估计系数下方括号内数值为 P 值。

2.2.2 长江上游地区现状分析：微观层面

表2-4 展示了 2015—2020 年，即环保税政策实施的前后三年间，长江上游地区三省一市微观企业层面的经营状况（数据包括 164 家上市公司①）。在表 2-4 的 Panel A 中，资产收益率（ROA）的均值为 0.040 1，其最大值为 0.188 0，最小值为-0.166 7；用 LP 法计算的全要素生产率（TFP_{lp}）的均值为 7.386 3，其最大值为 9.875 4，最小值为 5.476 3。HP Firms 的均值为 0.359 5，代表样本中有 35.95%的观测值是重污染企业。对比全国样本发现，长江上游地区的重污染企业占比更高。长江上游地区上市公司的第一大股东、第二到第十大股东的平均持股比例分别为 35%和 23.4%。

从表 2-3 的 Panel B 可以发现，企业的资产收益率在环保税政策实施之前经历了一个上升的过程，而在环保税政策实施之后则经历了一个下降的过程。企业的全要素生产率则是呈现上升后保持稳定的状态。污染型企业在样本中的占比呈现出减少的趋势，从 39.34%下降到 32.9%。但是与表 2-4 中全国的污染型企业占比对比可以发现，长江上游地区在任何一个时期，其污染型企业占比均超过全国。企业第一大股东持股比例和董事会规模一直维持较为稳定的状态，但第二到第十大股东的持股比例则是持续

① 具体样本公司筛选与 4.3.1 节相同。

呈现一个上升的态势。就企业的财务基本面而言，企业的杠杆率先是下降，而后保持稳定；固定资产比率维持较为稳定的状态；而企业现金流状况则呈现出一个上升的趋势。

表 2-3 的 Panel C 反映了环保税政策实施前后三年中长江上游地区企业各项指标的对比变化情况。我们可以发现，环保税政策实施后三年，绝大部分指标都没有出现显著性变化，但企业第二到第十大股东的持股比例出现了显著的上升，董事会规模出现了显著的下降。

表 2-4 长江上游地区微观层面：上市公司现状

Panel A：全样本						
变量	Obs	Mean	Median	Std. Dev.	Max	Min
ROA	815	0.040 1	0.032 0	0.050 0	0.188 0	−0.166 7
TFP_{lp}	815	7.386 3	7.242 3	0.966 1	9.875 4	5.476 3
HP Firms	815	0.359 5	0.000 0	0.480 2	1.000 0	0.000 0
First	815	0.350 0	0.348 7	0.141 8	0.748 9	0.090 3
Sedtenth	815	0.234 0	0.212 6	0.128 0	0.553 5	0.029 0
Board Size	815	2.342 3	2.302 6	0.240 6	2.944 4	1.609 4
Age	815	2.479 5	2.772 6	0.720 0	3.295 8	0.693 1
Leverage	815	0.459 0	0.453 1	0.205 0	0.860 8	0.071 4
Tangible	815	0.927 4	0.952 2	0.080 7	0.999 9	0.516 7
Cash Flow	815	0.005 6	0.006 3	0.084 4	0.262 4	−0.276 2
Panel B：年均值						
变量	2015 年	2016 年	2017 年	2018 年	2019 年	2020 年
ROA	0.031 2	0.040 5	0.047 4	0.041 3	0.040 6	0.038 9
TFP_{lp}	7.283 9	7.348 3	7.407 8	7.410 5	7.426 7	7.415 4
HP Firms	0.381 4	0.393 4	0.369 2	0.349 7	0.346 9	0.329 0
First	0.351 6	0.348 0	0.347 9	0.353 8	0.350 1	0.348 5
Sedtenth	0.209 1	0.222 7	0.233 3	0.241 2	0.243 8	0.246 4
Board Size	2.402 6	2.353 0	2.321 6	2.309 2	2.351 5	2.326 9
Age	2.506 6	2.504 0	2.483 9	2.401 8	2.490 3	2.497 4
Leverage	0.471 0	0.461 1	0.450 9	0.454 3	0.458 5	0.459 8
Tangible	0.926 4	0.923 6	0.924 2	0.929 2	0.931 1	0.928 8
Cash Flow	0.002 8	−0.001 8	0.007 1	0.006 1	0.012 0	0.005 8

表2-4(续)

Panel C：实施环保税政策前三年与实施环保税政策后三年						
变量	前三年		后三年		t-test of difference	
	Obs	Mean	Obs	Mean	Difference	t-stat.
ROA	370	0.040 0	445	0.040 2	−0.000 2	−0.070
TFP_{lp}	370	7.348 6	445	7.417 6	−0.068 9	−1.014
First	370	0.349 1	445	0.350 7	−0.001 6	−0.164
Sedtenth	370	0.222 1	445	0.243 9	−0.021 8**	−2.429
Board Size	370	2.357 8	445	2.329 3	0.028 5*	1.685
Age	370	2.497 8	445	2.464 3	0.033 5	0.660
Leverage	370	0.460 7	445	0.457 6	0.003 1	0.212
Tangible	370	0.924 7	445	0.929 7	−0.004 9	−0.868
Cash Flow	370	0.002 8	445	0.007 9	−0.005 1	−0.863

注：1. ROA 是公司资产收益率；TFP_{lp}是用 LP 法测算的企业全要素生产率；HP Firms 是分组虚拟变量；First 是第一大股东持股比例；Sedtenth 是第二到第十大股东的持股比例；Board Size 董事会规模；Age 是公司上市年龄；Leverage 是公司的杠杆率；Tangible 是公司的固定资产比率；Cash Flow 是公司现金流状况。具体变量定义请参见表 4-50。

2. *、**、*** 分别表示在 10%、5%和 1%水平下显著，估计系数下方括号内数值为 P 值。

2.3 现状分析：宏观层面

2.3.1 全国现状分析：宏观层面

表 2-5 展示了 2015—2019 年，即环保税政策实施的前三年和后两年间，全国宏观层面地级市的经济—环境状况（数据包括 251 个地级市）。在表 2-5 的 Panel A 中，人均 GDP 的均值为 11.038 1，其最大值为 15.675 2，最小值为 9.344 8；工业烟尘排放量的均值为 9.479 7，其最大值为 14.436 0，最小值为 3.663 6；工业废水排放量的均值为 7.987 1，其最大值为 11.477 3，最小值为 4.094 3；工业二氧化硫排放量的均值为 9.581 7，其最大值为 12.964 1，最小值为 4.317 5；政府财政支出占 GDP 比重的均值为 0.533 3，其最大值为 6.040 6，最小值为 0.066 2；基础设施水平的均值为 6.298 2，其最大值为 73.048 2，最小值为 0.012 3；科技创新投入占 GDP 比重的均值为 0.006 7，其最大值为 0.101 5，最小值为 0.000 2。

从表 2-5 的 Panel B 可以发现，地级市的人均 GDP 在各年一直保持增加状态，说明各地方经济均呈现正向发展的趋势。同时，地级市的工业烟尘、工业废水和工业二氧化硫等污染物排放量呈持续下降的趋势。综合考虑人均 GDP 的上升和污染物排放量的下降可以发现，我国单位 GDP 污染物排放量呈稳定下降态势，而政府财政支出占 GDP 的比重和科技创新投入占 GDP 的比重一直呈现较为稳定的状态，直到 2019 年出现明显下降。基础设施水平则呈现出平稳增长的趋势。

表 2-5 的 Panel C 反映了环保税政策实施前三年和后两年间全国地级市各项指标的对比变化情况。我们可以发现，环保税政策实施后两年的人均 GDP 显著高于环保税政策实施前三年，这与我国经济持续正向发展的基本情况相符。而环保税政策实施后两年的工业烟尘、工业废水和工业二氧化硫等污染物排放量则显著低于环保税政策实施前三年。上述数据在一定程度上说明了，实施环保税政策起到了节能减排的政策效果。此外，环保税政策实施前三年的政府财政支出占 GDP 的比重和科技创新投入占 GDP 的比重则显著高于环保税政策实施后两年，基础设施水平则无显著性变化。

表 2-5　全国宏观层面：地级市现状

Panel A：全样本

变量	Obs	Mean	Median	Std.Dev.	Max	Min
人均 GDP	1 255	11.038 1	11.045 1	0.550 8	15.675 2	9.344 8
工业烟尘	1 255	9.479 7	9.502 3	1.173 7	14.436 0	3.663 6
工业废水	1 255	7.987 1	8.070 9	1.122 1	11.477 3	4.094 3
工业二氧化硫	1 255	9.581 7	9.648 4	1.137 6	12.964 1	4.317 5
政府财政支出占 GDP 比重	1 255	0.533 3	0.357 0	0.544 9	6.040 6	0.066 2
基础设施水平	1 255	6.298 2	4.189 6	7.356 5	73.048 2	0.012 3
科技创新投入占 GDP 比重	1 255	0.006 7	0.004 6	0.007 4	0.101 5	0.000 2

Panel B：年均值

变量	2015 年	2016 年	2017 年	2018 年	2019 年
人均 GDP	10.970 5	10.998 2	11.081 8	11.118 8	11.021 1
工业烟尘	10.149 0	9.642 0	9.320 8	9.151 8	9.135 0
工业废水	8.396 1	8.091 4	7.852 3	7.785 8	7.810 0
工业二氧化硫	10.514 5	9.861 4	9.381 3	9.159 0	8.992 4
政府财政支出占 GDP 比重	0.586 2	0.582 7	0.581 4	0.582 4	0.333 8
基础设施水平	6.350 2	5.917 5	5.987 8	6.446 2	6.789 1
科技创新投入占 GDP 比重	0.006 7	0.007 2	0.007 1	0.007 6	0.004 9

表2-5(续)

Panel C：实施环保税政策前三年与实施环保税政策后两年						
变量	前三年		后两年		*t*-test of difference	
	Obs	Mean	Obs	Mean	Difference	*t*-stat.
人均 GDP	753	11.016 8	502	11.069 9	-0.053 1*	-1.674
工业烟尘	753	9.703 9	502	9.143 4	0.560 5***	8.521
工业废水	753	8.113 2	502	7.797 9	0.315 3***	4.922
工业二氧化硫	753	9.919 1	502	9.075 7	0.843 4***	13.805
政府财政支出占 GDP 比重	753	0.583 4	502	0.458 1	0.125 4***	4.017
基础设施水平	753	6.085 2	502	6.617 6	-0.532 5	-1.257
科技创新投入占 GDP 比重	753	0.007 0	502	0.006 2	0.000 8*	1.813

注：1. 样本包含全国 251 个地级市。人均 GDP 是各地级市人均 GDP 的自然对数；工业烟尘是工业烟尘排放量的自然对数；工业废水是工业废水排放量的自然对数；工业二氧化硫是工业二氧化硫排放量的自然对数；政府财政支出是各地级市政府财政支出额与地区 GDP 的比例；基础设施水平采用人均道路面积进行衡量；科技创新投入占 GDP 比例是各地级市科技创新投入占地区 GDP 比例。

2. *、**、*** 分别表示在 10%、5%和 1%水平下显著，估计系数下方括号内数值为 P 值。

2.3.2 长江上游地区现状分析：宏观层面

表 2-6 展示了 2015—2020 年，即环保税政策实施的前后三年间，长江上游地区宏观层面地级市的经济—环境状况（数据包括 31 个地级市）。在表 2-6 的 Panel A 中，人均 GDP 的均值为 10.542 1，明显低于全国地级市人均 GDP 水平，说明长江上游地区相对落后于全国平均经济发展水平；工业烟尘排放量的均值为 6.871 3，工业废水排放量的均值为 5.226 2，工业二氧化硫排放量的均值为 7.161 5，均低于全国平均水平。然而，上述数据并不能简单地理解为长江上游地区环境保护工作做得更好，也有可能是经济落后导致工业较少，从而污染物排放量较少；政府财政支出占 GDP 比例的均值为 0.244 8，其最大值为 0.572 1，最小值为 0.117 5；基础设施水平的均值为 15.429 2，其最大值为 34.586，最小值为 2.25；科技创新投入占 GDP 比重的均值为 0.002 2，明显低于全国平均水平。

从表 2-6 的 Panel B 可以发现，地级市的人均 GDP 在各年一直保持增加状态，说明各地方经济均呈现正向发展的趋势。同时，地级市的工业烟尘、工业废水和工业二氧化硫等污染物排放量呈持续下降的趋势。上述数据反映出长江上游地区与全国的情况基本相同，而政府财政支出占 GDP 的比例一直呈现较为稳定的状态。科技创新投入占 GDP 的比重基本保持稳定，基础设施水平则呈现出快速增长的趋势。

表 2-6 的 Panel C 反映了环保税政策实施前后三年间长江上游地区地级市各项指标的对比变化情况。我们可以发现，环保税政策实施后三年的人均 GDP 和基础设施水平均显著高于环保税政策实施前三年，这与经济持续正向发展的基本情况相符。而环保税政策实施后三年的工业烟尘和工业二氧化硫污染物排放量则显著低于环保税政策实施前三年。上述数据在一定程度上说明了，实施环保税政策在长江上游地区起到了节能减排的政策效果。

表 2-6　长江上游地区宏观层面：地级市现状

Panel A：全样本						
变量	Obs	Mean	Median	Std. Dev.	Max	Min
人均 GDP	186	10.542 1	10.489 7	0.491 9	11.638 8	9.377 6
工业烟尘	186	6.871 3	6.856 5	1.043 1	9.885 4	4.300 0
工业废水	186	5.226 2	5.231 8	1.160 0	8.175 4	2.302 6
工业二氧化硫	186	7.161 5	7.161 9	1.308 7	10.661 5	4.395 8
政府财政支出占 GDP 比重	186	0.244 8	0.209 5	0.105 7	0.572 1	0.117 5
基础设施水平	186	15.429 2	14.420 0	5.578 8	34.586 0	2.250 0
科技创新投入占 GDP 比重	186	0.002 2	0.001 6	0.001 6	0.011 1	0.000 3
Panel B：年均值						
变量	2015 年	2016 年	2017 年	2018 年	2019 年	2020 年
人均 GDP	10.312 0	10.388 6	10.487 4	10.554 0	10.675 7	10.834 9
工业烟尘	7.310 4	7.024 3	6.796 7	6.760 6	6.675 3	6.660 6
工业废水	5.620 8	5.379 1	5.008 0	5.017 2	5.172 2	5.159 8
工业二氧化硫	7.949 7	7.532 3	7.193 4	6.943 6	6.733 0	6.617 0
政府财政支出占 GDP 比重	0.258 3	0.252 1	0.248 2	0.250 6	0.232 6	0.226 8
基础设施水平	13.084 5	13.552 6	13.429 4	15.509 4	17.419 0	19.580 2

表2-6(续)

科技创新投入占 GDP 比重	0.002 2	0.002 0	0.002 0	0.002 3	0.002 3	0.002 2

Panel C：实施环保税政策前三年与实施环保税政策后三年

变量	前三年		后三年		t-test of difference	
	Obs	Mean	Obs	Mean	Difference	t-stat.
人均 GDP	93	10.396 0	93	10.688 2	-0.292 2***	-4.231 4
工业烟尘	93	7.043 8	93	6.698 9	0.344 9**	2.281
工业废水	93	5.336 0	93	5.116 4	0.219 5	1.293
工业二氧化硫	93	7.558 5	93	6.764 5	0.793 9***	4.331
政府财政支出占 GDP 比重	93	0.252 9	93	0.236 6	0.016 2	1.046
基础设施水平	93	13.355 5	93	17.502 9	-4.147***	-5.448
科技创新投入占 GDP 比重	93	0.002 1	93	0.002 3	-0.000 2	-1.053

注：1. 样本包括长江上游地区 31 个地级市。人均 GDP 是各地级市人均 GDP 的自然对数；工业烟尘是工业烟尘排放量的自然对数；工业废水是工业废水排放量的自然对数；工业二氧化硫是工业二氧化硫排放量的自然对数；政府财政支出是各地级市政府财政支出额与地区 GDP 的比重；基础设施水平采用人均道路面积进行衡量；科技创新投入占 GDP 比重是各地级市科技创新投入占地区 GDP 比重。

2. *、**、*** 分别表示在 10%、5%和 1%水平下显著，估计系数下方括号内数值为 P 值。

3 理论构建

3.1 环保税

3.1.1 环保税的产生

关于环保税的探讨最早可以追溯到外部性理论。外部性是指某个个体或群体的行为会对另外某个个体或群体产生影响，因此外部性又被称为溢出效应、外部影响或外部效应等。同时，外部性又可分为正外部性和负外部性。其中，正外部性是指某个个体或群体的行为使得他人或社会受益，而受益者无须花费成本；负外部性则是指某个个体或群体的行为使得他人或社会受损，但是该行为不会让产生负外部性的个体或群体受损。

英国经济学家庇古在《福利经济学》中首次针对经济活动中的环境外部性问题进行了探讨。他认为厂商或个人在生产过程中，不仅会为自身带来收益，同时也会对社会造成外部影响。其中，生产过程中附带产生的污染物属于一种公共厌恶品，社会大众不得不承受环境污染所带来的负面影响，进而给整个社会带来负外部性影响。这种负外部性会导致私人成本与社会成本不一致，私人利益最大化并不意味着社会利益最大化，因此会导致市场资源配置失效。

在这种情况下，完全依靠市场行为来控制环境污染并不现实，需要依靠政府行为来弥补私人成本和社会成本之间的差异，从而达到控制环境污染实现社会资源配置的帕累托最优。上述原因促使人们必须设计一种制度规则来校正经济活动中产生的环境负外部性问题，从而迫使造成环境负外部性问题的主体方，即生产厂商或个人，来承担其对社会带来的负面影响，这种思路也可简称为外部性内部化。庇古认为政府可以通过对污染者征收环保税的形式来平衡私人成本和社会成本之间的差距，即征收庇古税。庇古税的核心意涵是使用税收手段迫使生产厂商或个人造成的环境负外部性影响内部化：当生产厂商或个人在生产过程中，由于污染物排放等问题对社会产生外部成本时，应对其征收环保税，并且征收的税额应该恰好等于其对社会产生的外部成本。通过这种方式，就可以使得社会成本完全内部化。

3.1.2　国外环保税的发展历程

在庇古税被提出后的几十年中，该观点逐步被世界各国接受，并且被运用于生态环境保护实践。总体而言，可以将国外环保税的发展历程分为三个阶段，即萌芽阶段、发展阶段和成熟阶段。20 世纪初西方发达国家针对汽油征收的消费税可以被视为环保税的萌芽。两次世界大战期间的 20 年里，美国和瑞典、挪威等欧洲国家陆续对汽油征收消费税。然而，需要明确的是，上述征税行为并非以保护环境为目的，而是为了获得财政收入。因此，这个时期的汽油消费税不能被视为真正意义上的环保税。

环保税真正的快速发展阶段是在 20 世纪 60 年代之后。随着战后重建，世界各国工业迎来了迅猛的发展，随之而来的是生态环境的严重破坏。各国政府逐渐意识到保护生态环境的重要性，因此制定了大量的环保政策。1969 年，法国政府开征森林砍伐税，规定砍伐森林须缴纳每公顷 3 000 法郎的税额，但若是为了城市或工业发展的目的，则须缴纳原本税额的 200%。1970 年，波兰同样开始设立环境税和资源税。20 世纪 70 年代之后，各国陆续开始征收大气污染税，对二氧化硫和二氧化碳等废气排放开征硫税和碳税。例如，1971 年挪威和美国对向环境排放硫化物征税，随后该税目也在日本以及德国、法国、荷兰和瑞典等欧洲国家陆续开征。1975 年，英国颁布了对石油收益征税的《石油税收法案》。同一时期，各国也逐步针对废水排放征收水污染税，如德国、荷兰等国。同时，20 世纪七八十年代，美国、英国、法国、德国、加拿大、意大利、荷兰、爱尔兰、芬兰和日本等国也陆续针对固体废弃物和噪音等环境污染源开征相关税目。我们可以发现，在这个阶段西方发达国家陆续开征环保税，且税目逐渐丰富。同时，与萌芽阶段相比，发展阶段各国开征环保税的目的不再是获得财政收入，而是以环保税为政策工具促进节能减排，保护生态环境。

到了 20 世纪 90 年代之后，环保税迎来了发展的成熟阶段。在这个阶段，以环保税为政策工具保护生态环境这一观点不再局限在西方发达国家，而是逐渐被亚洲（如以色列、印度、韩国）、非洲（南非）、美洲（墨西哥、巴西、智利）和大洋洲（澳大利亚、新西兰）的许多国家所接受和采纳。各国根据自身国情的不同，分别制定了更加细化的税目。同时，这一时期各国更加重视环保税体系化建设，分别对之前零散、不健全的环保税税种进行整合，形成了更为合理有效的环保税收体系。

3.1.3 中国环保税的发展历程、政策目标及核心内容

中国的环保税是由排污费演变而来的，在经历了长达40年的实践和演化过程后逐渐走向成熟。排污费最早在1978年提出，1979年9月颁布《中华人民共和国环境保护法（试行）》，成为第一个有关排污收费制度的法律文件。国务院在1982年2月颁布了《征收排污费暂行办法》（以下简称《办法》），并在同年7月正式实施。《办法》的颁布和实施意味着排污收费制度的正式建立。随后，政府分别于1988年7月和1991年7月颁布了《污染源治理专项基金有偿使用暂行办法》和《环境监理工作暂行办法》。随着一系列与排污收费相关的法律法规的颁布和实施，排污收费制度逐渐趋于成熟。2003年1月，国务院发布了《排污费征收使用管理条例》，对排污费的征收和使用做出了更为明细的规定。该条例自2003年7月起正式施行。考虑到当时的国家经济情况，该条例所设定的费率水平仍然较低，对于企业的排污行为震慑力不足。2014年9月，国家发改委、财政部和环境保护部门联合发布《关于调整排污费征收标准等有关问题的通知》，该通知提高了排污费的费率标准。然而，排污收费制度仍然属于行政法规，存在执法刚性不强等问题。为了应对上述问题，2016年12月25日，政府立法通过了《环保税法》，并自2018年1月1日起正式施行，完成了由费改税的过渡。从之前的排污费到现在的环保税，不变的是对生态文明建设的高度重视，变的是更严格的法律约束性和强制性。

环保税的政策目标是保护和改善环境，减少污染物排放，推进生态文明建设。该税法分别从总则、计税依据和应纳税额、税收减免、征收管理和附则五个方面做出了详细的规定。

总体而言，环保税遵循税负平移原则，采用了实行排污费时所确定的征收对象、征收范围和计税方法等。环保税的纳税人为在中华人民共和国领域和中华人民共和国管辖的其他海域，直接向环境排放应税污染物的企业、事业单位和其他生产经营者。但是，对于向依法设立的污水集中处

理、生活垃圾集中处理场所排放应税污染物，或在符合国家和地方环境保护标准的设施、场所贮存或者处置固体废物不属于直接向环境排放应税污染物的行为，因此不需要缴纳环保税。

环保税的税目包括大气污染物、水污染物、固体污染物和噪声四大类。其中，大气污染物的税率为每污染当量 1.2~12 元；水污染物的税率为每污染当量 1.4~14 元；固体污染物的税率为每吨 5~1 000 元；噪声根据超标分贝的多少，每月 350~11 200 元。具体税率可以参见政府相关网站[①]。同时，《环保税法》规定各省、自治区、直辖市人民政府可以统筹考虑本地区环境承载能力、污染物排放现状和经济社会生态发展目标要求，在规定的税率幅度内提出各省市具体适用的税率标准。

与此同时，《环保税法》规定对于以下情形，可以暂免征收环保税：①非规模化养殖的农业生产所导致的排放应税污染物。②各种流动污染源所导致的排放应税污染物。流动污染源主要包括机动车、铁路机车、非道路移动机械、船舶和航空器等。③向依法设立的污水集中处理、生活垃圾集中处理场所排放应税污染物，且不超过国家和地方规定的排放标准。④符合国家和地方环境保护标准的设施、场所贮存或者处置固体废物。⑤政府允许的其他免税情形。同时，对于排放应税大气污染物或水污染物浓度值低于国家和地方规定污染物排放标准的 30%或 50%，则分别可以减征环保税 25%和 50%。

《环保税法》的实施标志着中国的环境治理正式进入法治化阶段。纳税人拒绝上交环保税将面临法律制裁而不再是行政处罚，从而极大地强化了该政策的执行力[②]。

3.2 环保政策及环保税对经济—环境的影响及作用机理

3.2.1 环保政策对经济—环境的影响及作用机理：微观层面

随着社会环保意识的增强，各国政府均实施了大量的环保政策来控制

① 政府相关网站：http://www.npc.gov.cn/npc/c12435/201811/5e7d3cfb3afa4ef79428c0ff7a29fdd7.shtml。

② 更多关于《环保税法》的细节，请参考 Wu 和 Tal（2018）和韩菲（2021）的文献。

污染行为，推动可持续发展。众多学者对环境规制的双重红利进行了探讨：通过改善环境而带来的绿色（环境）红利与通过减少市场扭曲，提高效率带来的蓝色（经济）红利。相关研究发现，环境规制可实现绿色红利，但对能否实现蓝色红利存在争议。

著名的波特假说（Porter & Linde，1995）提出严格而适当的环境规制可以通过创新激励、效率改进等途径提高企业的生产率、经营业绩和竞争力。波特假说得到了许多学者的支持（Hamamoto，2006；Lanoie et al.，2008；Yang et al.，2021；Rassier & Earnhart，2015；Ai et al.，2020；Peng et al.，2021；Wang et al.，2021；Zhang et al.，2021；Song et al.，2022；马海良 等，2012；李树 等，2016；龙小宁，万威，2017；孙博文 等，2019；谌仁俊 等，2019；杨蓉，彭安祺，2021；谷慧玲 等，2021）。例如，Lanoie 等（2008）分析了加拿大魁北克省的制造行业，发现更严格的环境规制可能通过刺激创新对企业绩效产生积极影响，并且在国际竞争程度较高的产业群中产生更强的效应。Rassier 和 Earnhart（2015）的研究结果表明，环境规制会激励企业创新，最终提高企业的盈利能力，验证了波特假说。马海良等（2012）利用 1995—2008 年长三角经济区的面板数据，在 SCP 分析框架下，测算环境规制对技术创新和产业绩效的具体影响，结果显示环境规制通过技术创新产生的正向效应超过了成本增加引起的负向效应，最终导致产业绩效的增加，环境规制在即期和滞后期都能够显著促进技术创新和产业绩效，且在即期促进效果最好。环境规制每提高 1%，技术创新和产业绩效分别增加 2.902%和 1.385%。李树等（2016）认为环境规制能够显著提高企业绩效，说明在中国的重污染行业中存在着环境保护和企业绩效提高的双重红利。通过对中介效应的检验，他们发现代理成本在环境规制和企业绩效之间能起到部分中介作用，即环境规制对企业绩效的影响可以部分通过降低企业代理成本的途径来间接实现。龙小宁和万威（2017）利用 1998—2007 年中国制造业企业的数据，使用双重差分法实证分析了清洁生产标准的实施对于企业利润率的影响，发现清洁生产标准的实施显著提高了企业的利润率，但是并没有促进企业创新，也没有提高企业补贴。他们进一步分析发现，清洁生产标准的实施提高了规模较大企业的利润率，降低了规模较小企业的利润率。孙博文等（2019）以清洁生产目录标准的政策实施为外生冲击事件，基于双重差分法实证检验了环境规制对企业盈利能力、盈利质量等蓝色红利的影响，研究发现环境规制显著提升了制造企业的利润率和企业的现金流充裕性，改善了企业的盈利能力和盈利质量。谌仁俊等（2019）使用 2014—2017 年中国上市工业企业季度数据，探讨了中央环保督察对企业绩效的影响，研究发现，整体而言，中央环保督察能通过创新驱动改善上市工业企业绩效，且在督察后仍保持显著正效应。杨蓉和彭安祺（2021）发现环境规制对企业绩效存在积极的正向影响，且环境规制是通过促进技术创新进而影响企业绩效，技术创新在上述两者关系中起到了部分中介作用，进一步研究发现相比于效率优先型企业和效率导向型企业来说，环境规制对环保优先型企业和环保导向型企业的企业绩效的促进作用更加显著，且技术创新在环境规制对环保导向型企业的企业绩效影响中起到了显著的中介作用。谷慧玲等（2021）以沪深 A 股上市公司中的重污染企业为研究对象，发现环境规制对企业绩效具有显著正向影响。

此外，有学者研究发现环境规制可以提高企业的全要素生产率（Jaffe & Palmer，1997；Hamamoto，2006；Yang et al.，2012；Peng et al.，2021；Wang et al.，2021；Yang et al.，2021；Zhang et al.，2021；任胜钢 等，2019；袁文华 等，2021；王珮 等，2021；范丹 等，2022）。例如，Jaffe 和 Palmer（1997）在控制行业特定效应后，发现环境规制对制造业企业的研发支出具有显著的正向影响，有利于企业全要素生产率的提高。Hamamoto（2006）的研究结果表明，环境规制所刺激的研发投资增加额对企业全要素生产率的提升具有显著的正向影响。通过对制造业的调查，Yang 等（2012）的研究发现，环境规制政策可以促进企业的研发投入，并进一步提高工业生产率。另外，Peng 等（2021）证实了以市场为导向的环境规制可以有效地促进企业生产力的提高，但这种对生产力的促进效应会随着时间逐渐减弱。Wang 等（2021）发现中央环保督察通过促进管理效率和技术创新来提高中国上市公司的全要素生产率。也有研究认为环境规制会促进企业全要素生产率的提高，但公司的议价能力削弱了环境规制对企业全要素生产率的影响（Yang et al.，2021）。Zhang 等（2021）基于中国的采矿业企业的微观数据，研究发现对绿色发展提供的税收激励能够提高采矿业企业的全要素生产率，其中采矿业企业税收激励每增加 1%，全要素生产率就会提高 0.06%。袁文华等（2021）利用 2012—2018 年 A 股上市工业企业的数据，发现 2015 年实施的环保法显著提高了污染密集型工业企业的全要素生产率，而且这种促进效用不论在国有企业还是非国有企业中都显著存在。王珮等（2021）研究表明，对企业排放污染物征收的环保税有利于促进企业绿色技术创新，对于企业的 ESG 表现有促进作用，从而有利于达到可持续发展。任胜钢等（2019）以 2007 年的二氧化硫排放权交易试点政策作为准自然实验，研究排污权交易制度对企业全要素生产率的影响，发现排污权交易制度显著提高了试点地区上市企业的全要素生产率，且年度效应滞后两年后逐年递增。范丹等（2022）利用双重差分模型设计碳排放权交易试点政策的准自然实验，从企业微观层面识别碳排放权交易试点政策对全要素生产率的影响，研究发现碳排放权交易试点政策有助于企业全要素生产率的提升，且该政策是通过激发企业创新和优化资源要素配置两条路径来提升企业全要素生产率的。

而新古典经济学则认为，环境规制会给企业带来额外的污染控制成本，挤出生产和研发投资，导致利润下降，不利于技术创新，从而阻碍产业结构升级，进而损害企业经营业绩和生产率（Gollop & Roberts，1983；Gray，1987；Jorgenson & Wilcoxen，1990；Jaffe & Palmer，1997；Rubashkina et al.，2015；Cohen & Tubb，2018；Du & Li，2020；余伟等，2017；叶红雨，王圣浩，2017；周京，李方一，2018）。例如，Rubashkina 等（2015）采用了 17 个欧洲国家的面板数据，发现环境规制对公司运营增加了限制，并对公司业绩产生了不利影响。余伟等（2017）采用两阶段分析方法，实证分析了环境规制、技术创新和工业经营绩效之间的关系，发现环境规制对企业研发投入有显著的促进作用，表明当前我国严格的环境保护政策能够引致工业企业进行技术创新。但是，环境规制的研发投入引致效应还不够充分，不能对工业经营绩效产生促进作用。叶红雨和王圣浩（2017）采用 2011—2014 年中国重污染行业的上市公司的面板数据，发现环境规制对企业短期财务绩效有抑制作用，而与企业长期财务绩效不相关，表明环境规制造成的企业成本增加会直接体现在当期财务指标上，导致短期财务绩效降低，但环境规制与企业的长期财务绩效没有直接联系。周京和李方一（2018）基于 2010—2014 年我国重污染行业 501 家上市公司的财务数据研究发现，现阶段我国环境规制强度与企业盈利能力之间仍然呈负相关关系，实证分析的结果并未支持波特假说，即创新收入弥补环保成本，而支持了环境规制对企业绩效、企业盈利能力的制约性假说。

环境规制给企业带来的负面影响也体现在企业全要素生产率上（Gray，1987；Jorgenson & Wilcoxen，1990；Barbera & McConnell，1990；Jaffe et al.，1995；Boyd & McClelland，1999；Bynoe，2004；Lanoie et al.，2008；Lanoie et al.，2011；Du & Li，2020；Cai & Ye，2020；Tang et al.，2020；王海 等，2019；胡玉凤，丁友强，2020）。例如，Gray（1987）研究发现，环境规制强度与美国制造业企业的全要素生产率呈明显的负相关关系。Jorgenson 和 Wilcoxen（1990）发现，环境规制会导致美国的 GNP 水平下降。Barbera 和 McConnell（1990）、Jaffe 等（1995）认为环境规制严格增加了非生产性活动产生的额外成本，并导致美国污染企业生产率下降。Boyd 和 McClelland（1999）通过研究造纸企业，发现环境规制会增强企业的资本约束，从而造成企业潜在生产产出的损失。Bynoe（2004）和 Lanoie 等（2008）通过研究圭亚那和加拿大环境规制与企业全要素生产率之间的关系，也得到了类似的结论。Lanoie 等（2011）的研究结果表明，环境政策会对企业绩效产生负向的直接影响，且在规模上大于通过研发中介所产生的间接正向影响，环境规制所引发的创新只能部分抵消遵守环境政策的成本。同样，在中国也发现了环境规制对企业全要素生产率的负面影响。Du 和 Li（2020）通过研究认为，环境规制在短时间内迅速增强会导致负效应。Cai 和 Ye（2020）研究发现，环境规制政策会抑制企业的全要素生产率，并且这种影响持续了两年。进一步的异质性研究发现，国有企业、出口企业、成立更久的企业和现金流更充沛的企业受到的影响更小。Tang 等（2020）的研究也认为环境规制会抑制企业的全要素生产率，但这种影响是滞后的、持续的，并且对重污染企业、规模更小的企业和外国企业的负面影响更大。王海等（2019）利用中国工业企业数据库，实证发现排污费征收力度加大对企业全要素生产率产生负向影响，开征环保税可能不利于企业全要素生产率提升，进一步分析发现，上述影响在小城市及非政策关注地区表现更为明显。胡玉凤和丁友强（2020）通过匹配 2006—2017 年中国上市公司及所在地区数据，运用双重差分法发现，碳交易对绿色全要素生产率、企业全要素生产率均有显著负向影响，碳交易实现了绿色效率和企业效益双赢，但没有实现企业全要素生产率及绿色全要素生产率协同增长。

与前面两种结论不同，部分研究发现环境规制对企业绩效的影响存在不确定性（姚林如 等，2017；耿云江，赵欣欣，2020；吕靖烨，张林辉，2021；韦院英，胡川，2021）。姚林如等（2017）从社会福利最大化的角度出发，比较分析各种环境规制工具对企业绩效的影响，结果发现企业绩效与命令型环境规制工具呈显著负相关，而与市场型环境规制工具呈显著正相关。耿云江和赵欣欣（2020）的研究表明，环境规制会显著促进企业绿色创新，以绿色创新为中介变量，还会显著抑制企业短期绩效，以及显著提升企业长期绩效。吕靖烨和张林辉（2021）研究表明：环境规制并非直接影响工业行业的经营绩效，技术创新在环境规制对经营绩效的影响过程中存在中介效应，其中介效应值为 57.67%；环境规制与经营绩效呈非线性 U 形影响关系，表明了两者之间单门槛效应及标准规制水平的存在。韦院英和胡川（2021）研究发现，行政化政策和市场化政策分别对公司短期绩效有显著的负向影响，对公司长期绩效有显著的正向影响。

同时，也有研究提出环境规制对企业全要素生产率的影响是不确定的（Alpay et al.，2002；Gray & Shadbegian，2003；Wang & Shen，2016；Huang & Liu，2019；Li & Chen，2019；Shen et al.，2019；王杰、刘斌，2014；刘和旺 等，2016；汤学良 等，2019；黄秋凤 等，2020；马点圆 等，2021）。由于选取的环境保护政策的不同，所研究的对象不同，我们不能够确定环境规制对企业生产绩效有着正面还是负面的影响。通过调查美国和墨西哥的食品行业，Alpay 等（2002）发现环境规制对美国企业的盈利能力或生产率影响不显著，而墨西哥迅速提高的环境标准促进了企业生产率的提高。Gray 和 Shadbegian（2003）将工厂划分为综合性和非综合性，发现环境规制会提高工厂的治污成本，对综合性工厂的生产率产生负面影响，而对非综合性工厂的影响较小。Wang 和 Shen（2016）发现环境规制与绿色全要素生产率呈倒 U 形关系，环境规制对企业的生产率有略微的但滞后的促进作用，但其对公司的出口影响呈 U 形，而这种 U 形关系却没有表现在轻污染行业和地区（Huang & Liu，2019）。Li 和 Chen（2019）则认为环境规制会在短期对企业的绿色全要素生产率产生负面影响，而长期则会实现企业竞争力与环境保护的双赢。Shen 等（2019）进一步指出，不同类型的环境法规对工业部门的环境全要素生产率（ETFP）有不同的影响。王杰和刘斌（2014）以 1998—2011 年中国工业企业数据为样本，检验了环境规制对企业全要素生产率的影响，结论显示环境规制与企业全要素生产率之间符合倒 N 形关系，即环境规制强度较弱时，企业环境成本较低，技术创新的动机不够，全要素生产率会降低；当环境规制强度提高到能够促进企业技术创新时，只要环境规制处于合理的范围内，就会促进企业全要素生产率的提高；但当环境规制强度超过了企业所能承受的范围，全要素生产率会下降。刘和旺等（2016）的研究也得到了类似的结论，他们利用省级层面的环境规制数据和微观层面的中国工业企业数据，发现地区环境规制强度与企业全要素生产率之间存在倒 U 形关系，即随着环境规制强度的提高，企业全要素生产率会逐渐提高，但当环境规制强度提高到一定程度后，企业的全要素生产率会下降。黄秋凤等（2020）实证研究了两控区政策下本地与邻近地区环境规制强度对本地企业全要素生产率的影响，结果表明本地及邻近地区环境规制与本地企业全要素生产率均呈 U 形关系。两控区的邻近环境规制与企业全要素生产率呈正相关关系，非两控区的本地环境规制与企业全要素生产率呈负相关关系，说明两控区较严格的环境规制强度促进了该地区企业生产率的提高，非两控区则相之。汤学良等（2019）采用广义倾向得分匹配法（GPSM）对 2011 年实施的《万家企业节能低碳行动实施方案》与中国工业企业全要素生产率之间的因果关系进行了识别，发现“节能减碳”政策强度与制造业企业全要素生产率之间存在 N 形关系：当“节能减碳”政策强度较低时，其可以促进企业全要素生产率的增长；当“节能减碳”政策强度超过一定范围后，其对企业全要素生产率的抑制效应逐步显现；但是，随着创新的促进效应随时间推移，“节能减碳”政策对企业全要素生产率的促进作用会逐步释放。马点圆等（2021）基于 2012—2018 年地级市层面环境规制、环境监管数据与企业层面重污染行业上市公司数据，研究发现正式环境规制与重污染企业全要素生产率之间呈现显著的先下降后上升的 U 形关系；非正式环境规制与重污染企业全要素生产率之间呈现显著的先上升后下降的倒 U 形关系。

上述研究主要是使用公司财务数据分析环境政策对企业的影响。另一类微观层面的研究则主要使用金融市场数据分析环境政策对企业的影响。环境金融方面的研究发现，在各国（地区）股市，环境政策宣布前后存在显著的异常回报，如美国（Kahn & Knittel，2003）、欧盟（Oberndorfer，2009；Bushnell et al.，2013）和中国（Zhang et al.，2019）。因此，学者们认为市场反应与环境政策有关。Kahn 和 Knittel（2003）认为当严格的环境政策宣布时，由于随之而来的环境成本使业绩恶化，污染行业往往会有负的异常回报（Vernon，1992）。然而，实证研究表明，美国煤矿公司的异常收益为负，而电力公司的异常收益为正。Oberndorfer（2009）和 Bushnell 等（2013）在考察欧盟排放限额（EUA）的价格变化时也观察到了类似的结果。Veith 等（2009）进一步解释，电力公司可能会通过提高电价将其日益增加的环境成本转移给消费者，从而得到积极的市场反应。雷立钧和郭杰（2012）发现2007—2010年我国颁布的环保政策对股票市场产生了显著影响，但存在一定的时滞性。陈坤名（2013）认为环保政策对公司生产率的影响存在行业差异。具体而言，环保政策对高污染公司产生的生产率效应比低污染公司更为显著。上述研究提供了实证证据，表明股票市场能够检测到环境政策的影响，从而能够识别环境政策的有效性。

3.2.2 环保政策对经济—环境的影响及作用机理：宏观层面

环境规制是否可以提高绿色全要素生产率，是降低环境污染促进经济发展，进而实现社会可持续发展的关键所在。目前已有大量研究从宏观层面探讨环境规制对绿色全要素生产率与经济发展水平的影响。根据研究结论我们可以把这些宏观层面的研究分为三类。

第一类是波特假说（Porter hypothesis）。如前文所述，Porter和Linde（1995）认为精心设计的环境规制能够产生"创新补偿效应"，提高技术水平，部分甚至完全抵消环境规制带来的成本增加，从而提高企业、行业乃至地区的绿色全要素生产率。同时，先采取创新策略的企业或地区将获得"先动优势"，从而在竞争中处于优势地位。大量的研究从不同的角度证实了波特假说成立（Gurtoo & Antony，2007；Ramanathan et al.，2010；Ahmed et al.，2016；Costa-Campi et al.，2017；Song et al.，2018；Feng et al.，2019；Herman & Xiang，2019；Bu et al.，2020；Hille et al.，2020；Guo & Yuan，2020；Shehabi，2020）。发达国家的经验表明，环境政策可以通过设置市场准入壁垒、改变资源要素价格、促进低碳环保产业发展等方式，引导不同产业间资源要素的重新配置，不断淘汰低端落后产业，促进区域产业结构升级（Ramanathan et al.，2010；Ahmed et al.，2016）。Gurtoo和Antony（2007）分析了环境监管对商业和经济活动的间接影响。他们的研究结果表明，环境监管，尤其是环境立法，可以通过塑造新的环保消费需求市场，引导企业使用新技术、生产新产品，最终引起产业结构的变化。Rubashkina等（2015）通过研究欧洲制造业部门，发现环境规制对创新活动产出具有积极影响，支持了"弱波特假说"。Costa-Campi等（2017）通过研究证实了研发投入补贴能保证环境规制的有效实施。Shehabi（2020）研究了能源补贴改革对科威特经济多样化的影响。结果表明，环境规制政策的实施可以降低经济发展对资源和环境的过度依赖，促进资源型国家产业结构多元化发展。

同样地，大量学者证实了中国也存在波特假说（Zhang et al.，2011；Yang et al.，2012；Chen et al.，2018；Zhu et al.，2019；Chen & Qian，2020；Zhai & An，2020；Du et al.，2021；Feng et al.，2021；Li et al.，2021b；颉茂华 等，2014；原毅军 等，2014；杜龙政 等，2019；范庆泉 等，2020；刘明广，2020；夏凉 等，2021）。Yang 等（2012）基于中国台湾地区的行业数据，发现环境规制与研发支出呈显著正相关关系，环境法规更严格会提高工业竞争力。Zhang 等（2011）通过实证研究发现，环境规制更严格有助于提高中国全要素生产率并促进经济发展。Chen 等（2018）研究发现，在一定的经济水平上，环境规制更严格将有助于减少污染，但腐败官员比例的增加可能会削弱环境规制的作用。Zhu 等（2019）认为环境规制有利于产业结构升级。Chen 和 Qian（2020）利用 2004—2017 年中国沿海省份的面板数据，分析海洋环境规制政策对制造业产业结构升级和污染产业转移的影响。研究结果表明，命令控制型规制能够刺激企业技术创新，促进产业结构升级。Zhai 和 An（2020）发现环境规制对制造业绿色转型的积极作用是通过融资能力和政府行为等其他要素产生的。Du 等（2021）研究发现，当经济发展水平较低时，环境规制会抑制绿色技术创新的发展，但对产业结构升级的影响不显著；当经济发展水平趋于较高时，环境规制将显著促进绿色技术创新和产业结构升级。Feng 等（2021）基于中国地级市面板数据，发现市场型环境规制可以在全国层面有效地提高绿色全要素生产率，但不同地区呈现出空间异质性。Li 等（2021）研究表明，大气污染防治行动计划等环境规制可以提高中国的绿色全要素生产率，并且合理的产业结构会加强这种促进作用。颉茂华等（2014）通过研究中国重污染行业，发现环境规制对重污染行业的 R&D 投入有一定的促进与激励作用，在一定程度上验证了波特假说。原毅军等（2014）基于中国 30 个省份的面板数据，发现正式型环境规制能有效驱动产业结构调整，而非正式型环境规制总体上与产业结构调整呈正相关关系，表明非正式规制的经济效应在中国已初步显现。杜龙政等（2019）发现中国环境规制与工业绿色竞争力之间呈现 U 形曲线关系，在中国情景下验证了波特假说。范庆泉等（2020）的研究结果表明，在环境污染得以控制的前提下，渐进递增的环保税和渐进递减的政府补贴率的政策组合会提高产业劳动技能水平，使得产业结构升级对经济发展由初期的抑制效应转变为促进其高质量增长。刘明广（2020）以2009—2017年中国30个省份的面板数据为样本，运用中介和调节效应模型进行分析，研究表明命令型和市场型环境规制不仅直接对企业绩效具有激励效应，而且通过绿色产品创新和绿色工艺创新间接提升企业绩效。夏凉等（2021）研究指出，命令控制型环境规制不利于地区绿色全要素生产率的提升，而市场激励型和群众参与型环境规制对绿色全要素生产率具有积极的促进作用，三种环境规制工具呈现明显差异性。

第二类是限制假说（restriction hypothesis），基于新古典主义框架（neoclassical framework），认为环境规制会导致生产成本上升，对投资产生挤出效应，从而损害企业、行业和宏观经济的绿色全要素生产率（Barbera & McConnell，1990；Lin & Xu，2019；Hou et al.，2020；沈坤荣 等，2017；卢洪友 等，2019；史贝贝 等，2019；许长新 等，2019）。例如，Barbera和McConnell（1990）研究指出，由于受环境政策的影响，资源转向所需的减排资本，环境法规通过增加生产成本从而对行业的全要素生产率产生负向影响。Lin和Xu（2019）基于中国省级层面构建了三阶段估计模型，发现对中国冶金行业实施碳税的环境政策会显著降低行业的生产总值和绿色全要素生产率。Hou等（2020）研究发现，中国实施的市场型环境政策——碳排放权交易机制并没有实现经济红利，并且由于效率变化的恶化，对中国绿色全要素生产率的增长产生了显著的负面影响。沈坤荣等（2017）实证研究发现，环境规制引发了污染的就近转移效应，地理距离上在150千米达到峰值，不利于周边地区GTFP水平的提高。并且随着时间的推移，污染就近转移效应表现出更为明显的就近特征，当前中国各城市为实现局部短期利益最大而实行的环境规制政策并不利于全局环境治理。卢洪友等（2019）通过研究2006—2014年中国省级行政单位以下排污费征收标准的改革实践发现，二氧化硫排污费征收标准的提高对经济增长的数量和质量上均存在抑制效应。同时，二氧化硫排污费的提高未能产生预期的“蓝色红利”的原因在于：在缺乏产能约束政策的背景下，企业面对排污费压力时往往通过扩大产能，依靠规模效应以抵消排污费压力。史贝贝等（2019）基于中国286个地级市的面板数据，研究发现环境信息披露制度显著阻碍了地区整体外商直接投资的流入，并且这种阻碍作用在地区外资饱和度与环境规制强度上呈现出递增规律，不利于地区使用外商直接投资作为弥补资金周转缺口、实现技术资本转移和促进经济增长的重要依托与实现形式。许长新等（2019）基于省际动态面板数据，发现环境规制本身会对经济增长存在负向影响，同时对相邻地区的经济增长呈现出负向空间溢出效应，这主要是环境规制的实施成本增加造成的。

同时，为了避免环境规制力度加大带来的成本增加，一些产业选择迁移到环境规制相对宽松的地区，形成污染避难所假说（pollution haven hypothesis，PHH），进而对迁出、迁入地的产业结构产生影响（Copeland & Taylor，2004）。但是，现有的关于 PHH 的实证研究并没有得出一致性的结论（Mani & Wheeler，1998；Mulatu et al.，2010；Millimet & Roy，2016；Bagayev & Lochard，2017；Shen et al.，2017；Zheng & Shi，2017；Kathuria，2018；Wang et al.，2019；Wu et al.，2019；Zhao et al.，2020）。Mulatu 等（2010）估算了环境规制对 13 个欧洲国家 16 个制造业区位的影响，并验证了污染避风港效应的存在。根据《欧盟空气质量框架指令》，Bagayev 和 Lochard（2017）衡量了欧盟空气质量监管的严格程度，发现对空气污染监管更严格的欧盟国家倾向于从发展中国家进口污染产品，而不是自己生产。然而，Millimet 和 Roy（2016）认为这种污染避难所假说仅适用于那些重污染的化工行业，而对于轻污染行业并不适用。此外，大量研究探讨了 PHH 在中国是否存在。Wang 等（2019）发现环境规制会影响污染行业企业的区位选择。Zhao 等（2020）研究表明，严格的环境规制不仅会直接影响二氧化碳减排，还会间接影响碳密集型产业的投资，导致区域内碳密集型产业的转移。Wu 等（2019）研究了环境规制在污染密集型产业再分配中的关键作用。研究结果证明了污染避难所假说和波特假说在中国产业中的并存。此外，Zheng 和 Shi（2017）利用了 2004—2013 年中国 30 个省级区域的面板数据，研究了污染避难所假说。结果表明，环境规制的实施有效地阻止了污染企业向其他地区迁移，证明污染避难所假说并不成立。Shen 等（2017）发现，通过有针对性的环境规制，如建设污水处理厂，可以避免形成新的污染港。

第三类是不确定性假说（uncertainty hypothesis），核心观点是环境规制对绿色全要素生产率的影响是不确定的（Becker，2011；Wang & Shen，2016；Li & Wu，2017；Wang et al.，2018；Zhao et al.，2018；Shen et al.，2019；Cao et al.，2020；Su & Zhang，2020；He et al.，2021；张成 等，2011；李斌 等，2013；钟茂初 等，2015；张娟 等，2019；薛钢 等，2020）。例如，Becker（2011）通过研究美国制造业企业，发现在环境规制产生较

高成本的区域，环境规制对一般制造业企业的生产效率影响不显著。Wang 和 Shen（2016）研究表明，中国环境规制程度与环境生产率呈倒 U 形关系。就产业整体而言，环境规制与环境生产力之间存在一定程度的正相关关系。然而，其在个别行业并不成立。类似的，Zhao 等（2018）的研究表明，环境规制强度与中国信息化产业全要素生产率之间存在显著的倒 U 形关系；Cao 等（2020）基于中国长三角地区，发现地区环境规制与经济增长呈倒 U 形关系。Su 和 Zhang（2020）也发现中国环境规制对绿色经济效率的影响在国家层面呈现出倒 U 形关系，且东、中、西部差异明显。Wang 等（2018）研究发现，中国环境规制政策与绿色全要素生产率之间存在正 U 形关系。在要素互补的基础上，资本的快速积累导致技术进步向资本倾斜。然而，在劳动偏离下，技术进步可以显著提高绿色全要素生产率。Li 和 Wu（2017）基于中国地级市层面，发现在高政治属性城市下环境规制对绿色全要素生产率的影响显著为正，在低政治属性城市下显著为负，呈现出不同的影响趋势。Shen 等（2019）通过研究发现，中国不同类型的环境规制对不同行业的绿色全要素生产率具有异质性影响。过高的环境规制强度削弱了重污染企业的技术创新能力。强度中等的命令—控制型和市场型环境规制对中等污染企业协调良好。在轻度污染行业中，市场型环境规制与绿色全要素生产率之间存在显著的 N 形特征。He 等（2021）研究发现，中国环境规制对长江经济带地级市的绿色全要素生产率没有显著影响。张成等（2011）实证研究发现，环境规制强度和生产技术进步之间存在不确定性关系且存在区域异质性。在东部和中部地区，环境规制强度和企业生产技术进步之间呈现 U 形关系。而在西部地区，受到环境规制形式的影响，环境规制强度和企业的生产技术进步之间尚未形成在统计意义上显著的 U 形关系。李斌等（2013）研究指出，环境规制可以通过作用于绿色全要素生产率而影响中国工业发展方式的转变，但这种影响并不稳定且存在门槛效应。当环境规制强度低于门槛值时，环境规制对工业发展方式转变的促进作用并不显著，而当其介于门槛值之间时则有利于促进工业发展方式的转变，但当其越过门槛值时，加强环境规制会对工业发展方式的转变产生负面作用。钟茂初等（2015）实证研究发现，环境规制与地区产业转移、结构升级均呈现 U 形关系。且由于东中西部地区处于不同产业结构变迁阶段，环境规制的影响呈现出明显的区域异质性。张娟等（2019）基于中国省际面板数据，发现环境规制对绿色技术创新产出的影响呈现

U 形关系，即随着规制强度的增加，绿色技术创新产出先减小，且滞后一期的影响显著，长期内有利于提高地区 GTFP 水平。薛钢等（2020）的研究结果表明，大气和水污染物税收与污染物排放量关系在全国层面均符合倒 U 形曲线关系。在按征收强度将全国划分为低、中、高三层次的地区后，发现各个水平地区呈现大气污染物倒 U 形曲线，且均位于倒 U 形曲线左侧，偏离对称轴较远。

类似地，环境规制对环境治理的影响也存在不确定性（曾冰 等，2016；郑石明，罗凯方，2017）。曾冰等（2016）通过将环境政策工具分为直接管制型、市场型和非正式型三种进行分析后发现，不同类型的环境政策工具对“三废”排放的影响效果不同，并且东中西部地区的环境政策工具效果表现出异质性。郑石明和罗凯方（2017）通过研究发现，管制型和市场型政策工具对大气污染治理具有明显效果，而自愿型政策工具不具有正向影响。

3.2.3 环保税相关研究

在 2018 年 1 月 1 日环保税正式实施之前，学者们关注到税制中的各种融入型环境税费政策，例如资源税、消费税、排污费和企业优惠政策等，并对此展开了研究。张堉（2005）认为应该针对具体污染行为开征特殊税种并辅助税收优惠等征税调节措施。胡子昂（2007）认为排污费征收制度存在征收标准偏低、征收管理不到位、难以激励企业积极治污等问题。刘凤良和吕志华（2009）认为，应该配合使用配套政策来降低开征环境税导致的环境成本上升对经济社会带来的不利影响。李颖（2011）认为由于缺乏独立的环保税政策，税收对环境保护的调控作用被弱化了。李建军和刘元生（2015）通过实证分析发现，从整体而言当前国家税收的污染减排效果不明显，排污费的征收反而导致工业“三废”排放量增加。卢洪友和朱耘婵（2017）通过实证研究发现，碎片化式融入型环境税费政策由于缺乏正式的环保税税种，企业环境优惠政策分散以及排污费政策的执行力度弱等，不能起到有效遏制工业污染的作用。贺娜等（2018）基于税制绿化视角，研究了狭义环保税、类环保税和广义环保税对企业技术创新的影响。研究结果表明，开征狭义环保税对企业技术创新数量的增加最具有显著的促进作用，而且对国企以及规模较大、现金流不足的企业的激励作用更为显著。

在 2018 年 1 月 1 日环保税正式实施之后，学术界更是广泛开展了针对环保税的相关研究，主要可以分为四个大类：

第一个大类的研究主要针对环保税制度设计方面。卢洪友等（2018）认为当前环保税政策整体上起到降污减排的政策效果，但必须配套控制型环境规制并督促地方政府严格落实环保税政策。黄健和李尧（2018）认为，为了让环保税的政策起到效果，避免曾经影响排污费征收的不利因素的影响，必须加强环保税征管的区域联动，并健全区域间环境污染外溢效应补偿机制。王霞和尹佳（2020）认为环保税征税过程中存在责任主体不清晰等问题，为了确保环保税征管工作高效有序运行，需要平衡部门利益关系。冯力沛（2021）通过对晋冀鲁豫陕的环保税地方“制度收入”进行核算后认为地方政府可以从加强核定征收管理、充分发挥税额功能和推进工业绿色转型等方面建设环保税制度。

第二个大类的研究主要针对环保税的经济效益方面。部分研究认为环保税的开征有利于企业和地方经济发展。例如，汤凤林和赵攸（2018）认为开征环保税引起企业的环保成本增加、纳税申报难度加大，但同时也为环保产业赢得发展机遇。李青原等（2020）通过实证研究发现，排污收费制度通过外部压力和内部激励这两条路径“倒逼”了企业的绿色创新能力，并在企业资源基础较强时“倒逼”效应更加明显，但环保补助却不存在这一现象。孙钰鹏等（2020）研究表明，开征环保税主要通过刺激企业创新投入来促进企业升级，但这种关系主要存在于民营企业中，并且在东部地区环保税对企业升级的促进作用更为显著。温湖炜等（2020）研究发现，环境保护税改革能否撬动企业绿色技术创新受企业规模、行业特征与政策执行力度等因素影响。环境税费成本上升会倒逼大中型企业绿色技术创新，但对小规模企业的影响不显著；环境税费征收标准调整政策对企业绿色技术创新的作用在高污染行业、政策执行力较强城市和实施绿色税收政策地区更为突出。王晓祺等（2020）以 2007—2016 年中国 A 股上市公司为样本，利用双重差分法和手工搜集的绿色专利数据，实证考察了 2014 年修订的《中华人民共和国环境保护法》实施对重污染公司绿色创新的影响。其研究表明，该法能够发挥波特效应，即倒逼重污染公司进行绿色创新。王树强和范振鹏（2021）通过研究沪深 A 股污染行业上市公司发现，环保税显著促进企业绿色创新并且长三角地区企业的绿色创新效果高于京津冀地区；大企业的绿色创新效果高于中小企业；国有企业的绿色创新效果高于非国有企业。王丽萍等（2021）发现新环保法能够显著提高重污染行业的公司绩效，且这种影响通过了平行趋势假说。杨友才和牛晓童新（2021）将2018年修订的《环保税法》作为一次准自然实验，利用我国重污染行业上市公司2011—2019年的数据，使用双重差分倾向得分匹配法（PSM-DID）分析该法的实施是否符合“强波特假说”。研究发现：《环保税法》显著提高了我国重污染行业上市公司效率，并有效促进了重污染公司进行创新，进而提高公司效率。尹正浩（2022）研究发现，《环保税法》的颁布实施能够提升我国重污染制造企业的财务绩效，促进我国重污染制造业企业的发展。

另一部分研究则认为环保税的开征可能会损害企业和地方经济发展。曾先峰等（2019）研究指出，单独征收资源税或者环境保护税将对宏观经济产出带来负向影响，且资源税对宏观经济产出的负向影响更加显著。其中，资源税主要通过抑制企业投资对宏观经济产出产生负向影响，而环境保护税主要通过抑制消费和企业投资影响产出。王海等（2019）在测算地区排污费征收力度的基础上研究发现，增大排污费征收力度会对企业全要素生产率产生负向影响，呈现“挤出效应”，开征环保税可能不利于企业全要素生产率的提升。同时，上述影响在小城市及非政策关注地区表现更为明显。

还有部分研究认为环保税对企业和地方经济发展的影响尚不确定。例如，金友良等（2020）以2017—2018年1 150家上市公司为研究样本考察了环境保护费改税的微观经济效应，研究发现“环保费改税”政策的实施尚未产生预期效应，对企业绩效的影响在短期内并不明显，且在企业个体维度和时间维度上的变化存在不规则特征。

第三个大类的研究主要针对环保税的环境效益方面。吴茵茵等（2019）通过构建考虑不完全竞争市场、成本异质性及差异化环保税的微观理论模型，发现提高环保税额标准不一定能够实现“环境红利”。当地区之间的环保技术差距偏大、环保技术较落后地区的企业数量较多，或者污染物的外溢性较强时，对技术较落后地区执行较低的税额标准都将扭曲环保税的减排功能。魏思超等（2020）的研究结果表明，同一个环境保护税率无法同时实现经济产出最大化和社会福利最大化的目标，这表明在高质量发展阶段政府需要舍弃以经济增长为中心的政策思路，转而以社会福利最大化为目标确定最优的环境保护税率。薛钢等（2020）发现从全国范围来看，大气污染物税收和水污染物税收与污染物排放量的关系均符合倒U形模型，且目前看来排放量呈现随着税收的增加而增加的状态。胡俊南和徐海婷（2021）运用系统动力学发现在企业每年的污染物减排量阈值范围内，增强环保税的税收力度和税收优惠可以有效激励企业履行环保责任。牛晓叶等（2021）以中国2015—2019年需要缴纳排污费的污染企业为样本进行研究，发现排污费改税对企业的环保投入具有显著的激励作用，排污费改税政策效应在行政干预力度强的地区、次高污染行业的效果更为明显。薛钢等（2021）通过研究认为，为了充分发挥环保税改善环境，促进经济高质量发展的双重红利效应，应该避免地区间税率差异过大的不平衡现象，丰富税收优惠激励机制。

第四个大类的研究主要通过构建计算一般均衡（CGE）模型和动态一般均衡（DSGE）模型来仿真预测环保税的影响。例如，Hu等（2018）、Li和Masui（2019）利用计算一般均衡（CGE）模型预测了环保税对环境污染和国民经济的影响。模拟结果表明，该政策是一把“双刃剑”，它有助于环境保护，但也会恶化国家经济。具体来说，到2030年，在采用从最低至最高的环境税情景下，二氧化硫（或二氧化碳）排放量将减少3.55%（或2.21%）、7.15%（或4.62%）、6.70%（或8.91%）和13.01%（或16.77%）。然而，这些情景造成的GDP损失将分别为0.10%、0.21%、0.32%和0.67%（Li & Masui，2019）。Wang等（2019）也发现，环保税的有效减排效果平均为1.42%，对地方经济增长的负面影响为-1.13%~-4.90%。这些研究都发现《环保税法》的实施有助于环境保护，但会使国家经济恶化。不同的是Hu等（2018）、Li和Masui（2019）聚焦于国家层面，而Wang等（2019）则是基于区域层面。

3.2.4 文献述评

总的来看，学者们针对环保政策及环保税对经济—环境的影响及作用机理开展了一系列研究，并初步证实环保政策及环保税对经济—环境存在显著性影响。但就具体环保政策及环保税的影响力而言，无论是微观层面还是宏观层面，相关研究结论仍然存在较大争议，并且形成以下三种主要结论：①波特假说（Porter hypothesis）。Porter和Linde（1995）认为精心设计的环境规制能够产生“创新补偿效应”，提高技术水平，部分甚至完全抵消环境规制带来的成本增加，从而提高企业、行业乃至地区的绿色全要素生产率。同时，先采取创新策略的企业或地区将获得“先动优势”，从而在竞争中处于优势地位。②限制假说（restriction hypothesis）。基于新古典主义框架（neoclassical framework），认为环境规制会给企业带来额外的污染控制成本，挤出生产和研发投资，导致利润下降，不利于技术创新，从而阻碍产业结构升级，进而损害企业、行业和宏观经济的经济效益和全要素生产率。③不确定性假说（uncertainty hypothesis），其核心观点是环境规制对企业、行业和宏观经济的影响是不确定的。因为选取的环境保护政策的不同，所研究的对象不同，所以不能够确定环境规制对企业、行业和宏观经济的影响是正面还是负面。

纵观已有研究不难发现，现有文献在宏观层面上对环境政策的环境绩效研究路径已经较为清晰，但是缺乏微观层面的研究。究其原因主要是受限于企业环境数据的可获得性因素，相关研究难以开展。同时，微观层面的相关研究也大量使用双重差分模型来探讨环保政策的经济—环境影响。然后，单就环保税政策而言，相关研究则较少使用该方法进行探讨。究其原因可能是该方法需要较长的观测期。而在此之前，环保税实施时间较短，无法提供足够的数据以进行相关研究。

就宏观层面而言，尽管环保政策对经济—环境的影响及作用机理的相关研究路径及思路已经较为清晰，但是单就宏观层面环保税相关研究则存在一定的局限性。已有文献使用空间计量的方法探讨环境规制的影响，并且发现环境规制具有空间溢出效应，尽管这种溢出效应既可能为正也可能为负（Feng et al.，2019；Zhang et al.，2019；Peng，2020；Yu & Shen，2020；Song et al.，2021；Zhang et al.，2021；沈宏亮 等，2019；邵帅，2019；林春艳 等，2019；关海玲 等，2020；上官绪明 等，2020；孙文远 等，2020；李小平 等，2020）。例如，Feng 等（2019）运用空间杜宾模型研究环境规制对城市创新的影响，发现环境规制具有负向的空间溢出效应。Zhang 等（2019）基于中国京津冀地区，发现环境规制对地方产业结构升级的影响具有负向空间溢出效应。Song 等（2021）的研究结果表明，在全国层面上中国环境规制对产业结构升级存在着正向的空间溢出效应，而东部和中西部地区则呈现出负向的空间溢出效应。林春艳等（2019）基于中国 280 个地级市面板数据，发现环境规制对绿色技术进步表现出倒 U 形门槛特征的溢出效应，本地环境规制低于门槛值时会显著促进周边地区绿色技术进步，而高于门槛值时则存在负向的溢出效益。李小平等（2020）研究指出，强制型环境规制政策对地区碳生产率存在负向空间溢出效应，表现出“严格污染管制下的就近转移”特征，而市场型和自愿型则分别存在正向和不显著的空间溢出效应。上官绪明等（2020）实证研究发现，环境规制对经济发展质量具有显著的负向空间溢出效应，其溢出效应的大小因城市规模不同而存在明显差异。孙文远等（2020）基于中国省际面板数据分析表明，环境规制的实施对地区就业结构升级具有显著正向的空间外溢效应，表明本地区环境规制强度的提高有助于带动其他地区就业结构向高级化方向转变，有利于提高地区经济发展水平。考虑到环境规制的空间溢出效应，本研究认为使用空间计量的方法来探讨环保税政策对于经济—环境的影响更为合适。然而，目前鲜有研究使用空间计量的方法对此进行研究。

基于此，本研究首先采用事件分析法评估环保税实施后公司层面的有效性，以探究长江上游地区《环保税法》的短期微观经济和环境效应。同时，《环保税法》作为我国的第一部环境保护专项税法，它也可以被当成一项严格的环境规制政策。因此，本研究将利用长江上游地区企业的微观层面数据，结合双重差分模型探讨该政策的实施对长江上游地区企业业绩和企业全要素生产率的影响。进而，本研究会使用空间计量模型研究以征收大气污染税和水污染税为代表的环保税政策对于中国长江经济带上游地区三省一市的各地级市绿色全要素生产率、经济发展水平以及工业污染排放量的影响。最后，本研究会构建环境动态一般均衡（E-DSGE）模型，针对环保税税率设置水平和设置方式进行基于模型稳态的敏感性分析和反事实分析，期望通过仿真预测的方式，探讨长江上游地区环保税政策对于经济和环境的持续影响，为后续探索环保税政策在该区域的优化方式提供参考。

3.3 环保税政策实施有效性评估的系统分析框架

3.3.1 微观层面政策经济效应评估的分析框架

本研究针对环保税微观层面政策经济效应评估的分析框架主要分为短期和长期两类。

就短期而言，本研究主要采用事件分析法来评估长江上游地区《环保税法》立法和实施时的市场反应及其影响因素。事件分析法的原理是根据研究目的来选择某一特定事件，研究事件发生前后样本股票收益率的变化，进而解释特定事件对样本股票价格变化与收益率的影响。上市公司的股票收益率是反映公司业绩的一种有效指标，《环保税法》立法和实施时对上市公司股票收益率的影响可以被视为该政策在微观层面的短期经济效应。事件分析法是基于有效市场假设提出的，在此基础上，将某个事件没有发生时应该产生的正常收益率（normal return）从样本股票实际收益中剔除，就能得到因该事件发生所产生的超常收益率（abnormal return，AR），通过对超常收益率的研究，就可以衡量该事件发生对股价所带来的影响程度。事件分析法的步骤简单归纳如下：第一步为定义事件，即确定事件发生的日期，这是事件分析法最基础的部分；第二步为确定事件窗口，即估计窗口、事前窗口以及事后窗口，也就是事件发生的日期以及之前和之后的一段交易时期（一般用天来衡量），这是事件分析法最核心的部分；第三步为选择公司样本，即公司样本的选取；第四步为计算正常收益率，即在有效市场假设前提下，某事件若是没有发生所应该得出的该股票应有的收益；第五步为计算超常收益率；第六步为计算累计超常收益率（cumulative abnormal return，CAR），累计超常收益率为超常收益率的简单求和，这种方法主要检验宏观政策调控是否能够给利益相关者带来收益增量或超常收益；第七步为显著性检验，目的在于分析研究事件的显著水平，确定超常收益率和累计超常收益率的统计显著性。此外，根据前人的相关研究（Robinson，1982；Mehran，1995；Nakamura et al.，2001；Gonzálezz，2009；Riutort & Dardati，2011；Kang & Kim，2012；Fan et al.，2013；Turan et al.，2017），本研究选取企业治理结构和财务基本面，进一步研究长江上游地区《环保税法》立法和实施时的上市公司市场反应及其影响因素。

就长期而言，本研究以环保税的实施作为准自然实验并运用双重差分法考察该政策对长江上游地区上市公司的影响。企业资产收益率（ROA）和净资产收益率（ROE）是反映公司业绩的有效指标。《环保税法》实施前后对上市公司资产收益率和净资产收益率的影响可以被视为该政策在微观层面的长期经济效应。同时，双重差分法是评估政策效用使用最广泛的方法之一，通过比较政策实施前后实验组和控制组的影响之差，剔除掉一些不易观测到的干扰因素，从而得到政策的净效应。因其具有以下优势，而备受众多学者的青睐（龙小宁，万威，2017；孙博文，2019；范丹，

2022；胡玉凤，丁友强，2020；Xiao et al.，2021；Chen et al.，2020）。首先，双重差分法能很大程度上避免内生性问题，因为政府政策相对于微观企业主体而言是外生的；其次，双重差分法的原理简单，模型也较简单，容易理解，不会像空间计量等方法难懂；最后，双重差分法相较于传统回归估计，在对政策的估计上具有更好的实用性和精确性。双重差分法在本研究中的应用，首先是将研究对象分为实验组和控制组，在本研究中则是重污染企业与其他企业，其中受到环保税政策影响的重污染企业为实验组，未受到环保税政策影响的其他企业为控制组。通过比较重污染企业与其他企业在环保税政策发生前与发生后的变化来估计政策的净效应。这里提到的实验组与对照组，政策前与政策后之间的差异，就是双重差分。此外，根据前人的相关研究（李树，2016；王海，2019；Li & Chen，2019；Chen et al.，2020；Yang et al.，2021；Zhang et al.，2021），本研究选取企业治理结构和财务基本面控制上述因素对企业经营业绩的影响。

3.3.2 微观层面政策环境效应评估的分析框架

本研究针对环保税微观层面政策环境效应评估的分析框架同样可以分为短中期和长期两类，且方法与该政策微观层面政策经济效应评估的分析框架类似。

就短期而言，本研究同样先采用事件分析法估计长江上游地区环境保护税立法和实施时的市场反应，即超常收益率。其次，本研究根据企业生产过程是否对环境排放污染物，将长江上游地区的公司分为污染公司和非污染公司。环保税政策作为一种环保政策，其应该对污染公司造成负面影响，对非污染公司造成正面影响。因此，本研究将环保税政策对公司的环境有效性定义为：污染（或非污染）公司累计超常收益率为负（或正）则为有效，反之则无效。在评估了环保税政策短期微观层面环境有效性后，本研究进一步探讨其影响因素。同样，根据前人的相关研究（Robinson，1982；Mehran，1995；Nakamura et al.，2001；González，2009；Riutort & Dardati，2011；Kang & Kim，2012；Fan et al.，2013；Turan et al.，2017），本研究选取企业治理结构和财务基本面，进一步研究长江上游地区《环保税法》立法和实施时的上市公司市场反应及其影响因素。

就长期而言，本研究同样以环保税的实施作为准自然实验并运用双重差分法考察该政策对长江上游地区的上市公司的影响。由于数据所限，可用于衡量企业层面环境绩效的指标较少。本研究使用企业全要素生产率来代指企业层面环境绩效。企业全要素生产率越高，其在生产过程中消耗的原材料和能源以及排放的污染物就越少。因此，企业全要素生产率越高可以被认为是企业环境绩效越高。此外，根据前人的相关研究（李树，2016；王海，2019；Li & Chen，2019；Chen et al.，2020；Yang et al.，2021；Zhang et al.，2021），本研究选取企业治理结构和财务基本面来控制上述因素对企业环境业绩的影响。

3.3.3 宏观层面政策经济效应评估的分析框架

本研究针对环保税宏观层面政策经济效应评估的分析框架主要是基于空间计量模型展开的。如前文所述，已有文献使用空间计量的方法探讨环境规制的影响，并且发现环境规制具有空间溢出效应，尽管这种溢出效应既可能为正也可能为负（Feng et al.，2019；Zhang et al.，2019；Peng，2020；Yu & Shen，2020；Song et al.，2021；Zhang et al.，2021；沈宏亮等，2019；邵帅，2019；林春艳 等，2019；关海玲 等，2020；上官绪明等，2020；孙文远 等，2020；李小平 等，2020）。而环保税同样属于一种环境规制，因此使用空间计量模型可以有效探究该政策对于本地以及周边地区的影响，更适合于本研究。

基于此，本研究使用绿色全要素生产率（GTFP）和经济发展水平（Eco）来衡量宏观层面地区经济效应，并从环保税的税率、政府规模、产业结构、基础设施水平和地区投资水平等多个角度探讨其对宏观层面地区经济效应的空间影响。具体而言，本研究首先使用莫兰指数分析绿色全要素生产率和经济发展水平的空间自相关性；然后使用 Wald 检、LR 检验和 Hausman 检验等多种方法确定具体的空间计量模型；最后，本研究使用前文所确定的空间计量模型分析环保税税率、政府规模、产业结构、基础设施水平和地区投资水平等多种因素对于绿色全要素生产率和经济发展水平的影响。此外，本研究还使用门槛模型探讨在考虑了科技创新的情况下，环保税税率对于宏观层面地区经济效应，即绿色全要素生产率和经济发展水平的影响。

3.3.4 宏观层面政策环境效应评估的分析框架

与宏观层面政策经济效应评估的分析框架类似，本研究针对环保税宏观层面政策环境效应评估的分析框架同样是基于空间计量模型展开的。如前文所述，已有文献使用空间计量的方法探讨环境规制的影响，并且发现环境规制具有空间溢出效应，尽管这种溢出效应既可能为正也可能为负（Feng et al.，2019；Zhang et al.，2019a；Peng，2020；Yu & Shen，2020；Song et al.，2021；Zhang et al.，2021；沈宏亮 等，2019；邵帅，2019；林春艳 等，2019；关海玲 等，2020；上官绪明 等，2020；孙文远 等，2020；李小平 等，2020）。而环保税同样属于一种环境规制，因此使用空间计量模型可以有效探究该政策对于本地以及周边地区的影响，更适用于本研究。

基于此，本研究使用工业三废，即工业废水（lnwater）、工业二氧化硫（lngas）和工业烟尘（lndust），来衡量宏观层面地区环境效应，并从环保税的税率、经济发展水平、政府干预、人均城市道路面积和社会固定资产投资等多个角度探讨其对宏观层面地区经济效应的空间影响。具体而言，本研究首先使用莫兰指数分析工业三废的空间自相关性；然后使用Wald 检、LR 检验和 Hausman 检验等多种方法确定具体的空间计量模型；最后，本研究使用前文所确定的空间计量模型分析环保税税率、经济发展水平、政府干预、人均城市道路面积和社会固定资产投资等多种因素对于工业三废的影响。此外，本研究使用门槛模型探讨在考虑了科技创新的情况下，环保税税率对于宏观层面地区环境效应的影响。

4 政策评估：微观层面

4.1 政策短期效应评估：经济

本节运用事件分析法来评估环保税政策在长江上游地区上市公司层面的经济效应。

4.1.1 数据和样本

本节考察了市场对2016年12月25日（立法日）和2018年1月1日（实施日）与《环保税法》有关的事件的反应。公司财务数据来自中国股票市场和CSMAR数据库。本节选取长江上游地区在沪深两个交易所A股上市的上市公司作为初始样本，并对其进行如下处理：①由于监管制度不同，剔除金融行业公司；②剔除在任意一到两个事件日被停止或暂停交易的公司[①]；③剔除数据严重缺失的公司。经过上述处理，最终样本为长江上游地区的166家上市公司。

4.1.2 变量选择[②]

4.1.2.1 被解释变量

本章主要采用事件分析法来评估长江上游地区《环保税法》立法和实施时的市场反应及其影响因素。事件分析法的原理是根据研究目的来选择某一特定事件，研究事件发生前后样本股票收益率的变化，进而解释特定

① 本节试图比较两个事件之间不同的市场反应。因此，剔除那些在任何一个事件日被停止或暂停交易的公司。

② 本节涉及的变量较多，具体变量定义请参见本章末的表4-50。

事件对样本股票价格变化与收益率的影响。事件分析法是基于有效市场假设提出的，在此基础上，将某个事件没有发生时应该产生的正常收益率（normal return）从样本股票实际收益中剔除，就能得到因该事件发生所产生的超常收益率（Abnormal Return，AR），通过对超常收益率（AR）的研究，就可以衡量该事件发生对股价所带来的影响程度。事件分析法的步骤简单归纳如下：第一步为定义事件，即确定事件发生的日期，这是事件分析法最基础的部分；第二步为确定事件窗口，即估计窗口、事前窗口以及事后窗口，也就是事件发生的日期以及之前和之后的一段交易时期（一般用天来衡量），这是事件分析法最核心的部分；第三步为选择公司样本，即公司样本的选取；第四步为计算正常收益率，即在有效市场假设前提下，某事件若是没有发生所应该得出的该股票应有的收益。计算正常收益率的方法主要包括平均收益率法、市场收益率法以及风险调整收益率法。第五步为计算超常收益率（AR），超常收益率（AR）的常用的模型包括市场模型（MM）、市场调整模型（MA）、三因子模型（FAMA）、持有期收益率模型以及 Buy-and-Hold 模型等。第六步为计算累计超常收益率（cumulative abnormal return，CAR），累计超常收益率（CAR）为超常收益率的简单求和，这种方法主要检验宏观政策调控是否能够给利益相关者带来收益增量或超常收益。第七步为显著性检验，目的在于分析研究事件的显著水平，确定超常收益率（AR）和累计超常收益率（CAR）的统计显著性。

采用事件分析法来探讨环境保护税实施的效果，其优势在于该方法不会受到反向因果关系或其他内生性问题的影响（Kahn & Knittel，2003）。本部分基于市场调整模型（Brown & Warner，1985）计算在事件发生前后一天、事件发生前后两天和事件发生前后三天的累计超常收益率 CAR（-1，+1）、CAR（-2，+2）和 CAR（-3，+3）。同时，基于 Buy-and-Hold 模型（Ikenberry et al.，1995）计算在事件发生后的一个月（Bhar one month）、事件发生后的三个月（Bhar three month）和事件发生后的六个月（Bhar six month）的累计超常收益率。

市场调整模型认为在事件窗口中，股票收益率的均值等于同期市场收益率的均值，因此就无须再确定估计期，直接使用市场收益率来计算。建立市场调整模型如下：

$$\mathrm{AR}_{it} = R_{it} - R_{mt} + \varepsilon_{it} \tag{4-1}$$

$$\text{CAR}_{i(T_1, T_2)} = \sum_{t=T_1}^{T_2} AR_{it} \qquad (4-2)$$

其中，AR_{it} 表示公司 i 在 t 日的超常收益率，R_{it} 表示公司 i 在 t 日的正常收益率，R_{mt} 表示第 t 日的市场收益率，ε_{it} 为随机误差项。$\text{CAR}_{\text{i}(T_1, T_2)}$ 表示在日期 T_1 和 T_2 之间的任意时间间隔内公司 i 的累计超常收益率。

Buy-and-Hold 模型衡量了购买公司股票并一直持有直到考察期结束，公司股票收益率超过市场组合对应组合收益率的值。建立 Buy-and-Hold 模型如下：

$$\text{BAHR}_{i(T_1, T_2)} = \prod_{t=T_1}^{T_2}(1 + R_{it}) - \prod_{t=T_1}^{T_2}(1 + R_{mt}) \qquad (4-3)$$

其中，$\text{BAHR}_{i(T_1, T_2)}$ 表示公司 i 在日期 T_1 和 T_2 之间的任意时间间隔内买入并持有的累计超常收益率，R_{it} 表示公司 i 在 t 日的正常收益率，R_{mt} 表示第 t 日的市场收益率。

市场反应能够反映投资者对《环保税法》如何影响公司绩效的预期，并以超常收益率（AR）和累计超常收益率（CAR）为代表。由于环境保护法将增加公司的环境成本，本研究预计大多数公司将经历负的累计超常收益率（CAR）。

4.1.2.2 解释变量

根据前人的相关研究（Robinson，1982；Mehran，1995；Nakamura et al.，2001；González，2009；Riutort & Dardati，2011；Kang & Kim，2012；Fan et al.，2013；Turan et al.，2017），本节选取的解释变量包括政治关联性（Political connection）、董事会规模（Board size）、两职合一（Ceo duality）、国有控股比例（State ownership）、公司年龄（Age）、公司资产收益率（ROA）、公司规模（Size）、杠杆率（DtM）和公司有形资产（Tangible）。具体来说，政治关联性（Political connection）为虚拟变量，如果 CEO 或董事长为政府官员，则为 1，否则为 0；年龄（Age）为公司上市以来年份的对数；资产收益率（ROA）为公司净利润与总资产的比率、规模（Size）为公司总资产的对数；杠杆率（DtM）为公司债务与股本市值的比率；有形资产（Tangible）为公司有形资产与总资产的比率。

4.1.3 模型构建

基于上述分析，构建基于市场调整模型的市场反应影响因素模型如下：

$$\mathrm{CAR}_{i,t} = \alpha_{it} + \gamma_{it}\mathrm{Political\ connection}_{it} + \sum_{c=1}^{3}\lambda_{it}\mathrm{Corporate\ governance}_{it} + \sum_{f=1}^{5}\delta_{it}\mathrm{Financial\ fundamentals}_{it} + \theta_{i}\mathrm{Region}_{i} + \mu_{it}\mathrm{Industry}_{it} + \varepsilon_{it} \tag{4-4}$$

其中，$\mathrm{CAR}_{i,t}$ 为基于市场调整模型计算的公司 i 在 t 日的累计超常收益率，$\mathrm{Political\ connection}_{it}$ 表示政治关联性，$\mathrm{Corporate\ governance}_{it}$ 包括董事会规模（Board size）、两职合一（Ceo duality）、国有控股比例（State ownership）三个变量，$\mathrm{Financial\ fundamentals}_{it}$ 包括公司年龄（Age）、公司资产收益率（ROA）、公司规模（Size）、杠杆率（DtM）和公司有形资产（Tangible）五个变量。在实证分析中，控制了区域和行业层面的固定效应，ε_{it} 为随机误差项。

同时，构建基于 Buy-and-Hold 模型的市场反应影响因素模型如下：

$$\mathrm{BHAR}_{it} = \alpha_{it} + \gamma_{it}\mathrm{Political\ connection}_{it} + \sum_{c=1}^{3}\lambda_{it}\mathrm{Corporate\ governance}_{it} + \sum_{f=1}^{5}\delta_{it}\mathrm{Financial\ fundamentals}_{it} + \theta_{i}\mathrm{Region}_{i} + \mu_{it}\mathrm{Industry}_{it} + \varepsilon_{it} \tag{4-5}$$

其中，BHAR_{it} 为基于 Buy-and-Hold 模型计算的公司 i 在 t 日买入并持有的累计超常收益率，其余变量如模型（4-4）所述，这里不再赘述。

4.1.4 实证分析

4.1.4.1 相关性分析

表 4-1 报告了主要变量之间的相关性矩阵。由表 4-1 可以看出，除了 CAR（-1，+1）与 CAR（-2，+2）之间的相关性系数为 0.822 0，CAR（-1，+1）与 CAR（-3，+3）之间的相关性系数为 0.759 9，CAR（-2，+2）与 CAR（-3，+3）之间的相关性系数为 0.905 4，Bhar three month 与 Bhar six month 之间的相关性系数为 0.721 6，其余的主要变量之间的相关系数较小。同时，由于 CAR（-1，+1）、CAR（-2，+2）、CAR（-3，+3）、Bhar three month 和 Bhar six month 同为被解释变量，不会放入同一个模型中进行回归分析。因此，上述结果说明变量之间的多重共线性问题不大。

表 4-1 相关性矩阵

变量	CAR (−1,+1)	CAR (−2,+2)	CAR (−3,+3)	Bhar one month	Bhar three month	Bhar six month	Political connection	Board size	Ceo duality	State ownership	Age	ROA	Size	DtM
CAR(−2,+2)	0.822 0***													
	(0.000)													
CAR(−3,+3)	0.759 9***	0.905 4***												
	(0.000)	(0.000)												
Bhar one month	0.277 0***	0.296 4***	0.351 8***											
	(0.000)	(0.000)	(0.000)											
Bhar three month	0.314 1***	0.270 3***	0.302 6***	0.521 5***										
	(0.000)	(0.000)	(0.000)	(0.000)										
Bhar six month	0.214 4***	0.196 0***	0.193 2***	0.398 7***	0.721 6***									
	(0.000)	(0.000)	(0.000)	(0.000)	(0.000)									
Political connection	0.036 3**	−0.024 6	−0.036 9	−0.061 2	−0.069 6	0.048 5								
	(0.043)	(0.656)	(0.503)	(0.266)	(0.206)	(0.378)								
Board size	−0.094 7*	−0.003 4	−0.024 4	0.057 2	−0.068 9	0.011 7	0.174 6***							
	(0.085)	(0.951)	(0.658)	(0.299)	(0.211)	(0.831)	(0.001)							
Ceo duality	−0.078 5	−0.096 0*	−0.062 4	−0.113 8**	−0.054 1	−0.036 9	−0.071 4	−0.165 1***						
	(0.154)	(0.081)	(0.257)	(0.038)	(0.325)	(0.502)	(0.194)	(0.003)						
State ownership	0.031 8	0.039 3	0.027 9	−0.150 4***	−0.011 7	−0.009 5	−0.132 5**	0.312 4***	−0.220 1***					
	(0.564)	(0.476)	(0.613)	(0.006)	(0.833)	(0.863)	(0.016)	(0.000)	(0.000)					
Age	0.192 8***	0.215 0***	0.210 8***	0.219 7***	0.023 9	0.045 4	−0.076 4	0.163 7***	−0.220 3***	0.328 5***				
	(0.000)	(0.000)	(0.000)	(0.000)	(0.665)	(0.409)	(0.165)	(0.003)	(0.000)	(0.000)				
ROA	−0.134 6**	−0.134 7**	−0.107 1*	−0.001 4	0.101 7*	0.237 9***	0.078 1	−0.094 3*	−0.033 8	−0.084 5	−0.287 9***			
	(0.014)	(0.014)	(0.051)	(0.980)	(0.064)	(0.000)	(0.155)	(0.086)	(0.540)	(0.124)	(0.000)			
Size	0.027 5	0.059 0	0.068 4	0.292 0***	0.056 0	0.166 2***	0.048 7	0.405 8***	−0.139 0**	0.267 6***	0.319 5***	−0.038 6		
	(0.617)	(0.284)	(0.214)	(0.000)	(0.309)	(0.002)	(0.377)	(0.000)	(0.011)	(0.000)	(0.000)	(0.483)		
DtM	0.055 2	0.077 0	0.033 7	0.082 2	−0.044 0	−0.002 6	−0.007 5	0.240 7***	−0.065 8	0.201 0***	0.254 1***	−0.290 8***	0.519 3***	
	(0.316)	(0.161)	(0.540)	(0.135)	(0.424)	(0.962)	(0.892)	(0.000)	(0.232)	(0.000)	(0.000)	(0.000)	(0.000)	
Tangible	0.051 7	0.023 8	0.029 3	−0.032 9	0.002 8	0.014 3	−0.005 3	−0.018 3	0.025 1	0.118 2**	0.097 7*	0.052 8	−0.040 9	0.040 7
	(0.348)	(0.666)	(0.595)	(0.551)	(0.959)	(0.796)	(0.923)	(0.740)	(0.648)	(0.031)	(0.076)	(0.338)	(0.458)	(0.460)

注：括号内为 P 值，***、** 和 * 分别表示在 1%、5%和 10%的统计水平下显著。

4.1.4.2 环境保护税的市场反应分析

表4-2报告了基于市场调整模型分行业衡量长江上游地区市场对《环保税法》的反应①。根据中国证监会(CSRC)的行业分类标准,我们将长江上游地区的样本公司划分为14个行业,并发现大部分行业的市场反应都是负面的,说明环境保护税实施会增加环境成本,从而降低公司绩效。在这些行业中,长江上游地区的IT公司在环境保护税实施前后一天,其累计超常收益率(CAR)为-0.95%;环境保护税实施前后两天,其累计超常收益率(CAR)为-1.36%;环境保护税实施前后三天,其累计超常收益率(CAR)为-1.73%。公共设施管理公司在环境保护税实施前后一天,其累计超常收益率(CAR)为-0.53%;环境保护税实施前后两天,其累计超常收益率(CAR)为-1.89%;环境保护税实施前后三天,其累计超常收益率(CAR)为-2.67%。制造业公司在环境保护税实施前后一天,其累计超常收益率(CAR)为-0.42%;环境保护税实施前后两天,其累计超常收益率(CAR)为-0.44%;环境保护税实施前后三天,其累计超常收益率(CAR)为-0.72%。商业服务和租赁公司在环境保护税实施前后一天,其累计超常收益率(CAR)为-0.69%;环境保护税实施前后两天,其累计超常收益率(CAR)为-0.96%;环境保护税实施前后三天,其累计超常收益率(CAR)为0.26%。建筑业公司在环境保护税实施前后一天,其累计超常收益率(CAR)为-0.62%;环境保护税实施前后两天,其累计超常收益率(CAR)为-0.43%;环境保护税实施前后三天,其累计超常收益率(CAR)为0.66%。批发和零售公司在环境保护税实施前后一天,其累计超常收益率(CAR)为-0.22%;环境保护税实施前后两天,其累计超常收益率(CAR)为-1.29%;环境保护税实施前后三天,其累计超常收益率(CAR)为-0.86%。文化艺术及新闻和出版公司在环境保护税实施前后一天,其累计超常收益率(CAR)为-1.64%;环境保护税实施前后两天,其累计超常收益率(CAR)为-2.83%;环境保护税实施前后三天,其累计超常收益率(CAR)为-5.17%。水、电、气供应公司在环境保护税实施前后一天,其累计超常收益率(CAR)为-0.33%;环境保护税实施前后两天,其累计超常收益率(CAR)为-0.63%;环境保护税实施前后三天,其累计超常收益率(CAR)为-0.95%。生态保护和环境治理公司在环境保护税实施前后一天,其累计超常收益率(CAR)为0.20%;环境保护

① 表中数据只能找到行业层面,但本研究主要从公司层面和地区层面展开。后表同。

税实施前后两天，其累计超常收益率（CAR）为-1.02%；环境保护税实施前后三天，其累计超常收益率（CAR）为-1.33%。而专业技术服务公司在环境保护税实施前后一天，其累计超常收益率（CAR）为15.49%；环境保护税实施前后两天，其累计超常收益率（CAR）为25.20%；环境保护税实施前后三天，其累计超常收益率（CAR）为33.88%。农业公司在环境保护税实施前后一天，其累计超常收益率（CAR）为3.48%；环境保护税实施前后两天，其累计超常收益率（CAR）为4.38%；环境保护税实施前后三天，其累计超常收益率（CAR）为1.68%。房地产公司在环境保护税实施前后一天，其累计超常收益率（CAR）为1.59%；环境保护税实施前后两天，其累计超常收益率（CAR）为1.12%；环境保护税实施前后三天，其累计超常收益率（CAR）为2.33%。矿业公司在环境保护税实施前后一天，其累计超常收益率（CAR）为2.86%；环境保护税实施前后两天，其累计超常收益率（CAR）为5.22%；环境保护税实施前后三天，其累计超常收益率（CAR）为7.93%。运输公司在环境保护税实施前后一天，其累计超常收益率（CAR）为-0.38%；环境保护税实施前后两天，其累计超常收益率（CAR）为0.06%；环境保护税实施前后三天，其累计超常收益率（CAR）为1.45%。综上所述，基于市场调整模型来看，长江上游地区的文化艺术及新闻和出版公司、公共设施管理公司和IT公司的累计超常收益率（CAR）最低，分别为-5.17%、-2.67%和-1.73%。相反，专业技术服务公司的市场反应积极，达到了33.88%。可能的原因是，专业技术服务公司排放污染物的可能性较小，因此，《环保税法》对其环境成本和公司绩效的影响不大。

表4-2 分行业市场对环境保护税的反应（基于市场调整模型）

单位：%

行业	CAR（-1，+1）	CAR（-2，+2）	CAR（-3，+3）
IT行业	-0.95	-1.36	-1.73
专业技术服务业	15.49	25.20	33.88
公共设施管理业	-0.53	-1.89	-2.67
农业	3.48	4.38	1.68
制造业	-0.42	-0.44	-0.72
商业服务和租赁业	-0.69	-0.96	0.26
建筑业	-0.62	-0.43	0.66
房地产业	1.59	1.12	2.33
批发和零售业	-0.22	-1.29	-0.86

表4-2(续)

行业	CAR（-1，+1）	CAR（-2，+2）	CAR（-3，+3）
文化艺术及新闻和出版业	-1.64	-2.83	-5.17
水、电、气供应业	-0.33	-0.63	-0.95
生态保护和环境治理业	0.20	-1.02	-1.33
矿业	2.86	5.22	7.93
运输业	-0.38	0.06	1.45

基于市场调整模型长江上游地区分行业的负向市场反应占比由表4-3所示。由表4-3可以看出，长江上游地区农业、建筑业、矿业和运输业的70%以上的上市公司都受到了《环保税法》的负面影响。其中农业公司受到的负面影响最大，无论在环境保护税实施的前后一天，前后两天或是前后三天，其负向市场反应占比均达到了100%；其次为建筑业公司，其在环境保护税实施前后一天的负向市场反应占比为50%，在环境保护税实施前后两天的负向市场反应占比为33.33%，环境保护税实施前后三天的负向市场反应占比达到了83.33%。受到《环保税法》的负向影响最小的为生态保护和环境治理公司，其在环境保护税实施前后一天、前后两天和前后三天负向市场反应占比分别为50%、0和0。

表4-3　分行业负向市场反应占比（基于市场调整模型）　　单位:%

行业	CAR（-1，+1）	CAR（-2，+2）	CAR（-3，+3）
IT行业	46.43	42.86	39.29
专业技术服务业	100	50	50
公共设施管理业	50	16.67	33.33
农业	100	100	100
制造业	39.71	40.20	42.16
商业服务和租赁业	33.33	50	66.67
建筑业	50	33.33	83.33
房地产业	61.11	44.44	66.67
批发和零售业	40	40	30
文化艺术及新闻和出版业	25	37.5	25
水、电、气供应业	34.62	30.77	46.15
生态保护和环境治理业	50	0	0
矿业	50	62.5	75
运输业	16.67	33.33	83.33

表 4-4 报告了基于市场调整模型长江上游分地区市场对环境保护税的反应以及负向市场反应占比。表 4-4 的 Panel A 显示，长江上游地区的市场反应都是反面的，在这些地区中，云南省的公司在环境保护税实施前后一天的累计超常收益率（CAR）为-0.70%；环境保护税实施前后两天的累计超常收益率（CAR）为-0.01%；环境保护税实施前后三天的累计超常收益率（CAR）为-0.55%。四川省的公司在环境保护税实施前后一天的累计超常收益率（CAR）为 0；环境保护税实施前后两天的累计超常收益率（CAR）为-0.05%；环境保护税实施前后三天的累计超常收益率（CAR）为-0.16%。贵州省的公司在环境保护税实施前后一天的累计超常收益率（CAR）为-0.73%；环境保护税实施前后两天的累计超常收益率（CAR）为-0.60%；环境保护税实施前后三天的累计超常收益率（CAR）为-0.67%。重庆市的公司在环境保护税实施前后一天的累计超常收益率（CAR）为-0.04%；环境保护税实施前后两天的累计超常收益率（CAR）为-0.67%；环境保护税实施前后三天的累计超常收益率（CAR）为-0.28%。在这些地区中，贵州省公司的累计超常收益率（CAR）最低，四川省公司的市场反应相对比较积极，但市场反应仍然为负向的。

此外，如表 4-4 的 Panel B 所示，云南省的公司受到了环境保护税的负面影响最大，在环境保护税实施前后一天，前后两天和前后三天，其负向市场反应占比分别达到了 41.30%、50%和 50%。其次为重庆市的公司，其在环境保护税实施前后一天的负向市场反应占比为 44.59%，在环境保护税实施前后两天的负向市场反应占比为 43.24%，环境保护税实施前后三天的负向市场反应占比达到了 50%。受到《环保税法》的负向影响最小的是贵州省的公司，其在环境保护税实施前后一天、前后两天和前后三天负向市场反应占比分别为 35.29%、29.41%和 38.24%。

表 4-4　分地区市场对环境保护税的反应及负向市场反应占比（基于市场调整模型）

单位:%

地区	Panel A：市场反应			Panel B：负向市场反应占比		
	CAR (-1, +1)	CAR (-2, +2)	CAR (-3, +3)	CAR (-1, +1)	CAR (-2, +2)	CAR (-3, +3)
云南省	-0.70	-0.01	-0.55	41.30	50	50
四川省	0	-0.05	-0.16	41.57	38.20	43.82
贵州省	-0.73	-0.60	-0.67	35.29	29.41	38.24
重庆市	-0.04	-0.67	-0.28	44.59	43.24	50

基于 Buy-and-Hold 模型分行业衡量了长江上游地区市场对《环保税法》的反应，具体如表 4-5 所示。如前文所述，同样将长江上游地区的样本公司划分为 14 个行业，并发现大部分行业的市场反应都是负面的，这说明环境保护税的实施会增加环境成本，从而进一步降低公司绩效。在这些行业中，长江上游地区的 IT 公司在环境保护税实施后的一个月、三个月和六个月，其市场反应分别为-4.74%、5.09%和-5.57%；公共设施管理公司在环境保护税实施后的一个月、三个月和六个月，其市场反应分别为-3.27 %、-7.96%和-8.35%；农业公司在环境保护税实施后的一个月、三个月和六个月，其市场反应分别为-7.75、-5.72%和-22.07%；制造业公司在环境保护税实施后的一个月、三个月和六个月，其市场反应分别为-1.34%、-3.07%和-3.77%；商业服务和租赁公司在环境保护税实施后的一个月、三个月和六个月，其市场反应分别为-0.89%、1.68%和-9.43%；建筑业公司在环境保护税实施后的一个月、三个月和六个月，其市场反应分别为-2.44%、-6.20%和-8.64%；房地产公司在环境保护税实施后的一个月、三个月和六个月，其市场反应分别为 6.26%、-3.52%和-4.13%；文化艺术及新闻和出版公司在环境保护税实施后的一个月、三个月和六个月，其市场反应分别为-9.25%、-12.72%和-23.26%；水、电、气供应公司在环境保护税实施后的一个月、三个月和六个月，其市场反应分别为-3.19%、-6.73%和-8.31%；生态保护和环境治理公司在环境保护税实施后的一个月、三个月和六个月，其市场反应分别为-7.19%、-13.63%和-12.41%；矿业公司在环境保护税实施后的一个月、三个月和六个月，其市场反应分别为 11.77%、-4.84%和-6.72%；运输公司在环境保护税实施后的一个月、三个月和六个月，其市场反应分别为 5.47%、-0.20%和-4.04%。而专业技术服务公司在环境保护税实施后的一个月、三个月和六个月，其市场反应分别为-0.04%、35.24%和 52.25%；批发和零售公司在环境保护税实施后的一个月、三个月和六个月，其市场反应分别为 1.07%、2.39%和 8.28%。综上所述，基于 Buy-and-Hold 模型来看，长江上游地区的文化艺术及新闻和出版公司、农业公司、生态保护和环境治理公司的市场反应最低，分别为-23.26%、-22.07%和-12.41%。相反，专业技术服务公司的市场反应积极，达到了 52.25%。

表 4-5 分行业市场对环境保护税的反应（基于 Buy-and-Hold 模型）

单位:%

行业	Bhar one month	Bhar three month	Bhar six month
IT 行业	-4.74	5.09	-5.57
专业技术服务业	-0.04	35.24	52.25
公共设施管理业	-3.27	-7.96	-8.35
农业	-7.75	-5.72	-22.07
制造业	-1.34	-3.07	-3.77
商业服务和租赁业	-0.89	1.68	-9.43
建筑业	-2.44	-6.20	-8.64
房地产业	6.26	-3.52	-4.13
批发和零售业	1.07	2.39	8.28
文化艺术及新闻和出版业	-9.25	-12.72	-23.26
水、电、气供应业	-3.19	-6.73	-8.31
生态保护和环境治理业	-7.19	-13.63	-12.41
矿业	11.77	-4.84	-6.72
运输业	5.47	-0.20	-4.04

表 4-6 报告了基于 Buy-and-Hold 模型长江上游地区分行业的负向市场反应占比。由表 4-6 可知，长江上游地区农业、建筑业、矿业和运输业的 30%以上的上市公司都受到了《环保税法》的负面影响。其中，专业技术服务公司受到的负面影响最大，在环境保护税实施后的一个月、三个月和六个月，其负向市场反应占比分别为 50%、50%和 100%，公共设施管理公司次之，其在环境保护税实施后的一个月、三个月和六个月的负向市场反应占比分别为 33.33%、16.67%和 50%。受到《环保税法》的负向影响最小的为生态保护和环境治理公司，无论在环境保护税实施后的一个月、三个月和六个月，其负向市场反应占比均为 0。

表 4-6 分行业负向市场反应占比（基于 Buy-and-Hold 模型）

单位:%

行业	Bhar one month	Bhar three month	Bhar six month
IT 行业	25	42.86	21.43
专业技术服务业	50	50	100
公共设施管理业	33.33	16.67	50

表4-6(续)

行业	Bhar one month	Bhar three month	Bhar six month
农业	50	50	0
制造业	39. 71	34. 80	35. 29
商业服务和租赁业	33. 33	16. 67	33. 33
建筑业	50	33. 33	33. 33
房地产业	72. 22	27. 78	33. 33
批发和零售业	40	50	60
文化艺术及新闻和出版业	12. 5	25	0
水、电、气供应业	34. 62	23. 08	30. 77
生态保护和环境治理业	0	0	0
矿业	100	37. 5	37. 5
运输业	66. 67	50	16. 67

表 4-7 报告了基于 Buy-and-Hold 模型长江上游分地区市场对环境保护税的反应以及负向市场反应占比。表 4-7 的 Panel A 显示，长江上游地区的市场反应几乎都是负面的。在这些地区中，云南省的公司在环境保护税实施后的一个月、三个月和六个月，其市场反应分别为 0. 91%、-2. 96%和-6. 70%；四川省的公司在环境保护税实施后的一个月、三个月和六个月，其市场反应分别为-2. 33%、-2. 69%和-4. 48%；贵州省的公司在环境保护税实施后的一个月、三个月和六个月，其市场反应分别为-0. 39%、-1. 44%和-2. 86%；重庆市的公司在环境保护税实施后的一个月、三个月和六个月，其市场反应分别为 0. 06%、-2. 96%和-4. 30%。在上述地区中，云南省的公司的市场反应最消极，贵州省公司的市场反应相对比较积极，但市场反应仍然为负向的。

此外，如表 4-7 的 Panel B 所示，云南省的公司受到了《环保税法》的负面影响最大，在环境保护税实施后的一个月、三个月和六个月，其负向市场反应占比分别达到了 52. 17%、39. 13%和 30. 43%。其次为重庆市的公司，其在环境保护税实施后的一个月的负向市场反应占比为 47. 30%，在环境保护税实施后的三个月的负向市场反应占比为 40. 54%，在环境保护税实施后的六个月的负向市场反应占比为 32. 43%。受到《环保税法》的负向影响最小的为四川省的公司，其在环境保护税实施后的一个月、三个月和六个月的负向市场反应占比分别为 35. 39%、30. 34%和 34. 83%。

表 4-7 分地区市场对环保税的反应及负向市场反应占比

(基于 Buy-and-Hold 模型)

单位:%

地区	Panel A: 市场反应			Panel B: 负向市场反应占比		
	Bhar one month	Bhar three month	Bhar six month	Bhar one month	Bhar three month	Bhar six month
云南省	0.91	-2.96	-6.70	52.17	39.13	30.43
四川省	-2.33	-2.69	-4.48	35.39	30.34	34.83
贵州省	-0.39	-1.44	-2.86	41.18	32.35	32.35
重庆市	0.06	-2.96	-4.30	47.30	40.54	32.43

4.1.4.3 市场反应的影响因素分析

本节进一步基于市场调整模型和 Buy-and-Hold 模型对长江上游地区市场反应的影响因素进行分析，具体如表 4-8 所示。

在市场调整模型下，长江上游地区公司的政治关联性（Political connection）在环境保护税实施前后一天与市场反应呈正相关关系，而在环境保护税实施的前后两天和前后三天与市场反应则呈负相关关系。从公司治理来看，董事会规模（Board size）和两职合一（Ceo duality）在不同的事件窗口期，均与市场反应呈负相关关系；而国有控股比例（State ownership）在环境保护税实施前后一天与市场反应呈正相关关系，在环境保护税实施的前后两天和前后三天则与市场反应呈负相关关系。从财务基本面来看，公司年龄（Age）在不同事件窗口期，与市场反应具有显著的正向关系，公司规模（Size）和公司有形资产（Tangible）与市场反应也具有正向关系，说明长江上游地区上市时间较长、规模较大、有形资产较多的公司，其市场反应倾向于正向，而资产收益率（ROA）和杠杆率（DtM）较高的公司更有可能具有负向的市场反应。

在 Buy-and-Hold 模型下，长江上游地区公司的政治关联性（Political connection）在环境保护税实施后的一个月和三个月与市场反应呈负相关关系，而在环境保护税实施后的六个月则与市场反应呈正相关关系。从公司治理来看，董事会规模（Board size）和两职合一（Ceo duality）在不同的事件窗口期，均与市场反应呈负相关关系；而国有控股比例（State ownership）在环境保护税实施后的一个月与市场反应呈正相关关系，在环境保护税实施后的三个月和六个月则与市场反应呈负相关关系。从财务基本面来看，公司年龄（Age）、公司资产收益率（ROA）、公司规模（Size）和公司有形资产（Tangible）与市场反应具有显著的正向关系，说明长江上游地区上市时间较长、盈利能力较强、规模较大、有形资产较多的公司，其市场反应倾向于正向，而杠杆率（DtM）较高的公司更有可能具有负向的市场反应。

表 4-8 主测试

变量	基于市场调整模型			基于 Buy-and-Hold 模型		
	（1）	（2）	（3）	（4）	（5）	（6）
	CAR（-1，+1）	CAR（-2，+2）	CAR（-3，+3）	Bhar one month	Bhar three month	Bhar six month
Political connection	0.086 8	-0.018 5	-0.035 4	-0.118 5	-0.174 2	0.063 8
	（0.434）	（0.865）	（0.769）	（0.294）	（0.132）	（0.611）
Board size	-0.717 4**	-0.224 9	-0.362 5	-0.378 8	-0.251 4	-0.082 7
	（0.014）	（0.408）	（0.211）	（0.105）	（0.341）	（0.752）
Ceo duality	-0.211 9	-0.208 9	-0.117 4	-0.153 7	-0.149 0	-0.021 2
	（0.113）	（0.120）	（0.398）	（0.237）	（0.299）	（0.898）
State ownership	0.030 4	-0.156 0	-0.185 2	0.327 4	-0.040 9	-0.139 1
	（0.910）	（0.606）	（0.572）	（0.234）	（0.878）	（0.583）
Age	0.173 8**	0.236 1***	0.269 7***	0.157 4**	0.008 3	0.074 6
	（0.030）	（0.006）	（0.007）	（0.026）	（0.917）	（0.360）
ROA	-2.577 4**	-1.798 1	-1.883 2	0.174 1	1.660 1	5.548 3***
	（0.022）	（0.204）	（0.196）	（0.892）	（0.261）	（0.000）
Size	0.018 6	0.024 8	0.074 3	0.236 0***	0.078 6	0.137 4**
	（0.764）	（0.721）	（0.304）	（0.000）	（0.165）	（0.018）
DtM	-0.000 8	0.015 2	-0.105 6	-0.147 2**	-0.092 1	-0.022 0
	（0.991）	（0.859）	（0.237）	（0.043）	（0.245）	（0.797）
Tangible	0.434 7	0.197 7	0.304 5	-0.380 6	0.151 9	0.016 7
	（0.371）	（0.752）	（0.645）	（0.428）	（0.693）	（0.967）
Fixed Effects						
Location	控制	控制	控制	控制	控制	控制
Industry	控制	控制	控制	控制	控制	控制
Obs	332	332	332	332	332	332
R-squared	0.066 7	0.062 6	0.058 1	0.123 6	0.033 8	0.098 4

注：括号内为 P 值，***、** 和 * 分别表示在 1%、5%和 10%的统计水平下显著。

4.1.4.4 稳健性检验

为验证上述结论的可靠性，本节还控制了公司层面的固定效应进行稳健性检验（见表4-9）。表4-9中各变量在市场调整模型和Buy-and-Hold模型下的影响效应方向以及显著性水平与表4-8中的结论基本吻合，由此可证明前文的分析结论是可靠的。

表4-9 稳健性检验

变量	基于市场调整模型			基于Buy-and-Hold模型		
	(1)	(2)	(3)	(4)	(5)	(6)
	CAR (-1, +1)	CAR (-2, +2)	CAR (-3, +3)	Bhar one month	Bhar three month	Bhar six month
Political connection	0.113 7	-0.022 7	-0.041 4	-0.117 8	-0.163 9	0.064 8
	(0.304)	(0.831)	(0.722)	(0.286)	(0.157)	(0.606)
Board size	-0.677 3**	-0.231 2	-0.371 3	-0.377 7	-0.235 9	-0.081 3
	(0.019)	(0.396)	(0.199)	(0.109)	(0.380)	(0.760)
Ceo duality	-0.204 3	-0.210 1	-0.119 1	-0.153 6	-0.146 1	-0.020 9
	(0.129)	(0.115)	(0.386)	(0.236)	(0.308)	(0.899)
State ownership	0.059 3	-0.160 5	-0.191 6	0.328 1	-0.029 8	-0.138 1
	(0.823)	(0.595)	(0.555)	(0.244)	(0.911)	(0.583)
Age	0.152 0**	0.239 5***	0.274 5***	0.156 9**	-0.002	0.073 8
	(0.050)	(0.003)	(0.002)	(0.029)	(0.998)	(0.368)
ROA	-2.619 7**	-1.791 4	-1.873 9	0.173 0	1.643 7	5.546 8***
	(0.021)	(0.206)	(0.199)	(0.893)	(0.269)	(0.000)
Size	0.014 7	0.025 4	0.075 2	0.235 9***	0.077 1	0.137 2**
	(0.815)	(0.718)	(0.309)	(0.000)	(0.175)	(0.018)
DtM	0.005 9	0.014 2	-0.107 1	-0.147 0**	-0.089 5	-0.021 8
	(0.937)	(0.866)	(0.223)	(0.042)	(0.248)	(0.798)
Tangible	0.385 3	0.205 5	0.315 4	-0.381 9	0.132 8	0.014 9
	(0.429)	(0.745)	(0.637)	(0.433)	(0.734)	(0.971)
Fixed Effects						
Location	控制	控制	控制	控制	控制	控制
Industry	控制	控制	控制	控制	控制	控制
Firm	控制	控制	控制	控制	控制	控制
Obs	332	332	332	332	332	332
R-squared	0.071 6	0.062 7	0.058 3	0.123 6	0.034 6	0.098 4

注：括号内为P值，***、**和*分别表示在1%、5%和10%的统计水平下显著。

4.1.4.5 异质性分析

前文从整体上分析了长江上游地区环境保护税实施的市场反应。接下来，分别从不同公司规模和不同事件日两方面，进行公司微观层面的异质性分析。

1. 不同公司规模的异质性分析

在不同公司规模的异质性分析中，将长江上游地区的公司分为小型公司、大型公司两个子样本，并基于市场调整模型和 Buy-and-Hold 模型分别进行研究，回归结果如表 4-10 所示。

从小型公司来看，在市场调整模型下，长江上游地区小型公司的政治关联性（Political connection）在不同事件窗口期与市场反应均呈现正相关关系，而小型公司的董事会规模（Board size）、两职合一（Ceo duality）和国有控股比例（State ownership）在不同的事件窗口期则与市场反应呈现负相关关系。从财务基本面来看，小型公司的年龄（Age）、规模（Size）和有形资产（Tangible）在不同事件窗口期与市场反应具有正向关系，说明长江上游地区小型公司中上市时间较长、规模较大、有形资产较多的公司，其市场反应倾向于正向，而资产收益率（ROA）和杠杆率（DtM）较高的小型公司则更有可能具有负向的市场反应。

在 Buy-and-Hold 模型下，长江上游地区小型公司的政治关联性（Political connection）在环境保护税实施后的一个月和三个月与市场反应呈负相关关系，而在环境保护税实施后的六个月与市场反应则呈现正相关关系。从公司治理来看，小型公司的董事会规模（Board size）在环境保护税实施后的一个月与市场反应呈负相关关系，在环境保护税实施后的三个月和六个月则与市场反应呈正相关关系。小型公司的两职合一（Ceo duality）在环境保护税实施后的一个月、三个月和六个月与市场反应均呈现负相关关系，而国有控股比例（State ownership）在环境保护税实施后的一个月与市场反应呈正相关关系，在环境保护税实施后的三个月和六个月则与市场反应呈显著负相关关系。从财务基本面来看，小型公司的年龄（Age）在环境保护税实施后的一个月和六个月与市场反应呈正相关关系，在环境保护税实施后的三个月与市场反应则呈负相关关系；小型公司的资产收益率（ROA）在环境保护税实施后的一个月与市场反应呈负相关关系，在环境保护税实施后的三个月和六个月则与市场反应呈显著正相关关系；小型公司的规模（Size）在环境保护税实施后的一个月、三个月和六个月与市场反应均具有正向关系，说明规模较大的小型公司，其市场反应倾向于正向，而小型公司的杠杆率（DtM）和有形资产（Tangible）在环境保护税实施后的一个月与市场反应呈负相关关系，在环境保护税实施后的三个月和六个月与市场反应则呈正相关关系。

表 4-10　不同公司规模的异质性分析（小型公司与大型公司）

变量	小型公司						大型公司					
	基于市场调整模型			基于 Buy-and-Hold 模型			基于市场调整模型			基于 Buy-and-Hold 模型		
	(1)	(2)	(3)	(4)	(5)	(6)	(7)	(8)	(9)	(10)	(11)	(12)
	CAR (−1, +1)	CAR (−2, +2)	CAR (−3, +3)	Bhar one month	Bhar three month	Bhar six month	CAR (−1, +1)	CAR (−2, +2)	CAR (−3, +3)	Bhar one month	Bhar three month	Bhar six month
Political connection	0.273 5	0.070 7	0.021 5	−0.176 7	−0.161 6	0.017 3	0.032 8	0.083 6	0.065 0	−0.098 5	−0.138 2	0.155 3
	(0.125)	(0.680)	(0.905)	(0.343)	(0.375)	(0.929)	(0.818)	(0.523)	(0.644)	(0.492)	(0.408)	(0.379)
Board size	−1.025 7*	−0.537 2	−0.521 7	−0.200 3	0.043 7	0.426 8	−0.572 5*	−0.175 4	−0.373 8	−0.374 1	−0.406 8	−0.293 6
	(0.071)	(0.287)	(0.315)	(0.613)	(0.917)	(0.357)	(0.097)	(0.592)	(0.293)	(0.235)	(0.242)	(0.394)
Ceo duality	−0.154 8	−0.178 2	−0.362 9	−0.304 1	−0.297 9	−0.114 1	−0.222 6	−0.224 7	−0.015 7	0.007 3	0.202 3	0.092 2
	(0.429)	(0.358)	(0.619)	(0.126)	(0.141)	(0.638)	(0.233)	(0.354)	(0.935)	(0.962)	(0.225)	(0.607)
State ownership	−0.087 1	−0.403 4	−0.362 9	0.128 5	−0.291 0	−1.080 6**	0.062 1	0.045 2	0.027 0	0.589 3**	0.021 2	0.308 1
	(0.872)	(0.537)	(0.619)	(0.839)	(0.582)	(0.040)	(0.803)	(0.862)	(0.921)	(0.034)	(0.943)	(0.268)
Age	0.205 2	0.298 3**	0.336 0**	0.097 6	−0.061 5	0.066 3	0.227 3**	0.238 2**	0.256 5**	0.256 2***	0.100 6	0.105 2
	(0.105)	(0.032)	(0.038)	(0.355)	(0.608)	(0.587)	(0.033)	(0.017)	(0.022)	(0.004)	(0.328)	(0.350)
ROA	−3.142 4*	−3.291 1	−2.004 5	−1.865 5	0.945 2	5.295 2**	−2.085 3	−1.027 8	−2.972 8	1.933 8	2.767 9	6.115 5***
	(0.073)	(0.132)	(0.402)	(0.310)	(0.689)	(0.015)	(0.250)	(0.635)	(0.126)	(0.298)	(0.136)	(0.004)
Size	0.187 3	0.142 9	0.040 9	0.010 5	0.033 9	0.075 9	−0.114 6	−0.011 2	0.109 2	0.295 7***	−0.014 1	0.147 1
	(0.323)	(0.489)	(0.857)	(0.935)	(0.830)	(0.615)	(0.229)	(0.893)	(0.183)	(0.002)	(0.869)	(0.104)
DtM	−0.467 4	−0.589 5	−0.591 9	−0.318 0	0.277 7	0.564 2	0.065 8	0.075 9	−0.128 2	−0.157 2*	−0.061 7	−0.046 1
	(0.276)	(0.206)	(0.244)	(0.463)	(0.542)	(0.228)	(0.394)	(0.378)	(0.173)	(0.083)	(0.483)	(0.627)
Tangible	1.857 3**	2.022 9*	1.932 6*	−0.210 8	0.714 0	0.520 9	−0.233 8	−0.879 6	−0.962 0	−0.880 4	−0.317 8	−0.394 7
	(0.025)	(0.054)	(0.093)	(0.803)	(0.342)	(0.499)	(0.682)	(0.208)	(0.180)	(0.126)	(0.441)	(0.378)
Fixed Effects												
Location	控制	控制	控制	控制	控制	控制	控制	控制	控制	控制	控制	控制
Industry	控制	控制	控制	控制	控制	控制	控制	控制	控制	控制	控制	控制
Obs	166	166	166	166	166	166	166	166	166	166	166	166
R-squared	0.077 7	0.089 4	0.066 2	0.050 3	0.054 6	0.082 9	0.100 2	0.080 7	0.095 5	0.177 6	0.058 6	0.156 9

注：括号内为 P 值，***、** 和 * 分别表示在 1%、5%和 10%的统计水平下显著。

从大型公司来看，在市场调整模型下，长江上游地区大型公司的政治关联性（Political connection）在不同事件窗口期与市场反应均呈现正相关关系。从公司治理来看，大型公司的董事会规模（Board size）、两职合一（Ceo duality）在不同事件窗口期与市场反应均呈现负相关关系，而国有控股比例（State ownership）在不同事件窗口期与市场反应则呈正相关关系，说明国有控股比例对大公司有很强的解释力。从财务基本面来看，大型公司的年龄（Age）在不同事件窗口期与市场反应均呈正向关系，且在5%的水平下显著，说明上市时间较长的大型公司，其市场反应更倾向于正向，而大型公司的资产收益率（ROA）和有形资产（Tangible）在不同事件窗口期与市场反应则具有负向关系。大型公司的规模（Size）在环境保护税实施前后一天、前后两天与市场反应呈负相关关系，在环境保护税实施的前后三天与市场反应则呈正相关关系，而大型公司的杠杆率（DtM）在环境保护税实施后前后一天、前后两天与市场反应呈正相关关系，在环境保护税实施的前后三天与市场反应则呈负相关关系。

在Buy-and-Hold模型下，长江上游地区大型公司的政治关联性（Political connection）在环境保护税实施后的一个月和三个月与市场反应呈负相关关系，而在环境保护税实施后的六个月与市场反应则呈现正相关关系。从公司治理来看，大型公司的董事会规模（Board size）在环境保护税实施后的一个月、三个月和六个月与市场反应均呈现负相关关系，而大型公司的两职合一（Ceo duality）和国有控股比例（State ownership）在环境保护税实施后的一个月、三个月和六个月则与市场反应呈正相关关系。从财务基本面来看，大型公司的年龄（Age）和资产收益率（ROA）在环境保护税实施后的一个月、三个月和六个月与市场反应均呈现显著的正向关系，说明上市时间较长、盈利能力较高的大型公司，其市场反应更倾向于正向。大型公司的规模（Size）在环境保护税实施后的一个月和六个月与市场反应呈现显著的正向关系，而在环境保护税实施后的三个月则呈现负向关系。大型公司的杠杆率（DtM）和有形资产（Tangible）在环境保护税实施后的一个月、三个月和六个月与市场反应均呈现显著的负向关系，说明杠杆率较高、有形资产较多的大型公司更有可能具有负向的市场反应。

2. 不同事件日的异质性分析

在不同事件日的异质性分析中，将事件日分为2016年12月25日（立法日）和2018年1月1日（实施日）[①] 两个子样本，并基于市场调整模型和Buy-and-Hold模型分别进行研究，回归结果如表4-11所示。

在市场调整模型下，长江上游地区公司的政治关联性（Political connection）在环境保护税立法前后一天、前后两天和前后三天与市场反应呈负相关关系，而其在环境保护税实施前后一天、前后两天与市场反应呈显著负相关关系，在环境保护税实施前后三天与市场反应则呈现正向关系。从公司治理来看，公司的董事会规模（Board size）和两职合一（Ceo duality）在环境保护税立法前后一天、前后两天和前后三天均与市场反应呈负向关系，公司的国有控股比例（State ownership）在环境保护税立法前后一天与市场反应呈正相关关系，在环境保护税立法前后两天和前后三天与市场反应则呈负相关关系；公司的董事会规模（Board size）在环境保护税实施前后一天、前后三天与市场反应呈负向关系，在环境保护税实施前后两天与市场反应则呈正向关系，公司的两职合一（Ceo duality）在环境保护税实施前后一天、前后两天与市场反应呈负向关系，在环境保护税实施前后三天与市场反应则呈正向关系，公司的国有控股比例（State ownership）在环境保护税实施前后一天与市场反应呈正相关关系，在环境保护税实施前后两天、前后三天与市场反应则呈负相关关系。从财务基本面来看，公司的年龄（Age）和有形资产（Tangible）在环境保护税立法前后一天、前后两天和前后三天与市场反应均呈现正相关关系，公司的资产收益率（ROA）和规模（Size）在环境保护税立法前后一天、前后两天和前后三天与市场反应均呈现负相关关系，而公司的杠杆率（DtM）在环境保护税立法前后一天、前后两天与市场反应呈正向关系，在环境保护税立法前后三天与市场反应呈负向关系；公司的年龄（Age）和资产收益率（ROA）在环境保护税实施前后一天与市场反应呈负向关系，在环境保护税立法前后两天、前后三天与市场反应则呈负向关系，公司的规模（Size）、杠杆率（DtM）和有形资产（Tangible）在环境保护税实施前后一天、前后两天和前后三天与市场反应则呈正向关系。

① 由于2016年12月25日和2018年1月1日为星期日和法定假期，日期推迟到下一个交易日，即2016年12月26日和2018年1月2日。

表 4-11　不同事件日的异质性分析（2016 年 12 月 26 日与 2018 年 1 月 2 日）

变量	2016 年 12 月 26 日						2018 年 1 月 2 日					
	基于市场调整模型			基于 Buy-and-Hold 模型			基于市场调整模型			基于 Buy-and-Hold 模型		
	(1)	(2)	(3)	(4)	(5)	(6)	(7)	(8)	(9)	(10)	(11)	(12)
	CAR (−1, +1)	CAR (−2, +2)	CAR (−3, +3)	Bhar one month	Bhar three month	Bhar six month	CAR (−1, +1)	CAR (−2, +2)	CAR (−3, +3)	Bhar one month	Bhar three month	Bhar six month
Political connection	−0. 019 6	−0. 113 1	−0. 149 3	−0. 233 6	−0. 317 2**	0. 057 2	0. 194 5	0. 076 9	0. 087 9	−0. 014 5	−0. 037 4	0. 151 5
	(0. 902)	(0. 495)	(0. 411)	(0. 156)	(0. 021)	(0. 697)	(0. 232)	(0. 590)	(0. 595)	(0. 919)	(0. 840)	(0. 451)
Board size	−1. 302 1***	−0. 667 2	−0. 713 8	−0. 522 4	−0. 339 5	−0. 338 6	−0. 179 4	0. 167 1	−0. 045 9	−0. 280 3	−0. 233 1	0. 111 0
	(0. 004)	(0. 148)	(0. 134)	(0. 105)	(0. 334)	(0. 334)	(0. 641)	(0. 609)	(0. 898)	(0. 390)	(0. 568)	(0. 779)
Ceo duality	−0. 326 0	−0. 318 2	−0. 270 4	−0. 135 1	−0. 281 7*	−0. 191 5	−0. 197 0	−0. 081 0	0. 035 8	−0. 167 5	−0. 088 6	0. 039 5
	(0. 126)	(0. 140)	(0. 234)	(0. 486)	(0. 098)	(0. 325)	(0. 288)	(0. 652)	(0. 852)	(0. 304)	(0. 703)	(0. 882)
State ownership	0. 042 5	−0. 038 6	−0. 219 5	0. 521 0	0. 087 1	−0. 079 8	0. 147 6	−0. 146 3	−0. 040 3	0. 301 2	−0. 071 8	−0. 157 4
	(0. 924)	(0. 943)	(0. 698)	(0. 227)	(0. 825)	(0. 832)	(0. 625)	(0. 602)	(0. 910)	(0. 411)	(0. 851)	(0. 657)
Age	0. 293 5**	0. 269 0*	0. 301 7*	0. 204 4**	0. 092 2	0. 185 5*	−0. 029 7	0. 192 0**	0. 234 0*	0. 040 2	−0. 180 5	−0. 170 2
	(0. 017)	(0. 058)	(0. 062)	(0. 026)	(0. 395)	(0. 073)	(0. 783)	(0. 050)	(0. 089)	(0. 701)	(0. 177)	(0. 226)
ROA	−2. 787 3*	−3. 946 1*	−2. 688 9	−4. 318 6**	−0. 454 3	3. 175 0	−2. 354 3	0. 996 7	0. 722 4	4. 054 3**	3. 318 8*	7. 182 6***
	(0. 087)	(0. 065)	(0. 260)	(0. 019)	(0. 843)	(0. 179)	(0. 123)	(0. 574)	(0. 681)	(0. 029)	(0. 079)	(0. 000)
Size	−0. 014 3	−0. 096 1	−0. 067 9	0. 219 4***	0. 140 8	0. 281 7***	0. 043 2	0. 114 8*	0. 137 0**	0. 258 3***	0. 032 1	0. 047 9
	(0. 890)	(0. 434)	(0. 631)	(0. 007)	(0. 150)	(0. 003)	(0. 540)	(0. 075)	(0. 016)	(0. 000)	(0. 586)	(0. 464)
DtM	0. 031 3	0. 090 9	−0. 009 5	−0. 213 1**	−0. 207 9**	−0. 207 3**	0. 076 9	0. 137 1	0. 549 8	0. 169 7	0. 353 8	0. 370 6
	(0. 707)	(0. 328)	(0. 924)	(0. 015)	(0. 026)	(0. 021)	(0. 831)	(0. 669)	(0. 102)	(0. 681)	(0. 371)	(0. 421)
Tangible	0. 435 6	0. 034 2	0. 313 5	0. 055 7	0. 361 5	−0. 149 1	0. 569 9	0. 283 9	0. 037 2	−0. 703 7	0. 111 6	0. 433 6
	(0. 587)	(0. 974)	(0. 796)	(0. 942)	(0. 563)	(0. 815)	(0. 320)	(0. 634)	(0. 954)	(0. 234)	(0. 841)	(0. 481)
Fixed Effects												
Location	控制	控制	控制	控制	控制	控制	控制	控制	控制	控制	控制	控制
Industry	控制	控制	控制	控制	控制	控制	控制	控制	控制	控制	控制	控制
Obs	166	166	166	166	166	166	166	166	166	166	166	166
R-squared	0. 129 5	0. 098 3	0. 074 5	0. 171 4	0. 072 4	0. 154 6	0. 047 9	0. 140 6	0. 148 8	0. 192 5	0. 085 3	0. 151 2

注：括号内为 P 值，***、** 和 * 分别表示在 1%、5%和 10%的统计水平下显著。

在 Buy-and-Hold 模型下，长江上游地区公司的政治关联性（Political connection）在环境保护税立法（实施）后的一个月、三个月与市场反应呈显著的负向关系，在环境保护税立法（实施）后的六个月与市场反应呈正向关系。从公司治理来看，公司的董事会规模（Board size）和两职合一（Ceo duality）在环境保护税立法后的一个月、三个月和后六个月均与市场反应呈负向关系，公司的国有控股比例（State ownership）在环境保护税立法后的一个月、三个月与市场反应呈正相关关系，在环境保护税立法后的六个月与市场反应则呈负向关系；公司的董事会规模（Board size）和两职合一（Ceo duality）在环境保护税实施后的一个月、三个月与市场反应呈负向关系，在环境保护税实施后的六个月与市场反应则呈正向关系，公司的国有控股比例（State ownership）在环境保护税实施后的一个月与市场反应呈正相关关系，在环境保护税实施后的三个月、六个月与市场反应则呈负向关系。从财务基本面来看，公司的年龄（Age）和规模（Size）在环境保护税立法后的一个月、三个月和六个月与市场反应呈显著的正相关关系，公司的资产收益率（ROA）在环境保护税立法后的一个月、三个月与市场反应呈显著的负向关系，而在环境保护税立法后的六个月与市场反应则呈正向关系，公司的杠杆率（DtM）在环境保护税立法后的一个月、三个月和六个月与市场反应呈现显著的负向关系，公司的有形资产（Tangible）在环境保护税立法后的一个月、三个月与市场反应呈正相关关系，在环境保护税立法后的六个月与市场反应则呈负向关系；公司的年龄（Age）在环境保护税实施后的一个月与市场反应呈正相关关系，而在环境保护税实施后的三个月和六个月与市场反应则呈负向关系，公司的资产收益率（ROA）、规模（Size）和杠杆率（DtM）在环境保护税实施后的一个月、三个月和六个月与市场反应均呈现显著的正向关系，公司的有形资产（Tangible）在环境保护税实施后的一个月与市场反应呈负相关关系，在环境保护税立法后的三个月、六个月与市场反应则呈正向关系。

4.1.4.6 内生性测试

Cole 等（2013）提出财务基本面变量较高的公司可能会更有能力配合执行环境政策。为了解决这一问题，本研究分别计算长江上游地区公司年龄（Age）、资产收益率（ROA）、规模（Size）、杠杆率（DtM）和有形资产（Tangible）五个变量的行业均值，并带入模型（4-4）和模型（4-5）中，重新评估市场反应的影响因素，具体结果如表 4-12 所示。由表 4-12 可以看出，其结果与表 4-8 基本相同。因此，潜在的内生性问题对本研究的实证分析影响有限。

表 4-12　内生性测试

为量	基于市场调整模型			基于 Buy-and-Hold 模型		
	(1)	(2)	(3)	(4)	(5)	(6)
	CAR (−1, +1)	CAR (−2, +2)	CAR (−3, +3)	Bhar one month	Bhar three month	Bhar six month
Political connection	0.091 4	−0.042 6	−0.070 9	−0.220 3*	−0.080 7	0.109 1
	(0.456)	(0.720)	(0.585)	(0.068)	(0.517)	(0.455)
Board size	−0.495 3*	−0.060 1	−0.106 4	0.131 7	−0.228 9	−0.045 8
	(0.066)	(0.819)	(0.702)	(0.554)	(0.368)	(0.851)
Ceo duality	−0.226 1*	−0.270 3**	−0.184 1	−0.233 3*	−0.199 6	−0.151 9
	(0.096)	(0.049)	(0.207)	(0.069)	(0.162)	(0.342)
State ownership	0.201 0	0.056 5	0.011 0	0.398 3	0.112 5	−0.025 4
	(0.377)	(0.827)	(0.967)	(0.154)	(0.649)	(0.925)
Age	−0.189 6	−0.138 5	−0.102 0	0.382 2	−0.236 1	0.316 4
	(0.964)	(0.770)	(0.847)	(0.190)	(0.464)	(0.351)
ROA	1.255 0	2.263 9	1.805 9	0.442	−0.572 1	7.026 0
	(0.749)	(0.539)	(0.633)	(0.972)	(0.888)	(0.108)
Size	−0.444 9**	−0.068 44	−0.171 0	0.019 8	−0.082 7	−0.043 4
	(0.021)	(0.739)	(0.438)	(0.929)	(0.654)	(0.827)
DtM	1.508 4***	0.638 6	1.311 9**	0.378 9	0.000 6	−0.680 7
	(0.003)	(0.273)	(0.045)	(0.550)	(0.999)	(0.289)
Tangible	−1.126 8	0.788 5	−1.285 9	−1.850 5	0.179 1	4.511 5***
	(0.500)	(0.656)	(0.493)	(0.202)	(0.908)	(0.003)
Fixed Effects						
Location	控制	控制	控制	控制	控制	控制
Obs	332	332	332	332	332	332
R-squared	0.045 1	0.023 9	0.026 1	0.063 3	0.023 9	0.045 4

注：括号内为 P 值，***、** 和 * 分别表示在 1%、5%和 10%的统计水平下显著。

4.1.5 小结

本节使用事件分析法并结合市场调整模型和 Buy-and-Hold 模型评估环保税政策在长江上游地区上市公司层面的经济效应。基于市场调整模型分行业衡量长江上游地区上市公司对《环保税法》的反应，本节发现大部分行业的市场反应都是负面的。类似地，基于 Buy-and-Hold 模型分行业衡量了长江上游地区市场对《环保税法》的反应，本节同样发现大部分行业的市场反应都是负面的。上述结果说明，从投资者角度来看，环境保护税实施会增加环境成本，从而降低公司绩效，进而在事件日短期和中期都表现为负向反应。

进一步地，本节基于市场调整模型分析了长江上游地区各省市的上市公司对环保税政策的反应。研究发现，长江上游地区三省一市的上市公司对于环保税政策的实施均表现出了负面反应，在这些地区中，贵州省的负向反应最大。基于 Buy-and-Hold 模型分析同样发现长江上游地区三省一市的上市公司对于环保税政策的实施均表现出了负面反应，但在这些地区中，四川省的负向反应最大。上述结果说明，从投资者角度来看，环境保护税的实施在短期里对于贵州省的负面影响最大，而在中期里对于四川省的负面影响最大。

最后，本节基于市场调整模型和 Buy-and-Hold 模型对长江上游地区市场反应的影响因素进行了分析，发现公司治理结构对于市场反应的影响有限，其中董事会规模对于短期市场反应有负向影响。同时，公司财务基本面则对市场反应有较为明显的影响。上述结果在经过一系列稳健性和内生性检验后已经成立。后续的异质性分析中，本节发现公司治理结构和财务基本面对于不同规模的公司以及不同事件日的市场反应影响均有所不同。

4.2 政策短期效应评估：环境

本节运用事件分析法评估环保税政策在长江上游地区上市公司层面的环境效应。

4.2.1 数据和样本

《环保税法》于2016年12月25日（立法日）正式颁布，于2018年1月1日（实施日）正式生效。换句话说，环境保护税是于2018年年初开始征收的。因此，本节收集了2018年1月1日的股市数据，以评估公司层面实施《环保税法》的有效性。公司财务数据来源于中国股票市场和CSMAR数据库。原始样本同样包括长江上游地区在沪深两个交易所A股上市的上市公司。根据下列四项标准，一些公司被剔除：①由于监管制度不同，金融行业公司；②免税行业的公司；③数据严重缺失的公司；④公司在活动当天被停止或暂停交易，因为股票价格需要构建《环保税法》的公司层面有效性。经过上述处理，最终样本为长江上游地区的202家上市公司。

4.2.2 变量选择[①]

4.2.2.1 被解释变量

本节的主要目标是评估长江上游地区公司层面《环保税法》的环境效应有效性及其影响因素。对于这一目标，本研究采用三步法进行评估。

第一步，本节同样采用事件分析法估计长江上游地区环境保护税实施的有效性。分别基于市场调整模型和Buy-and-Hold模型计算累计超常收益率，具体计算步骤前文已经阐述，这里不再赘述。

第二步，本节根据企业生产过程是否对环境排放污染物，将长江上游地区的公司分为污染公司和非污染公司。具体而言，若某家公司不使用或释放任何指定的污染物，不排放某些温室气体，不产生有害类型的废物或污染水，就被归类为非污染公司。根据上述标准，本节分别确定在长江上游地区有176家污染公司和26家非污染公司。

第三步，本节将环境保护法对公司的环境有效性定义为：污染（或非污染）公司累计超常收益率为负（或正）则为有效，反之则无效，即ECAR或Ebhar。然后，对累计超常收益率进行标准化，并分别基于市场调整模型和Buy-and-Hold模型计算事件发生前后一天、事件发生前后两天和事件发生前后三天的政策实施有效性指标ECAR（-1，+1）、ECAR

① 本节涉及的变量较多，具体变量定义请参见本章末的表4-50。

(-2, +2) 和 ECAR (-3, +3) 以及事件发生后的一个月、事件发生后的三个月和事件发生后的六个月的政策实施有效性指标 Ebhar one month、Ebhar three month 和 Ebhar six month。

4.2.2.2 解释变量

本节关注的最重要的因素之一是环境保护税率。Hu 等 (2018)、Li 和 Masui (2019) 认为较高税率有助于环境保护，但也会对国民经济产生负向影响。此外，较高的税率可能会增加公司的环境成本 (Vernon, 1992; Kahn & Knittel, 2003)，并进一步损害公司配合这些政策的能力。因此，本部分采用大气污染税率 (Gas Tax) 和水污染税率 (Water Tax) 两个变量来衡量长江上游地区环境保护税率的影响。长江上游地区的气税税率按规定的大气污染物数量计算，为 1.2~12 元；水税税率按规定的水污染物数量计算，为 1.4~14 元。

控制变量包括股权结构 (Ownership structure) 和财务基本面 (Fundamental)。其中，股权结构包括：国有控股比例 (State ownership)、股权集中度 (First)① 和第二至第十大股东持股比例 (Sedtenth)。Dam 和 Scholtens (2013) 研究表明，股权结构对公司环境绩效具有显著影响。同时，其他相关研究表明股权结构与公司绩效相关 (Mehran, 1995; Kang & Kim, 2012; Fan 等 2013)，即公司绩效越高，对相关政策导致的环境成本增加的反应能力越强，因此，本研究认为公司所有权结构可能会进一步影响公司层面的环境税保护法的有效性。

另外，大量文献还研究了公司财务基本面的影响 (Robinson, 1982; Nakamura et al., 2001; González, 2009; Riutort & Dardati, 2011; Turan et al., 2017)。例如，Riutort 和 Dardati (2011)、Turan 等 (2017) 发现公司现金流量与污染许可分配和环境绩效有关，而公司的杠杆条件可能会影响其对国际环境标准的反应 (Nakamura et al., 2001)。此外，Huang 和 Liu (2019) 发现当实施环境法规时，公司财务基本面与公司的生产率和出口相关。因此，在本节中，财务基本面包括：公司年龄 (Age)、公司经营现金流 (Cash flow)、公司规模 (Size) 和公司杠杆比率 (Leverage)。具体来说，年龄 (Age) 为公司上市以来年份的对数；经营现金流 (Cash flow)

① 股权集中度 (First) 为第一大股东持股比例。

为公司现金流量与总资产的比率；规模（Size）为公司总资产的对数；杠杆比率（Leverage）为公司总负债与总资产的比率。

4.2.3 模型构建

基于上述分析，构建基于市场调整模型的环境保护税实施的环境有效性影响因素模型如下：

$$
\begin{aligned}
\text{ECAR}_{it} = \alpha_{it} + \beta_{it}\text{Tax rates}_{it} + \gamma_{it}\text{Ownership structure}_{it} + \\
\delta_{it}\text{Fundamentals}_{it} + \theta_{it}\text{Fixed effects}_{it} + \varepsilon_{it} \qquad (4-6)
\end{aligned}
$$

其中，ECAR_{it} 为基于市场调整模型计算的公司 i 在 t 日的政策实施环境有效性指标。对于 ECAR 的值可以分为以下两类：①当污染公司具有负（或正）的累计超常收益率（CAR）时，说明《环保税法》能有效（或无效）影响到这些污染公司，因此这些污染公司的 ECAR 取累计超常收益率（CAR）的负值。②当非污染者公司具有正（或负）的累计超常收益率（CAR）时，表明《环保税法》能有效（或无效）影响到这些非污染公司。因此，这些非污染公司的 ECAR 为累计超常收益率（CAR）的原始值。另外，Tax rates_{it} 包括气税（Gas Tax）和水税（Water Tax）两个变量，$\text{Ownership structure}_{it}$ 包括国有控股比例（State ownership）、股权集中度（First）和第二至第十大股东持股比例（Sedtenth）三个变量，Fundamentals_{it} 包括公司年龄（Age）、公司经营现金流（Cash flow）、公司规模（Size）和公司杠杆比率（Leverage）四个变量。在实证分析中，控制了公司和行业层面的固定效应，ε_{it} 为随机误差项。

同时，构建基于 Buy-and-Hold 模型的《环保税法》有效性影响因素模型如下：

$$
\begin{aligned}
\text{EBHAR}_{it} = \alpha_{it} + \beta_{it}\text{Tax rates}_{it} + \gamma_{it}\text{Ownership structure}_{it} + \\
\delta_{it}\text{Fundamentals}_{it} + \theta_{it}\text{Fixed effects}_{it} + \varepsilon_{it} \qquad (4-7)
\end{aligned}
$$

其中，EBHAR_{it} 为基于 Buy-and-Hold 模型计算的公司 i 在 t 日的政策实施环境有效性指标，其余变量如模型（4-6）所述，这里不再赘述。

4.2.4 实证分析

4.2.4.1 相关性分析

表 4-13 报告了主要变量之间的相关性矩阵。

表 4-13　相关性矩阵

变量	ECAR（-1,+1）	ECAR（-2,+2）	ECAR（-3, +3）	Ebhar one month	Ebhar three month	Ebhar six month	Gas Tax	Water Tax	State Ownership	First	Sedtenth	Age	Cash Flow	Size
ECAR（-2,+2）	0. 781 2***													
	（0. 000）													
ECAR（-3, +3）	0. 705 5***	0. 817 4***												
	（0. 000）	（0. 000）												
Ebhar one month	0. 271 2***	0. 291 7***	0. 461 7***											
	（0. 001）	（0. 000）	（0. 000）											
Ebhar three month	0. 145 8**	0. 176 3**	0. 195 6***	0. 405 8***										
	（0. 038）	（0. 012）	（0. 005）	（0. 000）										
Ebhar six month	0. 146 4**	0. 178 8**	0. 197 2***	0. 407 1***	0. 999 7***									
	（0. 038）	（0. 011）	（0. 005）	（0. 000）	（0. 000）									
Gas Tax	-0. 035 2	0. 007 9	0. 078 4	0. 122 8*	0. 044 2	0. 042 1								
	（0. 619）	（0. 911）	（0. 268）	（0. 082）	（0. 532）	（0. 552）								
Water Tax	-0. 071 7	0. 039 3	0. 017 9	-0. 018 8	-0. 062 5	-0. 064 1	0. 654 9***							
	（0. 619）	（0. 579）	（0. 800）	（0. 792）	（0. 377）	（0. 365）	（0. 000）							
State Ownership	-0. 036 8	-0. 013 7	-0. 068 7	-0. 011 0	0. 112 3	0. 113 1	-0. 175 0**	-0. 124 9*						
	（0. 603）	（0. 847）	（0. 331）	（0. 876）	（0. 111）	（0. 109）	（0. 013）	（0. 077）						
First	-0. 028 0	-0. 059 0	-0. 137 7*	-0. 184 7***	-0. 062 9	-0. 061 0	-0. 195 4***	0. 037 7	0. 279 6***					
	（0. 693）	（0. 405）	（0. 051）	（0. 009）	（0. 374）	（0. 389）	（0. 005）	（0. 595）	（0. 000）					
Sedtenth	0. 061 0	0. 121 6*	0. 115 8	-0. 090 7	-0. 073 6	-0. 077 1	0. 110 3	-0. 005 6	-0. 197 8***	-0. 397 6***				
	（0. 389）	（0. 085）	（0. 101）	（0. 199）	（0. 298）	（0. 276）	（0. 118）	（0. 937）	（0. 005）	（0. 000）				
Age	-0. 001 6	-0. 062 5	-0. 025 3	0. 061 0	0. 142 2**	0. 144 4**	-0. 000 8	-0. 059 0	0. 232 1***	-0. 078 7	-0. 387 1***			
	（0. 982）	（0. 377）	（0. 721）	（0. 388）	（0. 044）	（0. 040）	（0. 991）	（0 404）	（0. 001）	（0. 266）	（0. 000）			
Cash Flow	0. 077 6	-0. 033 8	-0. 006 6	-0. 195 5***	-0. 211 1***	-0. 212 2***	0. 057 8	0. 118 2*	0. 011 2	0. 119 1*	0. 115 2	-0. 126 0*		
	（0. 272）	（0. 633）	（0. 925）	（0. 005）	（0. 003）	（0. 002）	（0. 414）	（0. 094）	（0. 874）	（0. 092）	（0. 103）	（0. 074）		
Size	0. 001 6	-0. 069 2	-0. 137 0*	-0. 179 9***	-0. 043 5	-0. 041 3	-0. 139 7**	-0. 017 4	0. 302 4***	0. 265 4***	-0. 191 05***	0. 320 8***	0. 064 3	
	（0. 982）	（0. 328）	（0. 052）	（0. 010）	（0. 539）	（0. 560）	（0. 048）	（0. 806）	（0. 000）	（0. 000）	（0. 007）	（0. 000）	（0. 363）	
Leverage	-0. 064 3	-0. 046 0	-0. 144 2**	-0. 019 3	0. 075 3	0. 078 9	-0. 098 6	-0. 021 4	0. 284 0***	0. 161 2**	-0. 321 6***	0. 362 5***	-0. 144 6**	0. 534 3***
	（0. 363）	（0. 516）	（0. 041）	（0. 786）	（0. 287）	（0. 264）	（0. 163）	（0. 763）	（0. 000）	（0. 022）	（0. 000）	（0. 000）	（0. 04）	（0. 000）

注：括号内为 P 值，***、** 和 * 分别表示在 1%、5%和 10%的统计水平下显著。

由表 4-13 可以看出，除了 ECAR（-1，+1）与 ECAR（-2，+2）之间的相关性系数为 0.781 2，ECAR（-1，+1）与 ECAR（-3，+3）之间的相关性系数为 0.705 5，ECAR（-2，+2）与 ECAR（-3，+3）之间的相关性系数为 0.817 4，Ebhar three month 与 Ebhar six month 之间的相关性系数为 0.999 7，其余的主要变量之间的相关系数较小。同时，由于 ECAR（-1，+1）、ECAR（-2，+2）、ECAR（-3，+3）、Ebhar three month 和 Ebhar six month 同为被解释变量，不会放入同一个模型中进行回归分析。因此，上述结果说明变量之间的多重共线性问题不大。

4.2.4.2 环境保护税的有效性分析

表 4-14 报告了在市场调整模型下长江上游地区《环保税法》在行业层面的环境有效性。本节将长江上游地区的样本公司划分为 13 个行业，并发现大部分行业都有效受到了《环保税法》的影响。在这些行业中，矿业公司的 ECAR 达到最高，在不同事件窗口期下分别为 2.86%、5.22%和 7.93%，其次为商业服务和租赁公司，在不同事件窗口期内的 ECAR 分别为 1.09%、1.54%和 1.97%。相反，批发和零售公司、专业技术服务公司和房地产公司的 ECAR 则相对较低，其中，批发和零售公司的 ECAR 在不同事件窗口期下分别为-1.57%、-0.50%和-4.99%，专业技术服务公司的 ECAR 在不同事件窗口期下分别为-0.09%、-2.08%和-3.04%，房地产公司的 ECAR 在不同事件窗口期下分别为-0.41%、-0.95%和-1.19%。

表 4-14 《环保税法》在行业层面的有效性（基于市场调整模型）

单位:%

行业	ECAR（-1，+1）	ECAR（-2，+2）	ECAR（-3，+3）
IT 行业	-2.27	-3.47	-0.88
专业技术服务业	-0.09	-2.08	-3.04
公共设施管理业	0.30	0.16	0.36
农业	-0.24	0.98	1.20
制造业	0.99	3.65	0.26
商业服务和租赁业	1.09	1.54	1.97
建筑业	0.57	0.99	-1.27
房地产业	-0.41	-0.95	-1.19

表4-14(续)

行业	ECAR (-1, +1)	ECAR (-2, +2)	ECAR (-3, +3)
批发和零售业	-1.57	-0.50	-4.99
文化艺术及新闻和出版业	-0.36	-0.79	1.20
水、电、气供应业	0.17	-1.55	-0.70
生态保护和环境治理业	2.00	-0.27	-0.46
矿业	2.86	5.22	7.93

表4-15展示了基于市场调整模型长江上游地区《环保税法》在地区层面和污染、非污染公司层面的环境有效性。表4-15的Panel A显示，长江上游地区的三省一市不同程度地受到了《环保税法》的有效影响。在这些地区中，云南省的公司在环境保护税实施前后一天、前后两天和前后三天的ECAR分别为0.84%、-0.02%和-0.26%，四川省的公司在环境保护税实施前后一天、前后两天和前后三天的ECAR分别为0.14%、0.14%和0.46%，贵州省的公司在环境保护税实施前后一天、前后两天和前后三天的ECAR分别为-1.13%、-2.21%和-2.36%，重庆市的公司在环境保护税实施前后一天、前后两天和前后三天的ECAR分别为0.40%、1.50%和0.15%。在这些地区中，贵州省公司的ECAR最低，而四川省和重庆市公司的ECAR相对较高。

表4-15的Panel B显示，长江上游地区的非污染公司在环境保护税实施前后一天、前后两天和前后三天的ECAR分别为-0.05%、-0.95%和-0.92%，污染公司在环境保护税实施前后一天、前后两天和前后三天的ECAR分别为0.17%、0.29%和0.09%。上述结果表明，长江上游地区的污染公司受到了《环保税法》的有效影响。

表4-15 《环保税法》在地区层面和污染、非污染公司层面的有效性（基于市场调整模型）

单位:%

Panel A：地区			
地区	ECAR (-1, +1)	ECAR (-2, +2)	ECAR (-3, +3)
云南省	0.84	-0.02	-0.26
四川省	0.14	0.14	0.46
贵州省	-1.13	-2.21	-2.36
重庆市	0.40	1.50	0.15

表4-15(续)

Panel B：污染公司与非污染公司			
公司	ECAR (-1, +1)	ECAR (-2, +2)	ECAR (-3, +3)
非污染公司	-0.05	-0.95	-0.92
污染公司	0.17	0.29	0.09

表4-16报告了在Buy-and-Hold模型下长江上游地区《环保税法》在行业层面的有效性。如前文所述，将长江上游地区的样本公司划分为13个行业，并发现大部分行业均受到了《环保税法》的影响。在这些行业中，IT公司的Ebhar最高，在环境保护税实施后的一个月、三个月和六个月分别为18.59%、22.60%和107.86%，其次为矿业公司，在环境保护税实施后的一个月、三个月和六个月的Ebhar分别为5.49%、6.86%和33.51%。相反，商业服务和租赁公司、水、电、气供应公司和生态保护和环境治理公司的Ebhar则相对较低，其中，商业服务和租赁公司的Ebhar在环境保护税实施后的一个月、三个月和六个月分别为-2.27%、-21.32%和-94.06%，水、电、气供应公司的Ebhar在环境保护税实施后的一个月、三个月和六个月分别为-13.22%、-7.49%和-38.35%，生态保护和环境治理公司的Ebhar在环境保护税实施后的一个月、三个月和六个月分别为-3.49%、-3.66%和-20.77%。

表4-16 《环保税法》在行业层面的有效性（基于Buy-and-Hold模型）

单位:%

行业	Ebhar one month	Ebhar three month	Ebhar six month
IT行业	18.59	22.60	107.86
专业技术服务业	-7.13	7.69	39.31
公共设施管理业	-0.22	-1.62	-3.50
农业	0.25	5.32	28.38
制造业	3.11	2.05	13.34
商业服务和租赁业	-2.27	-21.32	-94.06
建筑业	-6.70	0.14	4.59
房地产业	-4.48	2.70	8.50
批发和零售业	-11.82	2.36	14.78
文化艺术及新闻和出版业	10.09	6.15	24.33
水、电、气供应业	-13.22	-7.49	-38.35
生态保护和环境治理业	-3.49	-3.66	-20.77
矿业	5.49	6.86	33.51

表 4-17 展示了基于 Buy-and-Hold 模型长江上游地区《环保税法》在地区层面和污染、非污染公司层面的环境有效性。表 4-17 的 Panel A 显示，长江上游地区的三省一市不同程度地受到了《环保税法》的有效影响。在这些地区中，云南省的公司在环境保护税实施后的一个月、三个月和六个月的 Ebhar 分别为-1. 01%、2. 18%和 13. 43%，四川省的公司在环境保护税实施后的一个月、三个月和六个月的 Ebhar 分别为 1. 04%、1. 41%和 9. 23%，贵州省的公司在环境保护税实施后的一个月、三个月和六个月的 Ebhar 分别为-6. 93%、-3. 37%和-12. 85%，重庆市的公司在环境保护税实施后的一个月、三个月和六个月的 Ebhar 分别为-3. 52%、-5. 08%和-20. 16%。在这些地区中，贵州省和重庆市公司的 Ebhar 最低，四川省公司的 Ebhar 相对较高。

表 4-17 的 Panel B 显示，长江上游地区的非污染公司在环境保护税实施后的一个月、三个月和六个月的 Ebhar 分别为-2. 88%、0. 70%和-0. 70%，污染公司在环境保护税实施后的一个月、三个月和六个月的 Ebhar 分别为-0. 92%、-0. 60%和 1. 20%。上述结果表明，长江上游地区的非污染公司和污染公司受到了《环保税法》不同程度的有效影响。

表 4-17 《环保税法》在地区层面和污染、非污染公司层面的有效性

（基于 Buy-and-Hold 模型） 单位：%

Panel A：地区			
地区	Ebhar one month	Ebhar three month	Ebhar six month
云南省	-1. 01	2. 18	13. 43
四川省	1. 04	1. 41	9. 23
贵州省	-6. 93	-3. 37	-12. 85
重庆市	-3. 52	-5. 08	-20. 16
Panel B：污染公司与非污染公司			
公司	Ebhar one month	Ebhar three month	Ebhar six month
非污染公司	-2. 88	0. 70	-0. 70
污染公司	-0. 92	-0. 60	1. 20

4. 2. 4. 3 《环保税法》有效性的影响因素分析

本部分进一步基于市场调整模型和 Buy-and-Hold 模型对长江上游地区《环保税法》环境有效性的影响因素进行分析，具体如表 4-18 和表 4-19 所示。

由表 4-18 可知，在市场调整模型下，长江上游地区的大气污染物税率（Gas Tax）在环境保护税实施前后一天、前后两天与公司层面的环境有效性呈负相关关系，即大气污染物税率每增加一个单位，其有效性会分别下降 0. 058 9 和 0. 009 3 个单位，而在环境保护税实施前后三天与公司层面的环境有效性则呈正相关关系，即大气污染物税率每增加一个单位，其有效性会上升 0. 047 3 个单位；水污染物税率（Water Tax）在环境保护税实施前后一天与公司层面的环境有效性呈负相关关系，即水污染物税率每增加一个单位，其有效性会下降 0. 182 1 个单位，而在环境保护税实施前后两天、前后三天与公司层面的环境有效性则呈正相关关系，即水污染物税率每增加一个单位，其有效性会分别上升 0. 079 8 和 0. 047 5 个单位。总的来看，税率越高，环境保护税政策实施的整体有效性越低，可能的原因在于更高的税率增加了公司的环境成本，减弱了它们遵守环境政策的能力。

另外，公司的股权结构和财务基本面因素对公司层面的有效性也有影响。从股权结构因素来看，公司的国有控股比例（State ownership）在环境保护税实施前后一天与公司层面的环境有效性呈负相关关系，而在环境保护税实施前后两天、前后三天与公司层面的环境有效性则呈正相关关系；公司的股权集中度（First）在环境保护税实施前后一天、前后两天和前后三天与公司层面的环境有效性均呈现负向关系；公司的第二至第十大股东持股比例（Sedtenth）在不同的事件窗口期下与公司层面的环境有效性则均呈现正向关系，说明长江上游地区第二到第十大股东持股比例较高的公司更有可能有效地实施环境保护税政策。

从财务基本面来看，公司的年龄（Age）在环境保护税实施前后一天、前后三天与公司层面的环境有效性呈正相关关系，而在环境保护税实施前后两天与公司层面的环境有效性则呈负相关关系；公司的经营现金流（Cash flow）和规模（Size）在环境保护税实施前后一天与公司层面的环境有效性呈正向关系，而在环境保护税实施前后两天、前后三天与公司层面的环境有效性则呈负向关系；公司杠杆比率（Leverage）在不同的事件窗口期下与公司层面的环境有效性则均呈现负相关关系。总的来看，在市场调整模型下，长江上游地区上市时间较长、经营现金流较少、规模较小、杠杆比率较低的公司实施环境保护税的环境有效性一般较高。

表 4-18　主测试（基于市场调整模型）

变量	(1)		(2)		(3)	
	ECAR (-1, +1)		ECAR (-2, +2)		ECAR (-3, +3)	
Gas Tax	-0.058 9		-0.009 3		0.047 3	
	(0.323)		(0.878)		(0.495)	
Water Tax		-0.182 1		0.079 8		0.047 5
		(0.138)		(0.566)		(0.762)
State Ownership	-0.166 3	-0.196 5	0.110 4	0.142 9	0.036 4	0.378 5
	(0.695)	(0.637)	(0.796)	(0.740)	(0.921)	(0.944)
First	-0.115 8	-0.039 0	-0.054 3	-0.054 9	-0.559 4	-0.609 4
	(0.811)	(0.936)	(0.913)	(0.911)	(0.308)	(0.271)
Sedtenth	0.436 7	0.395 2	0.875 5	0.885 1	0.525 0	0.543 7
	(0.483)	(0.527)	(0.126)	(0.121)	(0.429)	(0.415)
Age	0.065 3	0.061 1	-0.019 1	-0.020 7	0.052 8	0.056 9
	(0.693)	(0.712)	(0.904)	(0.898)	(0.715)	(0.699)
Cash Flow	0.962 2	1.065 5	-0.358 2	-0.448 5	-0.097 6	-0.083 6
	(0.178)	(0.145)	(0.558)	(0.460)	(0.880)	(0.901)
Size	0.026 5	0.029 4	-0.046 7	-0.045 4	-0.057 3	-0.060 4
	(0.707)	(0.674)	(0.488)	(0.507)	(0.315)	(0.291)
Leverage	-0.347 1	-0.340 2	-0.000 1	-0.002 1	-0.520 5	-0.523 3
	(0.502)	(0.509)	(1.000)	(0.997)	(0.293)	(0.290)
Fixed Effects						
Firm	控制	控制	控制	控制	控制	控制
Industry	控制	控制	控制	控制	控制	控制
Obs	202	202	202	202	202	202
R-squared	0.018 1	0.022 4	0.028 7	0.030 1	0.045 4	0.044 2

注：括号内为 P 值。

由表 4-19 可知，在 Buy-and-Hold 模型下，长江上游地区的气大气污染物税率（Gas Tax）在环境保护税实施后的一个月、三个月和六个月与公司层面的环境有效性呈正相关关系，即大气污染物税率每增加一个单位，其有效性会分别提高 0.014 5、0.013 4 和 0.061 3 个单位；水污染物税率（Water Tax）在环境保护税实施后的一个月与公司层面的环境有效性呈正相关关系，即水污染物税率每增加一个单位，其有效性会上升 0.002 7 个单位，而在环境保护税实施后的三个月、六个月与公司层面的环境有效性则呈负相关关系，即水污染物税率每增加一个单位，其有效性会分别下降 0. 010 2 和 0. 044 7 个单位。

另外，公司的股权结构和财务基本面因素对公司层面的有效性也有影响。从股权结构因素来看，公司的国有控股比例（State ownership）在环境保护税实施后的一个月、三个月和六个月与公司层面的环境有效性呈显著的正向关系；公司的股权集中度（First）和第二至第十大股东持股比例（Sedtenth）在环境保护税实施后的一个月、三个月和六个月与公司层面的环境有效性则呈现显著的负向关系。总的来看，在 Buy-and-Hold 模型下，长江上游地区国有控股比例较高的公司更有可能有效地实施环境保护税政策。

从财务基本面来看，公司的年龄（Age）和杠杆比率（Leverage）在环境保护税实施后的一个月、三个月和六个月与公司层面的环境有效性呈正相关关系；公司的经营现金流（Cash flow）和规模（Size）在环境保护税实施后的一个月、三个月和六个月与公司层面的环境有效性则呈显著的负相关关系。总的来看，在 Buy-and-Hold 模型下，长江上游地区上市时间较长、杠杆比率较高、经营现金流较少、规模较小的公司实施环境保护税的环境有效性一般较高。

表 4-19　主测试（基于 Buy-and-Hold 模型）

变量	(1)		(2)		(3)	
	Ebhar one month		Ebhar three month		Ebhar six month	
Gas Tax	0. 014 5*		0. 013 4		0. 061 3	
	(0. 095)		(0. 397)		(0. 398)	
Water Tax		0. 002 7		-0. 010 2		-0. 044 7
		(0. 873)		(0. 755)		(0. 766)
State Ownership	0. 046 3	0. 039 3	0. 126 6*	0. 115 7	0. 580 3*	0. 531 3
	(0. 253)	(0. 332)	(0. 076)	(0. 106)	(0. 077)	(0. 106)
First	-0. 196 2**	-0. 210 1**	-0. 067 5	-0. 078 9	-0. 302 4	-0. 354 7
	(0. 033)	(0. 027)	(0. 647)	(0. 591)	(0. 656)	(0. 600)
Sedtenth	-0. 181 5*	-0. 177 5*	-0. 039 6	-0. 037 9	-0. 187 2	-0. 178 8
	(0. 073)	(0. 085)	(0. 744)	(0. 756)	(0. 738)	(0. 750)
Age	-0. 000 5	0. 000 8	0. 020 4	0. 021 8	0. 094 8	0. 101 0
	(0. 967)	(0. 950)	(0. 332)	(0. 307)	(0. 329)	(0. 305)

表4-19(续)

变量	(1) Ebhar one month		(2) Ebhar three month		(3) Ebhar six month	
Cash Flow	-0.270 2**	-0.254 3*	-0.516 2***	-0.489 0**	-2.418 3***	-2.295 7**
	(0.037)	(0.056)	(0.009)	(0.017)	(0.009)	(0.016)
Size	-0.016 9**	-0.017 9***	-0.018 5	-0.019 5	-0.083 8	-0.088 7
	(0.019)	(0.010)	(0.138)	(0.115)	(0.143)	(0.120)
Leverage	0.009 9	0.009 3	0.041 1	0.041 0	0.208 3	0.207 7
	(0.828)	(0.836)	(0.600)	(0.601)	(0.563)	(0.565)
Fixed Effects						
Firm	控制	控制	控制	控制	控制	控制
Industry	控制	控制	控制	控制	控制	控制
Obs	202	202	202	202	202	202
R-squared	0.124 0	0.114 0	0.082 8	0.080 0	0.083 0	0.080 2

注：括号内为 P 值，***、** 和 * 分别表示在 1%、5%和 10%的统计水平下显著。

4.2.4.4 稳健性检验

为验证上述结论的可靠性，本研究还控制了地区层面的固定效应进行稳健性检验（见表 4-20 和表 4-21）。表 4-20 和表 4-21 中各变量在市场调整模型和 Buy-and-Hold 模型下的影响效应方向以及显著性水平与由表 4-18 和表 4-19 得出的结论基本吻合，由此可证明前文分析结论是可靠的。

表 4-20 稳健性检验（基于市场调整模型）

变量	(1) ECAR (-1, +1)		(2) ECAR (-2, +2)		(3) ECAR (-3, +3)	
Gas Tax	-0.061 9		-0.003 5		0.048 0	
	(0.300)		(0.955)		(0.494)	
Water Tax		-0.229 2		-0.103 0		0.065 1
		(0.148)		(0.531)		(0.733)
State Ownership	-0.188 9	-0.198 3	0.154 2	0.136 1	0.042 2	0.027 4
	(0.649)	(0.635)	(0.718)	(0.751)	(0.910)	(0.942)
First	-0.053 8	-0.078 0	-0.174 5	-0.206 4	-0.575 4	-0.594 9
	(0.909)	(0.870)	(0.718)	(0.672)	(0.264)	(0.251)
Sedtenth	0.415 0	0.403 6	0.917 6	0.917 7	0.530 6	0.540 5
	(0.511)	(0.520)	(0.109)	(0.106)	(0.433)	(0.424)

表4-20(续)

变量	(1) ECAR (-1, +1)		(2) ECAR (-2, +2)		(3) ECAR (-3, +3)	
Age	0.062 6	0.063 5	-0.018 9	-0.011 2	0.053 5	0.056 0
	(0.706)	(0.702)	(0.931)	(0.945)	(0.712)	(0.702)
Cash Flow	1.030 3	1.067 5	-0.490 2	-0.440 5	-0.115 2	-0.084 3
	(0.158)	(0.148)	(0.425)	(0.480)	(0.862)	(0.900)
Size	0.028 8	0.027 3	-0.051 2	-0.053 6	-0.057 9	-0.059 6
	(0.687)	(0.702)	(0.459)	(0.436)	(0.325)	(0.310)
Leverage	-0.339 9	-0.343 8	-0.014 0	-0.016 3	-0.522 4	-0.522 0
	(0.511)	(0.508)	(0.978)	(0.975)	(0.291)	(0.293)
Fixed Effects						
Firm	控制	控制	控制	控制	控制	控制
Industry	控制	控制	控制	控制	控制	控制
Location	控制	控制	控制	控制	控制	控制
Obs	202	202	202	202	202	202
R-squared	0.020 1	0.022 9	0.037 1	0.038 3	0.045 6	0.044 2

注：括号内为P值。

表4-21 稳健性测试（基于Buy-and-Hold模型）

变量	(1) Ebhar one month		(2) Ebhar three month		(3) Ebhar six month	
Gas Tax	0.013 9		0.012 3		0.056 2	
	(0.104)		(0.442)		(0.442)	
Water Tax		0.029 9		0.031 9		0.145 0
		(0.170)		(0.465)		(0.468)
State Ownership	0.042 4	0.040 3	0.118 1*	0.117 3	0.542 3*	0.538 4
	(0.302)	(0.323)	(0.099)	(0.102)	(0.099)	(0.102)
First	-0.185 6**	-0.187 5**	-0.044 2	-0.044 0	-0.198 0	-0.197 5
	(0.033)	(0.034)	(0.754)	(0.754)	(0.760)	(0.760)
Sedtenth	-0.185 2*	-0.182 4*	-0.047 8	-0.045 4	-0.223 7	-0.212 7
	(0.071)	(0.076)	(0.696)	(0.709)	(0.691)	(0.705)
Age	-0.001 0	-0.000 6	0.019 4	0.019 6	0.090 2	0.091 2
	(0.938)	(0.964)	(0.354)	(0.351)	(0.351)	(0.347)

表4-21(续)

变量	(1)		(2)		(3)	
	Ebhar one month		Ebhar three month		Ebhar six month	
Cash Flow	-0.258 6**	-0.255 5*	-0.490 6**	-0.490 8**	-2.303 7**	-2.304 1**
	(0.049)	(0.051)	(0.014)	(0.014)	(0.013)	(0.013)
Size	-0.016 5**	-0.016 7***	-0.017 6	-0.017 6	-0.079 9	-0.080 1
	(0.025)	(0.022)	(0.160)	(0.159)	(0.165)	(0.164)
Leverage	0.011 1	0.011 5	0.043 8	0.044 3	0.220 4	0.222 4
	(0.806)	(0.799)	(0.572)	(0.569)	(0.537)	(0.534)
Fixed Effects						
Firm	控制	控制	控制	控制	控制	控制
Industry	控制	控制	控制	控制	控制	控制
Location	控制	控制	控制	控制	控制	控制
Obs	202	202	202	202	202	202
R-squared	0.127 6	0.124 1	0.089 4	0.089 2	0.089 3	0.089 1

注：括号内为 P 值，***、** 和 * 分别表示在 1%、5%和 10%的统计水平下显著。

4.2.4.5 异质性分析

前文从整体上分析了长江上游地区环境保护税在公司层面实施的环境有效性问题。接下来，本研究基于不同的公司规模进行对公司微观层面的异质性分析。本研究将长江上游地区的公司分为小型公司和大型公司两个子样本，并基于市场调整模型和 Buy-and-Hold 模型分别进行研究，回归结果如表 4-22 和表 4-23 所示。

由表 4-22 可知，在市场调整模型下，长江上游地区的大气污染物税率和水污染物税率对小型公司和大型公司政策实施的环境有效性的影响是不同的。具体来说，大气污染物税率（Gas Tax）在事件窗口期（-1，+1）、（-2，+2）和（-3，+3）下与小型公司层面的环境有效性呈负相关关系，即大气污染物税率每增加一个单位，其有效性会分别下降 0.028 2、0.010 2 和 0.051 3 个单位，而大气污染物税率在事件窗口期（-1，+1）、（-2，+2）与大型公司层面的环境有效性呈负向关系，即大气污染物税率每增加一个单位，其有效性会分别下降 0. 123 2 和 0. 128 8 个单位，在事件窗口期（-3，+3）与大型公司层面的环境有效性则呈正向关系，即大气污染物税率每增加一个单位，其有效性会上升 0.107 6 个单位；水污染物税率（Water Tax）在环境保护税实施前后一天和前后三天与小型公司层面的环境有效性呈负相关关系，即水污染物税率每增加一个单位，其有效性会分别下降0.057 2和0.239 6个单位，在环境保护税实施前后两天与小型公司层面的环境有效性则呈正相关关系，即水污染物税率每增加一个单位，其有效性会上升0.003 8个单位，而水污染物税率在环境保护税实施前后一天与大型公司层面的环境有效性呈负向关系，即水污染物税率每增加一个单位，其有效性会下降0.295 1个单位，在环境保护税实施前后一天和前后三天与大型公司层面的环境有效性则呈正向关系，即水污染物税率每增加一个单位，其有效性会分别上升0.144 8和0.226 3个单位。

从股权结构因素来看，国有控股比例（State ownership）、股权集中度（First）和第二至第十大股东持股比例（Sedtenth）在不同的事件窗口期下与小型公司层面的环境有效性呈负相关关系。同时，国有控股比例（State ownership）和第二至第十大股东持股比例（Sedtenth）在不同的事件窗口期下与大型公司层面的环境有效性则呈正相关关系，而股权集中度（First）在环境保护税实施前后一天与大型公司层面的环境有效性呈正向关系，在环境保护税实施前后两天、前后三天与大型公司层面的环境有效性则呈负向关系。总的来看，长江上游地区国有控股比例、股权集中度和第二至第十大股东持股比例较低（或较高）的小型公司（或大型公司）更有可能有效地实施环境保护税政策。

从财务基本面来看，公司的年龄（Age）、经营现金流（Cash flow）和杠杆比率（Leverage）在不同的事件窗口期下与小型公司层面的环境有效性呈正相关关系，而公司的规模（Size）在不同的事件窗口期下与小型公司层面的环境有效性则呈负相关关系；同时，公司的年龄（Age）在环境保护税实施前后一天、前后三天与大型公司层面的环境有效性呈正向关系，在环境保护税实施前后两天与大型公司层面的环境有效性则呈负向关系，经营现金流（Cash flow）和杠杆比率（Leverage）在不同的事件窗口期下与大型公司层面的环境有效性呈负相关关系，而公司的规模（Size）在不同的事件窗口期下与大型公司层面的环境有效性则呈显著的正相关关系。总的来看，在市场调整模型下，长江上游地区上市时间较长、杠杆比率较高（较低）、经营现金流较多（或较少）、规模较小（或较大）的小型公司（或大型公司）实施环境保护税的环境有效性一般较高。

表 4-22 不同规模公司的异质性分析（基于市场调整模型）

变量	小型公司						大型公司					
	(1)		(2)		(3)		(4)		(5)		(6)	
	ECAR（-1，+1）		ECAR（-2，+2）		ECAR（-3，+3）		ECAR（-1，+1）		ECAR（-2，+2）		ECAR（-3，+3）	
Gas Tax	-0.028 2		-0.010 2		-0.051 3		-0.123 2		-0.128 8		0.107 6	
	(0.733)		(0.902)		(0.640)		(0.170)		(0.891)		(0.217)	
Water Tax		-0.057 2		0.003 8		-0.239 6		-0.295 1		0.144 8		0.226 3
		(0.695)		(0.981)		(0.322)		(0.113)		(0.478)		(0.251)
State Ownership	-0.511 1	-0.518 1	-0.492 7	-0.483 7	-0.734 3*	-0.810 0*	0.020 7	0.005 1	0.453 2	0.506 5	0.474 7	0.478 5
	(0.238)	(0.227)	(0.287)	(0.296)	(0.087)	(0.062)	(0.966)	(0.992)	(0.365)	(0.317)	(0.287)	(0.303)
First	-0.821 0	-0.750 2	-0.450 9	-0.430 8	-1.249 1	-1.089 4	0.336 6	0.348 7	-0.168 5	-0.184 4	-0.271 6	-0.279 3
	(0.285)	(0.308)	(0.565)	(0.561)	(0.164)	(0.201)	(0.613)	(0.599)	(0.810)	(0.790)	(0.688)	(0.682)
Sedtenth	-0.396 7	-0.392 9	-0.002 5	-0.000 9	-0.591 9	-0.586 5	0.681 6	0.539 0	1.255 1	1.281 6	1.543 5	1.660 6
	(0.561)	(0.563)	(0.996)	(0.999)	(0.449)	(0.451)	(0.541)	(0.633)	(0.245)	(0.237)	(0.196)	(0.163)
Age	0.029 9	0.029 0	0.035 0	0.034 7	-0.014 2	-0.015 9	0.134 2	0.117 4	-0.051 3	-0.054 2	0.181 7	0.196 6
	(0.783)	(0.790)	(0.735)	(0.737)	(0.903)	(0.892)	(0.715)	(0.750)	(0.886)	(0.882)	(0.592)	(0.570)
Cash Flow	1.645 3	1.637 6	0.541 9	0.525 5	0.152 6	0.213 9	-0.137 9	0.029 4	-1.694 7	-1.862 3	-1.100 0	-1.213 2
	(0.117)	(0.120)	(0.555)	(0.565)	(0.862)	(0.805)	(0.920)	(0.983)	(0.184)	(0.144)	(0.428)	(0.393)
Size	-0.086 9	-0.080 3	-0.086 6	-0.086 3	0.046 7	0.070 2	0.337 6*	0.341 2*	0.187 4	0.189 9	0.035 7	0.032 2
	(0.541)	(0.582)	(0.540)	(0.548)	(0.726)	(0.618)	(0.072)	(0.061)	(0.312)	(0.311)	(0.833)	(0.851)
Leverage	0.298 4	0.307 7	0.247 9	0.243 9	0.177 6	0.234 9	-1.410 8	-1.457 6	-0.762 2	-0.724 1	-1.229 9	-1.196 7
	(0.505)	(0.493)	(0.525)	(0.536)	(0.647)	(0.555)	(0.162)	(0.153)	(0.492)	(0.519)	(0.240)	(0.256)
Fixed Effects												
Firm	控制	控制	控制	控制	控制	控制	控制	控制	控制	控制	控制	控制
Industry	控制	控制	控制	控制	控制	控制	控制	控制	控制	控制	控制	控制
Obs	101	101	101	101	101	101	101	101	101	101	101	101
R-squared	0.047 7	0.047 7	0.029 7	0.029 6	0.044 7	0.056 5	0.083 9	0.089 3	0.076 2	0.079 7	0.079 0	0.080 7

注：括号内为 P 值，* 表示在 10%的统计水平下显著。

由表4-23可知，在Buy-and-Hold模型下，长江上游地区的大气污染物税率和水污染物税率对小型公司和大型公司政策实施的环境有效性的影响也是不同的。具体来说，大气污染物税率（Gas Tax）在环境保护税实施后的一个月、三个月和六个月与小型公司层面的环境有效性呈正向关系，即大气污染物税率每增加一个单位，其有效性会分别上升0.013 1、0.018 8和0.088 7个单位，而大气污染物税率在环境保护税后的一个月与大型公司层面的环境有效性呈正向关系，即大气污染物税率每增加一个单位，其有效性会上升0.012 2个单位，在环境保护税实施后的三个月和六个月与大型公司层面的有效性则呈负向关系，即大气污染物税率每增加一个单位，其有效性会分别下降0.001 5和0.007 9个单位；水污染物税率（Water Tax）在环境保护税实施后的一个月、三个月和六个月与小型公司和大型公司层面的环境有效性均呈负相关关系。

从股权结构因素来看，国有控股比例（State ownership）在环境保护税实施后的一个月、三个月和六个月与小型公司和大型公司层面的环境有效性均呈正相关关系；股权集中度（First）在环境保护税实施后的一个月、三个月和六个月与小型公司层面的环境有效性则呈显著的负相关关系，而在环境保护税实施后的一个月其与大型公司层面的环境有效性呈显著的负相关关系，在环境保护税实施后的三个月、六个月则与大型公司层面的环境有效性呈正相关关系；第二至第十大股东持股比例（Sedtenth）在环境保护税实施后的一个月与小型公司层面的环境有效性呈显著的负向关系，在环境保护税实施后的三个月和六个月与小型公司层面的环境有效性则呈正向关系，而在环境保护税实施后的一个月、三个月和六个月其与大型公司层面的环境有效性呈负向关系。

从财务基本面来看，公司的年龄（Age）在环境保护税实施后的一个月与小型公司和大型公司层面的环境有效性是负相关关系，在环境保护税实施后的三个月、六个月与小型公司和大型公司层面的环境有效性则是正相关关系；经营现金流（Cash flow）在环境保护税实施后的一个月、三个月和六个月与小型公司和大型公司层面的环境有效性均呈现显著的负向关系；公司的规模（Size）在环境保护税实施后的一个月、三个月和六个月与小型公司层面的环境有效性呈正相关关系，而在环境保护税实施后的一个月其与大型公司层面的环境有效性呈负相关关系，在环境保护税实施后的三个月、六个月则与大型公司层面的环境有效性呈正相关关系；杠杆比率（Leverage）在环境保护税实施后的一个月、三个月和六个月与小型公司（或大型公司）层面的环境有效性均呈现正向关系（或负向关系）。

表 4-23　不同规模公司的异质性分析（基于 Buy-and-Hold 模型）

变量	小型公司						大型公司					
	（1）		（2）		（3）		（4）		（5）		（6）	
	Ebhar one month		Ebhar three month		Ebhar six month		Ebhar one month		Ebhar three month		Ebhar six month	
Gas Tax	0.013 1		0.018 8		0.088 7		0.012 2		−0.001 5		−0.007 9	
	（0.325）		（0.331）		（0.320）		（0.238）		（0.949）		（0.941）	
Water Tax		−0.001 8		−0.026 0		−0.116 1		−0.005 3		−0.010 1		−0.043 6
		（0.949）		（0.431）		（0.446）		（0.823）		（0.839）		（0.849）
State Ownership	0.033 0	0.023 1	0.150 7	0.125 4	0.700 7	0.584 7	0.040 8	0.031 5	0.082 0	0.079 7	0.372 4	0.363 7
	（0.597）	（0.714）	（0.256）	（0.322）	（0.252）	（0.317）	（0.406）	（0.535）	（0.361）	（0.403）	（0.365）	（0.405）
First	−0.261 7	−0.288 2*	−0.100 1	−0.132 9	−0.437 8	−0.593 9	−0.147 9*	−0.145 8*	0.026 0	0.026 8	0.106 8	0.110 1
	（0.100）	（0.082）	（0.725）	（0.643）	（0.739）	（0.653）	（0.076）	（0.079）	（0.879）	（0.875）	（0.891）	（0.888）
Sedtenth	−0.292 2*	−0.294 3*	0.024 4	0.021 2	0.116 4	0.101 1	−0.093 4	−0.087 4	−0.132 6	−0.135 9	−0.633 5	−0.648 5
	（0.070）	（0.073）	（0.910）	（0.923）	（0.907）	（0.920）	（0.469）	（0.512）	（0.417）	（0.408）	（0.397）	（0.389）
Age	−0.005 4	−0.005 0	0.021 3	0.021 9	0.101 5	0.104 2	−0.004 4	−0.002 5	0.013 98	0.013 8	0.061 1	0.060 2
	（0.773）	（0.791）	（0.492）	（0.488）	（0.478）	（0.474）	（0.851）	（0.916）	（0.693）	（0.701）	（0.707）	（0.715）
Cash Flow	−0.378 2**	−0.358 9**	−0.681 1**	−0.640 2**	−3.145 3**	−2.956 1**	−0.236 8	−0.217 0	−0.397 2	−0.388 2	−1.911 3	−1.874 6
	（0.043）	（0.049）	（0.019）	（0.037）	（0.019）	（0.038）	（0.223）	（0.289）	（0.225）	（0.238）	（0.202）	（0.213）
Size	0.002 2	0.001 5	0.007 1	0.008 1	0.030 6	0.034 7	−0.017 8	−0.018 5	0.022 0	0.021 9	0.105 1	0.105 0
	（0.895）	（0.931）	（0.869）	（0.852）	（0.878）	（0.863）	（0.206）	（0.183）	（0.364）	（0.364）	（0.344）	（0.344）
Leverage	0.076 8	0.081 0	0.077 5	0.090 6	0.365 0	0.424 3	−0.060 7	−0.064 6	−0.037 7	−0.039 9	−0.161 6	−0.170 6
	（0.208）	（0.192）	（0.461）	（0.383）	（0.454）	（0.377）	（0.498）	（0.485）	（0.781）	（0.768）	（0.795）	（0.783）
Fixed Effects												
Firm	控制	控制	控制	控制	控制	控制	控制	控制	控制	控制	控制	控制
Industry	控制	控制	控制	控制	控制	控制	控制	控制	控制	控制	控制	控制
Obs	101	101	101	101	101	101	101	101	101	101	101	101
R-squared	0.165 2	0.158 9	0.163 5	0.160 7	0.161 4	0.158 2	0.096 8	0.087 3	0.065 8	0.066 4	0.068 2	0.068 6

注：括号内为 P 值，** 和 * 分别表示在 5%和 10%的统计水平下显著。

4.2.4.6 内生性测试

财务基本面变量较高的公司可能会更有能力配合执行环境政策（Cole et al., 2013）。为了解决这一问题，本研究分别计算了长江上游地区公司年龄（Age）、经营现金流（Cash flow）、规模（Size）和杠杆比率（Leverage）四个变量的行业均值，并带入模型（4-6）和模型（4-7）中，重新进行《环保税法》对环境有效性的影响因素分析，具体如表 4-24 和表 4-25 所示。由表 4-24 和表 4-25 可以看出，其结果与由表 4-18 和表 4-19 得出的结果基本相同。因此，潜在的内生性问题对本研究的实证分析影响有限。

表 4-24　内生性测试（基于市场调整模型）

变量	(1)		(2)		(3)	
	ECAR（-1，+1）		ECAR（-2，+2）		ECAR（-3，+3）	
Gas Tax	-0.047 8		-0.019 2		0.033 1	
	(0.445)		(0.769)		(0.644)	
Water Tax		-0.163 9		0.060 7		0.009 4
		(0.188)		(0.669)		(0.952)
State Ownership	-0.124 1	-0.154 7	-0.019 7	0.009 8	-0.051 9	-0.065 2
	(0.734)	(0.666)	(0.955)	(0.978)	(0.872)	(0.845)
First	-0.073 4	-0.000 7	-0.219 0	-0.205 3	-0.804 8	-0.842 4
	(0.887)	(0.999)	(0.670)	(0.700)	(0.170)	(0.167)
Sedtenth	0.423 6	0.390 8	0.968 8	0.975 5	0.489 4	0.495 8
	(0.584)	(0.609)	(0.187)	(0.183)	(0.546)	(0.541)
Age	0.057 4	-0.000 1	-0.477 4*	-0.439 8	-0.491 5**	-0.501 7**
	(0.841)	(1.000)	(0.073)	(0.102)	(0.023)	(0.034)
Cash Flow	0.557 5	0.886 3	2.108 8	1.915 7	4.060 3	4.100 3
	(0.881)	(0.811)	(0.570)	(0.598)	(0.259)	(0.251)
Size	0.007 8	0.064 4	0.079 3	0.063 4	0.020 9	0.013 5
	(0.969)	(0.766)	(0.719)	(0.774)	(0.901)	(0.942)
Leverage	-0.428 5	-0.523 3	1.758 2	1.736 2	0.641 0	0.693 4
	(0.734)	(0.676)	(0.225)	(0.213)	(0.524)	(0.494)
Fixed Effects						
Firm	控制	控制	控制	控制	控制	控制
Industry	控制	控制	控制	控制	控制	控制
Obs	202	202	202	202	202	202
R-squared	0.008 8	0.012 7	0.037 9	0.038 4	0.049 4	0.048 6

注：括号内为 P 值，** 和 * 分别表示在 5%和 10%的统计水平下显著。

表 4-25 内生性测试（基于 Buy-and-Hold 模型）

	(1)		(2)		(3)	
	Ebhar one month		Ebhar three month		Ebhar six month	
Gas Tax	0.011 4		0.011 0		0.049 5	
	(0.214)		(0.483)		(0.493)	
Water Tax		-0.011 0		-0.017 1		-0.083 4
		(0.499)		(0.576)		(0.554)
State Ownership	0.023 2	0.013 86	0.121 5*	0.110 3	0.551 7*	0.499 6
	(0.583)	(0.740)	(0.074)	(0.110)	(0.077)	(0.115)
First	-0.264 2***	-0.275 4***	-0.187 5	-0.197 5	-0.868 0	-0.912 1
	(0.003)	(0.003)	(0.158)	(0.142)	(0.156)	(0.141)
Sedtenth	-0.208 0**	-0.208 1**	-0.121 0	-0.122 1	-0.586 0	-0.591 7
	(0.044)	(0.047)	(0.311)	(0.307)	(0.285)	(0.281)
Age	-0.094 4***	-0.104 8***	-0.027 7	-0.040 8	-0.125 0	-0.187 0
	(0.009)	(0.004)	(0.650)	(0.512)	(0.659)	(0.517)
Cash Flow	0.102 9	0.153 5	-0.962 1	-0.896 7	-4.256 6	-3.946 5
	(0.843)	(0.769)	(0.220)	(0.257)	(0.238)	(0.278)
Size	0.043 0	0.044 7	-0.010 2	-0.006 5	-0.039 5	-0.021 0
	(0.304)	(0.251)	(0.826)	(0.883)	(0.855)	(0.919)
Leverage	0.049 0	0.065 3	0.283 8	0.298 6	1.317 1	1.383 0
	(0.804)	(0.718)	(0.310)	(0.270)	(0.308)	(0.268)
Fixed Effects						
Firm	控制	控制	控制	控制	控制	控制
Industry	控制	控制	控制	控制	控制	控制
Obs	202	202	202	202	202	202
R-squared	0.100 4	0.095 6	0.062 6	0.061 9	0.062 5	0.061 9

注：括号内为 P 值，***、** 和 * 分别表示在 1%、5%和 10%的统计水平下显著。

4.2.5 小结

本节使用事件分析法并结合市场调整模型和 Buy-and-Hold 模型评估环保税政策在长江上游地区上市公司层面的环境效应。首先，本节将长江上游地区的样本公司划分为 13 个行业，并使用市场调整模型分析环保税政策实施的环境效应。研究发现大部分行业都受到了《环保税法》的有效影响。类似地，基于 Buy-and-Hold 模型的分析同样发现大部分行业均受到了《环保税法》的有效影响。

其次，本节基于市场调整模型分析了长江上游地区各省市上市公司在环保税政策实施时的环境效应。研究发现四川省的上市公司受到最有效的影响，而贵州省的上市公司则受到最无效的影响。同时，长江上游地区的污染型公司受到了《环保税法》的有效影响，非污染型公司则受到了无效影响。基于 Buy-and-Hold 模型的分析同样发现四川省的上市公司受到最有效的影响，而贵州省的上市公司则受到最无效的影响。但就污染型和非污染型公司来看，长江上游地区的污染型和非污染型公司在 1 个月时均受到了无效影响，而在 6 个月时，污染型受到了有效影响，非污染型则依然受到了无效影响。

最后，本节基于市场调整模型和 Buy-and-Hold 模型对长江上游地区上市公司层面环境效应的影响因素进行了分析。研究发现，公司治理结构和财务基本面对于市场调整模型量化的环境有效性均没有显著性影响，而对于 Buy-and-Hold 模型则有不同程度的显著性影响。上述结果说明，公司治理结构和财务基本面在短期内不会影响到上市公司的环境效应，但会在中期产生显著性影响。上述结果在经过一系列稳健性和内生性检验后已经成立。在后续的异质性分析中，本节发现公司治理结构和财务基本面对于不同规模的影响有所不同。

4.3 政策长期效应评估：经济

本节以环保税的实施作为准自然实验并运用双重差分法考察该政策对长江上游地区上市公司的影响。

双重差分法是评估政策效用使用最广泛的方法之一，通过比较政策实施前后实验组和控制组的影响之差，剔除掉一些不易观测到的干扰因素，从而得到政策的净效应。因具有以下优势，其备受众多学者的青睐（龙小宁，万威，2017；孙博文，2019；范丹，2022；胡玉凤，丁友强，2020；Xiao et al.，2021；Chen et al.，2020）。首先，双重差分法能很大程度上避免内生性问题，因为政府政策相对于微观企业主体而言是外生的；其次，双重差分法的原理简单，模型也较简单，容易理解，不会像空间计量等方法难懂；最后，双重差分法相较于传统回归估计，在对政策的估计上具有更好的实用性和精确性。

双重差分法在本节的应用，首先是将研究对象分为实验组和控制组，即重污染企业与其他企业，其中受到环保税政策影响的重污染企业为实验组，未受到环保税政策影响的其他企业为控制组。本节通过比较重污染企业与其他企业在环保税政策发生前与发生后的变化来估计政策的净效应。这里提到的实验组与控制组的政策前与政策后的差异就是双重差分。

4.3.1 数据和样本

由于《环保税法》的前身，即排污费政策，在 2014 年进行过调整，为了尽量避免其他因素的影响，本研究选取 2015 年以后的数据。本研究选用了 2015—2020 年所有中国上海证券交易所和深圳证券交易所的上市公司为初始样本，再根据企业所属地区筛选出在云南、四川、贵州和重庆的企业。数据来源为国泰安数据库（CSMAR）。同时，本研究对样本数据进行了处理：①剔除样本期间内交易状态异常（ST、＊ST、PT）的企业，因为我们的研究主要是针对一般情况而非特殊情况。将处于特殊状态下的企业剔除，可以有效避免它们产生的干扰。②剔除金融类企业，因为这些企业所受到的监管与别的企业不同。③剔除创业板和科创板企业，控制生命周期产生的影响（Koh et al.，2015；Al-Hadi et al.，2019）。④剔除数据严重缺失的企业。⑤剔除上市第一年，控制 IPO 效应。⑥为降低极端值的影响，对所有连续变量作 1%的平尾处理。经过如上处理，最终本研究的样本有 164 家上市公司。

4.3.2 变量选择①

本节主要涉及被解释变量、核心解释变量和控制变量三大类。

① 本节涉及的变量较多，具体变量定义请参见本章末的表 4-50。

4.3.2.1 被解释变量

盈利能力是一家企业创造利润的能力，企业的盈利能力越强，其带给股东的回报越高，带来的社会价值也越大。衡量企业盈利能力的指标很多，包括经常使用的资产收益率（ROA）和净资产收益率（ROE）指标。其中，资产收益率反映一段时间内企业获得的利润总额与平均总资产的比率，反映了企业对全部资产的综合利用能力，它等于税后净利润除以总资产。在一般情况下，资产收益率越高，表明企业利用全部资产的效率越高，企业在增加收入和节约资金使用等方面取得了良好的效果，整个企业的盈利能力越强；反之，企业的盈利越差。净资产收益率是衡量企业运用自由资本的效率，是净利润与平均股东权益的比率。净资产收益率越高，企业运用自由资本的效率越高，运营效益越好。本节选取资产收益率来衡量环保税政策对企业经济效益的影响，把净资产收益率用于稳健性检验。

4.3.2.2 核心解释变量

如前文所提到的，本节以环保税的实施作为准自然实验并运用双重差分法考察该政策对长江上游地区上市公司全要素生产率的影响。为此，本节的主变量为时间虚拟变量（$After_{i,t}$）、分组虚拟变量（$HP\ Firms_{i,t}$）以及两者的交互项 $HP\ Firms_{i,t} * After_{i,t}$。其中，$After_{i,t}$指是否为政策实施后的年份，以 2018 年为临界点，2018—2020 年赋值为 $After_{i,t}=1$，2015—2017 年为 $After_{i,t}=0$。$HP\ Firms_{i,t}$反映企业 i 受环保税冲击的程度，若企业 i 是实验组，则赋值 $HP\ Firms_{i,t}=1$，反之为 $HP\ Firms_{i,t}=0$。交互项 $HP\ Firms_{i,t} * After_{i,t}$为核心解释变量，若企业 i 是实验组，且在政策实施前则 $HP\ Firms_{i,t} * After_{i,t}=0$，实施后为 1；若企业 i 为控制组，$HP\ Firms_{i,t} * After_{i,t}$均为 0。

环保税政策是以谁污染谁付费为原则。重污染企业是污染排放主体，亦是环保税的主要纳税个体。因此，环保税的实施主要针对的就是这类企业。参考之前的研究（Cai & Ye，2020），本节以重污染企业为实验组，其他企业为控制组。根据《中国企业环境信息披露指引》，以下行业的企业被列为重污染企业：火电、钢铁、水泥、电解铝、煤炭、冶金、化工、石化、建材、造纸、酿造、制药、发酵、纺织、皮革、采矿。最后样本期间有重污染企业 55 家，其他企业 109 家。

4.3.2.3 控制变量

就控制变量而言，通过回顾之前的文献（李树，2016；王海，2019；Li 和 Chen，2019；Chen et al.，2020；Yang et al.，2021；Zhang et al.，2021）发现，企业的盈利能力和全要素生产率还会受到其他很多因素的影响。因此，本节的研究选取了七个控制变量来控制其他因素对企业盈利能力和全要素生产率的影响。控制变量的选择主要基于公司的治理结构和财务基本面。

其中，三个控制变量是治理结构：①First，即第一大股东持股比例。公司的第一大股东占公司股份的比例最大，因此在行使权力时所拥有的投票权也最高，对公司的重大决策有更大的影响力。企业的第一大股东持股比例越高，公司的股权集中度也越高，也就有利于公司减少分歧，朝着特定战略目标发展，进而影响公司的盈利能力和全要素生产率。②Sedtenth，即第二到第十大股东的持股比例。他们是企业的重要利益相关者，他们的加入会使公司的股权结构更加多样更合理，避免由于一家独大、缺乏监督带来的一系列问题，进而使企业的各项事务变得更加规范科学透明。因此第二到第十大股东可能会影响企业的盈利能力和全要素生产率。③Board Size，即董事会规模，用公司董事会人数的自然对数衡量。董事会是企业的决策机构，对公司有着极大的影响，董事会规模会影响董事会的效率，进而对企业盈利能力和全要素生产率产生影响。

此外，四个控制变量是财务基本面：①Age，即企业上市年龄，用企业上市年龄的对数衡量。企业年龄代表了其发展的阶段，以及企业生命周期处于哪一阶段。通常情况下，企业的年龄越大，企业的经营能力也就越强，毕竟能在激烈的市场竞争者存活下来也在一定程度上体现了该企业的经营能力。因此，企业的年龄会影响盈利能力和全要素生产率。②Leverage，即企业的杠杆率，用企业的总负债除以总资产的比值衡量。杠杆率衡量了企业的负债风险水平，侧面反映了企业的还款能力。企业的杠杆率越高，企业运用的借用资金也越多，当企业经营良好时，能为企业带来更好的经营业绩，但同时，当经营不好时，也会放大企业的亏损。因此杠杆率会影响企业的盈利能力和全要素生产率。③Tangible，即固定资产比率，用固定资产净额除以总资产衡量。它衡量的是企业财务结构的稳定性，固定资产在不同行业中的占比存在较大差异。从企业的经营能力看，企业的固定资产比率越低，企业的资产流动速度越快，营运能力越强，企业的盈利能力和全要素生产率也会有更好的表现。④Cash flow，即现金流状况，用现金流除以总资产表示。现金流状况直接决定了企业的生死存亡，透过经营活动产生的现金流，它可以反映企业的盈利质量，良好的现金流是一家企业持续发展的基本保障。企业的现金流状况决定了企业用于研发与转型升级的能力，从而影响到企业的盈利能力和全要素生产率。

4.3.3 模型构建

4.3.3.1 双重差分模型

如前文所述，本节使用双重差分模型探讨环保税政策对企业资产收益率（ROA）的影响。双重差分模型可以简化为如下形式：

$$\mathrm{TFP}_{i,t} = \alpha_0 + \beta_1 du + \beta_2 dt + \beta_3 du \cdot dt + \varepsilon_{i,t} \tag{4-8}$$

其中，du 为分组虚拟变量，若个体 i 受环保税政策实施的影响，则个体 i 属于实验组，对应的 du 取值为 1；若个体 i 不受环保税政策实施的影响，则个体 i 属于控制组，对应的 du 取值为 0。dt 为政策实施时间的虚拟变量，环保税政策实施之前 dt 取值为 0，实施之后 dt 取值为 1。$du \cdot dt$ 为分组虚拟变量与政策实施虚拟变量的交互项，其系数 β_3 就反映了环保税政策的净效应。

鉴于此，本节采用双重差分法构建了关于企业资产收益率（ROA）的计量模型：

$$\begin{aligned}\mathrm{ROA}_{i,t} = {} & \alpha_{i,t} + \beta_{i,t}\,\text{HP Firms}_{i,t} + \theta_{i,t}\,\text{After}_{i,t} + \delta^1_{i,t}\,\text{HP Firms}_{i,t} * \text{After}_{i,t} + \\ & \zeta^1_{i,t}\,\text{Corporate Governance}_{i,t} + \zeta^2_{i,t}\,\text{Financial Fundamental}_{i,t} + \varepsilon_{i,t}\end{aligned} \tag{4-9}$$

在模型（4-9）中，$\mathrm{ROA}_{i,t}$表示企业 i 在 t 年的资产收益率，HP $\text{Firms}_{i,t}$是企业分组虚拟变量，$\text{After}_{i,t}$是政策时间虚拟变量；Corporate Governance 和 Financial Fundamental 表示两组控制变量，Corporate Governance 包括企业治理结构 First、Sedtenth、Board Size，Financial Fundamental 包括企业财务基

本面 Age、Leverage、Tangible、Cash Flow；ε 是随机扰动项。同时，本研究采用固定效应模型以控制公司个体固定效应。具体变量定义，请参见表 4-50。交互项 HP $Firms_{i,t}$ * $After_{i,t}$的系数 $\delta_{i,t}^{2}$ 是本研究集中关注的政策净效应，如果 $\delta_{i,t}^{1}>0$ 表明《环保税法》的实施提升了长江上游地区重污染企业的资产收益率，$\delta_{i,t}^{1}<0$ 说明环保税政策降低了长江上游地区重污染企业的资产收益率，$\delta_{i,t}^{1}=0$ 或不显著说明环保税政策没有影响。

4.3.3.2 时间协变量检验

同时，本节通过增加时间协变量的方式来进行时间维度的稳健性检验，关于企业的资产收益率建立了如下模型：

$$ROA_{i,t}=\alpha_{i,t}+\beta_{i,t}\text{ HP Firms}_{i,t}+\theta_{i,t}\text{ After}_{i,t}+\delta_{i,t}\text{ HP Firms}_{i,t}*\text{After}_{i,t}+\zeta_{i,t}^{1}\text{Corporate Governance}_{i,t}+\zeta_{i,t}^{2}\text{Financial Fundamental}_{i,t}+\gamma_{i}Z_{i}+\pi_{i}Z_{i}^{2}+\varepsilon_{i,t} \tag{4-10}$$

模型（4-10）是在模型（4-9）的基础上添加时间的协变量趋势（Z）及时间二次项趋势（Z^2），以控制政策效果在时间维度上的变化趋势。时间变化趋势（Z）是虚拟变量，2015 年赋值为 1，2016 年赋值为 2，以此类推；时间二次项趋势（Z^2）是时间变化趋势（Z）平方所得，2015 年赋值为 1，2016 年赋值为 4，以此类推。其他变量的定义请参见模型（4-9）。

4.3.3.3 动态效应分析

主测试回归结果反映的是环保税政策实施对长江上游地区企业业绩的总体影响，并没有反映该政策在不同时间段内这些影响的差异。为此，本节对环保税政策影响的动态效应进行实证检验，并构建模型如下：

$$ROA_{i,t}=\alpha_{i,t}+\beta_{i,t}\text{ HP Firms}_{i,t}+\theta_{i,t}\text{ After}_{i,t}+\sum_{j=2018}^{2020}\gamma_{i,t}\text{ Year}_{j}+\sum_{j=2018}^{2020}\delta_{i,t}\text{ HP Firms}_{i,t}*\text{After}_{i,t}*\text{Year}_{j}+\zeta_{i,t}^{1}\text{Corporate Governance}_{i,t}+\zeta_{i,t}^{2}\text{Financial Fundamental}_{i,t}+\varepsilon_{i,t} \tag{4-11}$$

其中，$Year_j$ 是年份虚拟变量，$j=2018$，2019 和 2020，交互项系数 $\delta_{i,t}$ 表示环保税政策在该年的政策效应的估计值。其他变量的定义与模型（4-9）一致。

4.3.3.4 三重差分

不同地区、不同特征的企业面对环保税政策是否会存在不同的影响？对于该问题的探讨有助于深入理解环保税政策的影响机制。因此，本节从不同环保税负地区、企业政治关联性和企业所有权性质三方面进行进一步讨论。

1. 税负平移与税负提升

环保税在实施过程中，部分地区保持了排污费原有的费率税负标准，部分地区则是提高了税率。根据地方政府制定的税负标准可以将税负平移的省市分为三类：按照国家确定的税额下限征收税费为第一类；承诺两年内按新标准征收税费的为第二类；现有排污费标准较高，"环保费改税"后征收标准不变的作为第三类。税负提升也可分为三类：第一类是采用分档或分区设定税额标准，衔接原有的排污费制度；第二类是为防止周边省市污染转移，将自身的税费标准提高；第三类是为平衡环境治理的收益和成本，直接将税费标准设定至最高值。最后，本研究样本内税负提升的地区为四川省、重庆市和贵州省；而税负平移的地区为云南省。

由于环保税是由各地方政府设置具体税率，其中，部分地区保持了排污费的费率标准，部分地区则是提高了税率。这就有可能会使该政策对不同地区的企业产生差异化影响（Wang et al.，2019）。为了研究环保税对不同税负地区企业的影响，本节加入地区虚拟变量 Region，并采用三重差分法研究上述两种情况的差异化影响。构建模型如下：

$$\begin{aligned}\mathrm{ROA}_{i,t} = {} & \alpha_{i,t} + \beta_{i,t}\,\mathrm{HP\ Firm}_{i,t} + \theta_{i,t}\,\mathrm{After}_{i,t} + \gamma_{i,t}\,\mathrm{Region}_{i,t} + \\ & \delta_{i,t}^{1}\,\mathrm{HP\ Firm}_{i,t} * \mathrm{After}_{i,t} + \delta_{i,t}^{2}\,\mathrm{HP\ Firm}_{i,t} * \mathrm{Region}_{i,t} + \\ & \delta_{i,t}^{3}\,\mathrm{After}_{i,t} * \mathrm{Region}_{i,t} + \delta_{i,t}^{4}\,\mathrm{HP\ Firms}_{i,t} * \mathrm{After}_{i,t} * \mathrm{Region}_{i,t} + \\ & \zeta_{i,t}^{1}\mathrm{Corporate\ Governance}_{i,t} + \zeta_{i,t}^{2}\mathrm{Financial\ Fundamental}_{i,t} + \varepsilon_{i,t}\end{aligned} \tag{4-12}$$

其中，Region 为地区虚拟变量，如果企业 i 属于税负提升地区，则赋值为 1，否则为 0。其他变量的定义同模型（4-9）。

2. 企业的政治关联性

已有的文献表明（Pargal & Wheeler，1996；Fryxell et al.，2004；Fan et

al., 2007; Wu et al., 2012)，在面对环境政策冲击时，政治关联性可能会对企业产生影响，因此，我们加入企业的政治关联性去探讨环保税对长江上游地区重污染企业资产收益率的影响。模型如下：

$$\begin{aligned} ROA_{i,t} = &\alpha_{i,t} + \beta_{i,t} HP\ Firm_{i,t} + \theta_{i,t} After_{i,t} + \gamma_{i,t} PC_{i,t} + \\ &\delta^1_{i,t} HP\ Firm_{i,t} * After_{i,t} + \delta^2_{i,t} HP\ Firm_{i,t} * PC_{i,t} + \\ &\delta^3_{i,t} After_{i,t} * PC_{i,t} + \delta^4_{i,t} HP\ Firms_{i,t} * After_{i,t} * PC_{i,t} + \\ &\zeta^1_{i,t} Corporate\ Governance_{i,t} + \zeta^2_{i,t} Financial\ Fundamental_{i,t} + \varepsilon_{i,t} \end{aligned} \tag{4-13}$$

参考 Chen 等（2011）和 Wu 等（2012）的研究，模型中 PC[①] 为虚拟变量，如果企业的董事长或者首席执行官现在是或曾经是政府官员，则赋值为 1，否则赋值为 0。其他变量的定义同模型（4-9）。

3. 企业所有权性质

由于我国政府对企业的经济活动有着很大的影响，当环境问题日趋严重，绿色发展成为政府的重要目标时，国有企业可能会受政府影响并承担更多的环保责任；而又在很多时候，国有企业往往是地方的支柱性企业，面对外部冲击时会受到地方政府的隐性保护，因而国有企业受到的环境监管压力可能会较轻。为了研究企业所有权性质所产生的影响，我们构建了如下模型：

$$\begin{aligned} ROA_{i,t} = &\alpha_{i,t} + \beta_{i,t} HP\ Firm_{i,t} + \theta_{i,t} After_{i,t} + \gamma_{i,t} SOE_{i,t} + \\ &\delta^1_{i,t} HP\ Firm_{i,t} * After_{i,t} + \delta^2_{i,t} HP\ Firm_{i,t} * PC_{i,t} + \\ &\delta^3_{i,t} After_{i,t} * SOE_{i,t} + \delta^4_{i,t} HP\ Firms_{i,t} * After_{i,t} * SOE_{i,t} + \\ &\zeta^1_{i,t} Corporate\ Governance_{i,t} + \zeta^2_{i,t} Financial\ Fundamental_{i,t} + \varepsilon_{i,t} \end{aligned} \tag{4-14}$$

模型中 SOE 是虚拟变量，如果企业为国有企业，赋值为 1，否者赋值为 0。其他变量的定义同模型（4-9）。

① PC 是 political connection 的缩写。

4.3.4 实证分析

4.3.4.1 共同趋势检验

使用双重差分法的一个重要前提就是实验组与控制组在政策实施前存在共同趋势，而在实验后不存在共同趋势。本节则是在《环保税法》实施前的 2015—2017 年，实验组与控制组的资产收益率存在共同趋势；实施后的 2018-2020 年，两组的资产收益率不存在共同趋势。因此为了判断双重差分法是否适合于本研究，本节分别计算了 2015—2020 年重污染企业（实验组）与其他企业（控制组）资产收益率的年度平均值，然后验证这两者在政策实施前后是否存在共同趋势。由图 4-1 可以得出如下结论：①在环保税实施前，重污染企业与其他企业的资产收益率都呈上升趋势；②在环保税实施后，两组企业都出现了小幅度的下降趋势，且重污染企业的平均资产收益率反过来超过了其他企业的。综上所述，我们认为双重差分法适合于本节的研究。

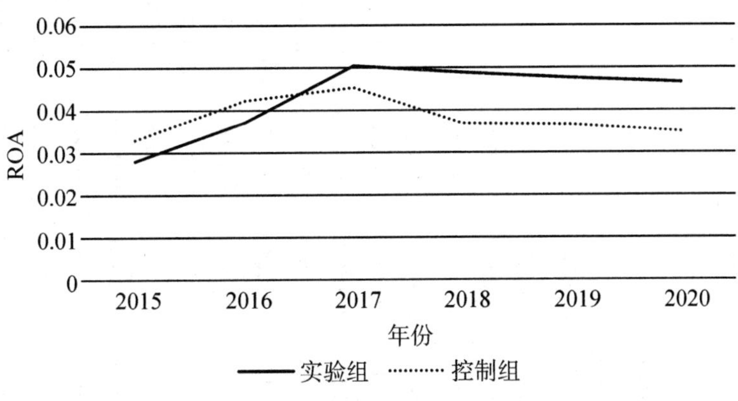

图 4-1 资产收益率共同趋势

4.3.4.2 相关性分析

表 4-26 展示了变量间的相关性矩阵。我们可以看出主要变量间的相关性系数整体都较低，因此，我们认为在本研究中，不太可能存在变量之间的多重共线性问题。

表 4-26　相关性矩阵

变量	ROA	HP Firms	After	HP * After	First	Sedtenth	Board size	Age	Leverage	Tangible
HP Firms	0.051 7									
	(0.141)									
After	0.002 5	-0.041 0								
	(0.944)	(0.242)								
HP * After	0.074 0**	0.639 1***	0.436 6***							
	(0.035)	(0.000)	(0.000)							
First	0.176 8***	-0.084 9**	0.005 7	-0.032 3						
	(0.000)	(0.017)	(0.870)	(0.356)						
Sedtenth	0.185 8***	-0.047 1	0.084 9**	-0.008 7	-0.305 8***					
	(0.000)	(0.179)	(0.015)	(0.804)	(0.000)					
Board size	-0.070 7**	0.073 5**	-0.059 0*	0.031 3	-0.015 0	0.087 2**				
	(0.044)	(0.036)	(0.092)	(0.373)	(0.669)	(0.013)				
Age	-0.197 4***	0.150 4***	-0.023 1	0.122 7***	-0.130 6***	-0.343 5***	-0.018 2			
	(0.000)	(0.000)	(0.509)	(0.000)	(0.000)	(0.000)	(0.604)			
Leverage	-0.423 7***	-0.055 3	-0.007 4	-0.027 8	0.070 5**	-0.187 5***	0.156 4***	0.235 0***		
	(0.000)	(0.115)	(0.832)	(0.428)	(0.044)	(0.000)	(0.000)	(0.000)		
Tangible	0.073 8**	0.009 0	0.030 4	0.010 5	0.022 0	-0.058 9*	-0.093 3***	0.091 9***	0.009 8	
	(0.035)	(0.797)	(0.386)	(0.764)	(0.531)	(0.093)	(0.008)	(0.009)	(0.779)	
Cash Flow	0.257 7***	0.148 6***	0.030 3	0.073 9**	0.027 4	-0.015	0.042 7	0.118 5***	-0.150 3***	0.058 0*
	(0.000)	(0.000)	(0.388)	(0.035)	(0.435)	(0.673)	(0.223)	(0.001)	(0.000)	(0.098)

注：*、**、*** 分别表示在 10%、5%和 1%水平下显著，估计系数下方括号内数值为 P 值。

4.3.4.3 主测试

表 4-27 展示了对模型（4-9）进行基准回归分析的结果。本研究通过逐步加入 Corporate Governance 和 Financial Fundamental 两组控制变量进行回归分析，发现主变量，即 HP $Firms_{i,t}$、$After_{i,t}$和 HP $Firms_{i,t}$ ＊ $After_{i,t}$的系数和显著性差异不大，说明遗漏变量所产生的潜在内生性问题对本研究的影响有限。

表 4-27 的列（1）、列（2）、列（3）是环保税实施对长江上游地区资产收益率（ROA）的回归结果，在不加控制变量时，交互项的系数为正（0.017 2）且在 1%水平显著；在加入公司治理结构的控制变量后交互项系数依旧为正（0.015 8）且在 1%水平显著；在加入公司治理结构和财务基本面两类控制变量后，交互项系数为正（0.082 6）且仍在 1%水平显著。首先，交互项的系数和显著性水平在控制变量的影响下保持相对稳定，说明环保税显著提高了长江上游地区的重污染企业的资产收益率。其次，本研究发现第一大股东持股比例以及第二到第十大股东持股比例越高，企业的资产收益率越高，表明公司股权集中度与资产收益率也呈现一个正向的关系。此外，企业现金流越充沛，企业的资产收益率越高。反之，企业董事会规模越大，杠杆率越高，有形资产比越高，企业的资产收益率则越低。另外，企业上市年龄的回归结果是不显著的。

表 4-27　主测试

变量	(1) ROA	(2) ROA	(3) ROA
HP Firms	−0.010 6 (0.493)	−0.001 8 (0.910)	0.020 4 (0.178)
After	−0.010 3*** (0.002)	−0.009 8*** (0.003)	−0.007 9** (0.040)
HP Firms ＊ After	0.017 2*** (0.001)	0.015 8*** (0.003)	0.016 1*** (0.001)
First		0.068 5* (0.056)	0.074 9** (0.036)
Sedtenth		0.099 8*** (0.003)	0.091 4*** (0.005)
Board Size		−0.013 3* (0.081)	−0.014 9** (0.039)

表4-27(续)

变量	(1) ROA	(2) ROA	(3) ROA
Age			-0.001 2 (0.895)
Leverage			-0.144 8*** (0.000)
Tangible			-0.077 7** (0.049)
Cash Flow			0.057 1*** (0.001)
Fixed Effect	控制	控制	控制
Obs	815	815	815
R-squared	0.019 5	0.035 3	0.143 7

注：*、**、***分别表示在10%、5%和1%水平下显著，估计系数下方括号内数值为P值。

4.3.4.4 稳健性检验

为了保证回归结果的稳健性，本节进行了一系列的稳健性检验。本节通过改变某个特定的变量或者数据结构，再次重复进行实验，来观察回归结果是否随着特定因素的变化而发生改变。本节的研究首先进行了时间维度的稳健性检验；其次，变换了控制组，采取倾向得分匹配法去更好地匹配实验组与对照组；再次，虚拟了政策实施时间，将样本期间选择在环保税实施前的时间里，如果样本的回归结果不显著，则说明主测试稳健；最后，替换了因变量，将全要素生产率替换为不同方法测算的带入回归，将资产收益率替换成类似含义的净资产收益率带入回归。

1. 时间协变量检验

本节通过增加时间协变量的方式来进行时间维度的稳健性检验，模型参加4.3.3.2节。比较表4-27和表4-28后我们发现，实证结果没有太大的变化。具体来说，从列（1）、列（2）、列（3）可以看出，企业的资产收益率的交互项系数都为正，且都在1%水平显著，模型的拟合优度（R-squared）都有显著的提高。这表明本研究的主测试结果较为稳健。

表 4-28　时间协变量

变量	(1) ROA	(2) ROA	(3) ROA
HP Firms	-0.010 4 (0.496)	-0.002 0 (0.895)	0.019 9 (0.185)
After	-0.014 4*** (0.009)	-0.014 0** (0.011)	-0.013 4*** (0.010)
HP Firms * After	0.017 1*** (0.001)	0.015 7*** (0.003)	0.015 7*** (0.002)
Z	0.011 9*** (0.002)	0.010 8*** (0.006)	0.009 7** (0.010)
Z^2	-0.001 5*** (0.003)	-0.001 3*** (0.008)	-0.001 0** (0.030)
First		0.068 2* (0.059)	0.071 8** (0.044)
Sedtenth		0.093 9*** (0.006)	0.084 9*** (0.009)
Board Size		-0.010 5 (0.169)	-0.012 5* (0.086)
Age			-0.006 6 (0.548)
Leverage			-0.142 9*** (0.000)
Tangible			-0.080 2** (0.042)
Cash Flow			0.055 1*** (0.001)
Fixed Effect	控制	控制	控制
Obs	815	815	815
R-squared	0.033 6	0.046 5	0.152 5

注：*、**、*** 分别表示在 10%、5%和 1%水平下显著，估计系数下方括号内数值为 P 值。

2. 虚假政策时间

在 4.3.4.1 节中，我们发现在政策实施前，实验组与控制组具有共同趋势，在政策实施后，实验组与控制组不存在共同趋势。同时，4.3.4.3 节的结果显示环保税政策的实施对于长江上游地区的重污染企业（实验组）的资产收益率有提升作用。在这一节中，我们进一步虚拟环保税实施的时间为 2016 年，样本期间定为 2015—2017 年（政策真实实施时间之前）。通过重新构建政策时间虚拟变量 $\hat{After_{i,t}}$，再次采用主测试模型（4-9）进行回归。其中，如果2016 < Year < 2017，$\hat{After_{i,t}}$ 取值为 1，否则为 0。回归结果如表 4-29 所示，企业资产收益率对应的交互项系数均不显著，说明确实是 2018 年实施的环保税政策促进了长江上游地区重污染企业的资产收益率，也就证明了主测试结果较为稳健。

表 4-29　虚假政策时间

变量	(1) ROA	(2) ROA	(3) ROA
HP Firms	-0.019 3 (0.258)	-0.027 2 (0.119)	-0.018 2 (0.311)
$\hat{After}$	0.006 8* (0.089)	0.004 6 (0.257)	0.007 3 (0.140)
HP Firms * $\hat{After}$	0.005 1 (0.435)	0.004 6 (0.467)	0.001 2 (0.853)
First		-0.204 4*** (0.004)	-0.180 3** (0.013)
Sedtenth		-0.042 4 (0.403)	-0.024 0 (0.635)
Board Size		0.004 8 (0.634)	0.001 7 (0.862)
Age			-0.010 3 (0.626)
Leverage			-0.046 5 (0.129)
Tangible			0.138 1** (0.024)
Cash Flow			0.059 3** (0.012)
Fixed Effect	控制	控制	控制
Obs	370	370	370
R-squared	0.038 6	0.083 7	0.139 6

注：*、**、*** 分别表示在 10%、5%和 1%水平下显著，估计系数下方括号内数值为 P 值。

3. PSM-DID

进一步地，我们用倾向匹配得分法（PSM）变换控制组。其中，倾向得分匹配法的匹配协变量为现有控制变量，匹配比例为 1∶1，匹配方法为最近邻匹配。经过倾向得分匹配后，重污染企业的样本和其他企业的样本在现有控制变量上已不存在显著的差异。我们将新控制组带入主测试模型（4-9）中回归。回归结果如表 4-30 所示，我们可以从列（1）、列（2）、列（3）看出，资产收益率对应的交互项系数有一定上升，都在 1%水平显著，且拟合优度（R-squared）明显提高。这表明在使用 PSM-DID 方法进行稳健性检验时，环保税对企业资产收益率有促进作用这一实证结果是稳健的。

表 4-30　PSM-DID

变量	(1) ROA	(2) ROA	(3) ROA
HP Firms	-0.009 5 (0.641)	-0.002 4 (0.906)	0.042 8** (0.032)
After	-0.015 1*** (0.002)	-0.015 3*** (0.002)	-0.013 4** (0.015)
HP Firms * After	0.022 0*** (0.001)	0.021 1*** (0.001)	0.020 3*** (0.001)
First		0.068 8 (0.109)	0.077 2* (0.066)
Sedtenth		0.095 3** (0.030)	0.077 2* (0.062)
Board Size		-0.022 9** (0.021)	-0.022 8** (0.014)
Age			0.007 6 (0.551)
Leverage			-0.173 8*** (0.000)
Tangible			-0.131 7** (0.013)
Cash Flow			0.034 0 (0.156)
Fixed Effect	控制	控制	控制
Obs	570	570	570
R-squared	0.028 1	0.048 8	0.180 5

注：*、**、*** 分别表示在 10%、5%和 1%水平下显著，估计系数下方括号内数值为 P 值。

4. 替换被解释变量

如4.3.2.1节所提到的，对于企业业绩的选取，我们是选择常用的净资产收益率（ROE）来衡量，净资产收益率=税后利润/净资产，然后重复模型（4-9）的测试。回归结果如表4-31所示，列（1）、列（2）、列（3）是ROE的回归结果，其交互项的系数也有一定幅度的提高，且依然都在1%水平显著。这些结果说明，环保税政策会对长江上游地区重污染企业的业绩（ROE）产生明显的提升作用。这表明本研究的主测试结果较为稳健。

表4-31　替换被解释变量

变量	(1) ROE	(2) ROE	(3) ROE
HP Firms	-0.003 2 (0.926)	0.012 9 (0.717)	0.043 0 (0.227)
After	-0.025 0*** (0.001)	-0.023 0*** (0.002)	-0.018 2** (0.046)
HP Firms * After	0.039 8*** (0.001)	0.036 0*** (0.003)	0.036 4*** (0.002)
First		0.183 8** (0.024)	0.182 7** (0.030)
Sedtenth		0.180 2** (0.020)	0.166 7** (0.030)
Board Size		-0.031 1* (0.071)	-0.034 3** (0.044)
Age			-0.011 1 (0.606)
Leverage			-0.190 8*** (0.000)
Tangible			-0.161 3* (0.082)
Cash Flow			0.085 7** (0.034)
Fixed Effect	控制	控制	控制
Obs	815	815	815
R-squared	0.021 5	0.034 8	0.076 6

注：*、**、***分别表示在10%、5%和1%水平下显著，估计系数下方括号内数值为P值。

4.3.4.5 附加测试

1. 动态效应检验

如 4.3.3.3 节所述，本节对环保税政策影响的动态效应进行实证检验。回归结果如表 4-32 所示，列（1）、列（2）、列（3）表明，环保税在实施后的第一年、第二年和第三年对长江上游地区重污染企业的资产收益率的影响是不显著的。上述结果表明，环保税对长江上游地区重污染企业的资产收益率的影响在各年都较小、较不显著，但累积起来却会呈现相对较大、较显著的影响。

表 4-32 动态效应检验

变量	(1) ROA	(2) ROA	(3) ROA
HP Firms	0.027 7* (0.065)	0.028 1* (0.061)	0.026 5* (0.078)
After	-0.002 0 (0.630)	-0.002 0 (0.576)	-0.001 7 (0.617)
Year 2018	-0.002 9 (0.514)		
Year 2019		-0.000 6 (0.882)	
Year 2020			-0.006 2 (0.157)
HP Firms * After * Year 2018	0.010 5 (0.103)		
HP Firms * After * Year 2019		0.005 6 (0.377)	
HP Firms * After * Year 2020			0.010 1 (0.116)
First	0.088 4** (0.014)	0.084 4** (0.019)	0.084 7** (0.018)
Sedtenth	0.101 0*** (0.002)	0.098 2*** (0.003)	0.097 1*** (0.003)
Board Size	-0.014 6** (0.046)	-0.015 3** (0.037)	-0.014 4** (0.048)
Age	-0.001 7 (0.867)	-0.002 4 (0.794)	0.001 5 (0.877)

表4-32(续)

变量	(1) ROA	(2) ROA	(3) ROA
Leverage	-0.146 0***	-0.145 7***	-0.145 0***
	(0.000)	(0.000)	(0.000)
Tangible	-0.079 7**	-0.080 0**	-0.076 4*
	(0.045)	(0.044)	(0.055)
Cash Flow	0.056 3***	0.053 1***	0.053 6***
	(0.001)	(0.002)	(0.002)
Fixed Effect	控制	控制	控制
Obs	815	815	815
R-squared	0.133 7	0.131 3	0.134 0

注：*、**、***分别表示在10%、5%和1%水平下显著，估计系数下方括号内数值为P值。

2. 分位点测试

下一步，我们想要进一步探讨环保税政策是否会对资产收益率初始水平不同的企业产生不同的影响。我们参考 Firpo（2007）、Callaway 和 Li（2019）的研究，采用分位点回归方法去检验环保税政策对不同资产收益率水平的影响。回归结果如表4-33所示，列（1）、列（2）、列（3）中，交互项系数只有25分位点水平是显著的，影响大小为0.010 3，其余的都不显著。这说明环保税政策对长江上游地区重污染企业的资产收益率处于较低水平的企业的促进作用是显著的，环保税政策会增强这些企业的盈利能力。

表4-33　分位点测试

变量	(1) ROA(q25)	(2) ROA(q50)	(3) ROA(q75)
HP Firms	-0.006 6*	-0.004 6	-0.002 3
	(0.070)	(0.276)	(0.687)
After	-0.002 7	-0.004 1	-0.004 9
	(0.368)	(0.233)	(0.289)
HP Firms * After	0.010 3**	0.008 3	0.004 8
	(0.035)	(0.148)	(0.536)
First	0.055 6***	0.065 9***	0.097 8***
	(0.000)	(0.000)	(0.000)

表4-33(续)

变量	(1) ROA(q25)	(2) ROA(q50)	(3) ROA(q75)
Sedtenth	0.051 9***	0.059 9***	0.077 1***
	(0.000)	(0.000)	(0.000)
Board Size	-0.004 1	-0.010 9*	-0.011 2
	(0.416)	(0.064)	(0.152)
Age	-0.003 6*	-0.003 6	-0.003 8
	(0.055)	(0.102)	(0.198)
Leverage	-0.049 4***	-0.070 5***	-0.112 9***
	(0.000)	(0.000)	(0.000)
Tangible	0.021 4	0.024 9	0.025 0
	(0.142)	(0.146)	(0.276)
Cash Flow	0.070 9***	0.069 4***	0.089 6***
	(0.000)	(0.000)	(0.000)
Fixed Effect	控制	控制	控制
Obs	815	815	815
R-squared	0.107 3	0.174 4	0.258 6

注：*、**、***分别表示在10%、5%和1%水平下显著，估计系数下方括号内数值为P值。

3. 分组测试

长江上游地区涵盖了成渝城市群和云贵城市群，尤其是成渝地区双城经济圈，在长江经济带发挥的作用越来越大，并在推动我国西南地区绿色发展中起到了重要作用。因此，我们有充分的现实意义去分别研究川渝地区和云贵地区。我们再次使用模型（4-9），研究环保税政策对川渝地区、云贵地区重污染企业资产收益率的影响。环保税对两组地区企业资产收益率的影响的回归结果如表4-34所示。环保税对长江上游的云贵地区重污染企业的资产收益率有显著的提升作用，在加入全部控制变量后，交互项的系数为0.037 3，且在1%水平上显著。我们对比主测试的结果后发现，环保税对云贵地区企业的资产收益率的提升作用更大。此外，环保税对长江上游的川渝地区重污染企业的资产收益率影响为正，但是都不显著。

表 4-34　分组测试

变量	云贵地区			川渝地区		
	(1) ROA	(2) ROA	(3) ROA	(4) ROA	(5) ROA	(6) ROA
HP Firms	-0.018 1	-0.020 7	0.024 2	-0.001 1	0.024 4	0.024 7
	(0.343)	(0.274)	(0.204)	(0.964)	(0.325)	(0.301)
After	-0.018 9***	-0.016 9***	-0.018 1***	-0.006 6*	-0.006 7*	-0.004 0
	(0.001)	(0.003)	(0.003)	(0.095)	(0.093)	(0.408)
HP Firms * After	0.037 1***	0.038 8***	0.037 3***	0.006 8	0.004 5	0.006 5
	(0.000)	(0.000)	(0.000)	(0.310)	(0.506)	(0.317)
First		0.169 3**	0.175 7**		0.090 5**	0.090 3**
		(0.028)	(0.017)		(0.032)	(0.037)
Sedtenth		-0.025 1	-0.032 8		0.177 9***	0.161 7***
		(0.631)	(0.508)		(0.000)	(0.000)
Board Size		-0.023 2**	-0.023 2**		-0.008 7	-0.010 7
		(0.047)	(0.031)		(0.371)	(0.255)
Age			0.004 4			-0.003 4
			(0.767)			(0.768)
Leverage			-0.181 7***			-0.121 0***
			(0.000)			(0.000)
Tangible			-0.043 7			-0.066 8
			(0.492)			(0.180)
Cash Flow			0.053 2**			0.069 6***
			(0.039)			(0.002)
Fixed Effect	控制	控制	控制	控制	控制	控制
Obs	274	274	274	541	541	541
R-squared	0.083 2	0.134 2	0.289 2	0.006 5	0.044 1	0.130 1

注：*、**、*** 分别表示在 10%、5%和 1%水平下显著，估计系数下方括号内数值为 P 值。

4.3.4.6　三重差分

1. 税负平移与税负提升

本节使用 4.3.3.4 中 1 条构建的三重差分模型进行回归分析。本节关注的是交互项 $HP\ Firms_{i,t} * After_{i,t} * Region_{i,t}$ 的系数，$\delta^4_{i,t}$ 则是三重差分的估计量。回归结果如表 4-35 所示，列（1）、列（2）、列（3）对应的交互项系数为负，但都不显著。这说明，是否处于税负提升地区，对于长江上游地区重污染企业的资产收益率的影响也是不显著的。

表 4-35 DDD-Region

变量	(1) ROA	(2) ROA	(3) ROA
HP Firms * After	0.016 5*	0.017 8**	0.011 0
	(0.062)	(0.042)	(0.139)
HP Firms * Region	-0.006 5	0.003 2	0.007 5
	(0.702)	(0.854)	(0.205)
After * Region	-0.008 9**	-0.008 2**	-0.004 5
	(0.013)	(0.023)	(0.159)
HP Firms * After * Region	-0.003 5	-0.007 2	-0.001 8
	(0.743)	(0.498)	(0.853)
First		0.080 8**	0.083 5***
		(0.025)	(0.000)
Sedtenth		0.106 9***	0.076 5***
		(0.002)	(0.000)
Board Size		-0.013 2*	-0.011 6*
		(0.083)	(0.073)
Age			-0.004 0
			(0.205)
Leverage			-0.099 9***
			(0.000)
Tangible			0.013 0
			(0.604)
Cash Flow			0.076 3***
			(0.000)
Fixed Effect	控制	控制	控制
Obs	815	815	815
R-squared	0.015 8	0.033 6	0.141 7

注：*、**、*** 分别表示在 10%、5%和 1%水平下显著，估计系数下方括号内数值为 P 值。

2. 企业的政治关联性

本节使用 4.3.3.4 中 2 条构建的三重差分模型进行回归分析。本节关注的是 HP $Firms_{i,t}$ * $After_{i,t}$ * $PC_{i,t}$ 的系数 $\delta_{i,t}^{4}$ 。回归结果如表 4-36 所示，列（1）、列（2）、列（3）对应的交互项系数都不显著。这说明，政治关联性对于长江上游地区重污染企业的资产收益率的影响是不显著的。

表 4-36 DDD-PC

变量	(1) ROA	(2) ROA	(3) ROA
HP Firms * After	0.014 6***	0.013 9***	0.015 5***
	(0.002)	(0.003)	(0.001)
HP Firms * PC	0.028 2***	0.030 2***	0.021 9**
	(0.010)	(0.005)	(0.035)
After * PC	-0.024 8***	-0.023 9***	-0.019 6***
	(0.000)	(0.000)	(0.000)
HP Firms * After * PC	-0.012 3	-0.012 9	-0.010 0
	(0.295)	(0.269)	(0.375)
First		0.074 2**	0.070 0**
		(0.033)	(0.047)
Sedtenth		0.097 7***	0.080 4**
		(0.003)	(0.011)
Board Size		-0.013 3*	-0.014 8**
		(0.075)	(0.039)
Age			-0.003 4
			(0.657)
Leverage			-0.131 7***
			(0.000)
Tangible			-0.068 6*
			(0.079)
Cash Flow			0.054 6***
			(0.001)
Fixed Effect	控制	控制	控制
Obs	815	815	815
R-squared	0.054 8	0.070 7	0.163 4

注：*、**、*** 分别表示在 10%、5%和 1%水平下显著，估计系数下方括号内数值为 P 值。

3. 企业所有权性质

本节使用 4.3.3.4 中 3 条中构建的三重差分模型进行回归分析。本节关注的是 $HP\ Firms_{i,t} * After_{i,t} * SOE_{i,t}$ 的系数 $\delta_{i,t}^{4}$ 。企业所有权性质的回归结果如表 4-37 所示，列（1）、列（2）、列（3）对应的交互项系数都不显著。这说明，企业所有权性质对于长江上游地区重污染企业的资产收益率的影响是不显著的。

表 4-37 DDD-SOE

变量	(1) ROA	(2) ROA	(3) ROA
HP Firms * After	0.005 8	0.005 8	0.011 8***
	(0.195)	(0.195)	(0.010)
HP Firms * Soe	-0.012 0	-0.011 7	-0.007 2
	(0.248)	(0.257)	(0.458)
After * Soe	-0.011 6	-0.015 9**	-0.015 4**
	(0.143)	(0.046)	(0.043)
HP Firms * After * Soe	0.017 3	0.016 2	0.009 2
	(0.258)	(0.290)	(0.528)
First		0.101 8***	0.085 6**
		(0.005)	(0.021)
Sedtenth		0.115 6***	0.092 7***
		(0.001)	(0.005)
Board Size		-0.012 6*	-0.014 3**
		(0.098)	(0.048)
Age			-0.011 0
			(0.137)
Leverage			-0.141 5***
			(0.000)
Tangible			-0.077 9*
			(0.051)
Cash Flow			0.055 7***
			(0.001)
Fixed Effect	控制	控制	控制
Obs	815	815	815
R-squared	0.009 3	0.030 3	0.142 5

注：*、**、*** 分别表示在 10%、5%和 1%水平下显著，估计系数下方括号内数值为 P 值。

4.3.5 小结

本节以环保税政策的实施为准自然实验，运用双重差分估计来讨论该政策对长江上游地区上市公司业绩的影响。该研究结果可以为环保税政策的后续优化提供建议，并且为其他新兴市场国家提供借鉴意义。

实证结果表明，环保税政策会显著提升长江上游地区重污染企业的资产收益率，通过一系列的稳健性测试后依旧成立。进一步地，环保税对企业资产收益率的影响在实施后的第一、二和三年都是不显著的。上述结果表明，环保税对长江上游地区重污染企业的资产收益率的影响在各年都较小、较不显著，但累积起来却会呈现相对较大、较显著的影响。相对于资产收益率较高的企业，环保税政策对资产收益率处于较低水平（25%分位水平）的企业的提升作用更显著。环保税对云贵地区企业的资产收益率的提升作用更大，而对成渝地区企业的资产收益率的影响不显著。在异质性分析中，我们发现，是否处于税负提升地区，是否存在政治关联性与是否为国有企业，对于长江上游地区重污染企业的资产收益率的影响都是不显著的。

4.4 政策长期效应评估：环境

与 4.3 节类似，本节以环保税的实施作为准自然实验并运用双重差分法来考察该政策对长江上游地区上市公司的影响。

4.4.1 数据和样本

由于《环保税法》的前身，即排污费政策，在 2014 年进行过调整，为了尽量避免其他因素的影响，我们因此选取 2015 年以后的数据。我们选用了 2015—2020 年所有中国上海证券交易所和深圳证券交易所的上市公司为初始样本，再根据企业所属地区筛选出在四川、云南、贵州和重庆的企业。数据来源为国泰安数据库（CSMAR）。同时，本研究对样本数据进行了处理：①剔除样本期间内交易状态异常（ST、*ST、PT）的企业，因为我们的研究主要针对一般情况而非特殊情况。我们将处于特殊状态下的企业剔除，可以有效避免它们产生的干扰。②剔除金融类企业，因为这些企业所受到的监管与别的企业不同。③剔除创业板和科创板企业，控制生命周期产生的影响（Koh et al.，2015；Al-Hadi et al.，2019）。④剔除数据严重缺失的企业。⑤剔除上市第一年，控制 IPO 效应。⑥为降低极端值的影响，对所有连续变量作1%的平尾处理。经过如上处理，最终我们的样本有164家上市公司。

4.4.2 变量选择[①]

本节主要涉及被解释变量、核心解释变量和控制变量三大类。其中，核心解释变量和控制变量与4.2节相同，此处不再赘述。

就被解释变量而言，由于数据所限，可用于衡量企业层面环境绩效的指标较少。本节使用企业全要素生产率作为本节的关键被解释变量代指企业层面环境绩效。因为企业全要素生产率越高，其在生产过程中消耗的原材料和能源，以及排放的污染物就越少。因此，企业全要素生产率越高可以被认为是企业环境绩效越高。作为本节的关键被解释变量，如何准确地测算企业的全要素生产率也成为本研究的重要环节之一。随着企业层面的数据越来越完善，使得衡量企业层面的全要素生产率成为可能，且变得更容易。现有的研究中已有大量衡量企业层面TFP的方法，它们可以大致分为三类：①参数法，比如SFA（stochastic frontier analysis）和GMM（generalized method of moments）。SFA过度依赖对全要素生产率分布做出的假设。GMM则需要样本有足够长的时间跨度，因此该方法需要进行大量的差分和滞后值处理来创建工具变量，在被使用时受到了很大限制。②非参数法，DEA（data envelopment analysis）。因为非参数法不允许缺少观测值，所以样本选择性偏差（selectivity and attrition bias）和同时性偏差（simultaneity bias）问题很难避免。③半参数法，OP法（Olley & Pakes，1996）和LP法（Levinsohn & Petrin，2003）。OP法的一个假设要求代理变量（投资）与总产出保持单调关系，这就是说投资额为0的样本并不能被估计，但现实中并不是每个企业每年都有大于0的投资，所以会导致很多观测值被丢弃。LP法作为OP法的改进方法，该方法不用投资作为代理变量，而是用中间品投入，数据更容易获得。因此，借鉴现有文献（Huang & Liu，2019；Tang et al.，2020；Chen et al.，2020；Peng et al.，2021；Xiao et al.，2021）测量全要素生产率的方法，半参数法是目前使用最广泛测量企业

① 本节涉及的变量较多，具体变量定义请参见本章末的表4-50。

TFP 的方法；又因为 LP 法能解决内生性和样本损失问题，所以本节选用 LP 法来测量企业全要素生产率，OP 法作为本节的稳健性测试。接下来本节对这两种测算方法进行大致的介绍。

对于全要素生产率的估计，通常从拟合生产函数开始，因为总产出不能完全用要素投入来解释，即存在生产函数的“剩余”，所以传统上将企业全要素生产率理解为扣除要素贡献后的“剩余”生产率水平，即技术进步、制度完善等非生产性投入对产出增长的贡献。柯布道格拉斯（C-D）生产函数由于其结构简约易用，且对于规模经济的测度直观且符合常理而备受青睐。

基于 Olley 和 Pakes（1996）提出的半参数法（OP 法），我们构建的生产函数的形式为

$$\ln Y_{i,t} = \alpha_0 + \alpha_l \ln L_{i,t} + \alpha_a \mathrm{Age}_{i,t} + \alpha_s \mathrm{State}_{i,t} + \alpha_e \mathrm{EX}_{i,t} + \sum_m \delta_m \mathrm{Year}_m + \sum_n \lambda_n \mathrm{Reg}_n + \sum_k \xi_k \mathrm{Ind}_n + A_{i,t} \tag{4-15}$$

其中，A 表示企业的全要素生产率，i 和 t 表示企业和年份；Year、Reg 和 Ind 分别代表年份、省份和行业虚拟变量；Y 代表总产出，用企业的年度营业收入衡量；L 指劳动投入，用当年付给员工的工资衡量；K 指资本支出，用企业的年度固定资产净额衡量。此外，三个变量——企业年龄（Age）、所有权（State）和出口行为（EX）也加入到了公式（4-7），企业年龄以企业上市以来的年限来衡量；企业所有权是一个虚拟变量，若为国有企业，其值为 1，否则为 0；企业的出口行为是一个虚拟变量，如果企业本年度有海外销售收入，则为 1，否则为 0。

OP 法测算 TFP 时要求企业的实际投资大于 0，这会导致很多样本丢失。如前所述，Levinsohn 和 Petrin（2003）对测算方法进行了改进，换用中间投入作为代理变量。用 LP 法测算的企业全要素生产率仍是基于柯布道格拉斯生产函数，它可以写成等式（4-16）：

$$y_{i,t} = \beta_0 + \beta_l l_{i,t} + \beta_k k_{i,t} + \beta_m m_{i,t} + \omega_{i,t} + \eta_{i,t} \tag{4-16}$$

其中，$y_{i,t}$ 指企业 i 在 t 年的产出，取营业收入的对数衡量，劳动力 $l_{i,t}$ 用企业员工人数的对数衡量，资本 $k_{i,t}$ 用固定资本产出的对数衡量，中间投入

$m_{i,t}$ 用中间投入的对数衡量。中间投资按经营成本、销售费用、管理费用、财务费用减去折旧、摊销和支付给员工的现金之和计算。$\omega_{i,t}$ 代表了企业的全要素生产率，$\eta_{i,t}$ 是服从独立同分布的随机误差项。

LP 法分两步估计已知因子的系数，它首先用资本 $k_{i,t}$ 和中间投资 $m_{i,t}$ 估计劳动的系数 β_l，并假设中间投入取决于资本和企业全要素生产率，即 $m_{i,t} = m_{i,t}(\omega_{i,t}, k_{i,t})$，和企业的全要素生产率随着中间投入的增加而增长，即 $\omega_{i,t} = \omega_{i,t}(m_{i,t}, k_{i,t})$。我们可以把公式（4-16）转化为

$$y_{i,t} = \beta_l l_{i,t} + \lambda_{i,t}(k_{i,t}, m_{i,t}) + \eta_{i,t} \tag{4-17}$$

$$\lambda_{i,t}(k_{i,t}, m_{i,t}) = \beta_0 + \beta_k k_{i,t} + \omega_{i,t}(m_{i,t}, k_{i,t}) \tag{4-18}$$

接下来，利用系数 $\widehat{\beta_l}$ 估计资本系数 β_k 和中间投资系数 β_m。我们用 $k_{i,t}$ 和 $m_{i,t}$ 的三次多项式去逼近函数 $\lambda_{i,t}(k_{i,t}, m_{i,t})$。我们可以得到：

$$y_{i,t} = \varphi_0 + \beta_l l_{i,t} + \sum_{i=0}^{3} \sum_{j=0}^{3-i} \varphi_0 k_i^t m_j^t + \eta_{i,t} \tag{4-19}$$

再估算了 $\widehat{\beta_k}$ 和 $\widehat{\beta_m}$ 后，我们就可以得出企业的全要素生产率 $\omega_{i,t}$：

$$\widehat{\omega_{i,t}} = \widehat{\lambda_{i,t}} - \widehat{\beta_k} k_{i,t} - \widehat{\beta_m} m_{i,t} \tag{4-20}$$

4.4.3 模型构建

4.4.3.1 双重差分模型

与 4.3.3.1 节类似，本节采用双重差分法构建了关于企业全要素生产率（TFP）的计量模型：

$$\begin{aligned}\text{TFP}_{i,t} = {} & \alpha_{i,t} + \beta_{i,t}\,\text{HP Firms}_{i,t} + \theta_{i,t}\,\text{After}_{i,t} + \delta_{i,t}^{2}\,\text{HP Firms}_{i,t} * \text{After}_{i,t} + \\ & \zeta_{i,t}^{2}\text{Corporate Governance}_{i,t} + \zeta_{i,t}^{3}\text{Financial Fundamental}_{i,t} + \varepsilon_{i,t}\end{aligned} \tag{4-21}$$

在模型（4-21）中，i 代表企业，t 代表年份；$\text{TFP}_{i,t}$ 为企业 i 在 t 年的全要素生产率，其他变量与模型（4-9）的描述一致。同时，本研究采用固定效应模型以控制公司个体固定效应。具体变量定义，请参见表 4-50。交互项 $\text{HP Firms}_{i,t} * \text{After}_{i,t}$ 的系数 $\delta_{i,t}$ 是本研究集中关注的环保税政策净效应，如果 $\delta_{i,t}^2 > 0$ 表明《环保税法》的实施提高了长江上游地区重污染企业全要素生产率，$\delta_{i,t}^2 < 0$ 说明环保税政策抑制了长江上游地区重污染企业全要

素生产率，$\delta_{i,t}^2=0$ 或不显著说明环保税政策没有影响。

4.4.3.2 时间协变量检验

与4.3.3.2节类似，本节通过增加时间协变量的方式来进行时间维度的稳健性检验，为得到企业的全要素生产率，建立了如下模型：

$$\begin{aligned}\text{TFP}_{i,t} = {} & \alpha_{i,t} + \beta_{i,t}\,\text{HP Firms}_{i,t} + \theta_{i,t}\,\text{After}_{i,t} + \delta_{i,t}\,\text{HP Firms}_{i,t} * \text{After}_{i,t} + \\ & \zeta_{i,t}^{1}\text{Corporate Governance}_{i,t} + \zeta_{i,t}^{2}\text{Financial Fundamental}_{i,t} + \\ & \gamma_i Z_i + \pi_i Z_i^2 + \varepsilon_{i,t} \end{aligned} \tag{4-22}$$

模型（4-22）是在模型（4-21）的基础上添加时间的协变量趋势（Z）及时间二次项趋势（Z^2），以控制政策效果在时间维度上的变化趋势。时间变化趋势（Z）是虚拟变量，2015年赋值为1，2016年赋值为2，以此类推；时间二次项趋势（Z^2）是时间变化趋势（Z）平方所得，2015年赋值为1，2016年赋值为4，以此类推。其他变量的定义请参见模型（4-9）。

4.4.3.3 动态效应分析

与4.3.3.3节类似，主测试回归结果反映的是环保税政策实施对长江上游地区企业全要素生产率的总体影响，并没有反映该政策在不同时间段内这些影响的差异。为此，本节对环保税政策影响的动态效应进行实证检验，并构建模型如下：

$$\begin{aligned}\text{TFP}_{i,t} = {} & \alpha_{i,t} + \beta_{i,t}\,\text{HP Firms}_{i,t} + \theta_{i,t}\,\text{After}_{i,t} + \sum_{j=2018}^{2020}\gamma_{i,t}\,\text{Year}_j + \\ & \sum_{j=2018}^{2020}\delta_{i,t}\,\text{HP Firms}_{i,t} * \text{After}_{i,t} * \text{Year}_j + \\ & \zeta_{i,t}^{1}\text{Corporate Governance}_{i,t} + \zeta_{i,t}^{2}\text{Financial Fundamental}_{i,t} + \varepsilon_{i,t} \end{aligned} \tag{4-23}$$

其中，Year_j 是年份虚拟变量，$j=2018$，2019和2020，交互项系数 $\delta_{i,t}$ 表示环保税政策在该年的政策效应的估计值。其他变量的定义与模型（4-9）一致。

4.4.3.4 三重差分

与4.3.3.4节类似，本节从不同环保税负地区、企业政治关联性和企业所有权性质三方面进行进一步讨论。

1. 税负平移与税负提升

与 4. 3. 3. 4 中 1 条类似，本节构建模型如下：

$$\begin{aligned}TFP_{i,t} = {} & \alpha_{i,t} + \beta_{i,t}\,\text{HP Firm}_{i,t} + \theta_{i,t}\,\text{After}_{i,t} + \gamma_{i,t}\,\text{Region}_{i,t} + \\ & \delta^{1}_{i,t}\,\text{HP Firm}_{i,t} * \text{After}_{i,t} + \delta^{2}_{i,t}\,\text{HP Firm}_{i,t} * \text{Region}_{i,t} + \\ & \delta^{3}_{i,t}\,\text{After}_{i,t} * \text{Region}_{i,t} + \delta^{4}_{i,t}\,\text{HP Firms}_{i,t} * \text{After}_{i,t} * \text{Region}_{i,t} + \\ & \zeta^{1}_{i,t}\text{Corporate Governance}_{i,t} + \zeta^{2}_{i,t}\text{Financial Fundamental}_{i,t} + \varepsilon_{i,t}\end{aligned} \tag{4-24}$$

其中，Region 为地区虚拟变量，如果企业 i 属于税负提升地区，则赋值为 1，否则为 0。其他变量的定义同模型（4-9）。

2. 企业的政治关联性

与 4. 3. 3. 4 中 2 条类似，本节构建的模型如下：

$$\begin{aligned}TFP_{i,t} = {} & \alpha_{i,t} + \beta_{i,t}\,\text{HP Firm}_{i,t} + \theta_{i,t}\,\text{After}_{i,t} + \gamma_{i,t}\,\text{PC}_{i,t} + \\ & \delta^{1}_{i,t}\,\text{HP Firm}_{i,t} * \text{After}_{i,t} + \delta^{2}_{i,t}\,\text{HP Firm}_{i,t} * \text{PC}_{i,t} + \\ & \delta^{3}_{i,t}\,\text{After}_{i,t} * \text{PC}_{i,t} + \delta^{4}_{i,t}\,\text{HP Firms}_{i,t} * \text{After}_{i,t} * \text{PC}_{i,t} + \\ & \zeta^{1}_{i,t}\text{Corporate Governance}_{i,t} + \zeta^{2}_{i,t}\text{Financial Fundamental}_{i,t} + \varepsilon_{i,t}\end{aligned} \tag{4-25}$$

参考 Chen 等（2011）和 Wu 等（2012）的研究，模型中 PC 为虚拟变量，如果企业的董事长或者首席执行官现在是或曾经是政府官员，则赋值为 1，否则赋值为 0。其他变量的定义同模型（4-9）。

3. 企业所有权性质

与 4. 3. 3. 4 中 3 条类似，本节构建模型如下：

$$\begin{aligned}TFP_{i,t} = {} & \alpha_{i,t} + \beta_{i,t}\,\text{HP Firm}_{i,t} + \theta_{i,t}\,\text{After}_{i,t} + \gamma_{i,t}\,\text{SOE}_{i,t} + \\ & \delta^{1}_{i,t}\,\text{HP Firm}_{i,t} * \text{After}_{i,t} + \delta^{2}_{i,t}\,\text{HP Firm}_{i,t} * \text{PC}_{i,t} + \\ & \delta^{3}_{i,t}\,\text{After}_{i,t} * \text{SOE}_{i,t} + \delta^{4}_{i,t}\,\text{HP Firms}_{i,t} * \text{After}_{i,t} * \text{SOE}_{i,t} + \\ & \zeta^{1}_{i,t}\text{Corporate Governance}_{i,t} + \zeta^{2}_{i,t}\text{Financial Fundamental}_{i,t} + \varepsilon_{i,t}\end{aligned} \tag{4-26}$$

模型中 SOE 是虚拟变量，如果企业为国有企业，赋值为 1，否者赋值为 0。其他变量的定义同模型（4-9）。

4.4.4 实证分析

4.4.4.1 共同趋势检验

与 4.3.4.1 节类似，为了判断双重差分法是否适合于本研究，本节分别计算了 2015—2020 年重污染企业（实验组）与其他企业（控制组）的全要素生产率的年度平均值，再验证这两者在政策实施前后是否存在共同趋势。我们可以由图 4-2 得到如下结论：①在环保税实施前，重污染企业与其他企业的全要素生产率呈现共同趋势，即两者都处于一个上升的趋势，且重污染企业的全要素生产率要低于其他企业的；②在环保税实施后，两者的全要素生产率呈现非共同趋势，重污染企业反超其他企业的全要素生产率，并且重污染企业继续保持上升趋势，而其他企业呈现出了下降的趋势。综上所述，我们认为双重差分法适合于本研究。

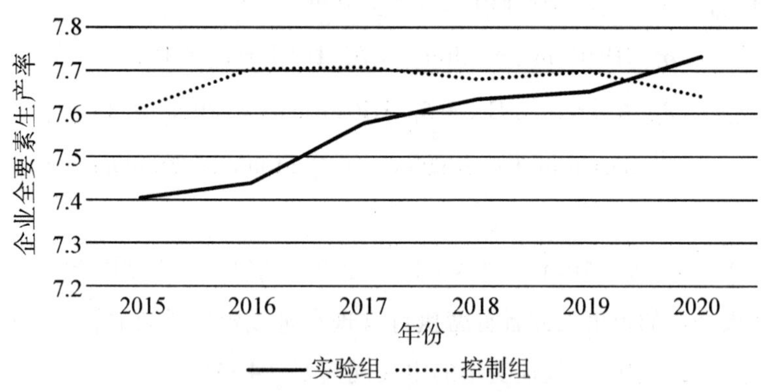

图 4-2 全要素生产率共同趋势

4.4.4.2 相关性分析

表 4-38 展示了变量间的相关性矩阵。我们可以看出主要变量间的相关性系数整体都是较低的，因此，我们认为在本研究中，不太可能存在变量之间的多重共线性问题。

表 4-38 相关性矩阵

变量	TFP_{lp}	HP Firms	After	HP * After	First	Sedtenth	Board size	Age	Leverage	Tangible
HP Firms	-0.046 9									
	(0.181)									
After	0.036 8	-0.041 0								
	(0.294)	(0.242)								
HP * After	0.016 4	0.639 1***	0.436 6***							
	(0.641)	(0.000)	(0.000)							
First	0.169 2***	-0.084 9**	0.005 7	-0.032 3						
	(0.000)	(0.017)	(0.870)	(0.356)						
Sedtenth	-0.071 2**	-0.047 1	0.084 9**	-0.008 7	-0.305 8***					
	(0.042)	(0.179)	(0.015)	(0.804)	(0.000)					
Board size	0.075 3**	0.073 5**	-0.059 0*	0.031 3	-0.015 0	0.087 2**				
	(0.032)	(0.036)	(0.092)	(0.373)	(0.669)	(0.013)				
Age	0.242 4***	0.150 4***	-0.023 1	0.122 7***	-0.130 6***	-0.343 5***	-0.018 2			
	(0.000)	(0.000)	(0.509)	(0.000)	(0.000)	(0.000)	(0.604)			
Leverage	0.531 7***	-0.055 3	-0.007 4	-0.027 8	0.070 5**	-0.187 5***	0.156 4***	0.235 0***		
	(0.000)	(0.115)	(0.832)	(0.428)	(0.044)	(0.000)	(0.000)	(0.000)		
Tangible	-0.028 0	0.009 0	0.030 4	0.010 5	0.022 0	-0.058 9*	-0.093 3***	0.091 9***	0.009 8	
	(0.424)	(0.797)	(0.386)	(0.764)	(0.531)	(0.093)	(0.008)	(0.009)	(0.779)	
Cash Flow	0.052 8	0.148 6***	0.030 3	0.073 9**	0.027 4	-0.015	0.042 7	0.118 5***	-0.150 3***	0.058 0*
	(0.132)	(0.000)	(0.388)	(0.035)	(0.435)	(0.673)	(0.223)	(0.001)	(0.000)	(0.098)

注：*、**、*** 分别表示在 10%、5%和 1%水平下显著，估计系数下方括号内数值为 P 值。

4.4.4.3 主测试

表 4-39 展示了对模型（4-21）进行基准回归分析的结果。我们通过逐步加入 Corporate Governance 和 Financial Fundamental 两组控制变量进行回归分析，发现主变量，即 HP $Firms_{i,t}$、$After_{i,t}$和 HP $Firms_{i,t}$ * $After_{i,t}$的系数和显著性差异不大，说明遗漏变量所产生的潜在内生性问题对本研究的影响有限。

表 4-39 的列（1）、列（2）、列（3）是环保税实施对长江上游地区重污染企业全要生产率（TFP）的回归结果，在不加控制变量时，交互项的系数为正（0.085 8）且在 5%水平显著；在加入公司治理结构的控制变量后交互项系数依旧为正但是不显著；在加入公司治理结构和财务基本面两类控制变量后，交互项系数为正（0.082 6）且在 5%水平显著。这说明环保税对长江上游地区的重污染企业的全要素生产率有一个显著的促进作用。我们发现第一大股东持股比例以及第二到第十大股东持股比例越高，企业的全要素生产率越高，表明公司股权集中度与全要素生产率呈现一个正向的关系。此外，企业上市年龄越长，杠杆率越高和现金流越充沛，企业的全要素生产率越高。反之，有形资产比越高企业的全要素生产率则越低。另外，董事会规模的回归结果是不显著的。

表 4-39 主测试

变量	(1) TFP_{lp}	(2) TFP_{lp}	(3) TFP_{lp}
HP Firms	0.066 7	0.121 0	0.049 9
	(0.596)	(0.344)	(0.692)
After	0.124 7***	0.137 6***	0.055 3*
	(0.000)	(0.000)	(0.088)
HP Firms * After	0.085 8**	0.069 1	0.082 6**
	(0.046)	(0.110)	(0.049)
First		0.813 6***	1.206 0***
		(0.006)	(0.000)
Sedtenth		0.553 1**	0.812 7***
		(0.047)	(0.003)
Board Size		−0.012 5	−0.039 3
		(0.840)	(0.514)
Age			0.275 8***
			(0.000)

表4-39(续)

变量	(1) TFP_{lp}	(2) TFP_{lp}	(3) TFP_{lp}
Leverage			0.691 7*** (0.000)
Tangible			-1.054 1*** (0.001)
Cash Flow			0.309 2** (0.031)
Fixed Effect	控制	控制	控制
Obs	815	815	815
R-squared	0.086 2	0.097 1	0.165 0

注：*、**、*** 分别表示在 10%、5%和 1%水平下显著，估计系数下方括号内数值为 P 值。

4.4.4.4 稳健性检验

与 4.3.4.4 节类似，为了保证回归结果的稳健性，本节进行了一系列的稳健性检验。

1. 时间协变量检验

如 4.4.3.2 节所述，本节通过增加时间协变量的方式来进行时间维度的稳健性检验。比较表 4-39 和表 4-40 我们发现，实证结果没有太大的变化。具体来说，我们从列（1）、列（2）、列（3）可以发现，企业全要素生产率的交互项系数都为正，列（1）、列（3）的系数都是显著的，且模型的拟合优度（R-squared）都有显著的提高，表明本研究的主测试结果较为稳健。

表 4-40 时间协变量检验

变量	(1) TFP_{lp}	(2) TFP_{lp}	(3) TFP_{lp}
HP Firms	0.070 5 (0.568)	0.125 4 (0.317)	0.044 8 (0.719)
After	-0.029 0 (0.511)	-0.028 8 (0.512)	-0.031 9 (0.455)
HP Firms * After	0.083 5** (0.048)	0.063 8 (0.132)	0.076 7* (0.064)

表4-40(续)

变量	(1) TFP_{lp}	(2) TFP_{lp}	(3) TFP_{lp}
Z	0. 134 2***	0. 138 2***	0. 133 7***
	(0. 000)	(0. 000)	(0. 000)
Z^2	-0. 011 6***	-0. 011 4***	-0. 013 4***
	(0. 004)	(0. 005)	(0. 001)
First		0. 949 9***	1. 156 9***
		(0. 001)	(0. 000)
Sedtenth		0. 530 1*	0. 720 3***
		(0. 053)	(0. 008)
Board Size		0. 022 1	-0. 005 6
		(0. 719)	(0. 926)
Age			0. 178 0**
			(0. 049)
Leverage			0. 718 2***
			(0. 000)
Tangible			-1. 091 1***
			(0. 001)
Cash Flow			0. 281 2**
			(0. 048)
Fixed Effect	控制	控制	控制
Obs	815	815	815
R-squared	0. 120 3	0. 135 2	0. 189 3

注：*、**、***分别表示在10%、5%和1%水平下显著，估计系数下方括号内数值为P值。

2. 虚假政策时间

在4. 4. 4. 1节中，我们发现在政策实施前，实验组与控制组具有共同趋势，在政策实施后，实验组与控制组不存在共同趋势。同时，4. 4. 4. 3节的结果显示，环保税政策的实施对于长江上游地区的重污染企业（实验组）的全要素生产率具有显著促进作用。在本节中，进一步地我们虚拟环保税实施的时间为2016年，样本期间定为2015—2017年（政策真实实施时间之前）。通过重新构建政策时间虚拟变量 $\hat{After}_{i,t}$，再次采用主测试模型（4-21）进行回归。其中，如果2016 < Year < 2017，$\hat{After}_{i,t}$ 取值为1，否则为0。回归结果如表4-41所示，企业全要素生产率对应的交互项系数均不显著，说明确实是2018年实施的环保税政策促进了长江上游地区重污染

企业的全要素生产率和资产收益率，也就证明了主测试结果较为稳健。

表 4-41　虚假政策时间

变量	(1) TFP_{lp}	(2) TFP_{lp}	(3) TFP_{lp}
HP Firms	0. 141 0 (0. 321)	0. 115 9 (0. 431)	-0. 030 7 (0. 837)
After^	0. 145 5 *** (0. 000)	0. 132 6 *** (0. 000)	0. 086 5 ** (0. 036)
HP Firms * After^	-0. 008 3 (0. 878)	-0. 010 4 (0. 847)	-0. 003 5 (0. 947)
First		-0. 880 0 (0. 136)	-0. 954 9 (0. 112)
Sedtenth		-0. 085 1 (0. 842)	-0. 125 3 (0. 766)
Board Size		-0. 014 8 (0. 863)	-0. 000 9 (0. 991)
Age			0. 329 5 * (0. 063)
Leverage			0. 968 6 *** (0. 000)
Tangible			0. 934 1 * (0. 066)
Cash Flow			0. 092 0 (0. 638)
Fixed Effect	控制	控制	控制
Obs	370	370	370
R-squared	0. 119 4	0. 132 2	0. 206 3

注：*、**、*** 分别表示在 10%、5%和 1%水平下显著，估计系数下方括号内数值为 P 值。

3. PSM-DID

进一步地，我们用倾向得分匹配法（PSM）变换控制组。其中，倾向得分匹配法的匹配协变量为现有控制变量，匹配比例为 1∶1，匹配方法为最近邻匹配。经过倾向得分匹配后，重污染企业的样本和其他企业的样本在现有控制变量上已不存在显著的差异。我们将新控制组带入主测试模型（4-21）中回归。回归结果如表 4-42 所示，我们从列（1）、列（2）、列（3）可以看出，交互项的系数仍然为正，但是都变得不显著了。

表 4-42 PSM-DID

变量	(1) TFP_{lp}	(2) TFP_{lp}	(3) TFP_{lp}
HP Firms	0. 144 3	0. 187 1	0. 058 3
	(0. 366)	(0. 241)	(0. 715)
After	0. 174 1***	0. 192 8***	0. 078 9*
	(0. 000)	(0. 000)	(0. 073)
HP Firms * After	0. 047 5	0. 024 4	0. 029 8
	(0. 360)	(0. 636)	(0. 546)
First		1. 216 8***	1. 616 6***
		(0. 000)	(0. 000)
Sedtenth		0. 649 6*	0. 756 3**
		(0. 059)	(0. 023)
Board Size		0. 020 6	-0. 003 5
		(0. 790)	(0. 963)
Age			0. 417 6***
			(0. 000)
Leverage			0. 703 9***
			(0. 000)
Tangible			-0. 944 2**
			(0. 025)
Cash Flow			0. 186 5
			(0. 331)
Fixed Effect	控制	控制	控制
Obs	570	570	570
R-squared	0. 127 7	0. 155 6	0. 238 6

注：*、**、***分别表示在 10%、5%和 1%水平下显著，估计系数下方括号内数值为 P 值。

4. 替换被解释变量

如 4. 4. 2 节所提到的，对于企业的全要素生产率，我们用 OP 法代替 LP 法计算全要素生产率，并重复模型（4-21）的测试。回归结果如表 4-43 所示，列（1）、列（2）、列（3）是用 OP 法测算的全要素生产率的回归结果，相较于主测试的结果，我们发现交互项的系数都明显地提高，且都变得显著了，显著性也有一定的提高。这些结果说明，环保税政策会对长江上游地区重污染企业的全要素生产率产生显著的促进作用，对于不同的全要素生产率测量方式保持稳健。这表明本研究的主测试结果较为稳健。

表 4-43 替换被解释变量

变量	(1) TFP_{op}	(2) TFP_{op}	(3) TFP_{op}
HP Firms	-0.028 9	0.011 4	-0.026 5
	(0.791)	(0.918)	(0.814)
After	-0.038 2*	-0.030 5	-0.078 5***
	(0.095)	(0.190)	(0.007)
HP Firms * After	0.112 1***	0.100 8***	0.108 3***
	(0.003)	(0.007)	(0.004)
First		0.545 7**	0.772 4***
		(0.032)	(0.004)
Sedtenth		0.426 1*	0.551 6**
		(0.078)	(0.023)
Board Size		-0.034 7	-0.042 8
		(0.520)	(0.426)
Age			0.163 1**
			(0.017)
Leverage			0.286 2**
			(0.041)
Tangible			-0.076 7
			(0.794)
Cash Flow			0.155 1
			(0.227)
Fixed Effect	控制	控制	控制
Obs	815	815	815
R-squared	0.013 8	0.021 6	0.039 9

注：*、**、*** 分别表示在 10%、5%和 1%水平下显著，估计系数下方括号内数值为 P 值。

4.4.4.5 附加测试

1. 动态效应分析

如 4.4.3.3 节所述，本节对环保税政策影响的动态效应进行实证检验。回归结果如表 4-44 所示，列（1）、列（2）、列（3）表明，环保税在实施后的第一年和第二年对长江上游地区重污染企业的全要素生产率的影响是不显著的，但在第三年是显著的，且在 5% 显著性水平下为正(0.122 1)。这说明环保税政策对企业的要素生产率有一个相对长期的正向影响，随着政策实施时间的推移，政策的效果会逐渐体现，且这种促进作用有一个放大的趋势。基于这个实证结果，我们认为政府应该排除困难，长期坚持实施环保税政策，进而收到更为有效的政策实施效果。

表 4-44　动态效应测试

变量	(1) TFP_{lp}	(2) TFP_{lp}	(3) TFP_{lp}
HP Firms	0.092 9 (0.456)	0.094 6 (0.449)	0.063 5 (0.611)
After	0.082 5** (0.015)	0.085 1*** (0.004)	0.085 5*** (0.002)
Year 2018	0.005 0 (0.891)		
Year 2019		0.011 8 (0.725)	
Year 2020			-0.068 7* (0.058)
HP Firms * After * Year 2018	0.014 5 (0.786)		
HP Firms * After * Year 2019		-0.001 1 (0.984)	
HP Firms * After * Year 2020			0.122 1** (0.022)
First	1.277 7*** (0.000)	1.267 9*** (0.000)	1.234 6*** (0.000)
Sedtenth	0.860 8*** (0.002)	0.856 4*** (0.002)	0.819 9*** (0.003)
Board Size	-0.036 9 (0.543)	-0.040 3 (0.506)	-0.033 7 (0.576)
Age	0.281 3*** (0.001)	0.269 4*** (0.000)	0.310 0*** (0.000)
Leverage	0.686 3*** (0.000)	0.686 7*** (0.000)	0.696 4*** (0.000)
Tangible	-1.059 0*** (0.001)	-1.064 0*** (0.001)	-1.028 8*** (0.002)
Cash Flow	0.295 3** (0.041)	0.290 0** (0.044)	0.291 7** (0.042)
Fixed Effect	控制	控制	控制
Obs	815	815	815
R-squared	0.160 2	0.160 2	0.167 6

注：*、**、*** 分别表示在 10%、5%和 1%水平下显著，估计系数下方括号内数值为 P 值。

2. 分位点测试

与 4.3.4.5 中 2 条类似，我们想要进一步探讨环保税政策是否会对长江上游地区全要素生产率初始水平不同的企业产生不同的影响。我们参考 Firpo（2007）、Callaway 和 Li（2019）的研究，采用分位点回归方法去检验环保税政策对不同全要素生产率水平的影响。回归结果如表 4-45 所示，列（1）、列（2）、列（3）是关于全要素生产率的回归结果，其中交互项系数只有 50 分位点是显著的，影响大小为 0.268 2，其余的都不显著。这说明环保税政策对长江上游地区重污染企业全要素生产率处于中间水平的促进作用很明显，且通过对比主测试结果（交互项系数为 0.082 6），我们发现环保税对企业全要素生产率中间水平的影响程度更大。

表 4-45　分位点测试

变量	(1) TFP_{lp}（q25）	(2) TFP_{lp}（q50）	(3) TFP_{lp}（q75）
HP Firms	-0.199 3**	-0.244 8**	0.015 9
	(0.044)	(0.027)	(0.900)
After	0.079 2	-0.001 2	0.068 4
	(0.328)	(0.990)	(0.507)
HP Firms * After	0.122 7	0.268 2*	-0.112 1
	(0.359)	(0.073)	(0.511)
First	1.206 8***	1.043 8***	1.223 0***
	(0.000)	(0.000)	(0.000)
Sedtenth	0.385 1	0.451 8	1.264 1***
	(0.185)	(0.163)	(0.001)
Board Size	0.262 0*	-0.031 7	-0.173 9
	(0.056)	(0.836)	(0.319)
Age	0.087 3*	0.150 9***	0.262 7***
	(0.088)	(0.008)	(0.000)
Leverage	2.084 6***	2.783 2***	2.987 5***
	(0.000)	(0.000)	(0.000)
Tangible	-1.204 8***	-1.294 8***	-0.942 1*
	(0.003)	(0.004)	(0.064)
Cash Flow	1.278 3***	1.538 5***	1.556 1***
	(0.001)	(0.000)	(0.002)
Fixed Effect	控制	控制	控制
Obs	815	815	815
R-squared	0.193 6	0.203 9	0.255 2

注：*、**、*** 分别表示在 10%、5%和 1%水平下显著，估计系数下方括号内数值为 P 值。

3. 分组测试

与4.3.4.5中3条类似，本节再次使用模型（4-21）研究环保税政策对川渝地区、云贵地区重污染企业全要素生产率的影响。环保税对两组地区企业全要素生产率的影响测试的回归结果如表4-46所示，环保税对长江上游的云贵地区重污染企业的全要素生产率起显著的促进作用，在加入全部控制变量后，交互项的系数为0.202 9，且在1%水平上显著。相比较于主测试的结果，我们发现环保税对云贵地区的企业全要素生产率的促进作用更大。此外，环保税对长江上游的川渝地区重污染企业的全要素生产率的影响为正，但都不显著。

表4-46　分组测试

变量	云贵地区			川渝地区		
	(1) TFP_{lp}	(2) TFP_{lp}	(3) TFP_{lp}	(4) TFP_{lp}	(5) TFP_{lp}	(6) TFP_{lp}
HP Firms	0.071 6	0.020 7	−0.111 3	0.007 1	0.179 1	0.241 8
	(0.617)	(0.885)	(0.466)	(0.972)	(0.393)	(0.234)
After	0.025 4	0.007 2	−0.056 0	0.167 5***	0.186 9***	0.093 1**
	(0.540)	(0.865)	(0.253)	(0.000)	(0.000)	(0.026)
HP Firms * After	0.163 1**	0.169 8***	0.202 9***	0.059 3	0.019 2	0.013 0
	(0.011)	(0.008)	(0.001)	(0.294)	(0.735)	(0.813)
First		−0.896 3	−0.377 6		1.309 4***	1.746 1***
		(0.125)	(0.519)		(0.000)	(0.000)
Sedtenth		−0.679 5*	−0.336 6		1.106 7***	1.411 2***
		(0.089)	(0.396)		(0.003)	(0.000)
Board Size		−0.165 0*	−0.190 4**		0.056 9	0.025 8
		(0.063)	(0.027)		(0.488)	(0.747)
Age			0.234 4**			0.290 9***
			(0.049)			(0.003)
Leverage			0.565 9**			0.796 3***
			(0.016)			(0.000)
Tangible			−1.137 0**			−0.774 7*
			(0.026)			(0.068)
Cash Flow			0.489 8**			0.269 2
			(0.018)			(0.159)
Fixed Effect	控制	控制	控制	控制	控制	控制
Obs	274	274	274	541	541	541
R-squared	0.069 4	0.099 0	0.178 3	0.103 9	0.135 9	0.198 4

注：*、**、***分别表示在10%、5%和1%水平下显著，估计系数下方括号内数值为P值。

4.4.4.6 三重差分

1. 税负平移与税负提升

本节使用 4.4.3.4 中 1 条构建的三重差分模型进行回归分析。本节关注的是交互项 HP $Firms_{i,t}$ * $After_{i,t}$ * $Region_{i,t}$ 的系数，$\delta^4_{i,t}$ 则是三重差分的估计量。回归结果如表 4-47 所示，列（1）、列（2）、列（3）对应的交互项系数都是负，但都不显著。这说明，是否处于税负提升地区，对于长江上游地区重污染企业的全要素生产率的影响是不显著的。

表 4-47 DDD-Region

变量	(1) TFP_{lp}	(2) TFP_{lp}	(3) TFP_{lp}
HP Firms * After	0.157 0**	0.174 1**	0.172 7**
	(0.029)	(0.016)	(0.014)
HP Firms * Region	0.049 9	0.104 5	-0.142 6
	(0.717)	(0.457)	(0.157)
After * Region	0.127 2***	0.139 5***	0.049 6
	(0.000)	(0.000)	(0.107)
HP Firms * After * Region	-0.057 7	-0.096 8	-0.101 0
	(0.505)	(0.270)	(0.235)
First		0.758 2**	1.317 3***
		(0.011)	(0.000)
Sedtenth		0.515 4*	0.847 6***
		(0.066)	(0.000)
Board Size		-0.012 1	-0.039 8
		(0.846)	(0.507)
Age			0.296 0***
			(0.000)
Leverage			1.089 3***
			(0.000)
Tangible			-0.944 0***
			(0.002)
Cash Flow			0.391 0***
			(0.007)
Fixed Effect	控制	控制	控制
Obs	815	815	815
R-squared	0.083 2	0.092 6	0.165 6

注：*、**、*** 分别表示在 10%、5%和 1%水平下显著，估计系数下方括号内数值为 P 值。

2. 企业的政治关联性

本节使用4.4.3.4中2条构建的三重差分模型进行回归分析。本节关注的是HP $Firms_{i,t}$ * $After_{i,t}$ * $PC_{i,t}$ 的系数 $\delta^4_{i,t}$ 。回归结果如表4-48所示，列（1）、列（2）、列（3）对应的交互项系数都不显著。这说明，政治关联性对于长江上游地区重污染企业的全要素生产率的影响是不显著的。

表4-48 DDD-PC

变量	(1) TFP_{lp}	(2) TFP_{lp}	(3) TFP_{lp}
HP Firms * After	0.190 6***	0.187 9***	0.099 6**
	(0.000)	(0.000)	(0.013)
HP Firms * PC	-0.182 7**	-0.167 0*	-0.133 6
	(0.046)	(0.068)	(0.129)
After * PC	0.100 8**	0.109 7**	-0.001 8
	(0.024)	(0.015)	(0.968)
HP Firms * After * PC	0.002 5	-0.004 0	0.108 6
	(0.980)	(0.967)	(0.254)
First		0.565 0*	1.185 3***
		(0.055)	(0.000)
Sedtenth		0.452 8	0.796 6***
		(0.103)	(0.003)
Board Size		-0.021 5	-0.041 7
		(0.732)	(0.489)
Age			0.347 1***
			(0.000)
Leverage			0.683 1***
			(0.000)
Tangible			-1.063 2***
			(0.001)
Cash Flow			0.332 8**
			(0.020)
Fixed Effect	控制	控制	控制
Obs	815	815	815
R-squared	0.068 4	0.074 2	0.164 6

注：*、**、***分别表示在10%、5%和1%水平下显著，估计系数下方括号内数值为P值。

3. 企业所有权性质

本节使用 4. 4. 3. 4 中 3 条构建的三重差分模型进行回归分析。本节关注的是 HP $Firms_{i,t}$ * $After_{i,t}$ * $SOE_{i,t}$ 的系数 $\delta_{i,t}^4$ 。企业所有权性质的回归结果如表 4-49 所示，列（1）、列（2）、列（3）对应的交互项系数都不显著。这说明，企业所有权性质对于长江上游地区重污染企业的全要素生产率的影响是不显著的。

表 4-49　DDD-SOE

变量	(1) TFP_{lp}	(2) TFP_{lp}	(3) TFP_{lp}
HP Firms * After	0. 164 1***	0. 163 4***	0. 085 5**
	(0. 000)	(0. 000)	(0. 023)
HP Firms * Soe	-0. 050 1	-0. 050 2	-0. 080 9
	(0. 552)	(0. 553)	(0. 315)
After * Soe	0. 203 5***	0. 195 7***	0. 173 6***
	(0. 002)	(0. 003)	(0. 006)
HP Firms * After * Soe	0. 156 4	0. 157 2	0. 150 1
	(0. 208)	(0. 210)	(0. 213)
First		0. 175 2	0. 868 2***
		(0. 558)	(0. 004)
Sedtenth		0. 218 1	0. 608 6**
		(0. 433)	(0. 024)
Board Size		-0. 036 4	-0. 053 1
		(0. 560)	(0. 373)
Age			0. 320 3***
			(0. 000)
Leverage			0. 741 7***
			(0. 000)
Tangible			-0. 958 4***
			(0. 004)
Cash Flow			0. 325 9**
			(0. 021)
Fixed Effect	控制	控制	控制
Obs	815	815	815
R-squared	0. 088 7	0. 090 0	0. 183 7

注：**、*** 分别表示在 5%和 1%水平下显著，估计系数下方括号内数值为 P 值。

4.4.5 小结

本节以环保税政策的实施为准自然实验，运用双重差分估计来讨论该政策对长江上游地区企业全要素生产率的影响。该研究结果可以为环保税政策的后续优化提供建议，并且为其他新兴市场国家提供借鉴意义。

实证结果表明，环保税政策会显著提高长江上游地区重污染企业的全要素生产率，通过一系列的稳健性测试后依旧成立。进一步地，环保税政策对企业全要素生产率影响的显现需要一定的时间，说明环保税有一个相对长期的作用。基于这个实证结果，我们认为政府应该排除困难，长期坚持实施环保税政策，从而收到更为有效的政策实施效果。相对于全要素生产率较高的企业，环保税政策对于长江上游全要素生产率处于中间水平（50%分位水平）的企业具有更强的促进作用。环保税政策对云贵地区企业全要素生产率的促进作用更大，而对川渝地区企业的全要素生产率的影响却不显著。在异质性分析中，本节发现，是否处于税负提升地区，是否存在政治关联性与是否为国有企业，对于长江上游地区重污染企业的全要素生产率的影响都是不显著的。

本章的变量定义如表 4-50 所示。

表 4-50 变量定义

变量	定义
CAR（-1，+1）	使用市场调整模型计算的事件日当天即前后各 1 天的累计超额收益率
CAR（-2，+2）	使用市场调整模型计算的事件日当天即前后各 2 天的累计超额收益率
CAR（-3，+3）	使用市场调整模型计算的事件日当天即前后各 3 天的累计超额收益率
Bhar one month	使用 Buy-and-Hold 模型计算的自事件日起，1 个月的买入并持有的累计超常收益率
Bhar three month	使用 Buy-and-Hold 模型计算的自事件日起，3 个月的买入并持有的累计超常收益率
Bhar six month	使用 Buy-and-Hold 模型计算的自事件日起，6 个月的买入并持有的累计超常收益率
ECAR（-1，+1）	使用市场调整模型计算的事件日当天即前后各 1 天的企业层面环境有效性

表4-50(续)

变量	定义
ECAR（-2，+2）	使用市场调整模型计算的事件日当天即前后各 2 天的企业层面环境有效性
ECAR（-3，+3）	使用市场调整模型计算的事件日当天即前后各 3 天的企业层面环境有效性
Ebhar one month	使用 Buy-and-Hold 模型计算的自事件日起，1 个月的企业层面环境有效性
Ebhar three month	使用 Buy-and-Hold 模型计算的自事件日起，3 个月的企业层面环境有效性
Ebhar six month	使用 Buy-and-Hold 模型计算的自事件日起，6 个月的企业层面环境有效性
TFP_{lp}	用 LP 法测算的企业全要素生产率
TFP_{op}	用 OP 法测算的企业全要素生产率
ROA	总资产收益率，等于税后净利润除以总资产
ROE	净资产收益率，等于净利润除以平均股东权益
Gas Tax	环保税规定的大气污染物税率。若观测值为 2018 年之前，则为排污费规定的大气污染物费率
Water Tax	环保税规定的水污染物税率。若观测值为 2018 年之前，则为排污费规定的水污染物费率
HP Firms	分组虚拟变量，如果该企业属于重污染企业，则赋值为 1，否则为 0
After	时间虚拟变量，如果年份处于 2018—2020 年，则赋值为 1，否则为 0
After^	时间虚拟变量，如果年份处于 2016—2017 年，则赋值为 1，否则为 0
Political connection (PC)	虚拟变量，如果企业的董事长或者首席执行官现在是或曾经是政府官员，则赋值为 1，否则为 0
First	该企业第一大股东的持股比例
Sedtenth	该企业第二到第十大股东的持股比例之和
Board Size	董事会规模，企业董事会人数的对数
Ceo duality	虚拟变量，如果企业的董事长和总经理由同一人兼任则赋值为 1，否则为 0
State ownership	该企业国有股占比
Size	企业规模，总资产的对数
DtM	企业总负债除以总市值
Age	上市年龄，企业上市年龄的对数

表4-50(续)

变量	定义
Levarge	企业杠杆率，等于总负债除以总资产
Tangible	固定资产比率，等于固定资产净额除以总资产
Cash Flow	现金流，等于现金流除以总资产
Z	时间协变量，为虚拟变量，2015 年赋值为 1，2016 年赋值为 2，以此类推
Z^2	时间协变量平方项，为虚拟变量，2015 年赋值为 1，2016 年赋值为 4，以此类推
Year 2018	虚拟变量，若观测值为 2018 年则赋值为 1，否则为 0
Year 2019	虚拟变量，若观测值为 2019 年则赋值为 1，否则为 0
Year 2020	虚拟变量，若观测值为 2020 年则赋值为 1，否则为 0
Region	虚拟变量，如果一个企业属于税负提升地区，则赋值为 1，否则为 0
SOE	虚拟变量，如果一个企业是国有企业，则赋值为 1，否则为 0
Location	地区哑变量
Industry	行业哑变量
Firm	企业个体哑变量

5 政策评估：宏观层面

5.1 政策效应评估：经济

本节运用空间计量模型探讨环保税政策的实施对于长江上游地区宏观经济层面的影响。

5.1.1 数据和样本

本节所涉及变量的原始数据均来源于EPS数据库和《中国城市统计年鉴》(2004—2020年)，部分缺失值是从政府统计公报中手动收集得来的。此外，为剔除极端值造成的影响，我们对数据进行了1%的平尾处理。本节的研究对象为长江上游地区三省一市所包含的地级市，由于考虑到数据的有效性和连续性，这里剔除了2011年之后批准成立的毕节市和铜仁市，最终选取了31个地级市来进行实证分析。2003年，政府颁布了《排污费征收使用管理条例》，为了兼顾数据的可获得性，本节选取2004—2020年作为研究的样本期间。

5.1.2 变量选择①

本节主要涉及被解释变量、核心解释变量、门槛变量和控制变量四大类。

5.1.2.1 被解释变量：绿色全要素生产率

传统的全要素生产率只考虑了劳动和资本等投入要素的约束，并没有将环境因素纳入评价范围，无法有效地体现绿色发展的要求。绿色全要素

① 本节涉及的变量较多，具体变量定义请参见本章末的表5-28。

生产率将生产过程中所产生的非期望产出纳入评价范围，真实地反映了经济发展的质量和效率，更适合于本节的研究主题。因此，本节选用绿色全要素生产率作为第一个被解释变量。

本节通过构建投入和产出指标来衡量长江上游地区地级市绿色全要素生产率水平，其中投入指标由人力投入、资本投入和资源投入构成，分别用单位从业人员、固定资本投资额和全年用电总量衡量。产出指标由期望产出和非期望产出构成，其中期望产出使用以 2003 年为基期的实际 GDP 衡量；非期望产出则由工业废水排放量、工业二氧化硫排放量、工业烟（粉）尘排放量衡量。表 5-1 展示了具体的绿色全要素生产率指标评级体系。

表 5-1　绿色全要素生产率指标体系

一级指标	二级指标	三级指标
投入指标	人力投入	单位从业人员/万人
	资本投入	固定资本投资额/万
	资源投入	全年用电总量/(万千瓦·小时)
产出指标	期望产出	实际 GDP/万元
	非期望产出	工业废水排放量/万吨
		工业二氧化硫排放量/吨
		工业烟（粉）尘排放量/吨

注：实际 GDP 以 2003 年为基期。

此外，除了明确 GTFP 的指标构成，还需要确定 GTFP 的具体测量方式。目前学术界测量 GTFP 的方法有很多，主要包括指数法、生产函数法以及数据包络分析法（DEA）。具体如下所示：

1. 指数法

（1）Malmquist 生产率指数

Malmquist 生产率指数在早期曾被广泛用于衡量绿色全要素生产率。Fare 等（1994）在此基础上将其延伸为产出导向型 Malmquist 生产指数模型，假设（X_t，Y_t）和（X_{t+1}，Y_{t+1}）分别表示 t 和 $t+1$ 时期的投入与产出函数，具体模型如下：

$$\begin{cases} M_t(x_t,\ y_t,\ x_{t+1},\ y_{t+1}) = \dfrac{D_u^t(x_{t+1},\ y_{t+1})}{D_u^t(x_t,\ y_t)} \\ M_{t+1}(x_t,\ y_t,\ x_{t+1},\ y_{t+1}) = \dfrac{D_u^{t+1}(x_{t+1},\ y_{t+1})}{D_u^{t+1}(x_t,\ y_t)} \end{cases} \tag{5-1}$$

其中，D_u^t 为距离函数，该函数主要用于测量使(X_t，Y_t) 在 $t+1$ 时的技术可行所需的最大输出比例变化。

（2）Luenberger 生产率指数

Luenberger 生产率指数无须选择测度角度，并且可以同时考虑投入的减少和产出的增加，因此比 Malmquist 生产率指数更具一般性。Grosskopf（2003）在 Luenberger 生产率指数的基础上，运用分解框架进行多项式分解后得到 t 期到 $t+1$ 期的 Luenberger 生产率指数。其计算公式如下：

$$\begin{aligned} L_t^{t+1} &= \text{Effch}_t^{t+1} + \text{Techch}_t^{t+1} + \text{Pech}_t^{t+1} + \text{Sech}_t^{t+1} \\ &= [\vec{S}_v^t(x^t,y^t,b^t;g) - \vec{S}_v^{t+1}(x^{t+1},y^{t+1},b^{t+1};g)] + \\ &\quad \frac{1}{2}[\vec{S}_v^{t+1}(x^t,y^t,b^t;g) - \vec{S}_v^t(x^t,y^t,b^t;g)] + \\ &\quad \frac{1}{2}[\vec{S}_v^{t+1}(x^{t+1},y^{t+1},b^{t+1};g) - \vec{S}_v^t(x^{t+1},y^{t+1},b^{t+1};g)] + \\ &\quad [\vec{S}_c^t(x^t,y^t,b^t;g) - \vec{S}_v^t(x^t,y^t,b^t;g)] - \\ &\quad [\vec{S}_c^{t+1}(x^{t+1},y^{t+1},b^{t+1};g) - \vec{S}_v^{t+1}(x^{t+1},y^{t+1},b^{t+1};g)] + \\ &\quad \frac{1}{2}[\vec{S}_c^{t+1}(x^t,y^t,b^t;g) - \vec{S}_v^{t+1}(x^t,y^t,b^t;g)] - \\ &\quad \frac{1}{2}[\vec{S}_c^t(x^t,y^t,b^t;g) - \vec{S}_v^t(x^{t+1},y^{t+1},b^{t+1};g)] + \\ &\quad \frac{1}{2}[\vec{S}_c^{t+1}(x^{t+1},y^{t+1},b^{t+1};g) - \vec{S}_v^{t+1}(x^{t+1},y^{t+1},b^{t+1};g)] - \\ &\quad \frac{1}{2}[\vec{S}_c^t(x^{t+1},y^{t+1},b^{t+1};g) - \vec{S}_v^t(x^{t+1},y^{t+1},b^{t+1};g)] \end{aligned} \tag{5-2}$$

其中，式 $[\vec{S}_v^t(x^t,y^t,b^t,g) - \vec{S}_v^{t+1}(x^{t+1},y^{t+1},b^{t+1},g)]$ 为 Effch，代表纯效率变化；式 $\frac{1}{2}[\vec{S}_v^{t+1}(x^t,y^t,b^t,g) - \vec{S}_v^t(x^t,y^t,b^t,g)] + \frac{1}{2}[\vec{S}_v^{t+1}(x^{t+1},y^{t+1},b^{t+1},g) - \vec{S}_v^t(x^{t+1},y^{t+1},b^{t+1},g)]$ 为 Techch，代表纯技术变化；式 $[\vec{S}_c^t(x^t,y^t,b^t,g) -$

$\vec{S}_v^t(x^t, y^t, b^t, g)] - [\vec{S}_c^{t+1}(x^{t+1}, y^{t+1}, b^{t+1}, g) - \vec{S}_v^{t+1}(x^{t+1}, y^{t+1}, b^{t+1}, g)]$ 为 Pech，代表规模效率变化；剩余式子为 Sech，代表技术规模变化。通过运用 Grosskopf 的多项式分解框架，我们可以在八个条件下对方向性距离函数进行求解，从而得出绿色全要素生产率的具体测算数值、增长及其来源。

（3）Malmquist-Luenberger 生产率指数

为了将环境规制等因素纳入传统的 Malmquist 生产率指数当中，Chung 等（1997）将 Luenberger 生产率指数与其相结合，在方向性距离函数（DDF）的基础上创造出包含非期望产出的 Malmquist-Luenberger 生产率指数（ML 指数）。为了排除选择时期的随机性，ML 指数通常使用 t 期与 $t+1$ 期的平均全要素生产率指数并可以分解为技术效率指数（Effch）和技术进步指数（Tech）。其中，技术效率指数主要衡量了技术落后者追赶技术先进者的速度，技术进步指数主要衡量了技术前沿的进步速度。当 Effch 和 Tech 大于 0（小于 0）时，表明绿色全要素生产率增长（降低）、技术效率提高（降低）以及技术前沿进步（退化）。t 期到 $t+1$ 期的 ML 生产率指数可以表示为

$$\mathrm{ML}_t^{t+1} = \mathrm{Effch} \times \mathrm{Tech}$$

$$= \left\{ \frac{[1 +]}{[1 + \vec{D}_0^t(x^{t+1}, y^{t+1}, b^{t+1}; g^{t+1})]} \times \frac{[1 + \vec{D}_0^{t+1}(x^t, y^t, b^t; g^t)]}{[1 + \vec{D}_0^t(x^{t+1}, y^{t+1}, b^{t+1}; g^{t+1})]} \right\}^{\frac{1}{2}}$$

$$= \frac{1 + \vec{D}_0^t(x^t, y^t, b^t; g^t)}{1 + \vec{D}_0^t(x^{t+1}, y^{t+1}, b^{t+1}; g^{t+1})} \times$$

$$\left\{ \frac{[1 + \vec{D}_0^{t+1}(x^t, y^t, b^t; g^t)]}{[1 + \vec{D}_0^t(x^t, y^t, b^t; g^t)]} \times \frac{[1 + \vec{D}_0^{t+1}(x^{t+1}, y^{t+1}, b^{t+1}; g^{t+1})]}{[1 + \vec{D}_0^t(x^{t+1}, y^{t+1}, b^{t+1}; g^{t+1})]} \right\}^{\frac{1}{2}} \tag{5-3}$$

其中，$\vec{D}_0^t(x^t, y^t, b^t; g^t)$ 和 $\vec{D}_0^{t+1}(x^{t+1}, y^{t+1}, b^{t+1}; g^{t+1})$ 分别代表基于 t 期与 $t+1$ 期的当期距离函数；$\vec{D}_0^t(x^{t+1}, y^{t+1}, b^{t+1}; g^{t+1})$ 和 $\vec{D}_0^{t+1}(x^t, y^t, b^t; g^t)$ 分别代表基于 t 期技术的 $t+1$ 期距离函数和基于 $t+1$ 期技术的 t 期距离函数。此外，当 ML 指数小于 1 时，生产效率下降；当 ML 指数大于 1 时，生产效率提高；而当 ML 等于 1 时，生产效率保持不变。

（4）Globe-Malmquist-Luenberger 生产率指数

在构建绿色全要素生产率指标时，我们往往需要考虑效率变化的影响，即实际生产与生产前沿面的相对关系。同时，我们还须顾及技术进步因素，针对每个决策单元生产前沿面边界的变化做出估计。不同于常用的 ML 指数，全局参比的 Globe-Malmquist-Luenberger 生产率指数（GML 指数）由于具有可以跨期比较与优于 ML 指数的循环累加性和传递性的特性，可以对绿色全要素生产率的变动情况做出更加精准的测算。在 Oh（2010）构建的 GML 指数基础上，我们可以将指数分解成两部分：技术进步指数（GTC）和技术效率指数（GEF）。具体测算公式如下：

$$\begin{aligned}\text{GML} &= \text{GEF} \times \text{GTC} \\ &= \frac{E^g(x^{t+1},\ y^{t+1})}{E^g(x^t,\ y^t)} \\ &= \frac{E^{t+1}(x^{t+1},\ y^{t+1})}{E^t(x^t,\ y^t)} \times \left[\frac{E^g(x^{t+1},\ y^{t+1})}{E^{t+1}(x^{t+1},\ y^{t+1})} \times \frac{E^t(x^t,\ y^t)}{E^g(x^t,\ y^t)}\right]\end{aligned} \tag{5-4}$$

$$\text{GEF} = \frac{E^{t+1}(x^{t+1},\ y^{t+1})}{E^t(x^t,\ y^t)} \tag{5-5}$$

$$\text{GTC} = \frac{E^g(x^{t+1},\ y^{t+1})}{E^{t+1}(x^{t+1},\ y^{t+1})} \times \frac{E^t(x^t,\ y^t)}{E^g(x^t,\ y^t)} \tag{5-6}$$

其中，x^t 表示评价单元在 t 期的投入数量；y^t 表示评价单元在 t 期的产出数量；E^g 代表全局前沿的效率值；E^t 代表前沿 t 期的效率值。

2. 生产函数法

Christensen（1973）结合超越对数生产函数对绿色全要素生产率及其增长率进行衡量，并将能源消耗量与二氧化碳的排放量纳入投入要素当中。超越对数生产函数的引入，更好地反映了要素投入量与时间变量两者之间的相互作用关系，揭示出经济系统内更多的内容（郑照宁 等，2004）。超越对数生产函数的具体公式为

$$\begin{aligned}\text{Ln}Y_{it} &= \beta_1 + \beta_2 + \cdots + \beta_i + \beta_t t + \frac{1}{2}\beta_{it}t^2 + \sum_{j=1}^{4}\beta_j \text{Ln}X_{itj} + \\ &\quad \frac{1}{2}\sum_{j=1}^{4}\sum_{k=1}^{4}\beta_{jk}\text{Ln}X_{itj}\text{Ln}X_{itk} + \sum_{j=1}^{4}\beta_{tj}t\text{Ln}X_{itj} + \varepsilon_{it}\end{aligned} \tag{5-7}$$

其中，i 表示地区（$i=1, 2, 3, 4, \cdots$）；t 为时间（$t=1, 2, 3, 4, \cdots$）；Y 为地区产出；X 表示物质资本存量（K）、劳动力（L）、能源消耗（E）和二氧化碳排放（C）四种投入要素，分别与 j，$k=1, 2, 3, 4$ 对应。

3. 数据包络分析法（DEA）

（1）基于 DEA 的 EBM 方向性距离函数

传统 DEA 模型由于可以测算多产出下的全要素效率而被广泛使用，但其无法进行跨期比较、对测量误差值较为敏感、不能将投入和产出的松弛变量纳入效率评价的缺点也较为突出。Tone 和 Tsutsi（2010）提出具有兼容径向和非径向两类距离函数的 EBM 模型，从而解决了 SBM 模型在投入和产出不能同时存在径向和非径向关系的问题。同时，EBM 模型也很好地处理了在计算过程中可能会产生的非零松弛问题和非期望产出问题。因此，本研究选取 EBM 模型对含有非期望产出的绿色全要素生产率进行测算。

首先，将长江经济带上游地区每一个地级市作为独立的决策单元（DMU），构建最佳生产前沿面。假设在 t 时期($t = 1, 2, 3, 4, \cdots, T$) 具有 k 个决策单元($k = 1, 2, 3, 4, \cdots, K$)，每个决策单元均包含 m 种投入 $x(x = x_1, x_2, x_3, \cdots, x_n)$，从而得到 n 种期望产出 $y(y = y_1, y_2, y_3, \cdots, y_n)$，$J$ 种非期望产出 $b(b = b_1, b_2, b_3, \cdots, b_n)$。则基于非期望产出的 EBM 模型公式如下所示：

$$\gamma^* = \min \frac{\theta - \varepsilon_x \sum_{i=1}^{m} \frac{w^-{}_i s^-{}_i}{x_{ik}}}{\varphi + \varepsilon_y \sum_{r=1}^{s} \frac{w_i^+ s_i^+}{y_{rk}} + \varepsilon_b \sum_{p=1}^{q} \frac{w_p^{b-} s_p^{b-}}{b_{pk}}} \tag{5-8}$$

$$\begin{aligned} s.t.\quad & \sum_{j=1}^{n} x_{ij}\lambda_j + s_i^- = \theta x_{ik},\ i = 1, 2, \cdots, m \\ & \sum_{j=1}^{n} y_{rj}\lambda_j - s_r^- = \varphi y_{rk},\ r = 1, 2, \cdots, s \\ & \sum_{p=1}^{n} b_{ij}\lambda_j - s_p^{b-} = \varphi b_{pk},\ p = 1, 2, \cdots, q \\ & \lambda_j \geqslant 0,\ s_i^-,\ s_r^+,\ s_p^{b-} \geqslant 0 \end{aligned} \tag{5-9}$$

其中，θ 为径向部分的规划参数；φ 为产出扩大比；ε 为模型重要参数；w_i^- 为投入变量的重要程度，满足等式 $\sum_{i=1}^{m} w_i^- = 1$；s_i^- 为投入 i 的松弛变量；s_r^+ 为第 r 类产出的松弛变量；x_{ik} 为第 k 个决策单元的第 i 类投入；y_{rk} 为第 k 个决策单元的第 r 类产出；s_p^{b-} 为第 p 类非期望产出的松弛变量；w_r^+ 和 w_p^{b-} 为指标权重；b_{pk} 为第 k 个决策测单元的 p 类非期望产出；q 为非期望产出数量；λ_j 为线性组合系数。

（2）基于 DEA 的 SBM 方向性距离函数

Tone（2001）在传统 DEA 模型基础上，提出了 SBM 模型，一种基于松弛变量度量的非径向无角 DEA 分析方法，松弛变量的问题由此解决。此外，Tone（2004）对其提出的 SBM 模型进行了扩展，建立了可以处理非期望输出的无角非径向 Super-SBM 模型，避免了度量效率时多个决策单元是绝对效率的情况。具体测量模型如下：

$$\rho = \min \frac{\frac{1}{m}\sum_{i=1}^{m} \bar{x}_i / x_{i0}}{\frac{1}{s_1 + s_2}\left(\sum_{r=1}^{s_1} \bar{y}_r^g / y_{r_0}^g + \sum_{a=1}^{s_2} \bar{y}_a^b / y_{a_0}^g\right)} \tag{5-10}$$

$$s.\ t.\begin{cases} \bar{x} \geqslant \sum\limits_{j=1,\ \neq 0}^{n} \lambda_j x_j,\ \bar{y}^g \leqslant \sum\limits_{j=1,\ \neq 0}^{n} \lambda_j y_j^g, \\ \bar{y}^b \leqslant \sum\limits_{j=1,\ \neq 0}^{n} \lambda_j y_j^b,\ \bar{x} \geqslant x_0,\ \bar{y}^g \leqslant y_0^g,\ \bar{y}^b \geqslant y_0^b; \\ \sum\limits_{j=1,\ \neq 0}^{n} \lambda_j = 1,\ \bar{y}^g \geqslant 0,\ \lambda \geqslant 0. \end{cases} \tag{5-11}$$

其中，m 为样本观察次数；ρ 为非期望输出 Super-SBM 模型的效率；x、y^g、y^b 分别是输入，预期输出和非预期输出；$x \in R^m$、$y^g \in R^{s_1}$、$y^b \in R^{s_2}$ 为三个向量；λ 为每个决策单元的权重向量；s_1 和 s_2 分别是期望输出和非期望输出的松弛向量。

基于上述探讨，本节最终使用 Super-SBM 模型来测量绿色全要素生产率并以此进行稳健性检验。

5.1.2.2 被解释变量：经济发展水平

学术界衡量地区经济发展水平的方法有很多，主要包括地区实际 GDP 水平、地区人均 GDP 水平以及地区 GDP 增长率。本节使用 Eco，即人均 GDP，作为衡量地区经济发展水平的测算指标。为了减小实证研究的波动，本节对人均 GDP 进行自然对数化处理。

5.1.2.3 核心解释变量：环保税税率

中国对环境污染物的排放管理经历了“由费改税”的过渡。1979 年，中国颁布了排污收费制度，并在随后相继颁布了《征收排污费暂行办法》《排污费征收使用管理条例》以及《关于调整排污费征收标准等有关问题的通知》，对包括二氧化硫、氮氧化物和五项重金属等在内的大气污染物和水污染物收取排污费。2016 年 12 月 25 日，为了解决上述法规中存在的涵盖的污染物范围不足、执法力度不够和费率过低等问题，政府当局立法通过了《环保税法》，并在 2018 年 1 月 1 日起正式实施。

本节采用上述法规中的大气污染税率（Gas Tax）和水污染税率（Water Tax）作为核心解释变量。由于 2018 年是“排污费改税”的时间节点，2018 年之前的大气污染税率和水污染税率沿用原先排污费政策中所规定的费率，而 2018 年及以后的大气污染税率和水污染税率则采用《环保税法》中所规定的税率。

5.1.2.4 门槛变量：技术创新

波特假说认为：环境规制会刺激企业、行业、地区进行技术创新，从而降低自身污染排放量以免受处罚，并获得创新收益。长江经济带作为中国绿色发展的先行示范带，实施了一系列环境规制。同时，地方政府为了响应国家政策，会投入大量资源进行科学技术研发以降低污染排放。技术创新作为促进绿色全要素生产率和经济发展水平增长的重要因素，理论上有利于提高绿色全要素生产率并促进经济发展。但是否在一定环境规制强度下，地区技术投入越多，其绿色全要素生产率就越高，经济发展水平也越高，这有待进一步分析。因此，本研究采用 Hansen 所提出的面板门槛模型进一步研究在不同技术创新水平下，环境规制对地区绿色全要素生产率和经济发展水平的影响效应。

本节采用科技创新作为门槛变量，来衡量地区科技水平。不同于采用技术专利数量的量化方法（Wang et al.，2021），本研究参考 Guo 等（2021）以技术市场交易额占地区 GDP 比值的方法，同时兼顾地级市层面的数据可获得性，采用地区科学技术支出占地区 GDP 的比值来衡量。

5.1.2.5 控制变量

本节采用了四个控制变量，具体包括：①政府规模。地方政府可能通过财政支出来参与公共绿色事业，从而提高本地区的 GTFP 并促进地区经济发展。本研究采用政府财政支出额与地区生产总值的比例来衡量。②产业结构。第三产业具有高净值低污染的产业特征，当地区的第三产业占比越高且越发达时，对环境的污染程度就越低，会对本地的 GTFP 和经济发展水平产生正向影响。本研究采用第三产业增加值与第二产业增加值的比例来进行衡量。③基础设施水平。地区的基础设施建设会对本地产业发展起到重要作用，地区的基础设施越完善，越容易吸引优质产业在此落户从而优化产业结构、减少地区污染排放并提供大量就业岗位，进而促进地区经济发展和提高地区 GTFP 水平。本研究采用人均道路面积来进行衡量。④地区投资水平。固定资产投资是影响一国经济发展的重要因素，涉及社会公共基础设施和公益性设施等诸多领域。固定资产投资作为促进经济高质量增长的重要方式，能够通过影响创新、协调、绿色、开放、共享维度对地区经济发展产生显著影响，从而提高地区 GTFP 水平并促进经济增长。本研究采用地区固定资产投资额与地区生产总值的比例来进行衡量。

5.1.3 模型构建

5.1.3.1 空间自相关检验

在确定本节能否构建空间计量模型时，首先需要考察被解释变量是否存在空间自相关性。检验变量空间自相关性的方法有很多，主要包括莫兰指数、Geary 指数以及 Getis-Ord 指数法等。其中，使用最为广泛的是莫兰指数。因此，本研究主要采用莫兰指数对长江上游地区 31 个地级市的 GTFP 和 Eco 的空间相关性进行检测。莫兰指数的计算方式如下：

$$\text{Moran's I} = \frac{n\sum_{i=1}^{n}\sum_{j=1}^{n}w_{ij}(x_i - \bar{x})(x_j - \bar{x})}{\sum_{i=1}^{n}\sum_{j=1}^{n}w_{ij}\sum_{i=1}^{n}(x_i - \bar{x})^2} \tag{5-12}$$

其中，$\bar{x} = \sum_{i=1}^{n} x_i/n$，$x$ 表示区域 i 的相关变量；n 表示观测到的地级市数量；w_{ij} 为空间权重矩阵。莫兰指数的取值范围一般介于-1~1，当莫兰指数大于 0 时，表明空间正相关；当莫兰指数小于 0 时，表明空间负相关；而当莫兰指数等于 0 时，表明空间分布呈现随机性，观察值不存在空间自相关。

5.1.3.2 空间杜宾模型（SDM）

通过随后的分析，我们发现 GTFP 和 Eco 具有较强的空间关联性，忽视它们的溢出效应可能会使结果产生偏差。因此，本节采用空间计量模型来研究它们的空间效应。一般来说，我们可以使用三种空间计量模型：空间误差模型（SEM）、空间滞后模式（SLM）和空间杜宾模型（SDM）。此外，与 SEM 和 SLM 相比，SDM 能够很好地反映被解释变量的空间相关性和解释变量的空间溢出效应（Lesage & Pace，2009）。同时，通过模型的拟合优度比较，对比极大似然值 log-likelihood 和信息准则 AIC、BIC 等指标，本研究最终选择空间杜宾模型来检验 Gas Tax 和 Water Tax 对 GTFP 和 Eco 的影响及其溢出效应。SDM 模型具体如下：

$$\mathrm{GTFP}_{it} = \beta_0 + \rho \sum_{j=1}^{31} w_{ij}\mathrm{GTFP}_{it} + \beta_1 \mathrm{Gas\ Tax}_{it} + \beta_2 \mathrm{Gas\ Tax}_{it}^2 + \beta_3 X_{it} + \theta_1 \sum_{j=1}^{31} w_{ij}\mathrm{Gas\ Tax}_{it} + \theta_2 \sum_{j=1}^{31} w_{ij}\mathrm{Gas\ Tax}_{it}^2 + \theta_3 \sum_{j=1}^{31} w_{ij} X_{it} + \mu_i + \nu_t + \varepsilon_{it} \tag{5-13}$$

$$\mathrm{GTFP}_{it} = \beta_0 + \rho \sum_{j=1}^{31} w_{ij}\mathrm{GTFP}_{it} + \beta_4 \mathrm{Water\ Tax}_{it} + \beta_5 \mathrm{Water\ Tax}_{it}^2 + \beta_6 X_{it} + \theta_4 \sum_{j=1}^{31} w_{ij}\mathrm{Water\ Tax}_{it} + \theta_5 \sum_{j=1}^{31} w_{ij}\mathrm{Water\ Tax}_{it}^2 + \theta_6 \sum_{j=1}^{31} w_{ij} X_{it} + \mu_i + \nu_t + \varepsilon_{it} \tag{5-14}$$

$$\mathrm{Eco}_{it} = \beta_0 + \rho \sum_{j=1}^{31} w_{ij}\mathrm{Eco}_{it} + \beta_7 \mathrm{Gas\ Tax}_{it} + \beta_8 \mathrm{Gas\ Tax}_{it}^2 + \beta_9 X_{it} + \theta_7 \sum_{j=1}^{31} w_{ij}\mathrm{Gas\ Tax}_{it} + \theta_8 \sum_{j=1}^{31} w_{ij}\mathrm{Gas\ Tax}_{it}^2 + \theta_9 \sum_{j=1}^{31} w_{ij} X_{it} + \tau_i + \nu_t + \varepsilon_{it} \tag{5-15}$$

$$\mathrm{Eco}_{it} = \beta_0 + \rho \sum_{j=1}^{31} w_{ij}\mathrm{Eco}_{it} + \beta_{10} \mathrm{Water\ Tax}_{it} + \beta_{11} \mathrm{Water\ Tax}_{it}^2 + \beta_{12} X_{it} + \theta_{10} \sum_{j=1}^{31} w_{ij}\mathrm{Water\ Tax}_{it} + \theta_{11} \sum_{j=1}^{31} w_{ij}\mathrm{Water\ Tax}_{it}^2 + \theta_{12} \sum_{j=1}^{31} w_{ij} X_{it} + \tau_i + \nu_t + \varepsilon_{it} \tag{5-16}$$

其中，变量 i 和 t 分别表示城市和年份；j 表示邻近城市（$i \neq j$）；ρ 表示空间自相关系数；GTFP 表示绿色全要素生产率；Eco 表示经济发展水平；X 表示控制变量；β_1、β_2、β_7、β_8 分别表示 Gas Tax 对 GTFP 和 Eco 的本地影响；β_4、β_5、β_{10}、β_{11} 分别表示 Water Tax 对 GTFP 和 Eco 的本地影响；θ_1、θ_2、θ_7、θ_8 分别表示 Gas Tax 对 GTFP 和 Eco 的空间溢出效应；θ_4、θ_5、θ_{10}、θ_{11} 分别表示 Water Tax 对 GTFP 和 Eco 的空间溢出效应；β_3、β_6、β_9、β_{12} 和 θ_3、θ_6、θ_9、θ_{12} 分别表示控制变量对 GTFP 和 Eco 以及空间溢出的影响；μ_i 表示随机效应；τ_i 表示固定效应；ε 代表随机干扰项；w_{ij} 代表空间权重矩阵。本研究采用了经济地理嵌套矩阵进行实证分析，该矩阵通过将地理距离矩阵和经济距离矩阵相结合从而构造得出，综合考虑了空间地理距离特征和经济相关属性。具体表达式如下：

$$C_{ij} = (1/|\mathrm{PGDP}_j - \mathrm{PGDP}_i + 1|) \times e^{-d_{ij}} \tag{5-17}$$

其中，C_{ij} 为经济地理嵌套矩阵；$PGDP_j$ 和 $PGDP_i$ 分别表示地级市 j 和地级市 i 的人均 GDP；d_{ij} 为地级市间地理距离，计算公式如下：

$$d_{ij} = arcos[(\sin\theta_i \times \sin\theta_j) + (\cos\theta_i \times \cos\theta_j \times \cos\Delta\tau)] \times R \quad (5-18)$$

其中，θ_i 和 θ_j 分别表示城市的纬度和经度；$\Delta\tau$ 为两个城市间的经度之差；R 为地球半径。

5.1.3.3　门槛效应模型

非线性门槛模型主要用于考察解释变量与被解释变量的相关性是否随着门槛变量的变化而发生结构性突变。换言之，当门槛变量超过门槛值时，解释变量对被解释变量的影响是否发生了明显的变化。基于前文文献综述部分我们可以得知，作为环保税政策手段的大气污染税和水污染税，会对地区排污技术的研发投入产生显著影响，这有利于地区的降污减排以及产业结构升级，从而对地区 GTFP 和 Eco 产生影响。这意味着，大气污染税和水污染税对地区 GTFP 与 Eco 的影响可能存在门槛效应。因此，为了进一步验证这一非线性关系，本研究借鉴 Hansen 的面板门槛模型思想，构建大气污染税和水污染税对 GTFP 与 Eco 的面板数据多门槛模型。具体计算公式如下：

$$\begin{aligned} GTFP_{it} = {} & \beta_0 + \beta_1 \text{Gas Tax}_{it} \times I(\text{Tech}_{it} \leqslant \delta_1) + \beta_2 \text{Gas Tax}_{it} \times I(\delta_1 < \text{Tech}_{it} \leqslant \\ & \delta_2) + \cdots + \beta_n \text{Gas Tax}_{it} \times I(\delta_{n-1} < \text{Tech}_{it} \leqslant \delta_n) + \beta_{n+1} \text{Gas Tax}_{it} \times \\ & I(\text{Tech}_{it} > \delta_n) + \theta X_{it} + \mu_i + \varepsilon_{it} \end{aligned} \quad (5-19)$$

$$\begin{aligned} GTFP_{it} = {} & \beta_0 + \beta_1 \text{Water Tax}_{it} \times I(\text{Tech}_{it} \leqslant \delta_1) + \beta_2 \text{Water Tax}_{it} \times I(\delta_1 < \\ & \text{Tech}_{it} \leqslant \delta_2) + \cdots + \beta_n \text{Water Tax}_{it} \times I(\delta_{n-1} < \text{Tech}_{it} \leqslant \delta_n) + \\ & \beta_{n+1} \text{Water Tax}_{it} \times I(\text{Tech}_{it} > \delta_n) + \theta X_{it} + \mu_i + \varepsilon_{it} \end{aligned} \quad (5-20)$$

$$\begin{aligned} Eco_{it} = {} & \beta_0 + \beta_1 \text{Gas Tax}_{it} \times I(\text{Tech}_{it} \leqslant \delta_1) + \beta_2 \text{Gas Tax}_{it} \times I(\delta_1 < \text{Tech}_{it} \leqslant \\ & \delta_2) + \cdots + \beta_n \text{Gas Tax}_{it} \times I(\delta_{n-1} < \text{Tech}_{it} \leqslant \delta_n) + \beta_{n+1} \text{Gas Tax}_{it} \times \\ & I(\text{Tech}_{it} > \delta_n) + \theta X_{it} + \mu_i + \varepsilon_{it} \end{aligned} \quad (5-21)$$

$$\begin{aligned} Eco_{it} = {} & \beta_0 + \beta_1 \text{Water Tax}_{it} \times I(\text{Tech}_{it} \leqslant \delta_1) + \beta_2 \text{Water Tax}_{it} \times I(\delta_1 < \text{Tech}_{it} \leqslant \\ & \delta_2) + \cdots + \beta_n \text{Water Tax}_{it} \times I(\delta_{n-1} < \text{Tech}_{it} \leqslant \delta_n) + \beta_{n+1} \text{Water Tax}_{it} \times \\ & I(\text{Tech}_{it} > \delta_n) + \theta X_{it} + \mu_i + \varepsilon_{it} \end{aligned} \quad (5-22)$$

其中，i 表示地级市；t 表示时间；GTFP 表示绿色全要素生产率；Eco 表示经济发展水平；Tech 表示技术创新；X 表示控制变量，在这个模型当中，我们采用了四个重要的控制变量——政府规模（GOV）、产业结构（INDU）、基础设施水平（INFRA）和投资水平（INVEST）；μ_i 代表区域效应；ν_t 代表时间效应；ε_{it} 代表随机误差项。此外，I（·）是一个指标函数，δ 是要估计的阈值。模型（5-19）、模型（5-20）、模型（5-21）和模型（5-22）都是一个单阈值模型，从中可以扩展成多阈值模型。

5.1.4 实证分析

5.1.4.1 空间自相关检验和模型选择

1. 全局空间自相关检验

为了检验空间计量模型是否适用于本节的研究，我们对被解释变量 GTFP 与 Eco 进行了莫兰指数测试。图 5-1 和图 5-2 为 2004—2020 年 GTFP 和 Eco 的莫兰指数柱状图。由图 5-1 可知，在 2004—2020 年中，GTFP 的莫兰指数呈现出由负空间自相关向正空间自相关转变的趋势，即由高值与低值相邻逐渐转化为高值与高值相邻和低值与低值相邻，这表明长江上游地区地级市的 GTFP 自 2011 年以后开始有了较为显著的空间溢出效应。与此同时，另一个被解释变量 Eco 的莫兰指数在 2004—2020 年均为正并且通过了相应的显著性水平检验，这表明上游地区各地级市的经济发展水平在整个样本期内都有显著的空间溢出效应。因此，本节采用空间计量模型对空间效应进行实证分析是合适的。

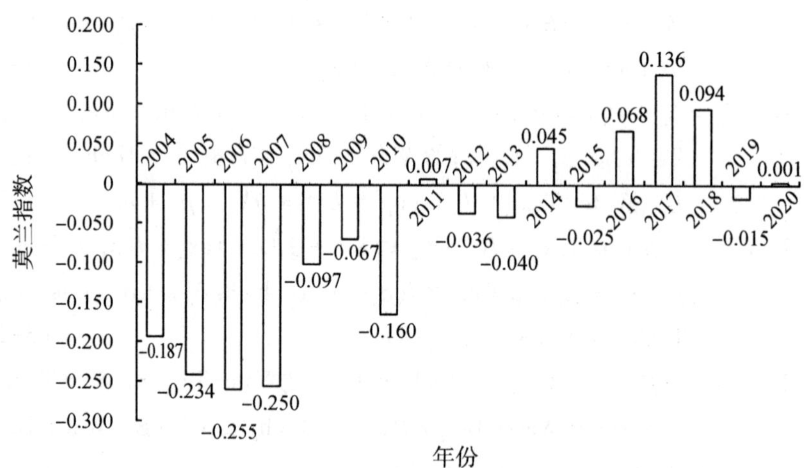

图 5-1 GTFP 的莫兰指数

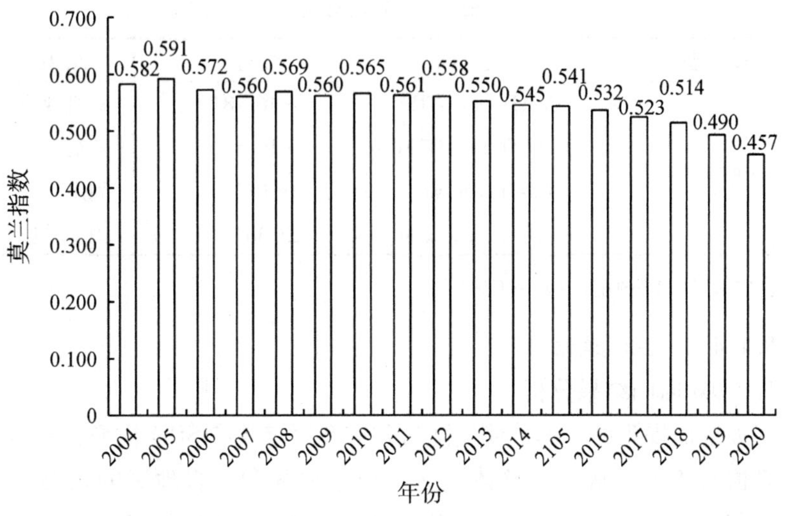

图 5-2　Eco 的莫兰指数

2. 空间计量模型选择

目前学术界所使用的空间计量模型主要包括 SDM 模型、SAR 模型和 SEM 模型。为了检验所适用的模型种类，本节首先采用 Wald 检验与 LR 检验，以判断 SDM 模型是否可以被退化为 SAR 模型和 SEM 模型。经测试，Wald 检验和 LR 检验均通过了显著性水平测试，表明 SDM 模型无法退化为 SAR 模型和 SEM 模型。本节进而采用 Hausman test 以判断 SDM 模型的空间固定效应或空间随机效应哪项更适合于本研究。我们发现在 Gas Tax 和 Water Tax 分别对 GTFP 的空间回归当中，Hausman test 结果的统计量为负值，表明随机效应为这两项回归的基准模型。而在 Gas Tax 和 Water Tax 分别对 Eco 的空间回归当中，Hausman test 结果的统计量为正值并且通过了1%的显著性水平测试，这表明固定效应为这两项回归的基准模型。综合上述结果，本节采用随机效应和固定效应的面板 SDM 模型分别对文中四项回归进行实证分析。

表 5-2　效应检验

检验类型	检验回归	数值	结果
Hausman test	Gas Tax to GTFP	-46.78	随机效应
	Water Tax to GTFP	-10.82	随机效应
	Gas Tax to Eco	48.08***	固定效应
	Water Tax to Eco	23.36***	固定效应

注：*** 表示在 1%的显著性水平下显著。

5.1.4.2　主测试结果

1. SDM 回归结果分析

正如前面提到的，本节使用随机效应和固定效应 SDM 模型，并结合经济地理嵌套矩阵，从上游整体地区、川渝地区和云贵地区的角度来探索 Gas Tax 和 Water Tax 对 GTFP 与 Eco 的空间效应。我们从表 5-3、表 5-4、表 5-5 和表 5-6 可以看出，在主测试的四个回归当中，长江上游地区地级市的 ρ 值分别为 0.153 2、0.147 2、0.466 4 和 0.454 5，并且都通过了 1%和 5%的显著性水平测试。这表明被解释变量 GTFP 和 Eco 均存在着较为显著且正向的空间溢出效应，即 GTFP 与 Eco 水平较高的地级市会对周边 GTFP 与 Eco 水平较低城市产生正向促进作用，这与图 5-1 和图 5-2 的结果大致相同，说明结果较为稳健。

在全样本分析中，Gas Tax 和 Water Tax 对 GTFP 的回归系数显著为正，表明在本地征收大气污染税和水污染税会显著促进本地 GTFP。与此同时，两者对 Eco 的回归系数显著为负，表明在本地征收这两种税目会显著抑制本地区的经济发展。此外，在全样本中 W * Gas Tax 和 W * Water Tax 的系数刚好与前两个回归的系数相反，前者回归系数显著为负而后者系数显著为正。另外，在子样本分析中，Gas Tax 和 Water Tax 对 GTFP 和 Eco 的回归系数均不显著，这表明在川渝地区和云贵地区本地征收大气污染税和水污染税会对本地的 GTFP 和经济发展水平无明显影响。而子样本中，W * Gas Tax 和 W * Water Tax 的回归系数仅在针对云贵地区 GTFP 中显著为负，其他均不显著。

表 5-3　主测试（Gas Tax to GTFP）

变量	(1) 整体城市	(2) 川渝地区	(3) 云贵地区
Gas Tax	0.063 0**	-0.065 1	0.033 9
	(0.010)	(0.201)	(0.488)
GOV	-0.350 8**	-0.065 0	-0.674 1**
	(0.014)	(0.668)	(0.019)
INDU	-0.033 1	0.017 9	-0.076 0
	(0.266)	(0.608)	(0.125)
INFRA	-0.000 6	-0.007 1***	0.007 9***
	(0.744)	(0.002)	(0.005)
INVEST	-0.083 2**	-0.054 3	-0.180 9***
	(0.016)	(0.243)	(0.000)
W * Gas Tax	-0.076 8***	0.055 3	-0.124 3**
	(0.003)	(0.278)	(0.027)
W * GOV	0.242 0	0.242 9	-0.136 6
	(0.257)	(0.272)	(0.747)
W * INDU	-0.084 5*	-0.113 4**	0.028 6
	(0.099)	(0.041)	(0.739)
W * INFRA	-0.004 7	-0.002 4	-0.000 8
	(0.224)	(0.590)	(0.879)
W * INVEST	0.010 8	0.163 7**	-0.028 4
	(0.833)	(0.019)	(0.695)
R-squared	0.191 4	0.078 3	0.323 4
Log-likelihood	257.060 8	198.308 6	112.110 8
ρ	0.153 2***	0.088 6	0.207 6**
	(0.007)	(0.166)	(0.019)
σ^2	0.018 0***	0.013 8***	0.015 8***
	(0.000)	(0.000)	(0.000)
Obs	527	323	204

注：括号内为 P 值，***、** 和 * 分别表示在 1%、5%和 10%的显著性水平下显著。

表 5-4　主测试（Water Tax to GTFP）

变量	(1) 整体城市	(2) 川渝地区	(3) 云贵地区
Water Tax	0.064 9*	0.480 2	0.024 1
	(0.085)	(0.208)	(0.545)
GOV	-0.360 2**	-0.069 9	-0.677 1**
	(0.011)	(0.644)	(0.018)
INDU	-0.030 4	0.018 2	-0.076 4
	(0.311)	(0.605)	(0.123)
INFRA	-0.000 5	-0.007 2***	0.007 9***
	(0.804)	(0.002)	(0.005)
INVEST	-0.089 2***	-0.052 1	-0.181 5***
	(0.009)	(0.262)	(0.000)
W * Water Tax	-0.104 1**	-0.494 6	-0.094 8**
	(0.014)	(0.198)	(0.037)
W * GOV	0.245 7	0.236 6	-0.132 6
	(0.251)	(0.284)	(0.755)
W * INDU	-0.053 4	-0.111 7*	0.025 3
	(0.313)	(0.050)	(0.769)
W * INFRA	-0.003 4	-0.002 6	-0.001 0
	(0.379)	(0.546)	(0.852)
W * INVEST	0.019 4	0.170 2**	-0.030 9
	(0.701)	(0.013)	(0.671)
R-squared	0.175 0	0.077 9	0.321 8
Log-likelihood	256.571 0	198.215 2	111.911 1
ρ	0.147 2**	0.088 6	0.208 6**
	(0.010)	(0.166)	(0.018)
σ^2	0.018 0***	0.013 8***	0.015 8***
	(0.000)	(0.000)	(0.000)
Obs	527	323	204

注：括号内为 P 值，***、** 和 * 分别表示在 1%、5%和 10%的显著性水平下显著。

表 5-5　主测试（Gas Tax to Eco）

变量	(1) 整体城市	(2) 川渝地区	(3) 云贵地区
Gas Tax	-0.039 5***	-0.022 8	-0.016 4
	(0.007)	(0.382)	(0.645)
GOV	-0.422 2***	-0.288 4***	-1.250 9***
	(0.000)	(0.000)	(0.000)
INDU	-0.048 2**	-0.001 6	-0.113 0***
	(0.010)	(0.935)	(0.003)
INFRA	0.001 8	0.000 4	0.002 8
	(0.118)	(0.757)	(0.193)
INVEST	0.034 5	0.018 8	0.096 0**
	(0.140)	(0.468)	(0.041)
W * Gas Tax	0.062 4**	0.301 5	0.079 7
	(0.020)	(0.284)	(0.369)
W * GOV	0.153 8	0.102 9	1.121 7**
	(0.310)	(0.419)	(0.027)
W * INDU	0.006 8	-0.009 8	-0.130 8
	(0.843)	(0.764)	(0.103)
W * INFRA	0.001 6	0.007 0***	-0.003 6
	(0.564)	(0.008)	(0.451)
W * INVEST	0.109 3***	0.105 5**	0.113 5*
	(0.007)	(0.044)	(0.091)
R-squared	0.607 9	0.338 2	0.323 9
Log-likelihood	582.014 5	438.060 7	200.977 5
ρ	0.466 4***	0.533 7***	0.089 1
	(0.000)	(0.000)	(0.373)
σ^2	0.006 0***	0.003 5***	0.008 1***
	(0.000)	(0.000)	(0.000)
Obs	527	323	204

注：括号内为 P 值，***、** 和 * 分别表示在 1%、5%和 10%的显著性水平下显著。

表 5-6 主测试（Water Tax to Eco）

变量	(1) 整体城市	(2) 川渝地区	(3) 云贵地区
Water Tax	-0.053 6**	0.170 9	-0.009 1
	(0.017)	(0.382)	(0.753)
GOV	-0.403 5***	-0.288 4***	-1.246 5***
	(0.000)	(0.000)	(0.000)
INDU	-0.047 8**	-0.001 6	-0.113 8***
	(0.011)	(0.935)	(0.003)
INFRA	0.002 0*	0.000 4	0.002 9
	(0.085)	(0.757)	(0.177)
INVEST	0.035 5	0.018 8	0.092 3*
	(0.112)	(0.468)	(0.050)
W * Water Tax	0.112 3***	-2.261 3	0.088 3
	(0.008)	(0.284)	(0.227)
W * GOV	0.179 9	0.102 9	1.175 5**
	(0.239)	(0.419)	(0.021)
W * INDU	-0.006 9	-0.009 8	-0.128 8
	(0.844)	(0.764)	(0.108)
W * INFRA	0.002 3	0.007 0***	-0.003 1
	(0.414)	(0.008)	(0.515)
W * INVEST	0.101 4***	0.105 5**	0.108 0
	(0.008)	(0.044)	(0.109)
R-squared	0.563 9	0.329 3	0.409 2
Log-likelihood	582.029 9	438.060 6	201.281 1
ρ	0.454 5***	0.533 7***	0.082 8
	(0.000)	(0.000)	(0.410)
σ^2	0.006 1***	0.003 5***	0.008 1***
	(0.000)	(0.000)	(0.000)
Obs	527	323	204

注：括号内为 P 值，***、** 和 * 分别表示在 1%、5%和 10%的显著性水平下显著。

2. 空间溢出效应分析

由于 SDM 中因变量的空间自相关系数 ρ 显著不为 0，估计系数不能直接用来反映解释变量对被解释变量的影响（LeSage & Pace，2009）。因此，本节采用偏微分法对直接效应、间接效应和总效应进行分解，结果如表 5-7、表 5-8、表 5-9 和表 5-10 所示。

表 5-7　空间效应（Gas Tax to GTFP）

	变量	(1) 整体城市	(2) 川渝地区	(3) 云贵地区
直接效应	Gas Tax	0.060 9**	-0.061 6	0.028 0
		(0.012)	(0.225)	(0.561)
	GOV	-0.349 1**	-0.064 1	-0.706 9***
		(0.010)	(0.659)	(0.008)
	INDU	-0.034 9	0.018 0	-0.070 4
		(0.228)	(0.587)	(0.129)
	INFRA	-0.000 9	-0.007 3***	0.007 9***
		(0.637)	(0.001)	(0.005)
	INVEST	-0.081 5**	-0.046 4	-0.183 3***
		(0.017)	(0.297)	(0.000)
间接效应	Gas Tax	-0.077 0***	0.050 9	-0.142 4**
		(0.003)	(0.306)	(0.013)
	GOV	0.207 7	0.248 1	-0.344 9
		(0.381)	(0.270)	(0.485)
	INDU	-0.100 9*	-0.117 6**	0.015 5
		(0.072)	(0.042)	(0.876)
	INFRA	-0.005 7	-0.003 4	0.000 7
		(0.216)	(0.474)	(0.917)
	INVEST	-0.002 9	0.167 4**	-0.078 3
		(0.959)	(0.014)	(0.368)
总效应	Gas Tax	-0.016 2	-0.010 7	-0.114 5***
		(0.260)	(0.397)	(0.004)
	GOV	-0.141 4	0.184 0	-1.051 9**
		(0.565)	(0.458)	(0.023)
	INDU	-0.134 9**	-0.099 6	-0.055 0
		(0.025)	(0.105)	(0.595)
	INFRA	-0.006 6	-0.010 7**	0.008 6
		(0.208)	(0.041)	(0.272)
	INVEST	-0.084 4	0.120 9*	-0.261 6**
		(0.230)	(0.091)	(0.033)

注：括号内为 P 值，***、** 和 * 分别表示在 1%、5%和 10%的显著性水平下显著。

表 5-8　空间效应（Water Tax to GTFP）

	变量	(1) 整体城市	(2) 川渝地区	(3) 云贵地区
直接效应	Water Tax	0.062 3*	0.479 2	0.019 6
		(0.096)	(0.208)	(0.616)
	GOV	-0.358 6***	-0.068 9	-0.710 0***
		(0.008)	(0.634)	(0.007)
	INDU	-0.029 8	0.018 3	-0.071 0
		(0.297)	(0.585)	(0.127)
	INFRA	-0.000 6	-0.007 4***	0.007 9***
		(0.723)	(0.001)	(0.005)
	INVEST	-0.087 2***	-0.044 0	-0.184 1***
		(0.008)	(0.322)	(0.000)
间接效应	Water Tax	-0.108 3***	-0.495 3	-0.109 2**
		(0.009)	(0.194)	(0.018)
	GOV	0.212 3	0.240 8	-0.342 2
		(0.374)	(0.288)	(0.489)
	INDU	-0.064 1	-0.115 2*	0.011 2
		(0.265)	(0.051)	(0.910)
	INFRA	-0.004 1	-0.003 7	0.000 5
		(0.364)	(0.437)	(0.941)
	INVEST	-0.006 2	0.174 6**	-0.081 8
		(0.909)	(0.010)	(0.346)
总效应	Water Tax	-0.046 0**	-0.016 0	-0.089 5***
		(0.026)	(0.447)	(0.005)
	GOV	-0.146 3	0.172 0	-1.052 2**
		(0.553)	(0.489)	(0.023)
	INDU	-0.093 9	-0.097 0	-0.059 8
		(0.135)	(0.131)	(0.565)
	INFRA	-0.004 7	-0.011 1**	0.008 4
		(0.350)	(0.035)	(0.282)
	INVEST	-0.081 0	0.130 6*	-0.265 9**
		(0.233)	(0.065)	(0.030)

注：括号内为 P 值，***、** 和 * 分别表示在 1%、5%和 10%的显著性水平下显著。

表 5-9 空间效应（Gas Tax to Eco）

	变量	(1) 整体城市	(2) 川渝地区	(3) 云贵地区
直接效应	Gas Tax	-0.031 7**	0.057 4	-0.013 2
		(0.022)	(0.496)	(0.716)
	GOV	-0.432 2***	-0.304 7***	-1.233 6***
		(0.000)	(0.001)	(0.000)
	INDU	-0.048 8**	-0.002 2	-0.113 2***
		(0.013)	(0.920)	(0.002)
	INFRA	0.002 2*	0.002 3	0.002 7
		(0.093)	(0.137)	(0.196)
	INVEST	0.056 7**	0.051 1*	0.100 7**
		(0.033)	(0.099)	(0.030)
间接效应	Gas Tax	0.771 9**	0.571 8	0.087 4
		(0.043)	(0.281)	(0.344)
	GOV	-0.069 9	-0.094 0	1.111 5**
		(0.792)	(0.720)	(0.044)
	INDU	-0.027 0	-0.019 9	-0.152 6*
		(0.641)	(0.744)	(0.095)
	INFRA	0.004 5	0.014 1***	-0.003 3
		(0.348)	(0.007)	(0.515)
	INVEST	0.220 4***	0.221 7**	0.133 3*
		(0.003)	(0.029)	(0.065)
总效应	Gas Tax	0.045 5	0.629 2	0.074 2
		(0.230)	(0.303)	(0.428)
	GOV	-0.502 1	-0.398 7	-0.122 1
		(0.108)	(0.227)	(0.827)
	INDU	-0.075 7	-0.022 1	-0.265 8***
		(0.271)	(0.771)	(0.008)
	INFRA	0.006 7	0.016 4**	-0.000 6
		(0.238)	(0.010)	(0.918)
	INVEST	0.277 1***	0.272 8**	0.234 0**
		(0.003)	(0.026)	(0.027)

注：括号内为 P 值，***、** 和 * 分别表示在 1%、5%和 10%的显著性水平下显著。

表 5-10　空间效应（Water Tax to Eco）

	变量	(1) 整体城市	(2) 川渝地区	(3) 云贵地区
直接效应	Water Tax	-0.039 1*	-0.357 3	-0.006 1
		(0.065)	(0.580)	(0.836)
	GOV	-0.406 9***	-0.304 2***	-1.230 0***
		(0.000)	(0.001)	(0.000)
	INDU	-0.050 4**	-0.002 1	-0.113 6***
		(0.010)	(0.923)	(0.002)
	INFRA	0.002 5*	0.002 3	0.002 8
		(0.056)	(0.135)	(0.176)
	INVEST	0.055 2**	0.051 1*	0.096 6**
		(0.024)	(0.099)	(0.038)
间接效应	Water Tax	0.148 3**	-3.845 1	0.096 0
		(0.012)	(0.346)	(0.202)
	GOV	0.001 7	-0.092 7	1.172 8**
		(0.995)	(0.723)	(0.034)
	INDU	-0.048 5	-0.019 2	-0.149 1
		(0.398)	(0.750)	(0.101)
	INFRA	0.005 7	0.014 1***	-0.002 8
		(0.232)	(0.007)	(0.582)
	INVEST	0.200 5***	0.221 7**	0.125 7*
		(0.002)	(0.029)	(0.081)
总效应	Water Tax	0.109 3*	-4.202 5	0.089 9
		(0.059)	(0.371)	(0.240)
	GOV	-0.405 2	-0.397 0	-0.057 2
		(0.185)	(0.228)	(0.919)
	INDU	-0.098 9	-0.021 3	-0.262 7***
		(0.146)	(0.777)	(0.008)
	INFRA	0.008 2	0.016 4**	0.000 1
		(0.146)	(0.010)	(0.991)
	INVEST	0.255 7***	0.272 8**	0.222 3**
		(0.002)	(0.026)	(0.036)

注：括号内为 P 值，***、** 和 * 分别表示在 1%、5%和 10%的显著性水平下显著。

从长江上游地区整体来看，直接效应中 Gas Tax 和 Water Tax 对 GTFP 的回归系数均为正并通过了 5%和 10%的显著性水平测试，这表明征收大气污染税和水污染税会对长江经济带上游地区三省一市的31个地级市本地的GTFP产生显著的促进作用。可能的原因是对地区征收大气污染税和水污染税，会促使地区为降低生产成本、实现降污减排而投入资源进行绿色技术研发。随着技术趋于成熟，技术升级不仅降低了污染并且提高了地区的生产力，技术红利由此显现，从而对本地区的GTFP产生促进作用。与此同时，Gas Tax和Water Tax对Eco的回归系数均为负并同样通过了5%和10%的显著性水平测试，这说明对上游地区地级市征收这两类税目会抑制本地的经济发展。这可能是以下两个主要原因造成的：第一，对地区征收污染税目会直接增加地区生产企业的生产成本，此时，企业为避免支付高额税目会选择投入资金进行技术研发以减少污染排放或限制生产，这都造成了地区企业潜在产出的损失，由此对地区经济发展产生不利影响。第二，对地区征收污染税目会加速落后产能和过度排污企业的市场退出速度，这会造成地区就业岗位减少和失业率的攀升。同时，长江上游地区尤其是云贵地区，依旧处于由化工、能源、冶金、建材以及机械制造等大量重化工企业向技术清洁型企业的转型期，污染税目的征收会加重产业转型负担，由此共同抑制了地区经济发展水平。

在间接效应中，Gas Tax和Water Tax对GTFP的回归系数均为负，并通过了1%的显著性水平测试，这表明征收大气污染税和水污染税具有负向的空间溢出效应，即当本地两种税目的征收额增加时，会显著较低周边地区的GTFP，这说明大气污染税和水污染税存在“污染避难所”效应。当本地的环境规制趋于严格导致两种税目的征收额增加时，本地可能会通过向税目征收额较低的地区转移落后污染产业的方式来分散自身污染排放并规避由此造成的成本增加，从而加剧周边地区的环境污染并降低周边地区GTFP水平，出现“污染避难所”现象。此外，Gas Tax和Water Tax对Eco的回归系数均为正并通过了5%的显著性水平测试，这说明在本回归中大气污染税和水污染税具有正向的空间溢出效应，即当本地两种税目的征收额增加时，会显著促进周边地区的经济发展，这表明大气污染税和水污染税具有“示范效应”和“技术外溢效应”。当本地对这两种税目增加税额时，地区可能会投入更多资源以进行技术研发，长期来说可能会通过产业升级效应和技术创新效应提高地区发展水平，从而获得“先动优势”，使本地区处于优势竞争地位。而周边地区基于循序环境政策和长期发展的需要，会通过效仿“先动地区”来促进自身发展。同时，由于长江上游地区采取了区域一体化的发展策略，形成了诸如“成渝绵‘创新金三角’”等协同区域，技术升级存在外溢效应，周边地区可能通过学习本地的先进技术来降低自身污染和提高生产，两者共同提高了周边地区的生产效率，从而对周边地区的经济发展水平产生促进作用。

就控制变量而言，在 Gas Tax 和 Water Tax 对 GTFP 的回归当中，GOV 和 INVEST 都会对本地的 GTFP 产生负向影响。同时，在 Gas Tax 对 GTFP 回归的间接效应中，INDU 存在显著负的空间溢出效应，而当解释变量为 Water Tax 时，控制变量的溢出效应均不显著。这可能是由于长江经济带上游地区的大部分城市依旧以经济发展为主，政府的财政支出和社会固定资产投资可能偏向于当地的经济发展事业，导致对绿色环保事业投入不足，不利于地区 GTFP 的提高。再者，当本地第三产业占比增加，产业结构升级可能会形成产业聚集现象，这有利于生产要素在产业间快速流转，从而吸引其他地区的先进产业搬迁至此，进而降低了周边地区的 GTFP。此外，在 Gas Tax 和 Water Tax 对 Eco 的回归当中，GOV 和 INDU 会对本地经济发展产生负向影响，而 INFRA 和 INVEST 则会产生正向影响。同时，在两个回归当中，INVEST 存在着显著正的空间溢出效应。究其原因，地区的固定资产投资越活跃，其投资涉及的领域就越宽泛，例如对地区公共设施的投资建设有利于增强地区提供服务的能力，完善的基础设施同样也有助于提高产业的生产效率，从而促进当地经济发展。此外，由于资本具有逐利性，当本地的投资机会趋于饱和时，资金则可能出现外溢现象，通过在周边地区投资合适的建设项目为周边地区的经济发展做出贡献。

从川渝地区和云贵地区来看，在前者的四个回归当中，直接效应与间接效应均不显著；而在后者中，只有 Gas Tax 和 Water Tax 对 GTFP 存在显著负的空间溢出效应，与全样本结果类似。可能的原因是，征收大气污染税与水污染税的直接影响和间接效应更多地表现在上游整体城市之间，而不是川渝地区和云贵地区各自内部。

3. 稳健性检验

为进一步验证前文分析结果的可靠性，本节针对主测试的四个空间面板回归，采用改变绿色全要素生产率测算方法（Gas Tax and Water Tax to GTFP）和更换空间权重矩阵的方式（Gas Tax and Water Tax to Eco）来进行稳健性检验。因为空间计量模型对空间权重矩阵具有较高的敏感性，所以本节将主测试所使用的经济地理嵌套矩阵替换为经济距离矩阵。同时，本节将由 EBM 模型测算的绿色全要素生产率指标替换成 Super-SBM 模型测算的数值，以共同检验环境规制对长江经济带上游地区地级市 GTFP 和 Eco 的影响效应。Super-SBM 模型如公式（5-21）、公式（5-22）所示，经济距离矩阵公式如下：

$$W_{ij} = \begin{cases} \dfrac{1}{|g_i - g_j|}, & i \neq j \\ 0, & i = j \end{cases} \tag{5-23}$$

其中，g_i 代表 i 地级市在 2004—2020 年的平均实际 GDP 数值。经济距离矩阵主要衡量了两个地区的经济差异大小，即经济空间内的“距离”。在经济距离矩阵中，平均实际 GDP 数值差异越小，该元素就越大，两地区在经济空间上就越“临近”。

在更换了 GTFP 的测量数值和空间权重矩阵之后，经过 Hausman 等一系列检验，本节依旧采用与主回归一致的面板 SDM 模型进行稳健性检验，具体结果如 5-11、表 5-12、表 5-13 和表 5-14 所示。可以看出的是，尽管系数的绝对值存在一定差异，但核心解释变量 Gas Tax 和 Water Tax 影响效应系数的符号方向和显著性水平与表 5-3 至表 5-10 基本保持一致，整体可以确保上述分析结果稳健可靠。

表 5-11　稳健性检验（Gas Tax to GTFP and Eco）

变量	(1) GTFP	(2) Eco
Gas Tax	0.077 6***	-0.026 1**
	(0.003)	(0.024)
GOV	-0.311 8**	-0.387 9***
	(0.043)	(0.000)
INDU	-0.024 3	-0.055 0***
	(0.452)	(0.004)
INFRA	-0.000 5	0.002 2*
	(0.805)	(0.060)
INVEST	-0.092 0**	0.032 1
	(0.014)	(0.186)

表5-11(续)

变量	(1) GTFP	(2) Eco
W * Gas Tax	-0.097 4***	0.015 5
	(0.001)	(0.550)
W * GOV	0.149 7	-0.018 0
	(0.518)	(0.920)
W * INDU	-0.103 9*	0.041 0
	(0.062)	(0.298)
W * INFRA	-0.004 5	0.001 5
	(0.285)	(0.626)
W * INVEST	0.012 4	0.119 4**
	(0.823)	(0.019)
R-squared	0.192 2	0.464 5
Log-likelihood	214.195 4	572.890 3
ρ	0.133 6**	0.429 0***
	(0.018)	(0.000)
σ^2	0.021 2***	0.006 3***
	(0.000)	(0.000)
Obs	527	527

注：括号内为P值，***、**和*分别表示在1%、5%和10%的显著性水平下显著。

表5-12　稳健性检验（Gas Tax to GTFP and Eco）

	变量	(1) GTFP	(2) Eco
直接效应	Gas Tax	0.075 2***	-0.024 9**
		(0.005)	(0.039)
	GOV	-0.314 8**	-0.414 2***
		(0.032)	(0.000)
	INDU	-0.025 1	-0.050 9***
		(0.412)	(0.009)
	INFRA	-0.000 7	0.002 5*
		(0.717)	(0.054)
	INVEST	-0.090 0**	0.050 4*
		(0.015)	(0.064)

表5-12(续)

	变量	(1) GTFP	(2) Eco
间接效应	Gas Tax	-0.097 9***	0.009 6
		(0.000)	(0.810)
	GOV	0.113 7	-0.297 1
		(0.653)	(0.323)
	INDU	-0.118 7**	0.027 6
		(0.048)	(0.659)
	INFRA	-0.005 3	0.004 4
		(0.276)	(0.392)
	INVEST	-0.000 6	0.222 0**
		(0.992)	(0.011)
总效应	Gas Tax	-0.022 7	-0.015 4
		(0.135)	(0.724)
	GOV	-0.201 1	-0.711 3**
		(0.440)	(0.040)
	INDU	-0.143 8**	-0.023 3
		(0.025)	(0.747)
	INFRA	-0.006 1	0.006 9
		(0.273)	(0.248)
	INVEST	-0.090 6	0.272 4**
		(0.224)	(0.010)

注：括号内为P值，***、** 和 * 分别表示在1%、5%和10%的显著性水平下显著。

表5-13 稳健性检验（Water Tax to GTFP and Eco）

变量	(1) GTFP	(2) Eco
Water Tax	0.064 5	-0.040 3**
	(0.115)	(0.029)
GOV	-0.324 8**	-0.387 1***
	(0.035)	(0.000)
INDU	-0.021 3	-0.053 6***
	(0.514)	(0.005)
INFRA	-0.000 5	0.002 0*
	(0.824)	(0.083)

表5-13(续)

变量	(1) GTFP	(2) Eco
INVEST	-0.098 8***	0.041 8*
	(0.007)	(0.070)
W * Water Tax	-0.115 0**	0.133 8***
	(0.012)	(0.001)
W * GOV	0.149 1	0.001 6
	(0.521)	(0.993)
W * INDU	-0.066 9	0.026 4
	(0.244)	(0.506)
W * INFRA	-0.003 0	0.002 5
	(0.477)	(0.418)
W * INVEST	0.025 1	0.127 5***
	(0.646)	(0.008)
R-squared	0.170 4	0.508 6
Log-likelihood	212.843 6	576.202 8
ρ	0.127 6**	0.420 5***
	(0.024)	(0.000)
σ^2	0.021 2***	0.006 3***
	(0.000)	(0.000)
Obs	527	527

注：括号内为P值，***、**和*分别表示在1%、5%和10%的显著性水平下显著。

表 5-14 稳健性检验（Water Tax to GTFP and Eco）

	变量	(1) GTFP	(2) Eco
直接效应	Water Tax	0.062 1	-0.025 4
		(0.128)	(0.180)
	GOV	-0.327 9**	-0.409 5***
		(0.025)	(0.000)
	INDU	-0.020 5	-0.051 2***
		(0.509)	(0.008)
	INFRA	-0.000 6	0.002 5*
		(0.762)	(0.058)
	INVEST	-0.096 6***	0.060 7**
		(0.007)	(0.015)

表5-14(续)

	变量	(1) GTFP	(2) Eco
间接效应	Water Tax	−0.120 0***	0.189 3***
		(0.008)	(0.002)
	GOV	0.113 6	−0.250 6
		(0.656)	(0.396)
	INDU	−0.076 1	0.005 2
		(0.217)	(0.933)
	INFRA	−0.003 6	0.005 8
		(0.458)	(0.249)
	INVEST	0.012 9	0.235 7***
		(0.825)	(0.003)
总效应	Water Tax	−0.057 9***	0.163 9**
		(0.008)	(0.013)
	GOV	−0.214 3	−0.660 0*
		(0.413)	(0.051)
	INDU	−0.096 6	−0.046 1
		(0.148)	(0.518)
	INFRA	−0.004 2	0.008 3
		(0.439)	(0.159)
	INVEST	−0.083 7	0.296 3***
		(0.246)	(0.002)

注：括号内为 P 值，***、** 和 * 分别表示在 1%、5%和 10%的显著性水平下显著。

5.1.4.3 门槛回归结果分析

除了上述探讨 Gas Tax 和 Water Tax 对地区 GTFP 与 Eco 的直接影响与间接影响效应，本节还想明确科技创新这一因素在上述影响机理中是否存在门槛效应。为此，本节基于面板门槛模型，以科技创新（Tech）作为门槛变量分别设置单门槛、双门槛与三门槛假设。检验结果表明，只有 Gas Tax 和 Water Tax 对 Eco 的回归中 Tech 存在单门槛效应，并由此得到 P 值、F 值、自举次数、门槛值与置信区间等相关信息。

我们从表 5-15 和表 5-16 可以看出，技术创新的双门槛值与三门槛值都不显著，而单门槛值通过了 1%的显著性水平测试。具体来看，在 Gas Tax 对 Eco 的门槛测试当中，其对应的 P 值、F 值、自举次数、门槛值与置信区间分别为 0.000、114.70、500、0.000 3 和 [0.000 3，0.000 4]；

而在 Water Tax 对 Eco 的门槛测试当中，其对应的 P 值、F 值、自举次数、门槛值与置信区间分别为 0.000、122.74、500、0.000 3 和 [0.000 3, 0.000 4]，两者具有相同的门槛值。我们进一步分析可以看出，Gas Tax 和 Water Tax 在考虑技术创新的情况下对长江经济带上游地区 31 个地级市 Eco 的影响存在着先抑制后促进的正 U 形曲线关系。当 Tech<0.000 3 时，Gas Tax 和 Water Tax 的系数在 1%的显著性水平下分别为-0.712 2 和-0.513 2；而当 Tech>0.000 3 时，Gas Tax 和 Water Tax 的系数在 1%的显著性水平下分别为 0.161 1 和 0.245 4。这表明，当 Tech 从低于门槛值到超过门槛值的过程中，Gas Tax 和 Water Tax 对经济发展水平的影响由负向影响转变为正向影响。

究其原因，技术创新活动需要大量资金支持，当地方政府的科技支出不足时，地区的技术创新将会发展缓慢，产业结构升级受阻也使得污染排放量得不到有效控制。此时对地区企业征收环保税会增加企业的生产成本，从而造成企业潜在生产损失并抑制经济发展。而当地区加大科技支出时，会刺激地区技术创新活动，引发生产技术升级，这不仅有效降低了污染排放量而且提高了地区企业的生产效率，从而刺激就业并促进经济增长。同时，上述结果也表明地区科技支出是有效的，科技创新是实现地区经济增长的重要动力，地区政府应努力使地区科学技术支出占 GDP 的比重保持在 0.000 3 以上，这样才能发挥技术创新的驱动作用，助力地区经济发展水平的提高。

5.1.5 小结

“创新、协调、绿色、开放、共享”作为当今中国所秉承的新发展理念，已经被各地政府积极贯彻落实到实际地区发展当中。长江经济带作为中国绿色发展的先行示范带，更应该突破原有发展模式，实现经济与环境协调发展。因此，作为长江源头和长江绿色屏障的基底区域，长江上游地区在整个长江流域的地位不言而喻，必须走可持续发展的道路，且推动可持续发展的核心在于提高社会绿色全要素生产率。因此，本节利用 2004—2020 年中国长江上游地区三省一市 31 个地级市的面板数据，运用空间杜宾模型，分析了征收大气污染税与水污染税对城市 GTFP 和 Eco 的影响效应。主要结论如下：

表 5-15　门槛测试（Gas Tax to Eco）

Panel A：门槛存在性测试									
门槛变量	门槛测试	P 值	F 值	临界值			自举次数	门槛值	95% 置信区间
				1%	5%	10%			
Tech	Single	0.000	114.70***	32.113	23.712	20.180	500	0.000 3	[0.000 3，0.000 4]
	Double	0.562	7.53	32.798	22.926	18.725	500		
	Triple	0.860	5.38	48.862	33.058	27.759	500		

Panel B：门槛回归分析								
Gas Tax（Tech < 0.000 3）	Gas Tax（Tech > 0.000 3）	GOV	INDU	INFRA	INVEST	Fixed Effect	Obs	R-squared
-0.712 2***	0.161 1***	1.606 6**	0.387 0**	0.029 1***	0.828 1***	Controlled	527	0.205 9
（0.000）	（0.000）	（0.045）	（0.010）	（0.004）	（0.000）			

注：括号内为 P 值，***、** 分别表示在 1%、5%的显著性水平下显著。

表 5-16 门槛测试（Water Tax to Eco）

Panel A：门槛存在性测试

门槛变量	门槛测试	P 值	F 值	临界值			自举次数	门槛值	95% 置信区间
				1%	5%	10%			
Tech	Single	0.000	122.74***	33.491	24.708	21.628	500	0.000 3	[0.000 3，0.000 4]
	Double	0.296	12.10	32.389	21.887	18.007	500		
	Triple	0.768	8.67	47.429	37.517	32.705	500		

Panel B：门槛回归分析

Water Tax（Tech<0.000 3）	Water Tax（Tech>0.000 3）	GOV	INDU	INFRA	INVEST	Fixed Effect	Obs	R-squared
-0.513 2***	0.245 4***	1.755 9**	0.298 6**	0.027 7***	0.719 6***	Controlled	527	0.214 9
(0.000)	(0.000)	(0.032)	(0.037)	(0.003)	(0.000)			

注：括号内为 P 值，***、** 分别表示在 1%、5%的显著性水平下显著。

首先，长江上游地区三省一市 31 个地级市的各地区之间 GTFP 水平差异明显。莫兰指数表明绿色全要素生产率和经济发展水平在研究期间内存在明显的空间溢出效应，前者在研究期间内呈现出由负空间自相关向正空间自相关转变的趋势，表明长江上游地区地级市的 GTFP 自 2011 年开始有了较为显著的空间溢出效应。而后者则在 2004—2020 年均具有显著的正空间自相关，这表明上游各地级市的经济发展水平在整个样本期内都有显著的空间溢出效应。

其次，基于空间杜宾模型验证了征收大气污染税与水污染税对地级市 GTFP 和经济发展水平存在显著的直接影响与空间溢出效应。从整体地区来看，Gas Tax 和 Water Tax 对本地 GTFP 存在显著的促进作用，但同时也存在着负向的空间溢出效应。此时，GOV 和 INVEST 都会对本地的 GTFP 产生负向影响，并且在 Gas Tax 对 GTFP 的回归中，INDU 存在显著负的空间溢出效应。而当解释变量为 Water Tax 时，控制变量的溢出效应均不显著。此外，Gas Tax 和 Water Tax 对本地 Eco 起明显的抑制作用，与前者相反，其溢出效应呈现出明显的正向影响。与此同时，GOV 和 INDU 都会对本地经济发展产生负向影响，而 INFRA 和 INVEST 则会产生正向影响，并且 INVEST 都存在显著正的空间溢出效应。

最后，门槛回归结果表明在不同技术创新水平下，征收大气污染税与水污染税对地区经济发展水平的影响具有差异性。当地区科学技术支出占地区 GDP 的比例小于 0. 000 3 时，Gas Tax 和 Water Tax 会显著抑制地区的经济发展水平，而当占比大于 0. 000 3 时，Gas Tax 和 Water Tax 对经济发展水平的影响由负向影响转为正向影响。这表明政府应该加大科学技术支出，使得其支出占比高于 0. 000 3，以保证征收大气污染税与水污染税对地区经济发展水平产生正向促进作用。

5. 2 政策效应评估：环境

本节运用空间计量模型来探讨环保税政策的实施对于长江上游地区宏观环境层面的影响。

5. 2. 1 数据和样本

本节实证分析所用到的原始数据来源于 EPS 数据库和《中国环境统计

年鉴》，个别缺失数据从《中国国民经济和社会发展统计公报》手动摘取以及利用插值法补充。为了减少变量的异方差，本节对数据进行了对数处理。与5.1节类似，考虑到数据的可获得性，本节选取长江上游地区三省一市31个地级市作为研究区域，并选取2004—2020年作为研究期间。

5.2.2 变量选择①

本节主要涉及被解释变量、核心解释变量、门槛变量和控制变量四大类。

5.2.2.1 被解释变量

过去几十年来，经济的快速发展使国家强盛人民富裕，但生产过程中对生态环境的破坏也较严重。生态环境问题成为国家经济健康可持续发展的主要制约因素。工业生产带来的污染问题是我国环境污染问题的重要方面。提升资源利用效率，减少工业污染排放已经成为生态保护的努力目标。自2018年1月1日起正式实施的《环保税法》主要以工业废水污染物和废气污染物为征税对象。基于此，本节选取工业废水、工业二氧化硫和工业烟尘作为工业污染的量化指标。

5.2.2.2 核心解释变量

考虑到本节主要讨论环保税政策对工业污染的影响，因此本节采用水污染物税费（Water tax）和大气污染物税费（Gas tax）作为核心解释变量。考虑到《环保税法》于2018年1月1日正式实施，在《环保税法》正式实施以前就利用换算后的排污费征收标准作为核心解释变量数据。

5.2.2.3 门槛变量

波特假说认为环境规制会促使企业进行科技创新，进而推动企业产业结构升级。产业结构升级则使资源利用效率提高，工业污染排放减少。本节基于hansen的面板门槛模型，引用科技创新作为门槛变量探究其是否在环保税对工业污染的影响中起到门槛效应。

5.2.2.4 控制变量

本节选取了经济发展水平（Eco）、政府干预（GOV）、人均城市道路面积（INFRA）和社会固定资产投资（INVEST）这四个指标作为控制变

---

① 本节涉及的变量较多，具体变量定义请参见本章末的表5-28。

量。其中：经济发展水平用人均 GDP 做对数化处理表示；政府干预用政府财政支出额占地区 GDP 的比例衡量；人均城市道路面积是以平方米为单位的人均城市道路面积；社会固定资产投资用社会固定资产投资除以 GDP 衡量。

5.2.3 模型构建

5.2.3.1 空间自相关检验

采用莫兰指数来分析被解释变量空间相关性，可以判断相关变量的空间自相关问题，从而确定是否适合构建空间测量模型。莫兰指数的计算方法如下：

$$\text{Moran's I} = \frac{n\sum_{i=1}^{n}\sum_{j=1}^{n} w_{ij}(x_i - \bar{x})(x_j - \bar{x})}{\sum_{i=1}^{n}\sum_{j=1}^{n} w_{ij}\sum_{i=1}^{n}(x_i - \bar{x})^2} \tag{5-24}$$

其中，变量 x_i 和 x_j 代表区域 i 和区域 j 的变量 x，$\bar{x} = \sum_{i=1}^{n} x_i/n$，$n$ 为观测区域的个数，w_{ij} 为空间权 x 重矩阵。莫兰指数的取值范围是［−1，1］。如果莫兰指数大于 0 表示存在空间正相关，如果莫兰指数小于 0 表示存在空间负相关，如果莫兰指数等于 0，则表示观测值不存在空间自相关。

5.2.3.2 空间杜宾模型

Spatial Error Model（SEM）、Spatial Lag Model（SLM）和 Spatial Durbin Model（SDM）是三种常见的空间计量模型。对比 SEM 和 SLM 模型，SDM 模型能够更好地反映出因变量的空间相关性和自变量的空间溢出效应，因此，本节希望采用 SDM 模型来检验环境规制对产业结构合理化高级化的影响。SDM 模型的计算公式如下：

$$\begin{aligned}\text{lnwater}_{it} = {} & \beta_0^1 + \rho_1\sum_{j=1}^{31} w_{ij}\,\text{lnwater}_{it} + \beta_1^1\,\text{gasfee}_{it} + \beta_2^1 X_{it} + \\ & \theta_1^1\sum_{j=1}^{31} w_{ij}\,\text{gasfee}_{it} + \theta_2^1\sum_{j=1}^{31} w_{ij} X_{it} + \mu_i^1 + \nu_t^1 + \varepsilon_{it}^1\end{aligned} \tag{5-25}$$

$$\begin{aligned}\text{lngas}_{it} = {} & \beta_0^2 + \rho_2\sum_{j=1}^{31} w_{ij}\,\text{lnwater}_{it} + \beta_1^2\,\text{gasfee}_{it} + \beta_2^2 X_{it} + \\ & \theta_1^2\sum_{j=1}^{31} w_{ij}\,\text{gasfee}_{it} + \theta_2^2\sum_{j=1}^{31} w_{ij} X_{it} + \mu_i^2 + \nu_t^2 + \varepsilon_{it}^2\end{aligned} \tag{5-26}$$

$$\ln dust_{it} = \beta_0^3 + \rho_3 \sum_{j=1}^{31} w_{ij} \ln water_{it} + \beta_1^3 gasfee_{it} + \beta_2^3 X_{it} +$$

$$\theta_1^3 \sum_{j=1}^{31} w_{ij} gasfee_{it} + \theta_2^3 \sum_{j=1}^{31} w_{ij} X_{it} + \mu_i^3 + \nu_t^3 + \varepsilon_{it}^3 \tag{5-27}$$

$$\ln water_{it} = \beta_0^4 + \rho_4 \sum_{j=1}^{31} w_{ij} \ln water_{it} + \beta_1^4 gasfee_{it} + \beta_2^4 X_{it} +$$

$$\theta_1^4 \sum_{j=1}^{31} w_{ij} gasfee_{it} + \theta_2^4 \sum_{j=1}^{31} w_{ij} X_{it} + \mu_i^4 + \nu_t^4 + \varepsilon_{it}^4 \tag{5-28}$$

$$\ln gas_{it} = \beta_0^5 + \rho_5 \sum_{j=1}^{31} w_{ij} \ln water_{it} + \beta_1^5 gasfee_{it} + \beta_2^5 X_{it} +$$

$$\theta_1^5 \sum_{j=1}^{31} w_{ij} gasfee_{it} + \theta_2^5 \sum_{j=1}^{31} w_{ij} X_{it} + \mu_i^5 + \nu_t^5 + \varepsilon_{it}^5 \tag{5-29}$$

$$\ln dust_{it} = \beta_0^6 + \rho_6 \sum_{j=1}^{31} w_{ij} \ln water_{it} + \beta_1^6 gasfee_{it} + \beta_2^6 X_{it} +$$

$$\theta_1^6 \sum_{j=1}^{31} w_{ij} gasfee_{it} + \theta_2^6 \sum_{j=1}^{31} w_{ij} X_{it} + \mu_i^6 + \nu_t^6 + \varepsilon_{it}^6 \tag{5-30}$$

其中：变量 i 和 t 分别表示城市和年份，j 为邻近城市（$i \neq j$），ρ 表示空间自相关系数，$\ln water_{it}$ 表示工业废水排放量，$\ln gas_{it}$ 表示工业二氧化硫排放量，$\ln dust_{it}$ 表示工业烟尘排放量，$waterfee_{it}$ 表示水污染物每污染当量税费标准，$gasfee_{it}$ 表示大气污染物每污染当量税费标准，X 表示控制变量，β_1 表示环保税直接影响，θ_1、θ_2 表示环境规制的一次方项和二次方项的间接效应（或空间溢出效应）。μ_i 为城市固定效应，ν_t 为时间固定效应，ε 表示随机扰动项。w_{ij} 表示空间权重矩阵。

本研究使用 01 矩阵，矩阵的具体形式如下：

$$W_{ij} = \begin{cases} 0 & i = j \text{ 或者 } i \text{ 与 } j \text{ 不相邻} \\ 1 & i \text{ 与 } j \text{ 相邻} \end{cases} \tag{5-31}$$

其中，i，$j \in [1, n]$，i，j 均为空间单元编号，文中是指对各地级市的编号，n 为空间单元个数以及所有地级市的总个数。

5.2.3.3 门槛模型

根据前文文献综述可知，环保税政策设计的理想状态是通过征收环保税来促使企业进行工业污染控制。经过理论分析可知，环保税作为庇古税的一种，也是环境规制的重要手段之一。根据波特假说，适度的环境规制会刺激企业的创新行为，产生创新补偿效应，进而推动产业结构升级，产业结构升级反过来也会带来资源的有效利用和工业污染排放的有效改善。在这样的背景下，科技创新在环保税对工业“三废”排放的影响中是否起到门槛效应就具有探讨的必要性。因此，本节基于 Hansen 的面板门槛效应模型，构建探究科技创新在环保税对工业“三废”排放的影响中是否起到门槛作用的门槛效应回归，具体公式如下：

$$\begin{aligned}\text{lnwater}_{it} = {} & \beta_0 + \beta_1 \text{Gas tax}_{it} \times \text{I}(\text{Tech}_{it} \leqslant \delta_1) + \beta_2 \text{Gas tax}_{it} \times \text{I}(\delta_1 < \text{Tech}_{it} \leqslant \\ & \delta_2) + \cdots + \beta_n \text{Gas tax}_{it} \times \text{I}(\delta_{n-1} < \text{Tech}_{it} < \delta_n) + \beta_{n+1} \text{Gas tax}_{it} \times \\ & I(\text{Tech}_{it} > \delta_n) + \theta X_{it} + \mu_i + \epsilon_{it} \end{aligned} \tag{5-32}$$

$$\begin{aligned}\text{lnwater}_{it} = {} & \beta_0 + \beta_1 \text{Water tax}_{it} \times \text{I}(\text{Tech}_{it} \leqslant \delta_1) + \beta_2 \text{Water tax}_{it} \times \text{I}(\delta_1 < \\ & \text{Tech}_{it} \leqslant \delta_2) + \cdots + \beta_n \text{Water tax}_{it} \times \text{I}(\delta_{n-1} < \text{Tech}_{it} < \delta_n) + \\ & \beta_{n+1} \text{Water tax}_{it} \times I(\text{Tech}_{it} > \delta_n) + \theta X_{it} + \mu_i + \epsilon_{it} \end{aligned} \tag{5-33}$$

$$\begin{aligned}\text{lngas}_{it} = {} & \beta_0 + \beta_1 \text{Gas tax}_{it} \times \text{I}(\text{Tech}_{it} \leqslant \delta_1) + \beta_2 \text{Gas tax}_{it} \times \text{I}(\delta_1 < \text{Tech}_{it} \leqslant \\ & \delta_2) + \cdots + \beta_n \text{Gas tax}_{it} \times \text{I}(\delta_{n-1} < \text{Tech}_{it} < \delta_n) + \beta_{n+1} \text{Gas tax}_{it} \times \\ & I(\text{Tech}_{it} > \delta_n) + \theta X_{it} + \mu_i + \epsilon_{it} \end{aligned} \tag{5-34}$$

$$\begin{aligned}\text{lngas}_{it} = {} & \beta_0 + \beta_1 \text{Water tax}_{it} \times \text{I}(\text{Tech}_{it} \leqslant \delta_1) + \beta_2 \text{Water tax}_{it} \times \text{I}(\delta_1 < \text{Tech}_{it} \leqslant \\ & \delta_2) + \cdots + \beta_n \text{Water tax}_{it} \times \text{I}(\delta_{n-1} < \text{Tech}_{it} < \delta_n) + \beta_{n+1} \text{Water tax}_{it} \times \\ & I(\text{Tech}_{it} > \delta_n) + \theta X_{it} + \mu_i + \epsilon_{it} \end{aligned} \tag{5-35}$$

$$\begin{aligned}\text{lndust}_{it} = {} & \beta_0 + \beta_1 \text{Gas tax}_{it} \times \text{I}(\text{Tech}_{it} \leqslant \delta_1) + \beta_2 \text{Gas tax}_{it} \times \text{I}(\delta_1 < \text{Tech}_{it} \leqslant \\ & \delta_2) + \cdots + \beta_n \text{Gas tax}_{it} \times \text{I}(\delta_{n-1} < \text{Tech}_{it} < \delta_n) + \beta_{n+1} \text{Gas tax}_{it} \times \\ & I(\text{Tech}_{it} > \delta_n) + \theta X_{it} + \mu_i + \epsilon_{it} \end{aligned} \tag{5-36}$$

$$\begin{aligned}\text{lndust}_{it} = {} & \beta_0 + \beta_1 \text{Water tax}_{it} \times \text{I}(\text{Tech}_{it} \leqslant \delta_1) + \beta_2 \text{Water tax}_{it} \times \text{I}(\delta_1 < \text{Tech}_{it} \leqslant \\ & \delta_2) + \cdots + \beta_n \text{Water tax}_{it} \times \text{I}(\delta_{n-1} < \text{Tech}_{it} < \delta_n) + \beta_{n+1} \text{Water tax}_{it} \times \\ & I(\text{Tech}_{it} > \delta_n) + \theta X_{it} + \mu_i + \epsilon_{it} \end{aligned} \tag{5-37}$$

公式中：i 表示样本地级市，t 表示时间。lnwater、lngas 和 lndust 分别表示工业废水排放、工业二氧化硫排放和工业烟尘排放。Tech 表示技术创新，X 表示控制变量。本节选取经济发展水平（Eco）、政府干预（GOV）、人均城市道路面积（INFRA）和社会固定资产投资（INVEST）这四个指标作为控制变量。μ_i 代表区域效应；μ_i 代表时间效应；ϵ_{it} 代表随机误差项。此外，I（·）是一个指标函数，δ 是要估计的阈值。

5.2.4 实证分析

5.2.4.1 空间自相关检验和模型选择

1. 空间自相关检验

本节将通过公式（5-24）计算的 2004—2020 年长江上游地区三省一市 31 个地级市的“三废”排放莫兰指数绘制成趋势图，如图 5-3、图 5-4 和图 5-5 所示。

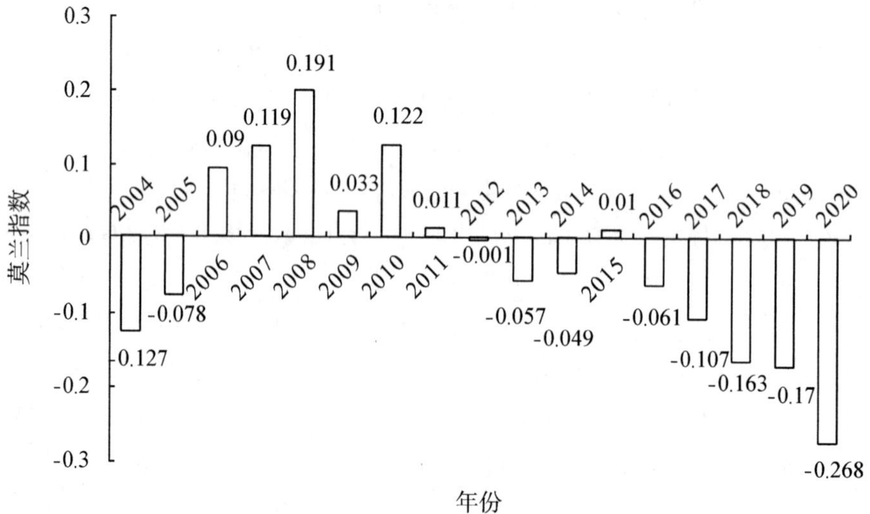

图 5-3 lnwater 的莫兰指数

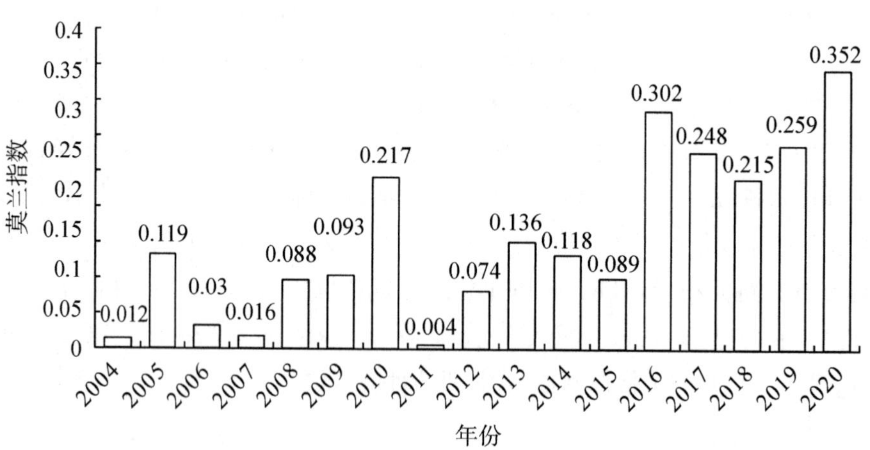

图 5-4 lngas 的莫兰指数

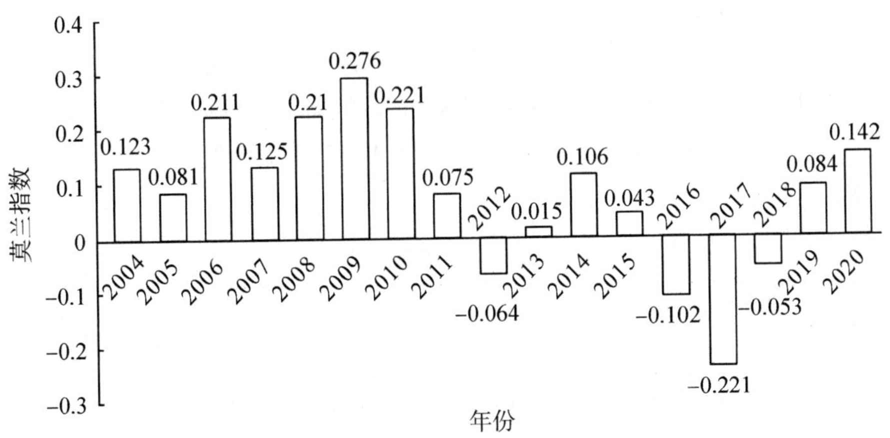

图 5-5　lndust 的莫兰指数

如图 5-3、图 5-4 和图 5-5 所示，2004—2020 年长江上游地区地级市“三废”排放量莫兰指数变化趋势各不相同。图 5-3 展示了 2004—2020 年长江上游地区三省一市 31 个地级市 lnwater 莫兰指数，从图 5-3 中可以看到 lnwater 的莫兰指数区间为［－0. 268，0. 191］，在 2004—2005 年、2012—2020 年 lnwater 莫兰指数为负，说明工业废水在样本地级市存在负的空间依赖性；在 2005—2012 年 lnwater 莫兰指数为正，说明工业废水在样本地级市存在正的空间依赖性，也就意味着本地地级市工业废水与邻近地级市工业废水之间相互影响。图 5-4 展示了 2004—2020 年长江上游地区三省一市 31 个地级市 lngas 莫兰指数，从图 5-4 中可以看到 lngas 的莫兰指数区间为［0. 012，0. 352］，在整个样本期间内 lngas 莫兰指数均为正值，但指数数值变化明显，在 2004 年—2015 年，lngas 莫兰指数数值围绕 0. 1 上下波动，较为稳定；在 2015—2020 年 lngas 莫兰指数数值波动幅度有明显的变大趋势，表明工业二氧化硫的空间相关性越来越明显，本地地级市的工业二氧化硫与邻近地级市的工业二氧化硫之间的相互影响作用越来越大。图 5-5 展示了 2004—2020 年长江上游地区三省一市 31 个地级市 lndust 莫兰指数，从图 5-5 中可以看到 lndust 的莫兰指数区间为［-0. 221，0. 276］，在 2004—2011 年、2013—2015 年和 2018—2020 年 lndust 莫兰指数为正，在 2012—2013 年和 2015—2018 年 lndust 莫兰指数为负。从整体上看，在样本期间内工业烟尘的莫兰指数在大多数时候为正，短期内为负。这说明从整体看，本地工业烟尘与邻近地级市的工业烟尘相互影响。

2. 空间计量模型选择

本节进一步利用 Wald 检验和 LR 检验判断采用何种空间计量模型。表 5-17 显示，除个别数据外，Wald 检验和 LR 均通过了 1%的显著性水平测试，表明可以拒绝 SDM 模型能退化到 SLM 或 SEM 模型的原假设，选择 SDM 模型更优。

表 5-17　效应检验

Test type	Observation	Statistics	Results
Panel A：lnwater			
Wald test spatial lag	SDM can be simplified to SEM or SAR	38.51***	SDM
Wald test spatial error		65.25***	
LR test spatial lag	SDM can be simplified to SEM or SAR	63.92***	SDM
LR test spatial error		62.70***	
Panel B：lngas			
Wald test spatial lag	SDM can be simplified to SEM or SAR	21.42***	SDM
Wald test spatial error		30.12***	
LR test spatial lag	SDM can be simplified to SEM or SAR	30.63***	SDM
LR test spatial error		29.55***	
Panel C：lndust			
Wald test spatial lag	SDM can be simplified to SEM or SAR	12.68*	SDM
Wald test spatial error		19.16***	
LR test spatial lag	SDM can be simplified to SEM or SAR	21.63***	SDM
LR test spatial error		19.21***	

注：***和*分别代表 1%和 10%水平显著。

5.2.4.2　主测试

1. SDM 模型计量结果

通过上述分析，本节采用 SDM 模型以及结合 01 矩阵来探究 2004—2020 年环保税对工业污染排放量的空间影响。此外，考虑到不同地级市存在异质性，本节将进一步长江上游地区三省一市 31 个地级市分为川渝、云贵两个区域做子样本分析。结果如表 5-18 和表 5-19 所示。

表 5-18　大气污染物税费对工业“三废”的影响

Panel A	lnwater		
	(1) 总样本	(2) 云贵地区	(3) 川渝地区
Gas tax	-0.135 2	-0.393 3	0.158 7*
	(0.213)	(0.126)	(0.096)
Eco	-0.190 9	0.462 4	-0.314 7**
	(0.503)	(0.227)	(0.032)
GOV	1.622 2***	1.399 3	0.519 2
	(0.001)	(0.218)	(0.389)
INFRA	-0.011 7	-0.022 6*	0.006 0
	(0.128)	(0.062)	(0.539)
INVEST	-0.404 7***	-0.691 8***	-0.065 3
	(0.004)	(0.000)	(0.753)
W * Gas tax	-0.256 2**	0.597 5***	-0.291 4***
	(0.042)	(0.009)	(0.006)
W * Eco	1.618 4***	0.216 3	-0.265 1**
	(0.000)	(0.426)	(0.035)
W * GOV	2.111 9**	-1.707 8	1.395 0
	(0.031)	(0.316)	(0.251)
W * INFRA	0.013 1	0.001 1	0.073 7***
	(0.297)	(0.954)	(0.001)
W * INVEST	-0.595 9***	-0.716 6***	-0.654 0*
	(0.001)	(0.001)	(0.063)
R-squared	0.106 5	0.083 4	0.023 6
Log-likelihood	-415.014 4	-134.401 7	-281.685 0
ρ	0.117 3**	-0.236 7***	0.141 6*
	(0.014)	(0.002)	(0.066)
σ^2	0.281 5***	0.214 9***	0.255 4***
	(0.000)	(0.000)	(0.000)
Obs	527	204	323

表5-18(续)

Panel B	lngas		
	(1) 总样本	(2) 云贵地区	(3) 川渝地区
Gas tax	-0. 240 5**	0. 378 2	0. 327 4
	(0. 043)	(0. 126)	(0. 142)
Eco	1. 004 8***	-0. 924 5**	0. 104 2
	(0. 000)	(0. 012)	(0. 812)
GOV	1. 376 9**	2. 578 0**	-0. 221 7
	(0. 014)	(0. 018)	(0. 714)
INFRA	0. 004 6	0. 007 8	-0. 003 7
	(0. 589)	(0. 502)	(0. 710)
INVEST	-0. 238 8	-0. 233 3	-0. 307 7
	(0. 111)	(0. 188)	(0. 150)
W * Gas tax	-0. 106 4	-0. 085 5	0. 040 4
	(0. 399)	(0. 698)	(0. 783)
W * Eco	-0. 863 8***	-0. 242 7	-0. 071 0
	(0. 000)	(0. 352)	(0. 812)
W * GOV	-0. 638 8	-0. 304 8	-0. 431 5
	(0. 490)	(0. 854)	(0. 760)
W * INFRA	-0. 035 0***	-0. 045 8**	-0. 070 5***
	(0. 009)	(0. 014)	(0. 004)
W * INVEST	-0. 369 8*	-0. 405 7**	-1. 190 2**
	(0. 050)	(0. 040)	(0. 010)
R-squared	0. 368 2	0. 104 3	0. 049 2
Log-likelihood	-543. 577 1	-124. 919 3	-238. 306 0
ρ	0. 164 3***	-0. 155 9**	-0. 482 3***
	(0. 001)	(0. 021)	(0. 000)
σ^2	0. 369 3***	0. 198 1***	0. 244 4***
	(0. 000)	(0. 000)	(0. 000)
Obs	527	204	323

表5-18(续)

Panel C	lndust		
	(1) 总样本	(2) 云贵地区	(3) 川渝地区
Gas tax	−0. 317 0**	−0. 259 7	−0. 147 7
	(0. 028)	(0. 390)	(0. 611)
Eco	−0. 128 6	−0. 884 1**	0. 312 9
	(0. 734)	(0. 049)	(0. 584)
GOV	1. 516 0**	−0. 441 2	0. 935 9
	(0. 026)	(0. 741)	(0. 235)
INFRA	−0. 008 1	0. 014 3	−0. 000 1
	(0. 429)	(0. 315)	(0. 993)
INVEST	−0. 272 4	−0. 261 6	−0. 036 3
	(0. 146)	(0. 225)	(0. 895)
W * Gas tax	−0. 130 2	0. 545 2**	0. 055 6
	(0. 440)	(0. 044)	(0. 771)
W * Eco	0. 985 9*	0. 056 3	−1. 718 8***
	(0. 074)	(0. 860)	(0. 000)
W * GOV	−0. 010 6	−6. 061 1***	−0. 964 1
	(0. 993)	(0. 002)	(0. 599)
W * INFRA	−0. 029 8*	−0. 074 8***	0. 079 2**
	(0. 075)	(0. 001)	(0. 014)
W * INVEST	0. 030 6	−0. 276 1	0. 265 1
	(0. 901)	(0. 255)	(0. 662)
R−squared	0. 000 9	0. 063 5	0. 046 9
Log−likelihood	−569. 156 7	−166. 296 7	−322. 856 3
ρ	0. 189 1***	0. 172 4**	−0. 496 2***
	(0. 000)	(0. 012)	(0. 000)
σ^2	0. 501 3***	0. 296 2***	0. 414 3***
	(0. 000)	(0. 000)	(0. 000)
Obs	527	204	323

注：括号内为 P 值，***、** 和 * 分别代表 1%、5% 和 10%水平显著。

表 5−18 是大气污染税费 Gas tax 对长江上游地区总样本，以及川渝地区和云贵地区工业“三废”排放的回归结果。从表 5−18 可以看出：

（1）在 Panel A 中：lnwater 在总样本、云贵地区和川渝地区的 ρ 值分别是 0. 117 3、−0. 236 7 和 0. 141 6，分别达到 5%、1% 和 10% 显著性水平。这说明在总样本和川渝地区本地城市的 lnwater 排放对周边城市 lnwater 排放具有显著的正向空间溢出效应。出现这种情况的原因可能是存在大自然循环，工业污染不仅仅会影响本地城市的环境，还会随着河流大气的流动影响到周边城市环境，对周围城市生态环境造成破坏。周边城市在没有享受到工业生产带来的好处的同时被迫接受工业生产带来的污染。在这样的情况下，周边城市进行环境治理与保护的意愿被削弱。正如 Oates（1972）指出，一个城市的公共产品的供给策略会对周边城市产生正面或者负面的影响。本地城市的工业“三废”排放同样会对周边城市起到负面的示范作用。因此出现本地城市工业废水排放加剧周边城市工业废水排放的情况。此外，lnwater 在云贵地区的 ρ 值显著为负，说明在云贵地区本地城市 lnwater 排放对周边城市 lnwater 排放具有显著的负向空间溢出效应。

Gas tax 对 lnwater 的回归系数在总样本、云贵地区和川渝地区分别为 -0. 135 2、-0. 393 3 和 0. 158 7，在川渝地区达到 10%的显著性水平，在总样本和云贵地区不显著。这说明大气污染物税费征收对总样本和云贵地区的本地城市 lnwater 排放无影响，但加剧了川渝地区本地城市的 lnwater 排放。W * Gas tax 对 lnwater 在总样本、云贵地区和川渝地区的回归系数分别是-0. 256 2、0. 597 5 和-0. 291 4，分别达到 5%、1%和 1%的显著性水平。

（2）在 Panel B 中：lngas 在总样本、云贵地区和川渝地区的 ρ 值分别是 0. 164 3、-0. 155 9 和-0. 482 3，分别达到 1%、5%和 1%显著性水平。这说明在总样本地区 lngas 排放对周边城市 lngas 排放具有显著的正向空间溢出效应，出现这种情况的原因如（1）中所提到的，是 lngas 排放对周边城市起到了负面示范作用。在云贵地区和川渝地区的 ρ 值显著为负，说明在云贵地区和川渝地区的 lngas 排放对周边城市 lngas 排放具有显著的负向空间溢出效应。

Gas tax 对 lngas 在总样本、云贵地区和川渝地区的回归系数分别为 -0. 240 5、0. 378 2 和 0. 327 4，在总样本地区达到 5%显著性水平，在云贵、川渝地区不显著。这说明大气污染物税费征收在总样本地区抑制了本地城市工业废气排放，对云贵、川渝地区本地城市工业废气排放无影响。W * Gas tax 对 lngas 的回归系数在总样本、云贵地区和川渝地区分别为 -0. 106 4、-0. 085 5 和 0. 040 4，均不显著。

（3）在 Panel C 中：lndust 在总样本、云贵地区和川渝地区的 ρ 值分别是 0. 189 1、0. 172 4 和-0. 496 2，分别达到 1%、5%和 1%显著性水平。这说明在总样本和云贵地区 lndust 排放对周边城市的 lndust 排放具有显著的正向空间溢出效应，在川渝地区 lndust 排放对周边城市的 lndust 排放具有显著的负向空间溢出效应。

Gas tax 对 lndust 的回归系数在总样本、云贵地区和川渝地区分别为-0. 317 0、-0. 259 7 和-0. 147 7，在总样本地区达到 5%显著性水平，在云贵、川渝地区不显著。这说明大气污染物税费征收对本地城市 lndust 排放在总样本地区起到抑制作用，对云贵地区和川渝地区本地城市 lndust 排放无影响。W * Gas tax 对 lndust 的回归系数在总样本、云贵地区和川渝地区分别为-0. 130 2、0. 545 2 和 0. 055 6，在云贵地区达到 5%显著性水平，在总样本和川渝地区不显著。

表 5-19　水污染物税费对工业“三废”的影响

Panel A	lnwater		
	(1) 总样本	(2) 云贵地区	(3) 川渝地区
Water tax	0. 243 7	-0. 318 6	0. 480 9***
	(0. 204)	(0. 121)	(0. 005)
Eco	-0. 330 6	0. 469 2	-0. 411 5***
	(0. 254)	(0. 222)	(0. 007)
GOV	1. 591 1***	1. 399 5	0. 599 7
	(0. 002)	(0. 219)	(0. 316)
INFRA	-0. 009 9	-0. 022 3*	0. 007 0
	(0. 202)	(0. 066)	(0. 462)
INVEST	-0. 269 4*	-0. 693 8***	-0. 062 8
	(0. 052)	(0. 000)	(0. 760)
W * Water tax	-0. 396 7*	0. 463 3*	-0. 674 8***
	(0. 072)	(0. 011)	(0. 000)
W * Eco	1. 908 9***	0. 223 7	-0. 198 8
	(0. 000)	(0. 411)	(0. 119)
W * GOV	1. 859 4*	-1. 653 7	1. 127 8
	(0. 063)	(0. 333)	(0. 348)
W * INFRA	0. 016 2	0. 001 2	0. 072 1***
	(0. 199)	(0. 952)	(0. 001)
W * INVEST	-0. 314 4*	-0. 718 2***	-0. 509 3
	(0. 072)	(0. 001)	(0. 138)
R-squared	0. 148 0	0. 092 6	0. 018 2
Log-likelihood	-422. 149 5	-134. 601 7	-279. 432 7
ρ	0. 149 5***	-0. 234 3***	0. 130 3*
	(0. 002)	(0. 002)	(0. 091)
σ^2	0. 288 3***	0. 215 4***	0. 251 7***
	(0. 000)	(0. 000)	(0. 000)
Obs	527	204	323

表5-19(续)

Panel B	lngas		
	(1) 总样本	(2) 云贵地区	(3) 川渝地区
Water tax	−0.046 2	0.367 5*	−2.439 8
	(0.828)	(0.061)	(0.144)
Eco	1.006 7***	−0.926 0**	0.180 4
	(0.000)	(0.011)	(0.679)
GOV	1.346 2**	2.583 8**	−0.208 8
	(0.018)	(0.017)	(0.730)
INFRA	0.002 4	0.008 8	−0.003 4
	(0.780)	(0.449)	(0.729)
INVEST	−0.109 6	−0.240 3	−0.313 2
	(0.468)	(0.173)	(0.142)
W * Water tax	−0.297 5	−0.064 1	−0.125 6
	(0.184)	(0.712)	(0.610)
W * Eco	−0.948 6***	−0.255 4	0.047 4
	(0.000)	(0.325)	(0.878)
W * GOV	−0.976 4	−0.296 7	−0.477 2
	(0.303)	(0.858)	(0.735)
W * INFRA	−0.038 3***	−0.042 8**	−0.069 0***
	(0.005)	(0.022)	(0.005)
W * INVEST	−0.130 9	−0.417 4**	−1.166 7**
	(0.486)	(0.034)	(0.012)
R−squared	0.345 8	0.116 4	0.278 5
Log−likelihood	−555.674 1	−124.005 6	−238.216 3
ρ	0.217 8***	−0.162 5**	−0.491 0***
	(0.000)	(0.016)	(0.000)
σ^2	0.384 9***	0.196 2***	0.243 8***
	(0.000)	(0.000)	(0.000)
Obs	527	204	323

表5-19(续)

Panel C	Indust		
	(1) 总样本	(2) 云贵地区	(3) 川渝地区
Water tax	-0.052 4	-0.106 3	1.146 8
	(0.841)	(0.658)	(0.598)
Eco	0.765 2***	-0.869 4*	0.345 8
	(0.001)	(0.053)	(0.544)
GOV	0.829 1	-0.480 8	0.936 4
	(0.229)	(0.718)	(0.235)
INFRA	-0.006 0	0.015 6	-0.000 1
	(0.564)	(0.273)	(0.992)
INVEST	-0.177 4	-0.271 0	-0.039 6
	(0.334)	(0.208)	(0.886)
W * Water tax	-0.048 2	0.434 3**	0.018 4
	(0.861)	(0.043)	(0.954)
W * Eco	-0.504 3**	0.047 2	-1.679 8***
	(0.038)	(0.882)	(0.000)
W * GOV	-1.445 4	-6.009 2***	-0.980 5
	(0.192)	(0.003)	(0.593)
W * INFRA	-0.015 9	-0.072 1***	0.079 6**
	(0.336)	(0.002)	(0.014)
W * INVEST	0.095 0	-0.290 2	0.268 0
	(0.679)	(0.231)	(0.659)
R-squared	0.237 6	0.063 1	0.024 0
Log-likelihood	-660.066 9	-165.703 6	-322.896 0
ρ	0.299 0***	0.165 2**	-0.498 2***
	(0.000)	(0.016)	(0.000)
σ^2	0.588 7***	0.294 9***	0.414 4***
	(0.000)	(0.000)	(0.000)
Obs	527	204	323

注：括号内为 P 值，***、** 和 * 分别代表 1%、5% 和 10%水平显著。

表5-19是水污染物税费 Water tax 对总样本以及川渝地区和云贵地区工业“三废”排放的回归结果。从表5-19可以看出：

（1）在 Panel A 中：lnwater 在总样本、云贵和川渝地区的 ρ 值分别是0. 149 5、-0. 234 3 和0. 130 3，分别达到1%、1%和10%显著性水平。这说明在总样本和川渝地区本地城市的 lnwater 排放对周边城市 lnwater 排放具有显著的正向空间溢出效应，即本地城市的工业废水排放会加剧周边城市工业废水排放情况，与表5-18的 Panel A 回归结果类似。出现这种情况的原因正如解释表5-18时提到的，本地城市的工业“三废”排放对周边城市起到负面的示范作用，因此出现本地城市的工业废水排放加剧周边城市工业废水排放的情况。此外，lnwater 在云贵地区的 ρ 值显著为负，说明在云贵地区本地城市 lnwater 排放对周边城市 lnwater 排放具有显著的负向空间溢出效应。

Water tax 对 lnwater 的回归系数在总样本、云贵地区和川渝地区分别为0. 243 7、-0. 318 6 和0. 480 9，在川渝地区达到1%的显著性水平，在总样本和云贵地区不显著。这说明工业废水污染物税费征收对总样本和云贵地区的本地城市 lnwater 排放无影响，但加剧了川渝地区本地城市的 lnwater 排放。W * Water tax 对 lnwater 在总样本、云贵地区和川渝地区的回归系数分别是-0. 396 7、0. 463 3 和-0. 674 8，分别达到10%、10%和1%的显著性水平。

（2）在 Panel B 中：lngas 在总样本、云贵地区和川渝地区的 ρ 值分别是0. 217 8、-0. 162 5 和-0. 491 0，分别达到1%、5%和1%显著性水平。这说明在总样本 lngas 排放对周边城市 lngas 排放具有显著的正向空间溢出效应，出现这种情况的原因如（1）中所提到的，是由于 lngas 排放对周边城市起到了负面示范作用。在云贵地区和川渝地区的 ρ 值显著为负，说明在云贵地区和川渝地区的 lngas 排放对周边城市 lngas 排放具有显著的负向空间溢出效应。

Water tax 对 lngas 在总样本、云贵地区和川渝地区的回归系数分别为-0. 046 2、0. 367 5 和-2. 439 8，在云贵地区达到10%显著性水平，在总样本地区和川渝地区不显著。说明工业废水污染物税费征收加剧了云贵地区本地城市工业废气排放，对总样本地区和川渝地区本地城市工业废气排放无影响。W * Water tax 对 lngas 的回归系数在总样本、云贵地区和川渝地区分别为-0. 297 5、-0. 064 1 和-0. 125 6，均不显著。

（3）在 Panel C 中：lndust 在总样本、云贵地区和川渝地区的 ρ 值分别是 0. 299 0、0. 165 2 和-0. 498 2，分别达到 1%、5%和 1%显著性水平。这说明在总样本和云贵地区 lndust 排放对周边城市的 lndust 排放具有显著的正向空间溢出效应，即本地城市的工业粉尘污染物排放对周边城市起到负面的示范作用，导致本地城市的工业粉尘污染物排放加剧周边城市工业粉尘污染物排放的情况。在川渝地区，lndust 排放对周边城市的 lndust 排放具有显著的负向空间溢出效应。

Water tax 对 lndust 的回归系数在总样本、云贵和川渝地区分别为 -0. 052 4、-0. 106 3 和 1. 146 8，均不显著。这说明工业废水污染物税费征收对本地城市 lndust 排放在总样本地区、云贵地区和川渝地区无影响。W * Water tax 对 lndust 的回归系数在总样本、云贵地区和川渝地区分别为 -0. 048 2、0. 434 3 和 0. 018 4，在云贵地区达到 5%显著性水平，在总样本和川渝地区不显著。

2. 空间溢出效应分解

由于 SDM 中因变量的空间自相关系数 ρ 显著不为 0，估计系数不能直接用来反映解释变量对 RATILE 和 PREIND 的影响（LeSage & Pace, 2009）。因此，本研究采用偏微分法对直接效应、间接效应（或空间溢出效应）和总效应进行分解，结果如表 5-20 和表 5-21 所示。

表 5-20 大气污染物税费对工业“三废”的影响：空间效应

Panel A		lnwater		
		(1) 总样本	(2) 云贵地区	(3) 川渝地区
直接效应	Gas tax	-0. 142 4	-0. 464 9	0. 153 9
		(0. 187)	(0. 115)	(0. 110)
	Eco	-0. 136 7	0. 434 3	-0. 332 2**
		(0. 616)	(0. 258)	(0. 017)
	GOV	1. 766 4***	1. 734 6	0. 622 4
		(0. 000)	(0. 127)	(0. 271)
	INFRA	-0. 011 1	-0. 023 0*	0. 008 6
		(0. 137)	(0. 065)	(0. 351)
	INVEST	-0. 427 4***	-0. 621 0***	-0. 086 0
		(0. 001)	(0. 001)	(0. 657)

表5-20(续)

Panel A		lnwater		
		(1) 总样本	(2) 云贵地区	(3) 川渝地区
间接效应	Gas tax	-0. 297 7**	0. 583 4**	-0. 292 5***
		(0. 019)	(0. 015)	(0. 005)
	Eco	1. 726 0***	0. 089 8	-0. 322 8**
		(0. 000)	(0. 701)	(0. 025)
	GOV	2. 556 9**	-1. 666 1	1. 550 4
		(0. 012)	(0. 247)	(0. 218)
	INFRA	0. 012 8	0. 005 2	0. 081 3***
		(0. 350)	(0. 756)	(0. 001)
	INVEST	-0. 686 7***	-0. 458 2**	-0. 744 0**
		(0. 001)	(0. 011)	(0. 045)
总效应	Gas tax	-0. 440 2***	0. 118 4	-0. 138 7 **
		(0. 000)	(0. 445)	(0. 029)
	Eco	1. 589 3 ***	0. 524 1	-0. 655 0 ***
		(0. 001)	(0. 138)	(0. 000)
	GOV	4. 323 2 ***	0. 068 4	2. 172 8 *
		(0. 000)	(0. 964)	(0. 065)
	INFRA	0. 001 7	-0. 017 8	0. 089 8 ***
		(0. 920)	(0. 287)	(0. 001)
	INVEST	-1. 114 1 ***	-1. 079 2 ***	-0. 830 1 **
		(0. 000)	(0. 000)	(0. 027)

Panel B		lngas		
		(1) 总样本	(2) 云贵地区	(3) 川渝地区
直接效应	Gas tax	-0. 244 9**	0. 400 3	0. 348 4
		(0. 035)	(0. 137)	(0. 145)
	Eco	0. 956 7***	-0. 936 1**	0. 098 8
		(0. 000)	(0. 010)	(0. 827)
	GOV	1. 405 2***	2. 727 3**	-0. 137 6
		(0. 007)	(0. 010)	(0. 836)
	INFRA	0. 002 7	0. 011 5	0. 003 1
		(0. 744)	(0. 319)	(0. 749)
	INVEST	-0. 260 9*	-0. 198 5	-0. 208 9
		(0. 069)	(0. 248)	(0. 333)

表5-20(续)

Panel B		lngas		
		(1) 总样本	(2) 云贵地区	(3) 川渝地区
间接效应	Gas tax	-0.170 2	-0.137 2	-0.087 0
		(0.179)	(0.529)	(0.518)
	Eco	-0.787 0***	-0.082 7	-0.089 3
		(0.000)	(0.722)	(0.759)
	GOV	-0.492 4	-0.535 7	-0.201 7
		(0.629)	(0.701)	(0.856)
	INFRA	-0.038 4**	-0.041 2**	-0.050 7***
		(0.012)	(0.010)	(0.005)
	INVEST	-0.484 6**	-0.305 9*	-0.752 2**
		(0.023)	(0.085)	(0.036)
总效应	Gas tax	-0.415 1***	0.263 1*	0.261 4
		(0.000)	(0.095)	(0.190)
	Eco	0.169 7	-1.018 8***	0.009 5
		(0.200)	(0.005)	(0.974)
	GOV	0.912 8	2.191 7	-0.339 3
		(0.387)	(0.161)	(0.687)
	INFRA	-0.035 7*	-0.029 7*	-0.047 6**
		(0.051)	(0.083)	(0.010)
	INVEST	-0.745 5***	-0.504 4**	-0.961 0***
		(0.004)	(0.034)	(0.002)

Panel C		lndust		
		(1) 总样本	(2) 云贵地区	(3) 川渝地区
直接效应	Gas tax	-0.324 7**	-0.210 0	-0.149 7
		(0.022)	(0.484)	(0.630)
	Eco	-0.078 3	-0.914 7**	0.480 7
		(0.830)	(0.038)	(0.418)
	GOV	1.605 7**	-0.804 7	1.150 0
		(0.013)	(0.543)	(0.189)
	INFRA	-0.010 1	0.008 6	-0.007 9
		(0.313)	(0.537)	(0.539)
	INVEST	-0.268 9	-0.276 2	-0.067 4
		(0.142)	(0.204)	(0.813)

表5-20(续)

Panel C		lndust		
		(1) 总样本	(2) 云贵地区	(3) 川渝地区
间接效应	Gas tax	-0.222 1	0.502 5**	0.094 5
		(0.199)	(0.037)	(0.575)
	Eco	1.096 1*	-0.106 4	-1.379 0***
		(0.077)	(0.749)	(0.000)
	GOV	0.398 6	-6.144 1***	-1.005 1
		(0.782)	(0.003)	(0.487)
	INFRA	-0.036 6*	-0.074 7***	0.058 0**
		(0.059)	(0.001)	(0.014)
	INVEST	-0.003 9	-0.307 0	0.224 4
		(0.990)	(0.260)	(0.628)
总效应	Gas tax	-0.546 8 ***	0.292 6	-0.055 2
		(0.000)	(0.268)	(0.828)
	Eco	1.017 8	-1.021 2 *	-0.898 3 *
		(0.158)	(0.097)	(0.019)
	GOV	2.004 3	-6.948 7**	0.144 9
		(0.204)	(0.011)	(0.894)
	INFRA	-0.046 7 *	-0.066 0 **	0.050 1 **
		(0.050)	(0.022)	(0.037)
	INVEST	-0.272 9	-0.583 2	0.157 0
		(0.479)	(0.150)	(0.701)

注：括号内为P值，***、**和*分别代表1%、5%和10%水平显著。

表5-20是大气污染物税费Gas tax对总样本以及川渝、云贵地区工业“三废”排放的直接效应、间接效应和总效应的分解结果。从表5-20可以看出：

（1）在Panel A中：在直接效应中，Gas tax对lnwater在总样本、云贵地区和川渝地区的回归系数分别为-0.142 4、-0.464 9和0.153 9，均不显著。这说明在总样本、云贵地区和川渝地区征收大气污染物税费对本地城市的lnwater排放无影响。

在间接效应中，Gas tax对lnwater在总样本、云贵地区和川渝地区的回归系数分别为-0.297 7、0.583 4和-0.292 5，分别达到5%、5%和1%

显著性水平。这说明在总样本地区和川渝地区对本地城市征收大气污染物税费抑制周边城市 lnwater 排放，出现这种情况的原因可能是污染治理具有正外部性，本地城市的工业企业由于希望避免缴纳额外的环境税费，加重其生产成本而进行的绿色技术升级，使资源利用效率提高工业污染排放减少。本地污染排放减少不仅仅保护了本地生态环境，还减少了污染物对周边城市扩散的负面影响。此外，由于技术的跨地区沟通交流，周边地区工业企业通过学习模仿，也可以享受到本地城市工业技术升级的成果，进而使周边地区的工业污染物排放减少。Gas tax 对 lnwater 在云贵地区的回归系数为正，说明在云贵地区对本地城市征收大气污染物税费会加剧周边城市 lnwater 排放，出现这种情况的原因可能是存在“污染避难所”。当对本地工业企业征收大气污染物税费时，本地工业企业不希望花费额外成本进行绿色技术创新升级，为躲避征税而选择将工厂搬迁到征税强度不那么严格的城市，从而出现对本地城市工业企业征税导致周边地区工业废水污染物排放量加重的现象。

（2）在 Panel B 中：在直接效应中，Gas tax 对 lngas 在总样本、云贵地区和川渝地区的回归系数分别为-0. 244 9、0. 400 3 和 0. 348 4，在总样本达到 5%的显著性水平，在云贵地区和川渝地区不显著。这说明在总样本地区对本地城市征收大气污染物税费抑制本地城市的 lngas 排放，出现这种结果与国家制定环保税的初衷保持一致：为了避免额外缴纳税费，降低生产成本，地方工业企业进行技术升级，提高资源的利用效应，减少污染物排放，最终实现降污减排。在云贵地区和川渝地区征收大气污染物税费对本地城市的 lngas 排放无影响，并未起到降污减排的政策目标效果。出现这种情况的原因可能是：首先，税费的征收力度不够。当工业企业认为额外的环境税费征收不足以迫使其进行绿色技术升级来减少污染排放时，就倾向于“边缴税，边污染”。其次，税费政策的执行力度不够。排污费由环保部门征收，环保税由环保部门协助税务机关征收。当过去几十年环保部门征收排污费的监管力度不足这一惯性在地方延续下来，就容易导致环保税的政策执行力度不够。

在间接效应中：Gas tax 对 lngas 的回归系数在总样本、云贵地区和川渝地区的回归系数分别为-0. 170 2、-0. 137 2、-0. 087 0，均不显著。这说明在本地城市征收大气污染物税费对周边城市工业废气排放不产生影响。

（3）在 Panel C 中：在直接效应中，Gas tax 对 lndust 在总样本、云贵地区和川渝地区的回归系数分别为-0.324 7、-0.210 0、-0.149 7，在总样本达到5%的显著性水平，在云贵地区和川渝地区不显著。这说明在总样本征收大气污染物税费对本地城市 lndust 排放起到抑制作用，可能的原因是税费压力大迫使地方工业企业进行技术升级，提高资源利用效率，减少污染物排放，所以在总样本征收大气污染物税费对本地城市 lndust 排放起到抑制作用。在云贵地区和川渝地区征收大气污染物税费对本地城市 lndust 排放不产生影响。

在间接效应中，Gas tax 对 lndust 在总样本、云贵地区和川渝地区的回归系数分别为-0.222 1、0.502 5 和 0.094 5，在云贵地区达到5%显著性水平，在总样本和川渝地区不显著。这说明对本地城市征收大气污染物税费在云贵地区加剧周边城市的 lndust 排放，可能的原因是出现了“污染避难所”，本地城市工业企业为躲避缴纳环保税而将工厂搬迁到周边监管宽松的城市，所以出现在云贵地区对本地城市征收大气污染物税费加剧周边城市 lndust 排放的现象。总样本城市和川渝城市对周边城市 lndust 排放不产生影响。

（4）就控制变量而言：在直接效应中，Eco 对 lnwater 在川渝地区的回归系数为-0.332 2，显著性水平为 5%；Eco 对 lngas 在总样本和云贵地区的回归系数分别为 0.956 7 和-0.936 1，显著性水平分别为 1%和 5%；Eco 对 lndust 在云贵地区的回归系数为-0.914 7，显著性水平为 5%。从回归结果来看，经济水平的发展总体上对本地城市工业“三废”排放起抑制作用，这可能是因为经济发展带动科学技术进步，经济越发达的地区越可能付出技术研发成本来进行绿色技术升级，从而减少本地城市工业“三废”排放。GOV 对 lnwater 在总样本地区的回归系数是 1.766 4，显著性水平是 1%；GOV 对 lngas 在总样本和云贵地区的回归系数分别是 1.405 2 和 2.727 3，分别达到 1%和 5%的显著性水平；GOV 对 lndust 在总样本的回归系数是 1.605 7，显著性水平为 5%。总体来看，政府支出增加导致本地城市工业“三废”排放增加。可能的原因是政府支出主要用于推动经济建设而不是环境保护，工业企业生产越多，带来的工业“三废”排放越多。除 INFRA 对 lnwater 在云贵地区的回归系数是-0.023 0，且达到 10%的显著性水平外，INFRA 对本地工业“三废”排放的回归系数均不显著。除 INVEST 对

lnwater 在总样本和云贵地区的回归系数分别是-0.427 4 和-0.621 0，且都达到 1%的显著性水平，INVEST 对 ingas 在总样本的回归系数是-0.260 9 且达到 10%的显著性水平外，INVEST 对本地城市工业“三废”排放没有影响。在间接效应中：Eco 对 lnwater 在总样本和川渝地区的回归系数分别是 1.726 0 和-0.322 8，显著性水平分别为 1%和 5%，Eco 对 lngas 在总样本的回归系数为-0.787 0，达到 1%的显著性水平，Eco 对 lndust 在总样本和川渝地区的回归系数分别是 1.096 1 和-1.379 0，显著性水平分别是 10%和 1%。从结果看 Eco 对周边城市工业“三废”排放回归系数有正有负，说明经济的发展对周边城市工业“三废”排放的影响既有加剧也有抑制。可能的原因是经济越发展越带动技术创新，对周边城市的技术创新溢出会根据周边城市的经济发展水平不同而有差异。对于经济发展稍显落后的周边城市，工业企业会更注重以技术增加产量，导致周边城市工业“三废”排放增多，而对于经济已经发展到一定程度的周边城市，工业企业会愿意加强绿色环保类技术创新，导致周边城市工业“三废”排放减少。GOV 对周边城市工业“三废”排放总体上看没有影响。INFRA 对周边城市的工业“三废”排放的回归系数有正有负。INVEST 对周边城市工业“三废”排放的回归系数均为负值，表明社会固定资产投资越多，周边城市的工业“三废”的排放越少。

表 5-21　水污染物税费对工业“三废”的影响：空间效应

Panel A		lnwater		
		(1) 总样本	(2) 云贵地区	(3) 川渝地区
直接效应	Water tax	0.231 5	-0.373 5	0.470 2***
		(0.222)	(0.112)	(0.007)
	Eco	-0.246 9	0.440 2	-0.427 4***
		(0.374)	(0.253)	(0.004)
	GOV	1.754 4***	1.726 6	0.692 4
		(0.000)	(0.130)	(0.217)
	INFRA	-0.009 0	-0.022 7*	0.009 5
		(0.242)	(0.069)	(0.301)
	INVEST	-0.285 2**	-0.623 3***	-0.077 5
		(0.031)	(0.001)	(0.686)

表5-21(续)

Panel A		lnwater		
		(1) 总样本	(2) 云贵地区	(3) 川渝地区
间接效应	Water tax	−0.410 4*	0.454 4**	−0.656 8***
		(0.066)	(0.017)	(0.000)
	Eco	2.075 0***	0.095 7	−0.257 8
		(0.000)	(0.682)	(0.076)
	GOV	2.397 2**	−1.618 0	1.251 8
		(0.025)	(0.262)	(0.313)
	INFRA	0.016 3	0.005 2	0.078 7***
		(0.245)	(0.760)	(0.001)
	INVEST	−0.383 9*	−0.460 6**	−0.580 3
		(0.062)	(0.011)	(0.104)
总效应	Water tax	−0.178 9	0.080 9	−0.186 5*
		(0.295)	(0.528)	(0.079)
	Eco	1.828 1***	0.535 9	−0.685 1***
		(0.000)	(0.130)	(0.000)
	GOV	4.151 6***	0.108 6	1.944 2*
		(0.000)	(0.943)	(0.092)
	INFRA	0.007 3	−0.017 5	0.088 1***
		(0.676)	(0.302)	(0.001)
	INVEST	−0.669 1***	−1.083 9***	−0.657 8*
		(0.009)	(0.000)	(0.064)

Panel B		lngas		
		(1) 总样本	(2) 云贵地区	(3) 川渝地区
直接效应	Water tax	−0.063 4	0.386 3*	−2.490 4
		(0.758)	(0.072)	(0.167)
	Eco	0.939 4***	−0.936 9***	0.164 6
		(0.000)	(0.009)	(0.716)
	GOV	1.344 9**	2.736 0**	−0.116 6
		(0.011)	(0.010)	(0.861)
	INFRA	−0.000 4	0.012 4	0.003 4
		(0.959)	(0.282)	(0.730)
	INVEST	−0.120 7	−0.203 7	−0.215 9
		(0.406)	(0.234)	(0.316)

表5-21(续)

Panel B		lngas		
		(1) 总样本	(2) 云贵地区	(3) 川渝地区
间接效应	Water tax	-0. 377 1 *	-0. 117 1	0. 782 8
		(0. 091)	(0. 498)	(0. 235)
	Eco	-0. 863 5 ***	-0. 087 9	-0. 027 3
		(0. 000)	(0. 704)	(0. 926)
	GOV	-0. 842 1	-0. 545 4	-0. 247 4
		(0. 443)	(0. 695)	(0. 822)
	INFRA	-0. 044 6 ***	-0. 038 7 **	-0. 049 8 ***
		(0. 006)	(0. 015)	(0. 004)
	INVEST	-0. 206 1	-0. 313 3 *	-0. 730 6 **
		(0. 351)	(0. 076)	(0. 043)
总效应	Water tax	-0. 440 5 ***	0. 269 1 **	-1. 707 6
		(0. 000)	(0. 036)	(0. 156)
	Eco	0. 075 9	-1. 024 8 ***	0. 137 3
		(0. 593)	(0. 005)	(0. 644)
	GOV	0. 502 7	2. 190 7	-0. 364 0
		(0. 666)	(0. 157)	(0. 662)
	INFRA	-0. 045 1 **	-0. 026 3	-0. 046 4 **
		(0. 023)	(0. 124)	(0. 010)
	INVEST	-0. 326 8	-0. 517 0 **	-0. 946 5 ***
		(0. 235)	(0. 028)	(0. 003)

Panel C		lndust		
		(1) 总样本	(2) 云贵地区	(3) 川渝地区
直接效应	Water tax	-0. 051 1	-0. 066 6	1. 286 6
		(0. 837)	(0. 781)	(0. 583)
	Eco	0. 723 9 ***	-0. 899 9 **	0. 508 2
		(0. 001)	(0. 041)	(0. 392)
	GOV	0. 754 8	-0. 818 8	1. 156 4
		(0. 241)	(0. 535)	(0. 186)
	INFRA	-0. 007 8	0. 010 4	-0. 007 9
		(0. 461)	(0. 456)	(0. 543)
	INVEST	-0. 172 0	-0. 285 5	-0. 071 8
		(0. 337)	(0. 187)	(0. 801)

表5-21(续)

Panel C		lndust		
		(1) 总样本	(2) 云贵地区	(3) 川渝地区
间接效应	Water tax	-0.094 6	0.415 8**	-0.426 4
		(0.729)	(0.030)	(0.611)
	Eco	-0.353 0	-0.105 9	-1.357 9***
		(0.154)	(0.747)	(0.000)
	GOV	-1.585 9	-6.061 8***	-1.030 1
		(0.250)	(0.003)	(0.473)
	INFRA	-0.022 0	-0.071 3***	0.057 9**
		(0.316)	(0.002)	(0.011)
	INVEST	0.030 6	-0.319 1	0.226 1
		(0.918)	(0.237)	(0.627)
总效应	Water tax	-0.145 6	0.349 1	0.860 3
		(0.266)	(0.105)	(0.584)
	Eco	0.370 9**	-1.005 8*	-0.849 7**
		(0.045)	(0.098)	(0.029)
	GOV	-0.831 1	-6.880 6**	0.126 3
		(0.581)	(0.011)	(0.907)
	INFRA	-0.029 8	-0.060 9**	0.050 0**
		(0.272)	(0.035)	(0.033)
	INVEST	-0.141 4	-0.604 7	0.154 3
		(0.708)	(0.132)	(0.708)

注：括号内为P值，***、**和*分别代表1%、5%和10%水平显著。

表5-21是水污染物税费对总样本、川渝地区和云贵地区工业“三废”排放的直接效应、间接效应和总效应的分解结果。从表5-21可以看出：

（1）在Panel A中：在直接效应中，Water tax对lnwater在总样本、云贵地区和川渝地区的回归系数分别为0.231 5、-0.373 5和0.470 2，在川渝地区达到1%显著性水平，在总样本和云贵地区不显著。这说明在总样本地区和云贵地区征收工业废水污染物税费对本地城市的lnwater排放无影响，在川渝地区征收工业废水污染物税费则会加剧本地城市的lnwater排放。在总样本和云贵地区环保税政策不起作用的原因如表5-20中提到的，可能是税费征收力度不够和税费征收的执行力度不够。在川渝地区征收工业废水环保税反而加剧本地城市lnwater排放，可能的原因是本地城市工业企业不愿意花费额外成本进行绿色技术升级来降低污染物排放，选择通过增加产量来弥补环保税费的支出，从而出现“边缴税边污染，越缴税越污染”的情况。

在间接效应中，Water tax 对 lnwater 在总样本、云贵地区和川渝地区的回归系数分别为-0.410 4、0.454 4 和-0.656 8，分别达到 10%、5%和 1%的显著性水平。这说明在总样本和川渝地区对本地城市征收工业废水污染物税费抑制周边城市 lnwater 排放，出现这种情况的原因如表 5-20 中提到的，可能是污染治理的正外部性，本地城市的工业企业进行绿色技术升级，资源利用效率提高，工业污染排放减少，不仅保护本地生态环境，还减少污染物向周边城市的扩散。此外，技术跨地区沟通交流，周边地区工业企业学习模仿绿色环保生产技术，促使周边地区工业废水污染物排放减少。Water tax 对 lnwater 在云贵地区的回归系数为正，说明在云贵地区对本地城市征收工业废水污染物税费会加剧周边城市 lnwater 排放，出现这种情况的原因可能是出现“污染避难所”。污染工厂跨地区转移到周边城市，从而出现对本地城市工业企业征税导致周边地区工业废水污染物排放量加重的情况。

（2）在 Panel B 中：在直接效应中，Water tax 对 lngas 在总样本、云贵地区和川渝地区的回归系数分别为-0.063 4、0.386 3 和-2.490 4，在云贵地区达到 10%的显著性水平，在总样本和川渝地区不显著。这说明在云贵地区对本地城市征收工业废水污染物税费会加剧本地城市的 lngas 排放，在总样本和川渝地区征收工业废水污染物税费对本地城市的 lngas 排放无影响。

在间接效应中：Water tax 对 lngas 的回归系数在总样本、云贵地区和川渝地区的回归系数分别为-0.377 1、-0.117 1 和 0.782 8，在总样本达到 10%显著性水平，在云贵地区和川渝地区不显著。这说明在总样本对本地城市征收工业废水污染物税费会对周边城市工业废气排放起抑制作用，在云贵地区和川渝地区对本地城市征收工业废水污染物税费则对周边城市工业废气排放起不产生影响。

（3）在 Panel C 中：在直接效应中，Water tax 对 lndust 在总样本、云贵地区和川渝地区的回归系数分别为-0.051 1、-0.066 6 和 1.286 6，均不显著。这说明对本地城市征收工业废水污染物税费对本地城市 lndust 排放不产生影响。

在间接效应中，Water tax 对 lndust 在总样本、云贵地区和川渝地区的回归系数分别为-0. 094 6、0. 415 8 和-0. 426 4，在云贵地区达到 5%的显著性水平，在总样本和川渝地区不显著。这说明在云贵地区对本地城市征收工业废水污染物税费会加剧周边城市的 lndust 排放，可能是出现了“污染避难所”，在总样本和川渝地区对本地城市征收工业废水污染物税费对周边城市 lndust 排放不产生影响。

（4）就控制变量而言：在直接效应中，Eco 对 lnwater 在川渝地区的回归系数是-0. 427 4，达到 1%显著性水平。Eco 对 lngas 在总样本和云贵地区的回归系数分别是 0. 939 4 和-0. 936 9，均达到 1%的显著性水平。Eco 对 lndust 在总样本和云贵地区的回归系数分别是 0. 723 9 和-0. 899 9，显著性水平分别是 1%和 5%。这表明经济发展促进川渝地区本地城市 lnwater 减排，在总样本范围加剧本地城市 lngas 和 lndust 污染物排放，但在云贵地区对本地城市 lngas 和 lndust 排放起抑制作用。GOV 对 lnwater 在总样本的回归系数是 1. 754 4，达到 1%的显著性水平。GOV 对 lngas 在总样本和云贵地区的回归系数分别是 1. 344 9 和 2. 736 0，均达到 5%的显著性水平。回归结果表明，政府支出加剧了本地城市工业“三废”排放，可能是由于政府支出更多用于促进经济发展以加快生产而不是环境保护。在间接效应中：Eco 对 lnwater 和 lngas 的回归系数在总样本分别是 2. 075 0 和-0. 863 5，均达到 1%的显著性水平。Eco 对 lndust 的回归系数在川渝地区是-1. 357 9，达到 1%的显著性水平。回归结果显示本地经济发展在总样本范围加剧周边城市 lnwater 的排放，减少 lngas 排放，在川渝地区本地经济发展减少周边城市 lndust 污染物排放。GOV 对 lnwater 在总样本的回归系数是 2. 397 2，达到 5%的显著性水平，GOV 对 lndust 在云贵地区的回归系数是-6. 061 8，达到 1%的显著性水平。这表明在总样本范围本地政府支出加剧周边城市 lnwater 排放，这可能是本地政府支出促进本地工业产量增加，lnwater 外溢到周边城市造成的。在云贵地区，本地政府支出减少周边城市 lndust 污染物排放。

3. 稳健性测试

空间计量模型对空间权重矩阵具有较高的敏感性。为验证上述结论的可靠性，我们使用地理距离矩阵替代经济地理嵌套矩阵，重新测试环境规制对产业结构升级的影响。地理距离矩阵公式如下：

$$w_{ij} = \begin{cases} \dfrac{1}{d_{ij}} & i \neq j \\ 0 & i = j \end{cases} \tag{5-38}$$

其中，d_{ij} 为区域 i 和区域 j 之间的地理距离。

稳健性结果如表 5-22、表 5-23、表 5-24 和表 5-25 所示。表 5-22 和表 5-23 分别是 Gas tax 和 Water tax 对工业“三废”排放的空间计量回归结果，表 5-24 和表 5-25 分别是 Gas tax 和 Water tax 对工业“三废”排放的直接效应、间接效应和总效应分解回归结果。

（1）从表 5-22 来看。在 Panel A 中：lnwater 在总样本、云贵地区和川渝地区的 ρ 值分别是 0.257 2、-1.006 5 和-0.938 1，分别达到 5%、1% 和 1%的显著性水平。Gas tax 对 lnwater 的回归系数在总样本、云贵地区和川渝地区分别是-0.235 3、-0.023 8 和-0.425 2，在总样本达到 5%的显著性水平，在川渝地区达到 10%的显著性水平，在云贵地区不显著。在 Panel B 中：lngas 在总样本、云贵地区和川渝地区的 ρ 值分别是 0.478 6、-1.053 3 和-1.536 9，均达到 1%的显著性水平。Gas tax 对 lngas 在总样本、云贵地区和川渝地区的回归系数分别是-0.280 1、0.252 4 和 0.528 1，在总样本达到 1%的显著性水平，在川渝地区达到 5%的显著性水平。在 Panel C 中：lndust 在总样本、云贵地区和川渝地区的 ρ 值分别是 0.601 6、0.460 4 和-1.296 1，均达到 1%的显著性水平，Gas tax 对 lndust 在总样本、云贵地区和川渝地区的回归系数分别是-0.336 8、-0.069 1 和-0.132 0，在总样本达到 1%的显著性水平，在云贵地区和川渝地区不显著。稳健性检验的结果总体与主测试类似。

（2）从表 5-23 来看。在 Panel A 中：lnwater 在总样本、云贵地区和川渝地区的 ρ 值分别是 0.368 6、-0.992 8 和-0.938 1，均达到 1%的显著性水平。Water tax 对 lnwater 的回归系数在总样本、云贵地区和川渝地区分别是 0.029 8、0.006 3 和 3.188 7，在川渝地区达到 10%的显著性水平，在总样本和云贵地区不显著。在 Panel B 中：lngas 在总样本、云贵地区和川渝地区的 ρ 值分别是 0.532 6、-1.061 4 和-1.536 9，均达到 1%的显著性水平。Water tax 对 lngas 在总样本、云贵地区和川渝地区的回归系数分别是 0.195 2、0.235 1 和-3.961 0，在川渝地区达到 5%的显著性水平，在总样本和云贵地区不显著。在 Panel C 中：lndust 在总样本、云贵地区和川渝地区的 ρ 值分别是 0.627 2、0.458 0 和-1.296 1，均达到 1%的显著性水平，

Water tax 对 lndust 在总样本、云贵地区和川渝地区的回归系数分别是 0. 137 7、0. 040 1 和 0. 990 2，均不显著。稳健性检验的结果总体与主测试类似。

（3）从表 5-24 来看。在 Panel A 中：Gas tax 对 lnwater 的直接效应在总样本的回归系数为-0. 234 4，达到 5%的显著性水平，在云贵地区和川渝地区不显著。Gas tax 对 lnwater 的间接效应均不显著。在 Panel B 中：Gas tax 对 lngas 的直接效应在总样本的回归系数为-0. 281 2，达到 1%的显著性水平，在云贵地区和川渝地区不显著。Gas tax 对 lngas 的间接效应均不显著。在 Panel C 中：Gas tax 对 lndust 的直接效应在总样本的回归系数为-0. 333 2，达到 5%的显著性水平，在云贵地区和川渝地区不显著。Gas tax 对 lndust 的间接效应均不显著。稳健性检验的结果总体与主测试类似。

（4）从表 5-25 来看。在 Panel A 中：Water tax 对 lnwater 的直接效应在总样本、云贵地区和川渝地区的回归系数均不显著。Water tax 对 lnwater 的间接效应在总样本的回归系数是-0. 577 4，达到 5%的显著性水平，在云贵地区和川渝地区不显著。在 Panel B 中：Water tax 对 lngas 的直接效应在总样本、云贵地区和川渝地区的回归系数均不显著。Water tax 对 lngas 的间接效应在总样本的回归系数是-0. 766 4，达到 5%的显著性水平，在云贵地区和川渝地区不显著。在 Panel C 中：Water tax 对 lndust 的直接效应在总样本、云贵地区和川渝地区的回归系数均不显著。Water tax 对 lndust 的间接效应均不显著。稳健性检验的结果总体与主测试类似。

表 5-22、表 5-23、表 5-24 和表 5-25 的回归结果验证了主测试是稳健的。

表 5-22　稳健性测试：大气污染物税费对工业“三废”的影响

Panel A	lnwater		
	(1) 总样本	(2) 云贵地区	(3) 川渝地区
Gas tax	-0. 235 3**	-0. 023 8	-0. 425 2*
	(0. 017)	(0. 921)	(0. 099)
Eco	0. 290 1	0. 459 6	-1. 038 0***
	(0. 240)	(0. 199)	(0. 005)
GOV	1. 110 1**	2. 618 3**	0. 315 1
	(0. 036)	(0. 019)	(0. 550)
INFRA	-0. 007 7	-0. 004 0	-0. 000 1
	(0. 328)	(0. 701)	(0. 991)

表5-22(续)

Panel A	lnwater		
	(1) 总样本	(2) 云贵地区	(3) 川渝地区
INVEST	-0.327 2**	-0.681 5***	-0.194 3
	(0.021)	(0.000)	(0.323)
W * Gas tax	-0.101 3	0.849 6	-4.047 9
	(0.432)	(0.324)	(0.187)
W * Eco	-0.548 4*	1.988 6	6.282 8*
	(0.099)	(0.337)	(0.064)
W * GOV	7.114 6***	8.491 6	2.912 1
	(0.002)	(0.249)	(0.536)
W * INFRA	0.060 0	0.065 8	0.081 7
	(0.175)	(0.334)	(0.414)
W * INVEST	-1.826 7***	-1.704 7*	-0.187 7
	(0.002)	(0.062)	(0.903)
R-squared	0.148 7	0.000 2	0.022 2
Log-likelihood	-507.874 5	-131.411 1	-212.179 2
ρ	0.257 2**	-1.006 5***	-0.938 1***
	(0.037)	(0.000)	(0.000)
σ^2	0.320 1***	0.193 4***	0.209 9***
	(0.000)	(0.000)	(0.000)
Obs	527	204	323

Panel B	lngas		
	(1) 总样本	(2) 云贵地区	(3) 川渝地区
Gas tax	-0.280 1***	0.252 4	0.528 1**
	(0.008)	(0.252)	(0.048)
Eco	0.670 3***	-0.874 2***	-0.174 9
	(0.006)	(0.008)	(0.649)
GOV	1.035 3*	1.977 2*	-0.310 1
	(0.066)	(0.054)	(0.572)
INFRA	-0.000 7	-0.030 0***	0.006 7
	(0.931)	(0.002)	(0.567)
INVEST	-0.304 0**	-0.548 7***	-0.270 7
	(0.043)	(0.002)	(0.188)

表5-22(续)

Panel B	lngas		
	(1) 总样本	(2) 云贵地区	(3) 川渝地区
W * Gas tax	0.010 2	-0.479 4	5.323 2*
	(0.941)	(0.545)	(0.095)
W * Eco	-0.231 9	-4.455 5**	-7.607 5**
	(0.487)	(0.019)	(0.032)
W * GOV	3.512 7	-13.549 4**	0.389 6
	(0.148)	(0.044)	(0.937)
W * INFRA	-0.100 1**	-0.210 2***	-0.081 7
	(0.031)	(0.001)	(0.433)
W * INVEST	-1.326 1**	-1.961 5**	-4.309 8***
	(0.032)	(0.018)	(0.007)
R-squared	0.296 9	0.001 2	0.010 0
Log-likelihood	-543.668 5	-114.632 5	-234.564 3
ρ	0.478 6***	-1.053 3***	-1.536 9***
	(0.000)	(0.000)	(0.000)
σ^2	0.363 0***	0.163 4***	0.227 4***
	(0.000)	(0.000)	(0.000)
Obs	527	204	323

Panel C	lndust		
	(1) 总样本	(2) 云贵地区	(3) 川渝地区
Gas tax	-0.336 8***	-0.069 1	-0.132 0
	(0.009)	(0.811)	(0.719)
Eco	0.698 9***	0.437 1	-0.802 1
	(0.006)	(0.160)	(0.126)
GOV	0.970 1	-0.729 4	0.261 9
	(0.157)	(0.577)	(0.729)
INFRA	-0.009 4	-0.009 3	0.001 8
	(0.361)	(0.483)	(0.908)
INVEST	-0.265 5	-0.343 2*	-0.110 0
	(0.149)	(0.097)	(0.696)
W * Gas tax	0.189 3	0.489 6	0.570 4
	(0.259)	(0.190)	(0.896)

表5-22(续)

Panel C	lndust		
	(1) 总样本	(2) 云贵地区	(3) 川渝地区
W * Eco	-0.174 6	1.502 5***	3.810 3
	(0.646)	(0.002)	(0.432)
W * GOV	-2.423 5	-6.602 1*	-2.375 5
	(0.417)	(0.066)	(0.724)
W * INFRA	-0.017 5	-0.157 1***	0.204 3
	(0.761)	(0.003)	(0.153)
W * INVEST	-0.358 1	-0.235 5	0.754 8
	(0.639)	(0.718)	(0.731)
R-squared	0.200 9	0.445 6	0.125 3
Log-likelihood	-646.922 0	-212.805 3	-333.490 9
ρ	0.601 6***	0.460 4***	-1.296 1***
	(0.000)	(0.000)	(0.000)
σ^2	0.558 4***	0.384 9***	0.428 5***
	(0.000)	(0.000)	(0.000)
Obs	527	204	323

注：括号内为 P 值，***、** 和 * 分别代表 1%、5% 和 10%水平显著。

表 5-23　稳健性测试：水污染物税费对工业“三废”的影响

Panel A	lnwater		
	(1) 总样本	(2) 云贵地区	(3) 川渝地区
Water tax	0.029 8	0.006 3	3.188 7*
	(0.845)	(0.974)	(0.099)
Eco	0.335 0	0.457 1	-1.038 0***
	(0.173)	(0.202)	(0.005)
GOV	1.038 4*	2.589 1**	0.315 1
	(0.053)	(0.022)	(0.550)
INFRA	-0.007 6	-0.004 2	-0.000 1
	(0.341)	(0.690)	(0.991)
INVEST	-0.234 0*	-0.686 1***	-0.194 3
	(0.097)	(0.000)	(0.323)
W * Water tax	-0.370 1*	0.485 8	30.359 0
	(0.081)	(0.496)	(0.187)

表5-23(续)

Panel A	lnwater		
	(1) 总样本	(2) 云贵地区	(3) 川渝地区
W * Eco	-0.645 0**	1.961 2	6.282 9*
	(0.049)	(0.346)	(0.064)
W * GOV	5.118 4**	8.484 8	2.912 1
	(0.026)	(0.254)	(0.536)
W * INFRA	0.054 1	0.064 8	0.081 7
	(0.216)	(0.349)	(0.414)
W * INVEST	-1.058 3*	-1.737 6*	-0.187 7
	(0.062)	(0.057)	(0.903)
R-squared	0.157 5	0.000 0	0.092 2
Log-likelihood	-514.831 9	-131.757 9	-212.179 2
ρ	0.368 6***	-0.992 8***	-0.938 1***
	(0.001)	(0.000)	(0.000)
σ^2	0.327 9***	0.194 4***	0.209 9***
	(0.000)	(0.000)	(0.000)
Obs	527	204	323

Panel B	lngas		
	(1) 总样本	(2) 云贵地区	(3) 川渝地区
Water tax	0.195 2	0.235 1	-3.961 0**
	(0.228)	(0.191)	(0.048)
Eco	0.715 9***	-0.878 8***	-0.174 9
	(0.004)	(0.007)	(0.649)
GOV	1.022 0*	2.009 0*	-0.310 1
	(0.072)	(0.052)	(0.572)
INFRA	0.001 1	-0.028 8***	0.006 7
	(0.896)	(0.003)	(0.567)
INVEST	-0.212 3	-0.543 7***	-0.270 7
	(0.156)	(0.002)	(0.188)
W * Water tax	-0.462 3**	-0.315 5	-39.923 0*
	(0.042)	(0.630)	(0.095)
W * Eco	-0.412 2	-4.431 5**	-7.607 6**
	(0.210)	(0.020)	(0.032)

表5-23(续)

Panel B	lngas		
	(1) 总样本	(2) 云贵地区	(3) 川渝地区
W * GOV	1.969 9	-12.928 5*	0.389 7
	(0.414)	(0.057)	(0.937)
W * INFRA	-0.091 9**	-0.202 6***	-0.081 7
	(0.046)	(0.001)	(0.433)
W * INVEST	-0.645 0	-1.948 3**	-4.309 8***
	(0.278)	(0.018)	(0.007)
R-squared	0.278 7	0.000 8	0.235 6
Log-likelihood	-549.285 1	-114.314 3	-234.564 4
ρ	0.532 6***	-1.061 4***	-1.536 9***
	(0.000)	(0.000)	(0.000)
σ^2	0.369 3***	0.162 7***	0.227 4***
	(0.000)	(0.000)	(0.000)
Obs	527	204	323

Panel C	lndust		
	(1) 总样本	(2) 云贵地区	(3) 川渝地区
Water tax	0.137 7	0.040 1	0.990 2
	(0.491)	(0.865)	(0.719)
Eco	0.738 5***	0.429 7	-0.802 1
	(0.003)	(0.169)	(0.126)
GOV	0.965 9	-0.752 8	0.261 9
	(0.161)	(0.565)	(0.729)
INFRA	-0.007 6	-0.008 7	0.001 8
	(0.464)	(0.516)	(0.908)
INVEST	-0.176 0	-0.338 8	-0.110 0
	(0.336)	(0.101)	(0.696)
W * Water tax	-0.175 3	0.282 8	-4.278 9
	(0.526)	(0.348)	(0.896)
W * Eco	-0.402 9	1.478 8***	3.810 4
	(0.281)	(0.002)	(0.432)

表5-23(续)

Panel C	lndust		
	(1) 总样本	(2) 云贵地区	(3) 川渝地区
W * GOV	-4.053 9	-6.515 6*	-2.375 5
	(0.172)	(0.071)	(0.724)
W * INFRA	-0.008 6	-0.151 6***	0.204 3
	(0.880)	(0.005)	(0.153)
W * INVEST	0.409 8	-0.207 4	0.754 8
	(0.576)	(0.750)	(0.731)
R-squared	0.188 8	0.445 1	0.038 4
Log-likelihood	-650.983 1	-212.810 4	-333.490 9
ρ	0.627 2***	0.458 0***	-1.296 1***
	(0.000)	(0.000)	(0.000)
σ^2	0.565 8***	0.384 9***	0.428 5***
	(0.000)	(0.000)	(0.000)
Obs	527	204	323

注：括号内为 P 值，***、** 和 * 分别代表 1%、5% 和 10%水平显著。

表 5-24　稳健性测试：大气污染物税费对工业“三废”的空间效应

Panel A		lnwater		
		(1) 总样本	(2) 云贵地区	(3) 川渝地区
直接效应	Gas tax	-0.234 4 **	-0.087 9	-0.266 7
		(0.019)	(0.785)	(0.228)
	Eco	0.274 4	0.323 6	-1.353 1 ***
		(0.244)	(0.377)	(0.000)
	GOV	1.275 0 **	2.174 4 **	0.244 2
		(0.011)	(0.048)	(0.662)
	INFRA	-0.006 8	-0.009 4	-0.003 2
		(0.385)	(0.368)	(0.742)
	INVEST	-0.354 2 ***	-0.588 2 ***	-0.195 1
		(0.009)	(0.001)	(0.307)

表5-24(续)

Panel A		lnwater		
		(1) 总样本	(2) 云贵地区	(3) 川渝地区
间接效应	Gas tax	−0.224 6	0.497 9	−1.975 9
		(0.157)	(0.413)	(0.275)
	Eco	−0.609 3	0.857 5	4.075 8 **
		(0.128)	(0.439)	(0.039)
	GOV	9.897 4 ***	3.692 3	1.639 4
		(0.003)	(0.347)	(0.533)
	INFRA	0.078 0	0.040 8	0.046 9
		(0.184)	(0.288)	(0.404)
	INVEST	−2.625 0 ***	−0.545 2	0.021 0
		(0.003)	(0.268)	(0.980)
总效应	Gas tax	−0.459 1 ***	0.410 0	−2.242 5
		(0.000)	(0.260)	(0.225)
	Eco	−0.334 9	1.181 0	2.722 6
		(0.306)	(0.263)	(0.151)
	GOV	11.172 4 ***	5.866 7	1.883 6
		(0.001)	(0.119)	(0.442)
	INFRA	0.071 2	0.031 3	0.043 7
		(0.243)	(0.393)	(0.459)
	INVEST	−2.979 2 ***	−1.133 4 **	−0.174 0
		(0.001)	(0.031)	(0.834)

Panel B		lngas		
		(1) 总样本	(2) 云贵地区	(3) 川渝地区
直接效应	Gas tax	−0.281 2 ***	0.326 7	0.265 1
		(0.008)	(0.272)	(0.265)
	Eco	0.665 6 ***	−0.583 5 *	0.253 8
		(0.004)	(0.082)	(0.561)
	GOV	1.241 4 **	3.370 6 ***	−0.327 3
		(0.021)	(0.001)	(0.611)
	INFRA	−0.004 4	−0.014 4	0.012 6
		(0.614)	(0.140)	(0.217)
	INVEST	−0.358 4 **	−0.422 6 **	−0.039 1
		(0.015)	(0.011)	(0.853)

表5-24(续)

Panel B		lngas		
		(1) 总样本	(2) 云贵地区	(3) 川渝地区
间接效应	Gas tax	-0.242 9	-0.441 2	2.120 4
		(0.230)	(0.428)	(0.163)
	Eco	0.206 3	-2.069 3 *	-3.341 0 **
		(0.715)	(0.050)	(0.042)
	GOV	7.610 2	-8.752 5 **	0.529 7
		(0.114)	(0.016)	(0.812)
	INFRA	-0.191 4*	-0.102 9 ***	-0.041 6
		(0.050)	(0.003)	(0.348)
	INVEST	-2.884 4 **	-0.759 6 *	-1.759 5 **
		(0.031)	(0.097)	(0.017)
总效应	Gas tax	-0.524 1 ***	-0.114 5	2.385 5
		(0.002)	(0.727)	(0.113)
	Eco	0.871 9 *	-2.652 8 ***	-3.087 1 **
		(0.097)	(0.008)	(0.036)
	GOV	8.851 7 *	-5.382 0	0.202 4
		(0.070)	(0.126)	(0.917)
	INFRA	-0.195 9 *	-0.117 3 ***	-0.029 1
		(0.054)	(0.000)	(0.520)
	INVEST	-3.242 8 **	-1.182 2**	-1.798 6 ***
		(0.018)	(0.015)	(0.007)

Panel C		lndust		
		(1) 总样本	(2) 云贵地区	(3) 川渝地区
直接效应	Gas tax	-0.333 2**	-0.018 3	-0.162 6
		(0.010)	(0.948)	(0.610)
	Eco	0.704 2***	0.575 3 *	-1.078 4 *
		(0.003)	(0.051)	(0.061)
	GOV	0.922 0	-1.248 9	0.457 6
		(0.163)	(0.328)	(0.589)
	INFRA	-0.010 5	-0.023 3	-0.008 4
		(0.352)	(0.126)	(0.549)
	INVEST	-0.294 1	-0.370 4	-0.159 5
		(0.111)	(0.100)	(0.577)

表5-24(续)

Panel C		lndust		
		(1) 总样本	(2) 云贵地区	(3) 川渝地区
间接效应	Gas tax	-0.046 0	0.803 4	0.451 1
		(0.879)	(0.111)	(0.839)
	Eco	0.624 9	3.042 9***	2.374 1
		(0.451)	(0.000)	(0.327)
	GOV	-4.649 7	-12.568 2*	-1.120 3
		(0.525)	(0.056)	(0.733)
	INFRA	-0.051 4	-0.283 4**	0.099 9
		(0.728)	(0.012)	(0.144)
	INVEST	-1.353 9	-0.733 0	0.465 7
		(0.504)	(0.549)	(0.663)
总效应	Gas tax	-0.379 3	0.785 1**	0.288 6
		(0.164)	(0.042)	(0.897)
	Eco	1.329 0	3.618 2***	1.295 6
		(0.102)	(0.000)	(0.560)
	GOV	-3.727 7	-13.817 1**	-0.662 7
		(0.617)	(0.048)	(0.821)
	INFRA	-0.061 9	-0.306 7**	0.091 5
		(0.687)	(0.012)	(0.196)
	INVEST	-1.648 0	-1.103 4	0.306 2
		(0.429)	(0.410)	(0.760)

注：括号内为P值，***、** 和 * 分别代表1%、5% 和 10%水平显著。

表 5-25　稳健性测试：水污染物税费对工业“三废”的空间效应

Panel A		lnwater		
		(1) 总样本	(2) 云贵地区	(3) 川渝地区
直接效应	Water tax	0.026 2	−0.026 0	2.119 0
		(0.865)	(0.921)	(0.206)
	Eco	0.312 6	0.324 0	−1.354 1***
		(0.182)	(0.376)	(0.000)
	GOV	0.041 8	2.146 5*	0.243 5
		(0.758)	(0.052)	(0.663)
	INFRA	−0.006 2	−0.009 5	−0.003 3
		(0.439)	(0.367)	(0.730)
	INVEST	−0.261 4*	−0.590 5***	−0.195 5
		(0.051)	(0.001)	(0.304)
间接效应	Water tax	−0.577 4**	0.272 9	15.417 3
		(0.038)	(0.587)	(0.238)
	Eco	−0.789 2*	0.850 6	4.017 0**
		(0.070)	(0.446)	(0.030)
	GOV	1.719 3	3.752 3	1.595 1
		(0.115)	(0.348)	(0.536)
	INFRA	0.081 1	0.040 5	0.045 8
		(0.234)	(0.301)	(0.393)
	INVEST	−1.877 7*	−0.569 4	0.024 6
		(0.051)	(0.251)	(0.977)
总效应	Water tax	−0.551 2**	0.246 9	17.536 2
		(0.011)	(0.420)	(0.190)
	Eco	−0.476 5	1.174 5	2.662 9
		(0.209)	(0.269)	(0.132)
	GOV	1.761 0	5.898 7	1.838 6
		(0.125)	(0.125)	(0.442)
	INFRA	0.074 8	0.031 0	0.042 5
		(0.292)	(0.411)	(0.449)
	INVEST	−2.139 1**	−1.159 9**	−0.170 9
		(0.027)	(0.029)	(0.836)

表5-25(续)

Panel B		lngas		
		(1) 总样本	(2) 云贵地区	(3) 川渝地区
直接效应	Water tax	0. 184 6	0. 292 0	-1. 868 8
		(0. 255)	(0. 229)	(0. 299)
	Eco	0. 705 4***	-0. 589 3*	0. 253 7
		(0. 002)	(0. 079)	(0. 559)
	GOV	1. 193 3**	3. 360 4***	-0. 326 8
		(0. 028)	(0. 001)	(0. 611)
	INFRA	-0. 003 0	-0. 013 6	0. 012 5
		(0. 743)	(0. 162)	(0. 214)
	INVEST	-0. 247 1*	-0. 417 9**	-0. 039 8
		(0. 085)	(0. 012)	(0. 850)
间接效应	Water tax	-0. 766 4**	-0. 333 5	-15. 419 6
		(0. 029)	(0. 465)	(0. 153)
	Eco	-0. 023 6	-2. 043 1*	-3. 390 1**
		(0. 969)	(0. 051)	(0. 031)
	GOV	5. 345 7	-8. 400 0**	0. 494 2
		(0. 306)	(0. 021)	(0. 821)
	INFRA	-0. 193 8*	-0. 098 8***	-0. 042 3
		(0. 070)	(0. 004)	(0. 321)
	INVEST	-1. 708 5	-0. 750 7*	-1. 757 3**
		(0. 210)	(0. 099)	(0. 016)
总效应	Water tax	-0. 581 8**	-0. 041 5	-17. 288 4
		(0. 049)	(0. 878)	(0. 104)
	Eco	0. 681 8	-2. 632 5***	-3. 136 4**
		(0. 230)	(0. 008)	(0. 025)
	GOV	6. 539 0	-5. 039 6	0. 167 4
		(0. 218)	(0. 154)	(0. 929)
	INFRA	-0. 196 8*	-0. 112 5***	-0. 029 8
		(0. 077)	(0. 001)	(0. 490)
	INVEST	-1. 955 7	-1. 168 6**	-1. 797 1***
		(0. 159)	(0. 016)	(0. 007)

表5-25(续)

Panel C		Indust		
		(1) 总样本	(2) 云贵地区	(3) 川渝地区
直接效应	Water tax	0.138 9	0.075 0	1.379 8
		(0.485)	(0.744)	(0.567)
	Eco	0.732 5***	0.563 8*	-1.078 5*
		(0.002)	(0.057)	(0.062)
	GOV	0.800 8	-1.259 3	0.458 0
		(0.229)	(0.325)	(0.589)
	INFRA	-0.008 2	-0.021 9	-0.008 4
		(0.481)	(0.150)	(0.539)
	INVEST	-0.155 1	-0.362 8	-0.160 4
		(0.383)	(0.106)	(0.572)
间接效应	Water tax	-0.248 4	0.524 9	-2.685 0
		(0.632)	(0.192)	(0.866)
	Eco	0.178 7	2.978 5***	2.303 9
		(0.835)	(0.001)	(0.311)
	GOV	-9.218 0	-12.367 8*	-1.172 4
		(0.232)	(0.059)	(0.716)
	INFRA	-0.029 2	-0.271 5**	0.098 8
		(0.851)	(0.014)	(0.132)
	INVEST	0.715 2	-0.675 3	0.469 5
		(0.727)	(0.578)	(0.658)
总效应	Water tax	-0.109 5	0.599 9**	-1.305 2
		(0.812)	(0.047)	(0.935)
	Eco	0.911 2	3.542 2***	1.225 4
		(0.284)	(0.000)	(0.555)
	GOV	-8.417 2	-13.627 1*	-0.714 4
		(0.284)	(0.051)	(0.804)
	INFRA	-0.037 4	-0.293 5**	0.090 3
		(0.817)	(0.014)	(0.182)
	INVEST	0.560 0	-1.038 2	0.309 2
		(0.789)	(0.435)	(0.756)

注：括号内为 P 值，***、** 和 * 分别代表 1%、5% 和 10%水平显著。

5.2.4.3 门槛效应模型

如前文提到的，本节以科技创新为门槛变量，探究科技创新（Tech）在环保税对工业“三废”排放的影响中是否存在门槛效应。经过单门槛、双门槛和三门槛假设检验后，结果如表 5-26、表 5-27 所示：科技创新分别在大气污染物税费和水污染物税费对工业烟尘排放的影响中存在单门槛效应。表 5-26 汇报的是科技创新在大气污染物税费对工业烟尘排放的影响中的门槛作用，从表 5-26 中可以看到：科技创新的双门槛值和三门槛值不显著，单门槛值为 33.51，通过 5%的显著性水平检验，BS times、Estimated thresholds 与 95%置信区间分别为 300、0.000 3 和［0.000 3，0.000 4］。当 Tech<0.000 3 时，Gas tax 对 lndust 的回归系数是 1.073 8，达到 5%的显著性水平；当 Tech>0.000 3 时，Gas tax 对 lndust 的回归系数是-0.271 3，达到 1%的显著性水平。单门槛回归结果表明大气污染物税费在考虑技术创新的情况下对工业烟尘排放的抑制作用呈增强趋势。原因在于随着科学技术的发展，工业企业生产方式不断由低效率高能耗转向高效率低能耗，资源利用效率增强从而减少污染物排放，有助于增强大气污染物税费抑制工业烟尘排放的政策效果。

表 5-27 汇报的是科技创新在水污染物税费对工业烟尘排放的影响中的门槛作用，从表 5-27 中可以看到：科技创新的双门槛值和三门槛值不显著，单门槛值为 33.09，通过 5%的显著性水平检验，BS times、Estimated thresholds 与 95%置信区间分别为 300、0.000 3 和［0.000 3，0.000 4］。当 Tech<0.000 3 时，Gas tax 对 lndust 的回归系数是 0.894 6，达到 5%的显著性水平；当 Tech>0.000 3 时，Gas tax 对 lndust 的回归系数是-0.242 1，达到 1%的显著性水平。回归结果与表 5-26 相似，表明水污染物税费在考虑技术创新的情况下对工业烟尘排放的抑制作用呈增强趋势。原因如前文所述，科技创新有助于工业企业生产方式绿色创新升级，从而提高企业对资源的利用效率，减少污染物排放，有助于增强水污染物税费抑制工业烟尘排放的政策效果。

表 5-26　门槛测试（大气污染税费对工业粉尘）

Panel A：Threshold existence test

Threshold variables	Threshold test	P-value	F-value	Critical value			BS times	Estimated thresholds	95% confidence interval
				1%	5%	10%			
Tech	Single	0.013	33.51**	34.035	21.100	16.286	300	0.000 3	[0.000 3, 0.000 4]
	Double	0.413	6.48	20.101	15.689	12.484	300		
	Triple	0.893	2.22	21.363	14.305	11.780	300		

Panel B：Threshold regression analyses

Gas tax（Tech<0.000 3）	Gas tax（Tech>0.000 3）	Eco	GOV	INFRA	INVEST	Fixed Effect	Obs	R-squared
1.073 8**	−0.271 3***	0.526 3**	1.030 0	−0.003 3	−0.334 3	Controlled	527	0.217 7
（0.036）	（0.000）	（0.014）	（0.133）	（0.874）	（0.350）			

注：括号内为 P 值，***、** 分别代表 1%、5%水平显著。

表 5-27 门槛测试（水污染税费对工业粉尘）

Panel A：Threshold existence test

Threshold variables	Threshold test	P-value	F-value	Critical value			BS times	Estimated thresholds	95% confidence interval
				1%	5%	10%			
Tech	Single	0.010	31.09**	30.440	20.158	15.810	300	0.000 3	[0.000 3, 0.000 4]
	Double	0.483	6.32	29.771	19.822	16.013	300		
	Triple	0.577	4.70	21.254	15.587	11.813	300		

Panel B：Threshold regression analyses

Water tax（Tech<0.000 3）	Water tax（Tech>0.000 3）	Eco	GOV	INFRA	INVEST	Fixed Effect	Obs	R-squared
0.894 6**	-0.242 1***	0.460 6**	1.035 2	-0.008 8	-0.224 0	Controlled	527	0.186 9
(0.049)	(0.000)	(0.039)	(0.140)	(0.681)	(0.550)			

注：括号内为 P 值，***、** 分别代表 1%、5%水平显著。

5.2.5 小结

降污减排是我国近年来环境治理的主要工作，破坏生态环境的主要污染源之一是工业废水、废气等。因此，实现工业“三废”减排就成为近年来在环境保护方面值得关注的问题。我国自 2018 年 1 月 1 日起正式实施《环保税法》，希望通过征税的方式，以税费压力迫使企业进行相应生产技术绿色升级从而减少污染物排放。在此背景下，本节利用 2004—2020 年长江上游地区三省一市 31 个地级市的面板数据，运用空间计量模型进行实证分析，探究环保税实施是否对工业“三废”排放有影响，以及如何影响工业“三废”排放。

空间自相关检验结果表明，工业“三废”的空间溢出效应各有不同：对水污染物来说，在研究期内的不同年份，水污染物的空间溢出效应在正负之间相互转换；对大气污染物来说，在研究期内二氧化硫保持着正向空间溢出效应，但在 2015 年前后空间依赖性强度变化明显；对工业烟尘来说，虽然在短期内表现为负的空间溢出效应，但从整个研究期间来看表现为正的空间溢出效应。通过空间计量分析发现，Gas tax 对本地城市的二氧化硫和工业烟尘在总样本范围起到抑制作用，对周边城市的二氧化硫和工业烟尘无影响，但对周边城市的水污染物起到抑制作用。分组测试显示：在云贵地区 Gas tax 对本地城市工业“三废”无影响，但会加剧周边城市的水污染物和工业烟尘排放。在川渝地区 Gas tax 对本地城市工业“三废”无影响，但会抑制周边城市的水污染物排放。就 Water tax 而言，Water tax 对本地城市工业“三废”无影响，对周边城市的水污染物和二氧化硫起抑制作用。分组测试显示：在云贵地区 Water tax 加剧本地城市的二氧化硫，对本地城市水污染物和工业烟尘排放无影响。同时，Water tax 加剧周边城市的水污染物和工业烟尘排放，对周边城市的二氧化硫无影响。在川渝地区，Water tax 加剧了本地城市的水污染物排放，对本地城市二氧化硫和工业烟尘排放无影响。同时，Water tax 对周边城市的水污染物排放起抑制作用，对周边城市二氧化硫和工业烟尘排放无影响。此外，门槛效应测试显示，科技创新确实在环保税对工业“三废”排放中产生门槛作用，在 Water tax 和 Gas tax 对工业烟尘排放的影响中，考虑到技术创新的情况下，水污染物税费和大气污染物税费的征收对工业烟尘排放的抑制作用呈增强趋势。

本章变量定义如表 5-28 所示。

表 5-28　变量定义

变量	定义
GTFP	使用 Super-SBM 模型计算的地级市绿色全要素生产率
Eco	地区经济发展水平，使用地区人均 GDP 进行自然对数化衡量
lnwater	地区工业废水排放量
lngas	地区工业二氧化硫排放量
lndust	地区工业烟尘排放量
Gas Tax	环保税规定的大气污染物税率。若观测值为 2018 年之前，则为排污费规定的大气污染物费率
Water tax	环保税规定的水污染物税率。若观测值为 2018 年之前，则为排污费规定的水污染物费率
GOV	政府规模，采用政府财政支出额与地区生产总值的比例来衡量
INDU	产业结构，采用第三产业增加值与第二产业增加值的比例进行衡量
INFRA	基础设施水平，采用人均道路面积进行衡量
INVEST	地区投资水平，采用地区固定资产投资额与地区生产总值的比例进行衡量
Tech	科技创新，采用地区科学技术支出占地区 GDP 的比值来衡量

6 仿真预测

第 4 章和第 5 章分别从微观层面和宏观层面对环保税政策实施以来的经济和环境效应展开评估。在本节中，本研究进一步使用环境动态一般均衡（E-DSGE）模型，针对环保税税率设置水平和设置方式进行基于模型稳态的敏感性分析和反事实分析，期望通过仿真预测的方式，探讨长江上游地区环保税政策对于经济和环境的持续影响，为后续探索环保税政策在该区域的优化方式提供参考。考虑到主体功能区的不同以及模型的可实现性，本研究将长江上游地区分为两个区域，即川渝地区和云贵地区，进而建立了一个包括两地区经济的环境动态一般均衡（E-DSGE）模型。

6.1 模型构建

6.1.1 最终产品厂商

假定本地区复合产品 Y^D 由 $j \in [0,\ 1]$ 种差异性产品 Y_j^D ，经不变替代弹性（CES）技术加总组成：

$$Y_t^D = [\int_0^1 (Y_{j,t}^D)^{(\theta-1)/\theta} dj]^{\theta/(\theta-1)} \tag{6-1}$$

其中，$\theta > 1$ 表示差异性中间产品间的替代弹性。在时期 t ，代表性的最终产品生产厂商以价格 $P_{j,t}^D$ 投入差异性中间产品 $Y_{j,t}^D$ ，经技术（6-1）生产并以价格 P_t^D 提供最终产品 Y_t^D ，其最优化行为意味着以下 $Y_{j,t}^D$ 的需求函数：

$$Y_{j,t}^D = (\frac{P_{j,t}^D}{P_t^D})^{-\theta} Y_t^D \tag{6-2}$$

其中，总生产价格指数 $P_t^D = [\int_0^1 (P_{j,t}^D)^{1-\theta} dj]^{1/(1-\theta)}$ ，定义 $\pi_t^D = P_t^D / P_{t-1}^D$ 是总

通货膨胀率。

6.1.2 环境、能源变量及环境政策

本研究对环境政策施加以下假定：政府对排放量 E_t 征收税率 p_t^E 。排放是生产过程中的副产品，本研究跟随 Annicchiaiico 和 Di Dio（2015），假定厂商 j 的排放量是自身产出的线性函数：

$$E_{j,t} = (1 - \mu_{j,t})\varphi Y_{j,t}^D \tag{6-3}$$

其中，$\mu_{j,t}$ 是厂商 j 的减排强度（abatement effort），$\varphi > 0$ 是排放的规模参数。减排强度的增加会带来更高的减排成本：

$$\mathrm{CA}_{j,t} = \varphi_1 (\mu_{j,t})^{\varphi_2} Y_{j,t}^D \tag{6-4}$$

其中，φ_1 与 φ_2 分别是控制规模和弹性的参数。在开放经济环境下，排放以如下形式积累：

$$Z_{t+1} - (1 - \delta_Z) Z_t = E_{j,t} + E_t^* + E_t^{\mathrm{NI}} \tag{6-5}$$

式中，E_t^* 表示其他地区排放量，E_t^{NI} 表示工业前时代排放（Annicchiaiico & Diluiso，2019），δ_Z 表示污染递减系数。环境中污染物存量将对最终产出产生负外部性（Anicchiarico & Di Dio，2015；Nordhaus，2008；Heutel，2012）。排放的外部性通过指数形式的损害函数来反映（Annicchiaiico & Di Dio，2015）①：

$$\Lambda_t = \exp[-\chi(Z_t - \bar{Z})] \tag{6-6}$$

其中，$\bar{Z}$ 是 Z_t 的短期目标值，以描述污染的外部性，排放存量引起的气候变化由损害函数（6-6）描述。

6.1.3 中间产品生产

每一种差异性中间产品 Y_j^D 由独特的中间产品厂商 j 生产。厂商 j 在时期 t 使用资本服务 $K_{j,t}$ 、劳动 $L_{j,t}$ 、化石能源 $\mathrm{EN}_{j,t}$ 和可再生能源 $\mathrm{RE}_{j,t}$ ，使用 Cobb-Douglas 形式的生产技术生产中间产品 j ：

$$Y_{j,t}^D = A_t^Y \Lambda_t (K_{j,t}^Y)^{\alpha_1} (L_{j,t}^Y)^{\Delta_1} \mathrm{EN}_{j,t}^{\gamma_1} \mathrm{RE}_{j,t}^{1-\alpha_1-\Delta_1-\gamma_1} \tag{6-7}$$

式中，A_t^Y 表示总体层面的全要素生产率（TFP），假定其服从一阶自回归过程②，投入要素的幂表示对应的投入的产出份额。本研究以 Rotemberg

---

① Xiao 等（2019）采用一种等价的方式引入外部性，假定污染的积累会导致负效用。

② 模型中的随机冲击将在本章最后统一描述。

(1982) 价格调整成本方式引入价格黏性：假定厂商 j 在中间产品市场中有一定的市场势力，在每个时期 t 选择其产品 j 的定价 $P_{j,t}^{D}$ ，同时面对需求函数（6-2）及价格调整成本 $AC_{j,t}^{P}=0.5\gamma_{P}(P_{j,t}^{D}/P_{j,t-1}^{D}-\pi^{D})^{2}P_{t}^{D}Y_{t}^{D}$ ，式中 γ_{P} 是衡量价格黏性程度的参数定义，π^{D} 表示 π_{t}^{D} 的稳态值。在不引起混淆的前提下，去掉变量的时间下标表示该变量的稳态值。

令 r_{t}^{K}、w_{t}、p_{t}^{EN}、p_{t}^{RE} 分别表示实际资本租金率、实际工资率和能源相对价格。厂商 j 除面对这些要素的支出成本外，还面对环保税支出 $\tau_{t}^{AP}E_{j,t}^{AP}$ 和减排成本 $\mathrm{CA}_{j,t}$ ，以及价格调整成本。厂商 j 的目标是最大化预期利润：

$$E_{t}\sum_{t=0}^{\infty}\lambda_{0,t}[(P_{j,t}^{D}/P_{t})Y_{j,t}^{D}-r_{t}^{K}K_{j,t}^{Y}-w_{t}L_{j,t}^{Y}-p_{t}^{\mathrm{EN}}\mathrm{EN}_{j,t}-p_{t}^{\mathrm{RE}}\mathrm{RE}_{j,t}-p_{t}^{E}E_{j,t}-AC_{j,t}^{P}/P_{t}-(P_{j,t}^{D}/P_{t})\mathrm{CA}_{j,t}] \tag{6-8}$$

受约束于式（6-3）至式（6-7），式中（6-8）E_{t} 表示基于时期 t 信息的期望算子，$\lambda_{0,t}$ 是时期 t 到 0 的随机贴现因子，定义 $\lambda_{t,t+1}=\lambda_{0,t+1}/\lambda_{t,t+1}$ 是时期 $t+1$ 到 t 的随机贴现因子。

6.1.4 能源厂商

假定两种能源产品由对应的生产商提供。本研究跟随 Xiao 等（2021）的设定，假设各厂商的资本和劳动要素是完全替代的①，于是两能源厂商的最优化问题给出了能源产品的价格 p^{EN} 和 p^{RE} ，由此决定均衡中的能源产品产量 $\mathrm{EN}_{j,t}$ 与 $\mathrm{RE}_{j,t}$ 。

化石燃料厂商 j 投入 $L_{j,t}^{\mathrm{EN}}$ 和资本服务 $K_{j,t}^{\mathrm{EN}}$ 以及化石资源 $F_{j,t}$ ，能源生产技术生产化石燃料如下式所示：

$$\mathrm{EN}_{j,t}=A_{t}^{\mathrm{EN}}(K_{j,t}^{\mathrm{EN}})^{\alpha_{2}}(L_{j,t}^{\mathrm{EN}})^{\Delta_{2}}F_{j,t}^{1-\alpha_{2}-\Delta_{2}} \tag{6-9}$$

其中，A_{t}^{E} 是其能源生产率，参数是各投入对应的产出份额。假定化石资源（例如石油）的相对价格 p_{t}^{F} 由外生的随机过程决定。化石燃料厂商 j 的目标是最大化利润函数：

$$E_{t}\sum_{t=0}^{\infty}\lambda_{0,t}[p_{t}^{\mathrm{EN}}\mathrm{EN}_{j,t}-r_{t}^{K}K_{j,t}^{\mathrm{EN}}-w_{t}L_{j,t}^{\mathrm{EN}}-p_{t}^{F}F_{j,t}] \tag{6-10}$$

受约束于化石燃料生产技术式（6-9）。由于资本和劳动要素价格已知，在得知化石资源 $F_{j,t}$ 的价格后，能源厂商的利润最大化问题将给出其最优投入及能源产品价格。

---

① Argentiero 等（2017；2018）探讨了不完全替代的情形。

可再生能源厂商 j 投入劳动 $L_{j,t}^{\mathrm{RE}}$ 和资本 $K_{j,t}^{\mathrm{RE}}$ ，使用类似的技术生产可再生能源：

$$\mathrm{RE}_{j,t} = A_t^E \mathrm{TI}_t \left(K_{j,t}^{\mathrm{RE}}\right)^{\alpha_3} \left(L_{j,t}^{\mathrm{RE}}\right)^{1-\alpha_3} \tag{6-11}$$

本研究在反事实分析中，假定政府直接对可再生能源厂商的收益进行补贴，资金来源是环保税收入，补贴在提高厂商利润的同时，也会对可再生能源厂商的生产率 $\mathrm{TI}_{j,t}$ 产生正向作用［这种机制可以来自对厂商的 R&D 补贴，见 Argentiero 等（2017；2018）的研究］。跟随 Xiao 等（2021）的设定，假定：

$$\mathrm{TI}_t = \frac{1 + \zeta \nu T_t^{\xi}}{1 + \nu T_t^{\xi}} \tag{6-12}$$

因此，新能源厂商 j 的目标是最大化利润函数：

$$E_t \sum_{t=0}^{\infty} \lambda_{0,\,t} \left[p_t^{\mathrm{RE}} \mathrm{RE}_{j,t} + T_t - r_t^K K_{j,t}^{\mathrm{RE}} - w_t L_{j,t}^{\mathrm{RE}} \right] \tag{6-13}$$

受约束于式（6-11）及式（6-12）。

6.1.5 家庭

经济中包含众多同质、永久存活的家庭。家庭的即期效用取决于消费和劳动供给，其消费受到环境质量的影响。代表性家庭选择消费 C 、劳动供给 L 、投资 I 与债券 B 以最大化其一生效用的现值和：

$$E_t \sum_{t=0}^{\infty} \beta^t \left[\ln(C_t) - A_L \frac{L_t^{1+\sigma_L}}{1 + \sigma_L} \right] \tag{6-14}$$

其中，β 是主观贴现因子，A_L 是衡量劳动负效用的参数，σ_L 是劳动 Frisch 弹性的倒数。本地区的代表性家庭面对以下预算约束：

$$\begin{aligned} & B_{t+1} + S_t B_{t+1}^* + P_t C_t + P_t I_t + P_t a(u_t) \bar{K}_t + P_t Tr_t \\ & = R_{t-1} B_t + R_{t-1}^* \Phi_{t-1} S_t B_t^* + P_t w_t L_t + P_t r_t^K u_t \bar{K}_t + P_t d_t \end{aligned} \tag{6-15}$$

其中，P_t 表示本地区最终产品价格，u_t 与 $a_t(\cdot)$ 是可变的资本利用率及其成本函数，S_t 是名义汇率①，B_t^* 与 R_t^* 表示其他地区债券及其利率，Φ_t 表示国

① 在开放经济 DSGE 模型中，名义汇率通常被定义为单位外币以本币数量衡量的价值。鉴于本研究同一国家内不同地区的设定，名义汇率总为 1。无抛补利率平价（UIP）条件要求本地利率 R_t 与其他地区利率 R_t^* 相等。

家风险溢价，d_t 表示家庭的股息收入，Tr_t 是一次总付税，$\bar{K}_t$ 是资本存量，有

$$K_t = u_t \bar{K}_t \tag{6-16}$$

并以 Christiano 等（2011）的方式随时间演进：

$$\bar{K}_{t+1} = (1-\delta)\bar{K}_t + \Upsilon_t[1 - S\tilde{S}(\frac{I_t}{I_{t-1}})]I_t \tag{6-17}$$

其中，δ 是资本折旧率，Υ_t 是单位均值的投资专有技术（IST）冲击，$S\tilde{S}_t(\cdot)$ 是反映投资调整成本的函数。函数 $a_t(\cdot)$ 和 $S\tilde{S}_t(\cdot)$ 参照 Christiano 等（2011）设定为

$$a(u) = \frac{1}{2}\sigma_b\sigma_a u^2 + \sigma_b(1-\sigma_a)u + \sigma_b(\frac{\sigma_a}{2} - 1),$$

$$S\tilde{S}(x) = \frac{1}{2}[e^{\sqrt{S\tilde{S}''}(x-1)} + e^{-\sqrt{S\tilde{S}''}(x-1)} - 2] \tag{6-18}$$

其中，σ_a、σ_b 是 $S\tilde{S}''$ 对应的参数。

本地区中间产品厂商 j 在本地区和其他地区市场上提供产品，为方便表述，将本地区对其他地区中间产品的需求简称为进口，将其他地区对本地区中间产品的需求简称为出口。用 $Y_{j,t}^H$ 和 $X_{j,t}$ 表示对本地区差异性产品 j 的本地和其他地区需求，则 $Y_{j,t}^D = Y_{j,t}^H + X_{j,t}$。中间产品经 CES 技术加总为复合本地产品 Y_t^D，相应地可以定义 Y_t^H 和 X_t 满足：

$$Y_t^D = Y_t^H + X_t \tag{6-19}$$

其中，Y_t^H 由消费与投资篮子中的本地产品部分构成，出口 X_t 由其他地区最终产品厂商的行为最优决定①。有关 Y_t^H 的均衡条件下最终产品厂商问题得到。竞争性的最终产品厂商将中间产品 Y_t^D 中的一部分由与进口中间产品 M_t 相结合，使用以下技术加总为最终产品，用以满足最终消费和投资品需求：

$$Y_t = [\kappa^{1/\rho}(Y_t^H)^{(\rho-1)/\rho} + (1-\kappa)^{1/\rho}(M_t)^{(\rho-1)/\rho}]^{\rho/(\rho-1)} \tag{6-20}$$

其中，$1-\kappa$ 是衡量本地区偏向的参数，ρ 是本地产品和进口中间产品间的替代弹性。最终产品厂商将最终产品需求 Y_t、本地产品价格 P_t^D、进口产品价格 P_t^{D*} 作为给定参数，选择 Y_t^H 与 M_t 最大化其利润。令 P_t^D 表示本地中间

---

① 与新开放经济宏观经济学文献相同，本研究假定政府购买 G_t 仅包括本地区产出。

产品价格，$S_t P_t^{D*}/P_t$ 对应进口中间产品价格①。厂商的零利润条件意味着最终产品价格指数满足：

$$P_t = [\kappa(P_t^D)^{1-\rho} + (1-\kappa)(S_t P_t^{D*})^{1-\rho}]^{1/(1-\rho)} \tag{6-21}$$

6.1.6 资源约束与政策

本研究抽象掉除环保税之外的税收，或者，假定环保税之外的税收以一次总赋税形式征收，以为政府支出筹资。经济的资源约束可由政府的预算约束和中间产品利润的定义代入家庭预算约束后得到：

$$\begin{aligned} P_t^D Y_t^D = {} & P_t[C_t + I_t + a(u_t)\bar{K}_t + \mathrm{PT}_t] + P_t^D(G_t + \mathrm{CA}_t) + \\ & 0.5\gamma_P(\pi_t^D - \pi^D)^2 P_t^D Y_t^D + P_t^D X_t - S_t P_t^{D*}\mathrm{IM}_t \end{aligned} \tag{6-22}$$

其中，G_t 是假定为外生的政府支出，T_t 是环保税收入，满足：

$$T_t = p_t^E E_t \tag{6-23}$$

假定货币当局以 Taylor 规则方式实施货币政策：

$$\frac{R_t}{R} = \left(\frac{R_{t-1}}{R}\right)^{\rho_R}\left[\left(\frac{\pi_t}{\pi}\right)^{\iota_\pi}\left(\frac{Y_t^D}{Y^D}\right)^{\iota_Y}\right]^{1-\rho_R}\exp(\varepsilon_t^R) \tag{6-24}$$

式中，ρ_R 是货币政策规则持续参数，ι_π 和 ι_Y 是通货膨胀和产出对应的反应系数，ε_t^R 是反映货币政策冲击的信息。

6.1.7 冲击过程

假定政府支出 G_t 、环保税 p_t^E 、资源价格 p_t^F 、生产率 A_t^Y 及 A_t^E 、IST 水平 Υ_t 服从 AR（1）过程：令

$$\ln\left(\frac{\xi_t}{\xi}\right) = \rho_\xi \ln\left(\frac{\xi_{t-1}}{\xi}\right) + \varepsilon_t^\xi \tag{6-25}$$

其中，$\xi_t = \{G_t,\ p_t^E,\ p_t^F,\ A_t^Y,\ A_t^E,\ \Upsilon_t\}$ ，ρ_ξ 表示各变量的自回归系数，信息项 ε_t^ξ 各自独立，具有零均值和标准差 σ_ξ 。

6.2 其他地区经济

本地区和其他地区之间存在贸易与资本流动方面的开放性。竞争性的

① 可定义 $S_t^R = S_t P_t^*/P_t$ 表示模型中的实际汇率，$P_t^D = P_t^D/P_t$ 表示本地产品价格与最终产品价格之比。

其他地区最终产品厂商将一部分其他地区中间产品（数量为 Y_t^{H*} ）与进口中间产品 M_t^* 相结合，使用 CES 技术加总为最终产品，用以满足其他地区的最终消费和投资需求：

$$Y_t^* = [\kappa^{1/\rho}(Y_t^{H*})^{(\rho-1)/\rho} + (1-\kappa)^{1/\rho}(M_t^*)^{(\rho-1)/\rho}]^{\rho/(\rho-1)} \tag{6-26}$$

其他地区最终产品厂商将 Y_t^* 的价格指数 $S_tP_t^*$ 、进口中间产品价格指数 P_t^D 及最终产品需求 Y_t^* 作为给定，其最优化行为意味着以下需求函数：

$$Y_t^{H*} = \kappa\left(\frac{S_tP_t^{D*}}{S_tP_t^*}\right)^{-\rho} Y_t^*,\ M_t^* = (1-\kappa)\left(\frac{P_t^D}{S_tP_t^*}\right)^{-\rho} Y_t^* \tag{6-27}$$

在两地区开放经济设定中，由于本地区和其他地区经济的对称性，本地区的出口等于其他地区的进口，其他地区出口 X_t^* 等于本地区进口 M_t ，即

$$X_t = M_t^*,\quad X_t^* = M_t \tag{6-28}$$

其他地区经济的资源约束是：

$$P_t^{D*}Y_t^{D*} = P_t^*[C_t^* + I_t^* + a(u_t^*)\bar{K}_t^*] + P_t^{D*}G_t^* + P_t^{D*}\mathrm{CA}_t^* + 0.5\gamma_P(^-\pi^{D*})2P_t^{D*}Y_t^{D*} + P_t^{D*}X_t^* - (P_t^D/S_t)M_t^* \tag{6-29}$$

其他地区经济与本地区经济的其他对称条件从略。

6.3 模型校准

本研究使用二阶扰动法（perturbation）来得到模型的数值近似解，利用两地区 1996 年 Q1 至 2021 年 Q4 的地区宏观经济数据进行校准。两区域包括长江上游三省一市（云南、四川、贵州和重庆），若非特别说明，两区域的对应参数取相同值。

首先，需要校准的参数是反映模型稳定状态特征的相关参数。模型中每个时期代表一个季度，且所有变量都不具备趋势，在利用样本均值校准时须作出相应调整。由样本期间 CPI 年化增长率均值 2.188%，推算出 CPI 通货膨胀率季度年化均值为 0.543%，实际 GDP 年化增长率均值的季度值为 2.099%。由 2013 年 4 月至 2021 年的“温州指数：民间融资综合利率：3 个月”均值为 16.923%，推算总名义利率季度均值取 3.986%，因此在存在增长趋势的模型中，推算主观贴现因子取 0.987 2，这也是本研究对 π

与 β 的取值。资本折旧率 δ 取为 2.50%，中间产品间的替代弹性 θ 取 6，是同类研究中的通常取值。资本与劳动在产出中的份额根据 Xiao 等（2021）设定为 0.33 与 0.55。污染衰减参数 δ_Z 参照 Tu 和 Wang（2021）对中国环保税的研究取 0.008。

其次，模型中校准和估计的参数需要保证某些变量稳态值或比例得以满足。由居民消费、全社会固定资产投资、政府消费、出口总额与进口总额构造 1996—2020 年度 GDP 数据，推算得到稳态中投资—产出比、政府支出—产出比及出口—产出比稳态值目标分别是 0.432 6、0.148 8 和 0.224 2。排放的外部性损失 1—Λ 和排放成本—产出比 CA/Y 根据 Annicchiaiico 和 Di Dio（2017）设定为 0.0030 和 0.00013。在劳动投入单位方面，稳态劳动投入 L 目标设为 0.25，劳动负效用参数 A_L 自行调整以满足此目标。在排放变量方面，将稳态 $E^{NI}/(E^C+E^{C*})$ 目标取为 1.280/8.475，$\bar{Z}/Z$ 取为 600/829，这来自 Annicchiaiico 和 Di Dio（2017）的研究。

再次是可以利用宏观数据进行估计的参数，鉴于本研究考察同一经济体内部的两区域，且省级宏观数据的可获得性不强，特别是支出法 GDP 数据通常仅有省会可获得，这些参数也直接予以校准。减排成本函数中的弹性参数 φ_2 取 2.8，来自 Heutel（2012）。价格调整成本参数 γ_P、劳动 Frisch 参数的倒数 σ_L、资本调整成本参数 $\tilde{S}''$ 及资本利用率成本参数 σ_a 都根据 Christiano 等（2011）的设定赋值。货币政策规则中的持续参数参照 Zhang（2009），反应参数来自 Chan（2000）。此外，需要估计的参数还包括冲击过程的自回归系数及其信息的标准差，由于本研究仅讨论稳态效应，对于自回归系数统一设定为 0.85，标准差设定为 0.01。

最后是本地经济与其他地区经济存在差异的参数及稳态值设定。本研究将中间产品生产部门的 TFP 设定为 1，令稳态产出水平随模型中不同情形的设定而调整。排放及对应的环保税率取化学需氧量排放量和二氧化硫排放量两种情形。基准模型中的稳态排放量来自 2004—2020 年三省一市的样本均值，其中川渝地区和云贵地区之间取加法。稳态排放税率参考全国各省市排污费和环保税征收标准，按照 2000—2018 年取均值再对川渝地区和云贵地区各自算术平均。详细的校准结果见表 6-1 和表 6-2。

表 6-1 两地区共同参数校准值

参数/稳态值	描述	取值	来源
β	主观贴现因子	0.987 2	样本均值及稳态条件
π	稳态通货膨胀率	1.005 4	样本均值及稳态条件
α_1	资本份额	0.33	Xiao 等（2021）
Δ_1	劳动份额	0.55	Xiao 等（2021）
γ_1	化石能源产出份额	0.105	Xiao 等（2021）
α_2	化石燃料厂商资本份额	0.282	Xiao 等（2021）
Δ_2	化石燃料厂商劳动份额	0.305	Xiao 等（2021）
α_3	可再生能源厂商资本份额	0.558	Xiao 等（2021）
δ	资本折旧率	0.025	文献通常取值
δ_z	污染递减系数	0.008	Tu 和 Wang（2021）
κ	本地区产品比率	0.812	样本均值及稳态条件
Λ	外部性参数	0.997 0	Annicchiaiico 和 Diluiso（2019）
CA/Y^D	本地减排成本—产出比	0.000 13	Annicchiaiico 和 Diluiso（2019）
$E^{NI}/(E+E^*)$	前工业排放稳态比	1.280/8.475	Annicchiaiico 和 Di Dio（2017）
$\bar{Z}/Z$	排放目标值稳态比目标	600/829	Annicchiaiico 和 Di Dio（2017）
L	稳态劳动投入目标	0.25	文献通常取值
p^F	稳态能源价格目标	1	任意选取
A^E	能源厂商稳态生产率	1	任意选取
I/Y^D	本地投资—产出比	0.224 7	样本均值
G/Y^D	本地政府支出—产出比	0.148 8	样本均值
θ	中间产品产出弹性	6	文献中通常取值
γ_p	价格调整成本参数	58.25	Annicchiaiico 和 Diluiso（2019）
σ_L	劳动 Frisch 参数的倒数	1	Christiano 等（2011）
$S\tilde{S}''$	资本调整成本参数	5	Christiano 等（2011）
σ_a	资本利用率成本参数	0.2	Christiano 等（2011）
ρ	产品替代弹性	1.5	Annicchiaiico 和 Diluiso（2019）
φ_2	本地减排成本弹性	2.8	Annicchiaiico 和 Di Dio（2017）
ζ	创新的支持效率	1.2	Xiao 等（2021）
ξ	创新水平的指数参数	1.1	Xiao 等（2021）
ρ_R	利率持续参数	0.75	Zhang（2009）
ι_π	通货膨胀反应系数	1.5	Chan（2000）
ι_y	产出反应系数	0.2	Chan（2000）

表 6-2 两区域不同的参数校准

参数/稳态值	描述	取值	来源
A^Y	中间产品生产率稳态	1	规模化为 1
σ_a^*	资本利用率成本参数	0.2	Christiano 等（2011）
φ_2^*	其他地区的减排成本弹性	2.8	Annicchiaiico 和 Di Dio（2017）
CA^*/Y^{D*}	其他地区减排成本产出比	0.000 13	Annicchiaiico 和 Diluiso（2019）
Y^{D*}/Y^D	其他地区—本地产出比	0.521 9	样本均值
G^*/Y^{D*}	其他地区政府支出—产出比	0.148 8	样本均值
E^*/E	其他—当地排放稳态比	0.572 0	化学需氧量（二氧化硫取 1.251 7）
p^E	本地区排放税率	1.273 7	化学需氧量税率（二氧化硫取 1.200 0）
p^{E*}	其他地区排放税率	1.307 9	化学需氧量税率（二氧化硫取 1.073 7）
ρ_{p^E}，$\rho_{p^{E*}}$	排放税率持续参数	0.75	文献中通常取值
σ_{p^E}	本地区排放税率标准差	0.223 4/4	化学需氧量税率（二氧化硫取 0.289 0）
$\sigma_{p^{E*}}$	其他地区排放税率标准差	0.155 8/4	化学需氧量税率（二氧化硫取 0.197 7）

6.4 环保税政策的稳态分析

我国实施的《环保税法》主要针对企业的排污行为征税，其税率由地方政府根据本地环境和经济实际情况自行设定，每污染当量征收一定金额①。换句话说，可以将《环保税法》视为政府对于企业非期望产出（污染物）的产品按一定价格收费。目前，学者为了简化研究，一般将全国视为一个区域，采用一致化税率模拟预测环保税的税率对于经济和环境的影响。但是，前面已经提到，税率由地方政府根据本地环境和经济实际情况自行设定，各个省市的实际税率均有所不同。因此，当前研究的设定与《环保税法》的实际情况不符。

在此背景下，本研究构建双区域动态随机一般均衡（DSGE）模型

① 具体税率范围以及其他与《环保税法》相关信息请参见第 3 章。

（或 E-DSGE 模型），将长江上游地区三省一市分为川渝地区和云贵地区，进而探讨非协同模式和协同模式下，环保税对于该区域经济和环境的影响。另外，本研究通过对比不同场景下环保税率对长江上游地区整体经济和环境的影响，提出优化环保税率设定的建议①。

具体研究过程：构建双区域 DSGE 模型（或 E-DSGE 模型），模拟不同场景对于经济和环境的影响。

对经济的影响具体指不同税率会对 GDP 或人均 GDP 或任何别的经济指标产生百分之多少的正负相影响。对环境的影响具体指不同税率会升高或降低百分之多少的二氧化硫排放量或化学需氧量排放量等。

模型参考如表 6-3 至表 6-6 所示。

表 6-3　不同环保税率的经济效应：非协同模式下主要变量的稳态值

变量	化学需氧量			二氧化硫		
	基准模型	(i)	(ii)	基准模型	(i)	(ii)
E	0.200 0	0.200 0	0.200 0	0.200 0	0.200 0	0.200 0
E^*	0.114 4	0.114 4	0.114 4	0.250 3	0.250 3	0.250 3
p^E	1.273 7	3.000 0	14.000 0	1.200 0	3.500 0	12.000 0
p^{E*}	1.307 9	2.800 0	1.400 0	1.073 7	2.400 0	1.200 0
Y^D	1.076 3	2.535 2	11.830 8	1.011 3	2.949 7	10.113 2
C	0.828 6	1.951 7	9.107 9	0.778 6	2.270 8	7.785 6
I	0.241 9	0.569 7	2.658 4	0.227 2	0.662 8	2.272 4
G	0.160 2	0.377 2	1.760 4	0.150 5	0.438 9	1.504 9
Z	45.235 6	45.235 6	45.235 6	64.794 5	64.794 5	64.794 5
μ	0.001 5	0.001 5	0.001 5	0.001 5	0.001 5	0.001 5
EN	0.068 7	0.124 6	0.363 5	0.065 8	0.138 4	0.325 9
RE	0.032 1	0.051 7	0.122 1	0.031 0	0.056 3	0.111 9
F	0.043 3	0.102 0	0.476 0	0.040 7	0.118 7	0.406 9
A^Y	1.642 5	2.719 7	6.734 9	1.583 3	2.973 3	6.140 9
Y^{D*}	0.561 7	1.323 1	6.174 5	0.527 8	1.539 4	5.278 1
C^*	0.201 3	0.466 5	1.854 0	0.220 2	0.598 1	1.625 4
I^*	0.122 3	0.295 9	1.703 5	0.083 9	0.288 9	1.415 7

① 非协同模式是指长江上游地区三省一市各自制定自己的环保税率。协同模式指长江上游地区三省一市协同制定统一的环保税率。

表6-3(续)

变量	化学需氧量			二氧化硫		
	基准模型	(i)	(ii)	基准模型	(i)	(ii)
G^*	0.083 6	0.196 9	0.918 8	0.078 5	0.229 1	0.785 4
μ^*	0.001 4	0.001 5	0.013 1	0.000 7	0.000 9	0.006 1
EN^*	0.042 8	0.079 0	0.266 8	0.032 9	0.077 7	0.234 6
RE^*	0.021 9	0.035 9	0.095 3	0.017 7	0.035 4	0.085 9
F^*	0.021 9	0.053 0	0.305 0	0.015 0	0.051 7	0.253 5
A^{Y*}	1.134 7	1.858 4	4.221 1	1.245 3	2.183 7	3.893 7

注：1. 在考察排污费费率对经济的稳态效应时，假设两区域排放量的稳态值在不同费率下保持不变。

2. 将长江上游三省一市视为两个区域，即川渝地区和云贵地区，将这种情况视为非协同模式。分别考虑以下不同情形：

①川渝地区和云贵地区皆按照最接近实际税率模式：川渝地区化学需氧量每污染当量 3 元，二氧化硫每污染当量 3.5 元；云贵地区化学需氧量每污染当量 2.8 元，二氧化硫每污染当量 2.4 元。

②川渝地区一致且最高，云贵地区一致且最低：川渝地区化学需氧量每污染当量 14 元，二氧化硫每污染当量 12 元；云贵地区化学需氧量每污染当量 1.4 元，二氧化硫每污染当量 1.2 元。

表 6-4　不同环保税率的环境效应：非协同模式下主要变量的稳态值

变量	化学需氧量			二氧化硫		
	基准模型	(i)	(ii)	基准模型	(i)	(ii)
E	0.185 8	0.078 9	0.016 9	0.197 8	0.067 8	0.019 8
E^*	0.106 3	0.045 1	0.009 7	0.247 5	0.084 9	0.024 8
p^E	1.273 7	3.000 0	14.000 0	1.200 0	3.500 0	12.000 0
p^{E*}	1.307 9	2.800 0	1.400 0	1.073 7	2.400 0	1.200 0
Y^D	1.000 0	1.000 0	1.000 0	1.000 0	1.000 0	1.000 0
C	0.769 8	0.769 8	0.769 8	0.769 8	0.769 8	0.769 8
I	0.224 7	0.224 7	0.224 7	0.224 7	0.224 7	0.224 7
G	0.148 8	0.148 8	0.148 8	0.148 8	0.148 8	0.148 8
Z	42.026 9	17.843 2	3.823 5	64.068 9	21.966 5	6.406 9
μ	0.001 5	0.001 5	0.001 5	0.001 5	0.001 5	0.001 5
EN	0.065 3	0.065 3	0.065 3	0.065 3	0.065 3	0.065 3
RE	0.030 8	0.030 8	0.030 8	0.030 8	0.030 8	0.030 8
F	0.040 2	0.040 2	0.040 2	0.040 2	0.040 2	0.040 2
A^Y	1.572 9	1.572 9	1.572 9	1.572 9	1.572 9	1.572 9

表6-4(续)

变量	化学需氧量			二氧化硫		
	基准模型	(i)	(ii)	基准模型	(i)	(ii)
Y^{D*}	0.521 9	0.521 9	0.521 9	0.521 9	0.521 9	0.521 9
C^*	0.187 1	0.184 0	0.156 7	0.217 8	0.202 8	0.160 7
I^*	0.113 6	0.116 7	0.144 0	0.082 9	0.097 9	0.140 0
G^*	0.077 7	0.077 7	0.077 7	0.077 7	0.077 7	0.077 7
μ^*	0.001 4	0.001 5	0.013 1	0.000 7	0.000 9	0.006 1
EN^*	0.040 6	0.041 4	0.047 9	0.032 6	0.036 6	0.047 0
RE^*	0.021 0	0.021 3	0.024 0	0.017 6	0.019 4	0.023 6
F^*	0.020 3	0.020 9	0.025 8	0.014 8	0.017 5	0.025 1
A^{Y*}	1.086 6	1.074 8	0.985 8	1.237 0	1.155 2	0.997 3

注：1. 在考察排污费费率对环境的稳态效应时，假设两区域产出的稳态值在不同费率下保持不变。

2. 将长江上游三省一市视为两个区域，即川渝地区和云贵地区，将这种情况视为合作模式。分别考虑以下不同情形：

①川渝地区和云贵地区皆按照最接近实际税率模式：川渝地区化学需氧量每污染当量 3 元，二氧化硫每污染当量 3.5 元；云贵地区化学需氧量每污染当量 2.8 元，二氧化硫每污染当量 2.4 元。

②川渝地区一致且最高，云贵地区一致且最低：川渝地区化学需氧量每污染当量 14 元，二氧化硫每污染当量 12 元；云贵地区化学需氧量每污染当量 1.4 元，二氧化硫每污染当量 1.2 元。

表 6-5　不同环保税率的经济效应：协同模式下主要变量的稳态值

变量	基准模型	(iii)	(iv)	(v)
		按化学需氧量		
	$p^E = p^{E*} =$	1.4	7	14
E	0.200 0	0.200 0	0.200 0	0.200 0
E^*	0.114 4	0.114 4	0.114 4	0.114 4
p^E	1.273 7	1.400 0	7.000 0	14.000 0
p^{E*}	1.307 9	1.400 0	7.000 0	14.000 0
Y^D	1.076 3	1.183 1	5.915 4	11.830 8
C	0.828 6	0.910 8	4.553 9	9.107 9
I	0.241 9	0.265 8	1.329 2	2.658 4
G	0.160 2	0.176 0	0.880 2	1.760 4

表6-5(续)

变量	基准模型	(iii)	(iv)	(v)
Z	45. 235 6	45. 235 6	45. 235 6	45. 235 6
μ	0. 001 5	0. 001 5	0. 001 5	0. 001 5
EN	0. 068 7	0. 073 4	0. 224 5	0. 363 5
RE	0. 032 1	0. 033 8	0. 082 9	0. 122 1
F	0. 043 3	0. 047 6	0. 238 0	0. 476 0
A^Y	1. 642 5	1. 736 5	4. 478 5	6. 734 9
Y^{D*}	0. 561 7	0. 617 4	3. 087 2	6. 174 5
C^*	0. 201 3	0. 220 3	1. 101 3	2. 202 6
I^*	0. 122 3	0. 135 5	0. 677 4	1. 354 8
G^*	0. 083 6	0. 091 9	0. 459 4	0. 918 8
μ^*	0. 001 4	0. 001 4	0. 001 4	0. 001 4
EN*	0. 042 8	0. 045 9	0. 140 5	0. 227 5
RE*	0. 021 9	0. 023 2	0. 056 9	0. 083 8
F^*	0. 021 9	0. 024 3	0. 121 3	0. 242 6
A^{Y*}	1. 134 7	1. 195 9	3. 084 1	4. 638 0
		按二氧化硫		
	$p^E = p^{E*} =$	1. 2	6	12
E	0. 200 0	0. 200 0	0. 200 0	0. 200 0
E^*	0. 250 3	0. 250 3	0. 250 3	0. 250 3
p^E	1. 200 0	1. 200 0	6. 000 0	12. 000 0
p^{E*}	1. 073 7	1. 200 0	6. 000 0	12. 000 0
Y^D	1. 011 3	1. 011 3	5. 056 6	10. 113 2
C	0. 778 6	0. 778 6	3. 892 8	7. 785 6
I	0. 227 2	0. 227 2	1. 136 2	2. 272 4
G	0. 150 5	0. 150 5	0. 752 4	1. 504 9
Z	64. 794 5	64. 794 5	64. 794 5	64. 794 5
μ	0. 001 5	0. 001 5	0. 001 5	0. 001 5
EN	0. 065 8	0. 065 8	0. 201 3	0. 325 9
RE	0. 031 0	0. 031 0	0. 076 0	0. 111 9
F	0. 040 7	0. 040 7	0. 203 4	0. 406 9

表6-5(续)

变量	基准模型	(iii)	(iv)	(v)
A^{Y}	1.583 3	1.583 3	4.083 5	6.140 9
Y^{D*}	0.527 8	0.527 8	2.639 1	5.278 1
C^{*}	0.220 2	0.227 9	1.139 4	2.278 9
I^{*}	0.083 9	0.076 2	0.381 1	0.762 1
G^{*}	0.078 5	0.078 5	0.392 7	0.785 4
μ^{*}	0.000 7	0.000 6	0.000 6	0.000 6
EN^{*}	0.032 9	0.030 8	0.094 2	0.152 5
RE^{*}	0.017 7	0.016 8	0.041 3	0.060 8
F^{*}	0.015 0	0.013 6	0.068 2	0.136 5
A^{Y*}	1.245 3	1.295 2	3.340 3	5.023 3

注：1. 在考察排污费费率对经济的稳态效应时，假设两区域排放量的稳态值在不同费率下保持不变。

2. 将三省一市视为一个区域，将这种情况视作协同模式，依然使用排污费费率。分别考虑以下不同情形：

①三省一市采用一致且最低税率，化学需氧量每污染当量 1.4 元，二氧化硫每污染当量 1.2 元。

②三省一市采用一致且中间税率，化学需氧量每污染当量 7 元，二氧化硫每污染当量 6 元。

③三省一市采用一致且最高税率，化学需氧量每污染当量 14 元，二氧化硫每污染当量 12 元。

表 6-6　不同环保税率的环境效应：协同模式下主要变量的稳态值

变量	基准模型	(iii)	(iv)	(v)
按化学需氧量				
	$p^{E}=p^{E*}=$	1.4	7	14
E	0.185 8	0.169 1	0.033 8	0.016 9
E^{*}	0.106 3	0.096 7	0.019 3	0.009 7
p^{E}	1.273 7	1.400 0	7.000 0	14.000 0
p^{E*}	1.307 9	1.400 0	7.000 0	14.000 0
Y^{D}	1.000 0	1.000 0	1.000 0	1.000 0
C	0.769 8	0.769 8	0.769 8	0.769 8
I	0.224 7	0.224 7	0.224 7	0.224 7
G	0.148 8	0.148 8	0.148 8	0.148 8

表6-6(续)

变量	基准模型	(iii)	(iv)	(v)
Z	42.026 9	38.235 5	7.647 1	3.823 5
μ	0.001 5	0.001 5	0.001 5	0.001 5
EN	0.065 3	0.065 3	0.065 3	0.065 3
RE	0.030 8	0.030 8	0.030 8	0.030 8
F	0.040 2	0.040 2	0.040 2	0.040 2
A^Y	1.572 9	1.572 9	1.572 9	1.572 9
Y^{D*}	0.521 9	0.521 9	0.521 9	0.521 9
C^*	0.187 1	0.186 2	0.186 2	0.186 2
I^*	0.113 6	0.114 5	0.114 5	0.114 5
G^*	0.077 7	0.077 7	0.077 7	0.077 7
μ^*	0.001 4	0.001 4	0.001 4	0.001 4
EN*	0.040 6	0.040 9	0.040 9	0.040 9
RE*	0.021 0	0.021 1	0.021 1	0.021 1
F^*	0.020 3	0.020 5	0.020 5	0.020 5
A^{Y*}	1.086 6	1.083 2	1.083 2	1.083 2
		按二氧化硫		
	$p^E = p^{E*} =$	1.2	6	12
E	0.197 8	0.197 8	0.039 6	0.019 8
E^*	0.247 5	0.247 5	0.049 5	0.024 8
p^E	1.200 0	1.200 0	6.000 0	12.000 0
p^{E*}	1.073 7	1.200 0	6.000 0	12.000 0
Y^D	1.000 0	1.000 0	1.000 0	1.000 0
C	0.769 8	0.769 8	0.769 8	0.769 8
I	0.224 7	0.224 7	0.224 7	0.224 7
G	0.148 8	0.148 8	0.148 8	0.148 8
Z	64.068 9	64.068 9	12.813 8	6.406 9
μ	0.001 5	0.001 5	0.001 5	0.001 5
EN	0.065 3	0.065 3	0.065 3	0.065 3
RE	0.030 8	0.030 8	0.030 8	0.030 8
F	0.040 2	0.040 2	0.040 2	0.040 2

表6-6(续)

变量	基准模型	(iii)	(iv)	(v)
A^Y	1.572 9	1.572 9	1.572 9	1.572 9
Y^{D*}	0.521 9	0.521 9	0.521 9	0.521 9
C^*	0.217 8	0.225 3	0.225 3	0.225 3
I^*	0.082 9	0.075 4	0.075 4	0.075 4
G^*	0.077 7	0.077 7	0.077 7	0.077 7
μ^*	0.000 7	0.000 6	0.000 6	0.000 6
EN^*	0.032 6	0.030 5	0.030 5	0.030 5
RE^*	0.017 6	0.016 7	0.016 7	0.016 7
F^*	0.014 8	0.013 5	0.013 5	0.013 5
A^{Y*}	1.237 0	1.286 6	1.286 6	1.286 6

注：1. 在考察排污费费率对环境的稳态效应时，假设两区域产出的稳态值在不同费率下保持不变。

2. 将三省一市视为一个区域，将这种情况视作协同模式，依然使用排污费费率。分别考虑以下不同情形：

①三省一市采用一致且最低税率，化学需氧量每污染当量 1.4 元，二氧化硫每污染当量 1.2 元。

②三省一市采用一致且中间税率，化学需氧量每污染当量 7 元，二氧化硫每污染当量 6 元。

③三省一市采用一致且最高税率，化学需氧量每污染当量 14 元，二氧化硫每污染当量 12 元。

6.5 脉冲响应分析

本研究分别对以下变量进行脉冲响应分析：GDP 增长率（YD）；排放量（E）；减排强度（mu）；减排成本（CA）；排放积累（Z）；化石能源（EN）；可再生能源（RE）。对上述变量进行脉冲响应分析的原因如下：①GDP 增长率（YD）：观察税率变化对宏观经济造成的影响。②排放量（E）：观察税率变化对宏观环境造成的影响。③减排强度（mu）：观察税率变化是否会影响到企业的减排决心，进而影响到企业的减排强度。④减排成本（CA）：观察税率变化对企业的减排强度的影响，进而对企业的减排成本造成的影响。⑤排放积累（Z）：观察税率变化对宏观环境造成的影响。⑥化石能源（EN）：观察税率变化对生产过程中化石能源的使用产生的影响。⑦可再生能源（RE）：观察税率变化对生产过程中可再生能源的使用产生的影响。

本研究分别对以下场景进行分析：

（1）非协同模式。

①川渝地区和云贵地区皆按照最接近实际税率模式：川渝地区化学需氧量每污染当量 3 元；二氧化硫每污染当量 3.5 元；云贵地区化学需氧量每污染当量 2.8 元，二氧化硫每污染当量 2.4 元［（i）模式］。结果如图 6-1 至图 6-4 展示。

②川渝地区一致且最高，云贵地区一致且最低：川渝地区化学需氧量每污染当量 14 元，二氧化硫每污染当量 12 元；云贵地区化学需氧量每污染当量 1.4 元，二氧化硫每污染当量 1.2 元［（ii）模式］。结果如图 6-5 至图 6-8 展示。

（2）协同模式。

①三省一市采用协同且最低税率，化学需氧量每污染当量 1.4 元，二氧化硫每污染当量 1.2 元［（iii）模式］。结果如图 6-9 至图 6-12 展示。

②三省一市采用协同且中间税率，化学需氧量每污染当量 7 元，二氧化硫每污染当量 6 元［（iv）模式］。结果如图 6-13 至图 6-16 展示。

③三省一市采用协同且最高税率，化学需氧量每污染当量 14 元，二氧化硫每污染当量 12 元［（v）模式］。结果如图 6-17 至图 6-20 展示。

对以上场景进行分析的原因如下：第一，对（i）模式，是依据经验分析法，对现实情况进行模拟分析。我们观察现实状况下，环保税率调整对于经济和环境的影响。第二，对（ii）模式是反事实分析，主要分析在非协同模式下，地区间税率差异较大时，环保税率调整对于经济和环境的影响。第三，对（iii）模式、（iv）模式和（v）模式也是反事实分析，主要分析在协同模式下，长江上游三省一市采取协同且低、中、高三种税率情况下，环保税率调整对于经济和环境的影响。

图 6-1 是基于两区域 E-DSGE 模型的主要变量对本地区征收水污染税（以化学需氧量为例）的脉冲响应。其中，川渝地区和云贵地区皆按照最接近实际情况设定税率，即川渝地区化学需氧量税额标准为每污染当量 3 元，云贵地区化学需氧量税额标准为每污染当量 2.8 元。图 6-1 的各子图

反映了当川渝地区化学需氧量税率提升 1 个单位，其对主要变量的不同影响。从图 6-1 中，本研究发现当川渝地区化学需氧量税率提升 1 个单位后：①川渝地区的 GDP 增长率（YD）会在短期内出现大幅度下降，并在第 4 个时期（第 4 个季度）后达到最低。随后，该影响会迅速消退，并在第 10 个时期（第 10 个季度）恢复正常。②川渝地区的污染物排放量（E）会在短期内出现大幅度下降，并在第 4 个时期（第 4 个季度）后达到最低。随后，该影响会迅速消退，并在第 10 个时期（第 10 个季度）恢复正常。③对于川渝地区企业的减排强度（mu）会在一开始出现大幅促进作用，但该促进作用会随着时间的延长而逐渐下降。④同时，税率的提升也会对川渝地区的企业减排成本（CA）、污染物排放积累（Z）、化石能源使用量（EN）和可再生能源使用量（RE）均造成不同程度的影响。造成上述影响的主要原因可能是在税率调整初期会对企业产生负面冲击，导致部分企业倒闭，进而降低区域 GDP 增长率（YD）和污染物排放量（E），促进企业的减排强度（mu）。但随着时间的推移，社会逐渐适应新的税率，导致政策效应消退。

同时，本研究发现当川渝地区化学需氧量税率提升 1 个单位后，也会对云贵地区各主要变量产生不同程度的影响：①与川渝地区类似，云贵地区的 GDP 增长率（YDast）也会在短期内出现大幅度下降，并在第 4 个时期（第 4 个季度）后达到最低。随后，该影响会迅速消退，并在第 10 个时期（第 10 个季度）恢复正常。②云贵地区的污染物排放量（East）会在短期内出现大幅度下降，并在第 4 个时期（第 4 个季度）后达到最低。随后，该影响会迅速消退，并在第 10 个时期（第 10 个季度）恢复正常。③对于云贵地区企业的减排强度（muast）会在一开始出现大幅促进作用，并在第 4 个时期（第 4 个季度）后达到最高。随后，该促进作用会逐渐下降。④同时，税率的提升也会对云贵地区的企业减排成本（CAast），化石能源使用量（ENast）和可再生能源使用量（REast）均造成不同程度的影响。造成上述影响的主要原因可能是当川渝地区税率调整后，会对云贵地区的企业产生联动和震慑作用。云贵地区的企业可能会预期本地也会逐步提高税率，主动关闭部分污染型企业，进而降低区域 GDP 增长率（YD）和污染物排放量（E），促进企业的减排强度（mu）。但随着时间的推移，该效应会逐渐调整并消退。

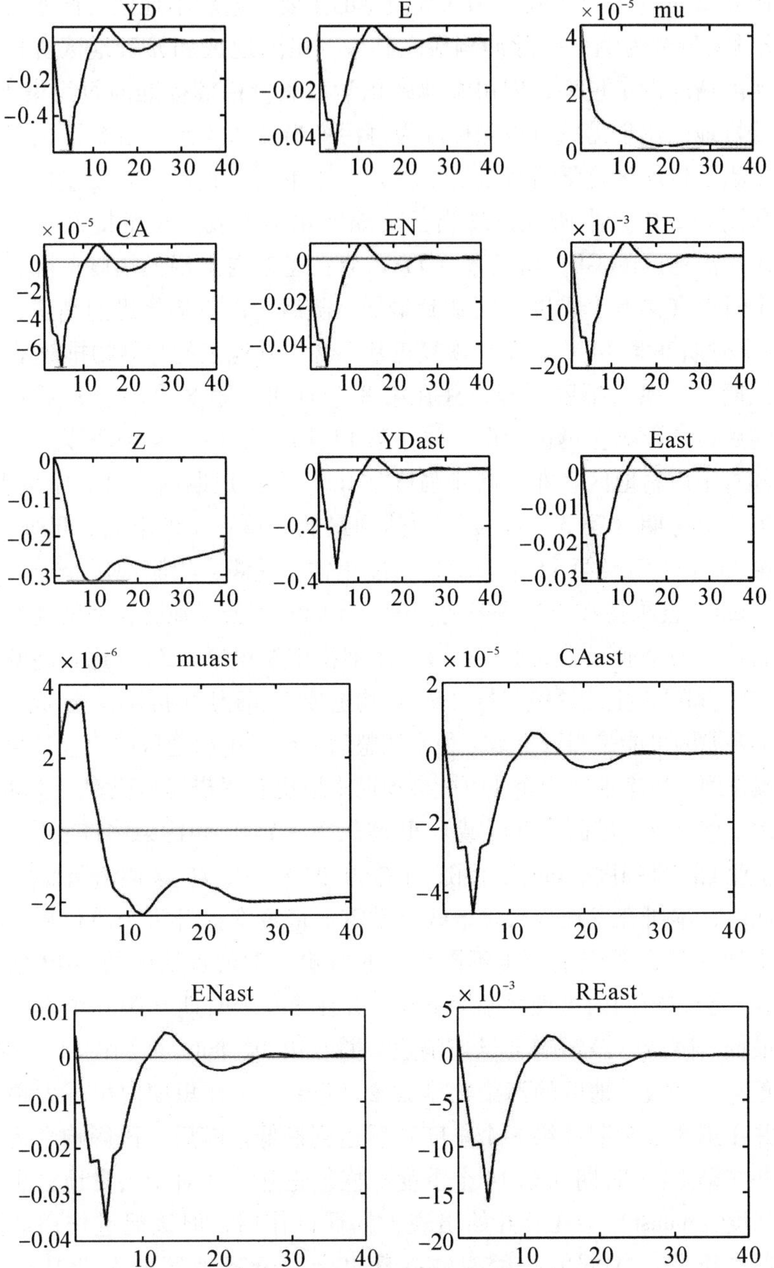

图 6-1 非协同模式下主要变量对本地区环保税率的脉冲响应

（川渝地区化学需氧量税额标准为每污染当量 3 元；

云贵地区化学需氧量税额标准为每污染当量 2.8 元）

图 6-2 是基于两区域 E-DSGE 模型的主要变量对本地区征收水污染税（以化学需氧量为例）的脉冲响应。其中，川渝地区和云贵地区皆按照最接近实际情况设定税率，即川渝地区化学需氧量税额标准为每污染当量 3 元，云贵地区化学需氧量税额标准为每污染当量 2. 8 元。图 6-2 的各子图反映了当云贵地区化学需氧量税率提升 1 个单位，其对主要变量的不同影响。从图 6-2 中，本研究发现当云贵地区化学需氧量税率提升 1 个单位后：①川渝地区的 GDP 增长率（YD）会在短期内出现大幅度下降，并在第 6 个时期（第 6 个季度）后达到最低。随后，该影响会迅速消退，并在第 14 个时期（第 14 个季度）恢复正常。②川渝地区的污染物排放量（E）会在短期内出现大幅度下降，并在第 8 个时期（第 8 个季度）后达到最低。随后，该影响会迅速消退，并在第 14 个时期（第 14 个季度）恢复正常。③对于川渝地区企业的减排强度（mu）会在短期内出现大幅度下降，并在第 3 个时期（第 3 个季度）后达到最低。随后，该影响会迅速消退，并在第 11 个时期（第 11 个季度）恢复正常。最终，川渝地区企业的减排强度（mu）会维持在小幅提升的程度。④同时，云贵地区税率的提升也会对川渝地区的企业减排成本（CA）、污染物排放积累（Z）、化石能源使用量（EN）和可再生能源使用量（RE）均造成不同程度的影响。造成上述影响的主要原因可能是当云贵地区税率调整后，会对川渝地区的企业产生联动和震慑作用。川渝地区的企业可能会预期本地也会逐步提高税率，主动关闭部分污染型企业，进而降低区域 GDP 增长率（YD）和污染物排放量（E），促进企业的减排强度（mu）。但随着时间的推移，该效应会逐渐调整并消退。

同时，本研究发现当云贵地区化学需氧量税率提升 1 个单位后，也会对云贵地区各主要变量产生不同程度的影响：①云贵地区的 GDP 增长率（YDast）会在短期内出现大幅度下降，并在第 6 个时期（第 6 个季度）后达到最低。随后，该影响会迅速消退，并在第 14 个时期（第 14 个季度）恢复正常。②云贵地区的污染物排放量（East）会在短期内出现大幅度下降，并在第 8 个时期（第 8 个季度）后达到最低。随后，该影响会迅速消退，并在第 14 个时期（第 14 个季度）恢复正常。③对于云贵地区企业的减排强度（muast）会在一开始出现大幅促进作用，但该促进作用会随着时间逐渐下降。④同时，税率的提升也会对云贵地区的企业减排成本（CAast），化石能源使用量（ENast）和可再生能源使用量（REast）均造成不同程度的影响。造成上述影响的主要原因可能是税率调整初期会对企业产生负面冲击，部分企业倒闭，进而降低区域 GDP 增长率（YD）和污染物排放量（E），促进企业的减排强度（mu）。但随着时间的推移，社会逐渐适应新的税率，导致政策效应消退。

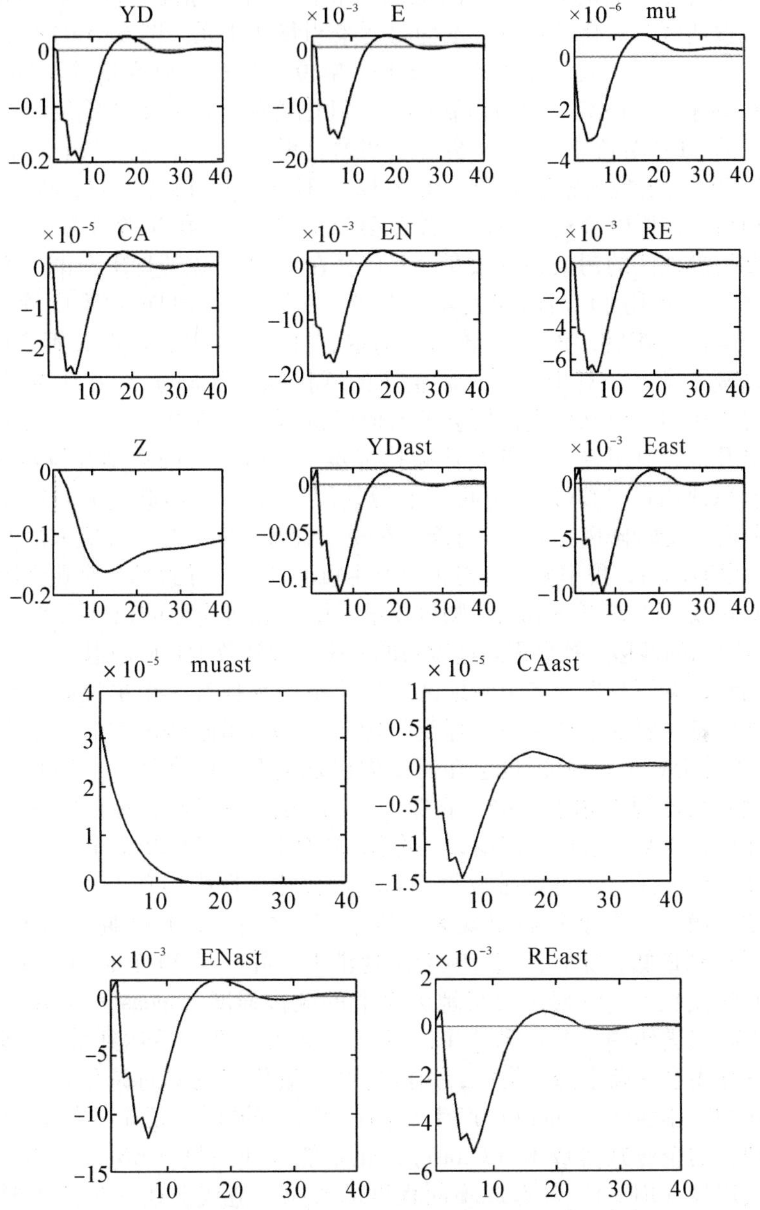

图 6-2 非协同模式下主要变量对其他地区环保税率的脉冲响应
（川渝地区化学需氧量税额标准为每污染当量 3 元；
云贵地区化学需氧量税额标准为每污染当量 2.8 元）

图 6-3 是基于两区域 E-DSGE 模型的主要变量对本地区征收大气污染税（以二氧化硫为例）的脉冲响应。其中，川渝地区和云贵地区皆按照最接近实际情况设定税率，即川渝地区二氧化硫税额标准为每污染当量 3.5 元，云贵地区二氧化硫税额标准为每污染当量 2.4 元。图 6-3 的各子图反映了当川渝地区二氧化硫税率提升 1 个单位，其对主要变量的不同影响。从图 6-3 中，本研究发现当川渝地区二氧化硫税率提升 1 个单位后：①川渝地区的 GDP 增长率（YD）会在短期内出现上升，并在第 3 个时期（第 3 个季度）后出现大幅度下降，在第 12 个时期（第 12 个季度）后达到最低。随后，该影响会迅速消退，并在第 20 个时期（第 20 个季度）恢复正常。②川渝地区的污染物排放量（E）会在短期内出现上升，并在第 3 个时期（第 3 个季度）后出现大幅度下降，在第 12 个时期（第 12 个季度）后达到最低。随后，该影响会迅速消退，并在第 20 个时期（第 20 个季度）恢复正常。③对于川渝地区企业的减排强度（mu）会在一开始出现大幅促进作用，但该促进作用会随着时间的延长而逐渐下降。④同时，税率的提升也会对川渝地区的企业减排成本（CA）、污染物排放积累（Z）、化石能源使用量（EN）和可再生能源使用量（RE）均造成不同程度的影响。造成上述影响的主要原因可能是在税率调整初期，政策效应未能及时反映。一段时间后，税率调整会对企业产生负面冲击，导致部分企业倒闭，进而降低区域 GDP 增长率和污染物排放量（E），促进企业的减排强度（mu）。但随着时间的推移，社会逐渐适应新的税率，导致政策效应消退。

同时，本研究发现当川渝地区二氧化硫税率提升 1 个单位后，也会对云贵地区各主要变量产生不同程度的影响：①与川渝地区类似，云贵地区的 GDP 增长率（YDast）也会在短期内出现上升，并在第 3 个时期（第 3 个季度）后出现大幅度下降，在第 12 个时期（第 12 个季度）后达到最低。随后，该影响会迅速消退，并在第 20 个时期（第 20 个季度）恢复正常。②云贵地区的污染物排放量（East）会在短期内出现上升，并在第 3 个时期（第 3 个季度）后出现大幅度下降，在第 12 个时期（第 12 个季度）后达到最低。随后，该影响会迅速消退，并在第 20 个时期（第 20 个季度）恢复正常。③对于云贵地区企业的减排强度（muast）会在一开始出现大幅促进作用，并在第 2 个时期（第 2 个季度）后达到最大。随后，该促进作用会逐渐下降。最终，川渝地区二氧化硫税率的提升会对云贵地区企业的减排强度（muast）产生负面影响。④同时，税率的提升也会对云贵地区的企业减排成本（CAast），化石能源使用量（ENast）和可再生能源使用量（REast）均造成不同程度的影响。造成上述影响的主要原因可能是当川渝地区税率调整后，会对云贵地区的企业产生联动和震慑作用。云贵地区的企业可能会预期本地也会逐步提高税率，主动关闭部分污染型企业，进而降低区域 GDP 增长率（YD）和污染物排放量（E），促进企业的减排强度（mu）。但随着时间的推移，该效应会逐渐调整并消退。此外，川渝地区税率提升也可能会导致部分污染型企业从川渝地区转移到云贵地区，从而使云贵地区企业的减排强度（mu）下降。

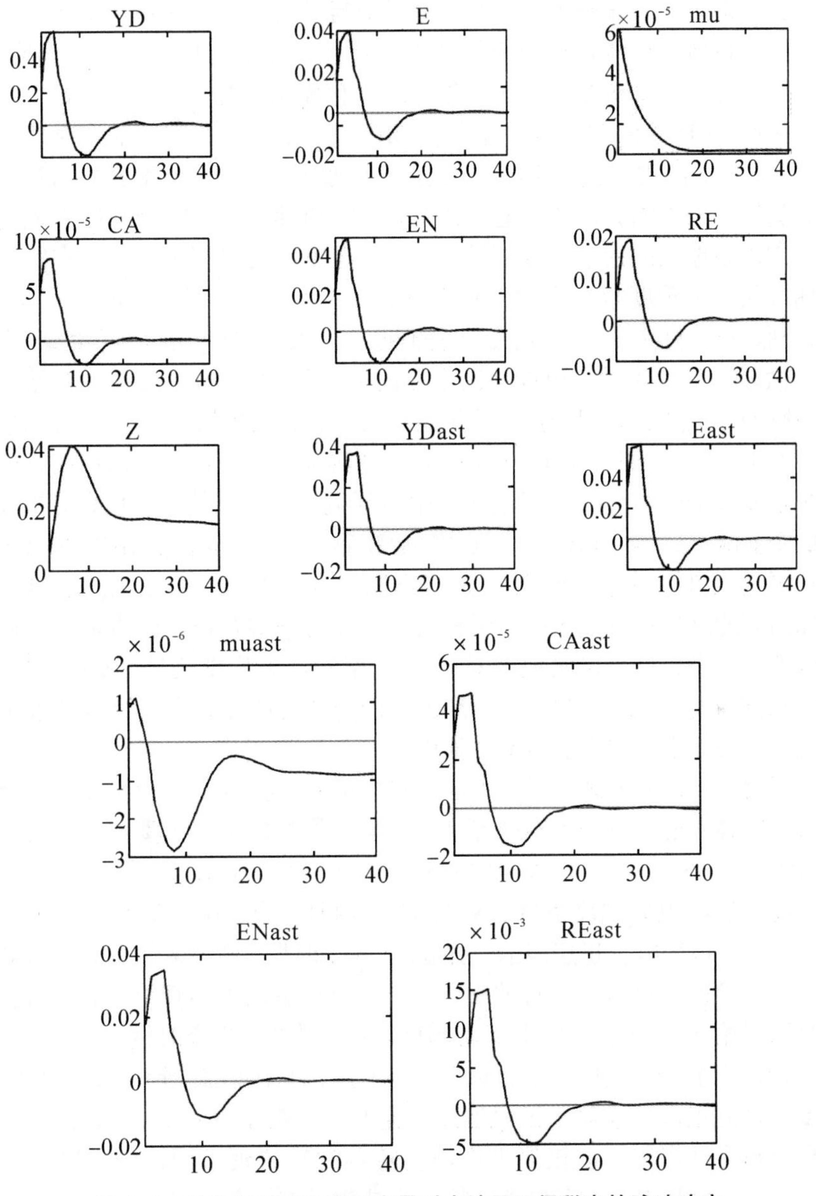

图 6-3　非协同模式下主要变量对本地区环保税率的脉冲响应

（川渝地区二氧化硫税额标准为每污染当量 3.5 元；

云贵地区二氧化硫税额标准为每污染当量 2.4 元）

图 6-4 是基于两区域 E-DSGE 模型的主要变量对本地区征收大气污染税（以二氧化硫为例）的脉冲响应。其中，川渝地区和云贵地区皆按照最接近实际情况设定税率，即川渝地区二氧化硫税额标准为每污染当量 3.5 元，云贵地区二氧化硫税额标准为每污染当量 2.4 元。图 6-4 的各子图反映了当云贵地区二氧化硫税率提升 1 个单位，其对主要变量的不同影响。从图 6-4 中，本研究发现当云贵地区二氧化硫税率提升 1 个单位后：①川渝地区的 GDP 增长率（YD）会在短期内出现上升，并在第 3 个时期（第 3 个季度）后出现大幅度下降，在第 16 个时期（第 16 个季度）后达到最低。随后，该影响会迅速消退，并在第 23 个时期（第 23 个季度）恢复正常。②川渝地区的污染物排放量（E）会在短期内出现上升，并在第 3 个时期（第 3 个季度）后出现大幅度下降，在第 17 个时期（第 17 个季度）后达到最低。随后，该影响会迅速消退，并在第 23 个时期（第 23 个季度）恢复正常。③对于川渝地区企业的减排强度（mu）会在一开始出现负面影响。但随着时间的推移，川渝地区企业的减排强度（mu）会迅速上升，在第 10 个时期（第 10 个季度）后达到最高。最终，川渝地区企业的减排强度（mu）会有一定程度的提高。④同时，税率的提升也会对川渝地区的企业减排成本（CA）、污染物排放积累（Z）、化石能源使用量（EN）和可再生能源使用量（RE）均造成不同程度的影响。造成上述影响的主要原因可能是当云贵地区税率调整后，部分污染型企业从云贵地区转移到川渝地区，进而提高川渝地区 GDP 增长率和污染物排放量（E），降低企业的减排强度（mu）。此外，川渝地区的企业可能会预期本地也会逐步提高税率，因而主动提高自身减排强度（mu）。

同时，本研究发现当云贵地区二氧化硫税率提升 1 个单位后，也会对云贵地区各主要变量产生不同程度的影响：①与川渝地区类似，云贵地区的 GDP 增长率（YDast）也会在短期内出现上升，并在第 3 个时期（第 3 个季度）后出现大幅度下降，在第 16 个时期（第 16 个季度）后达到最低。随后，该影响会迅速消退，并在第 23 个时期（第 23 个季度）恢复正常。②云贵地区的污染物排放量（East）会在短期内出现上升，并在第 3 个时期（第 3 个季度）后出现大幅度下降，在第 17 个时期（第 17 个季度）后达到最低。随后，该影响会迅速消退，并在第 23 个时期（第 23 个季度）恢复正常。③对于云贵地区企业的减排强度（muast）会在一开始出现大幅促进作用，但该促进作用会随着时间的延长而逐渐下降。④同时，税率的提升也会对云贵地区的企业减排成本（CAast），化石能源使用量（ENast）和可再生能源使用量（REast）均造成不同程度的影响。造成上述影响的主要原因可能是在税率调整初期，政策效应未能及时反映。一段时间后，税率调整会对企业产生负面冲击，导致部分企业倒闭，进而降低区域 GDP 增长率和污染物排放量（E），促进企业的减排强度（mu）。但随着时间的推移，社会逐渐适应新的税率，导致政策效应消退。

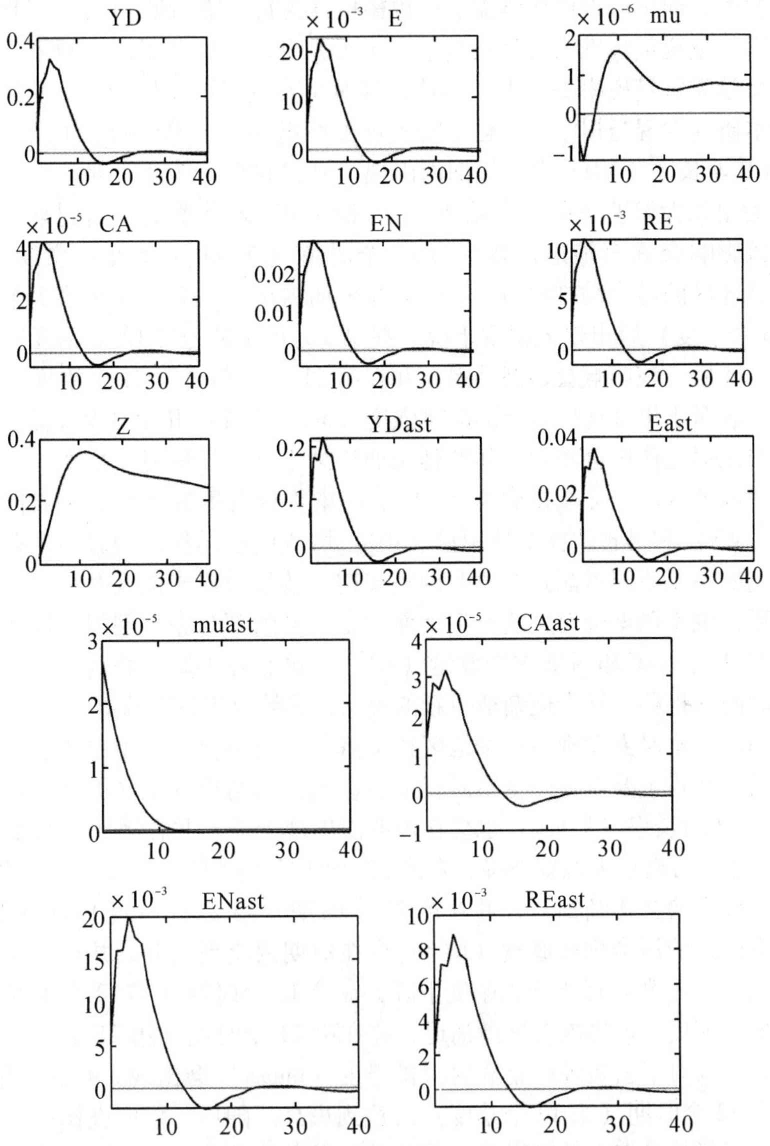

图 6-4　非协同模式下主要变量对其他地区环保税率的脉冲响应
（川渝地区二氧化硫税额标准为每污染当量 3.5 元；
云贵地区二氧化硫税额标准为每污染当量 2.4 元）

图 6-5 是基于两区域 E-DSGE 模型的主要变量对本地区征收水污染税（以化学需氧量为例）的脉冲响应。其中，假设川渝地区按照《环保税法》规定的最高限额设定税率，云贵地区则按照《环保税法》规定的最低限额设定税率，即川渝地区化学需氧量税额标准为每污染当量 14 元，云贵地区化学需氧量税额标准为每污染当量 1.4 元。图 6-5 的各子图反映了当川渝地区化学需氧量税率提升 1 个单位，其对主要变量的不同影响。从图 6-5 中，本研究发现当川渝地区化学需氧量税率提升 1 个单位后：①川渝地区的 GDP 增长率（YD）会在短期内出现上升，并在第 3 个时期（第 3 个季度）后出现大幅度下降，在第 12 个时期（第 12 个季度）达到最低。随后，该影响会逐渐消退，并在第 21 个时期（第 21 个季度）恢复正常。②川渝地区的污染物排放量（E）会在短期内出现上升，并在第 3 个时期（第 3 个季度）后出现大幅度下降，在第 12 个时期（第 12 个季度）达到最低。随后，该影响会逐渐消退，并在第 21 个时期（第 21 个季度）恢复正常。③对于川渝地区企业的减排强度（mu）会在一开始出现大幅促进作用，但该促进作用会随着时间的延长而逐渐下降。④同时，税率的提升也会对川渝地区的企业减排成本（CA）、污染物排放积累（Z）、化石能源使用量（EN）和可再生能源使用量（RE）均造成不同程度的影响。造成上述影响的主要原因可能是在税率调整初期，政策效应未能及时反映。一段时间后，税率调整会对企业产生负面冲击，导致部分企业倒闭，进而降低区域 GDP 增长率和污染物排放量（E），促进企业的减排强度（mu）。但随着时间的推移，社会逐渐适应新的税率，导致政策效应消退。

同时，本研究发现当川渝地区化学需氧量税率提升 1 个单位后，也会对云贵地区各主要变量产生不同程度的影响：①与川渝地区类似，云贵地区的 GDP 增长率（YDast）也会在短期内出现上升，并在第 3 个时期（第 3 个季度）后出现大幅度下降，在第 12 个时期（第 12 个季度）达到最低。随后，该影响会逐渐消退，并在第 21 个时期（第 21 个季度）恢复正常。②云贵地区的污染物排放量（East）会在短期内出现上升，并在第 3 个时期（第 3 个季度）后出现大幅度下降，在第 12 个时期（第 12 个季度）达到最低。随后，该影响会逐渐消退，并在第 21 个时期（第 21 个季度）恢复正常。③对于云贵地区企业的减排强度（muast）会出现大幅促进作用，并在第 12 个时期（第 12 个季度）后达到最高。随后，该促进作用会有所下降，但仍然维持在较高程度。④同时，税率的提升也会对云贵地区的企业减排成本（CAast），化石能源使用量（ENast）和可再生能源使用量（REast）均造成不同程度的影响。造成上述影响的主要原因可能是当川渝地区税率调整后，部分污染型企业从川渝地区转移到云贵地区，进而提高云贵地区 GDP 增长率和污染物排放量（E）。此外，当川渝地区税率调整后，会对云贵地区的企业产生联动和震慑作用。云贵地区的企业可能会预期本地也会逐步提高税率，主动关闭部分污染型企业，进而降低区域 GDP 增长率（YD）和污染物排放量（E），促进企业的减排强度（mu）。

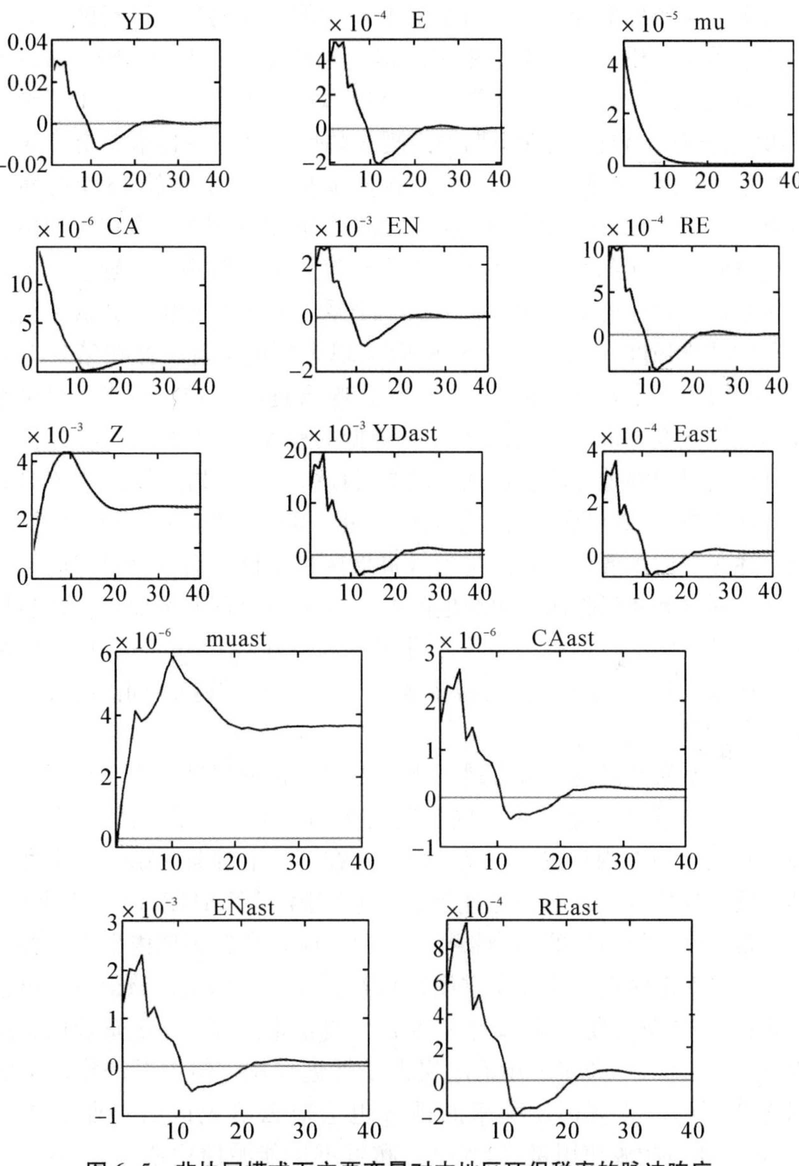

图 6-5　非协同模式下主要变量对本地区环保税率的脉冲响应

（川渝地区化学需氧量税额标准为每污染当量 14 元；

云贵地区化学需氧量税额标准为每污染当量 1.4 元）

图 6-6 是基于两区域 E-DSGE 模型的主要变量对本地区征收水污染税（以化学需氧量为例）的脉冲响应。其中，假设川渝地区按照《环保税法》规定的最高限额设定税率，云贵地区则按照《环保税法》规定的最低限额设定税率，即川渝地区化学需氧量税额标准为每污染当量 14 元，云贵地区化学需氧量税额标准为每污染当量 1.4 元。图 6-6 的各子图反映了当云贵地区化学需氧量税率提升 1 个单位，其对主要变量的不同影响。从图 6-6 中，本研究发现当云贵地区化学需氧量税率提升 1 个单位后：①川渝地区的 GDP 增长率（YD）会在短期内出现大幅度下降，并在第 5 个时期（第 5 个季度）后达到最低。随后，该影响会迅速消退，并在第 13 个时期（第 13 个季度）恢复正常。②川渝地区的污染物排放量（E）会在短期内出现大幅度下降，并在第 5 个时期（第 5 个季度）后达到最低。随后，该影响会迅速消退，并在第 13 个时期（第 13 个季度）恢复正常。③对于川渝地区企业的减排强度（mu）会在短期内出现大幅度下降，并在第 3 个时期（第 3 个季度）后达到最低。随后，该影响会逐渐减弱。最终，川渝地区企业的减排强度（mu）会维持在小幅降低的程度。④同时，云贵地区税率的提升也会对川渝地区的企业减排成本（CA）、污染物排放积累（Z）、化石能源使用量（EN）和可再生能源使用量（RE）均造成不同程度的影响。造成上述影响的主要原因可能是当云贵地区税率调整后，会对川渝地区的企业产生联动和震慑作用。川渝地区的企业可能会预期本地也会逐步提高税率，主动关闭部分污染型企业，进而降低区域 GDP 增长率（YD）和污染物排放量（E），促进企业的减排强度（mu）。但随着时间的推移，该效应会逐渐调整并消退。

同时，本研究发现当云贵地区化学需氧量税率提升 1 个单位后，也会对云贵地区各主要变量产生不同程度的影响：①云贵地区的 GDP 增长率（YDast）会在短期内出现大幅度下降，并在第 7 个时期（第 7 个季度）后达到最低。随后，该影响会迅速消退，并在第 12 个时期（第 12 个季度）恢复正常。②云贵地区的污染物排放量（East）会在短期内出现大幅度下降，并在第 8 个时期（第 8 个季度）后达到最低。随后，该影响会迅速消退，并在第 12 个时期（第 12 个季度）恢复正常。③对于云贵地区企业的减排强度（muast）会在一开始出现大幅促进作用，但该促进作用会随着时间逐渐下降。④同时，税率的提升也会对云贵地区的企业减排成本（CAast），化石能源使用量（ENast）和可再生能源使用量（REast）均造成不同程度的影响。造成上述影响的主要原因可能是在税率调整初期会对企业产生负面冲击，导致部分企业倒闭，进而降低区域 GDP 增长率（YD）

和污染物排放量（E），促进企业的减排强度（mu）。但随着时间的推移，社会逐渐适应新的税率，导致政策效应消退。

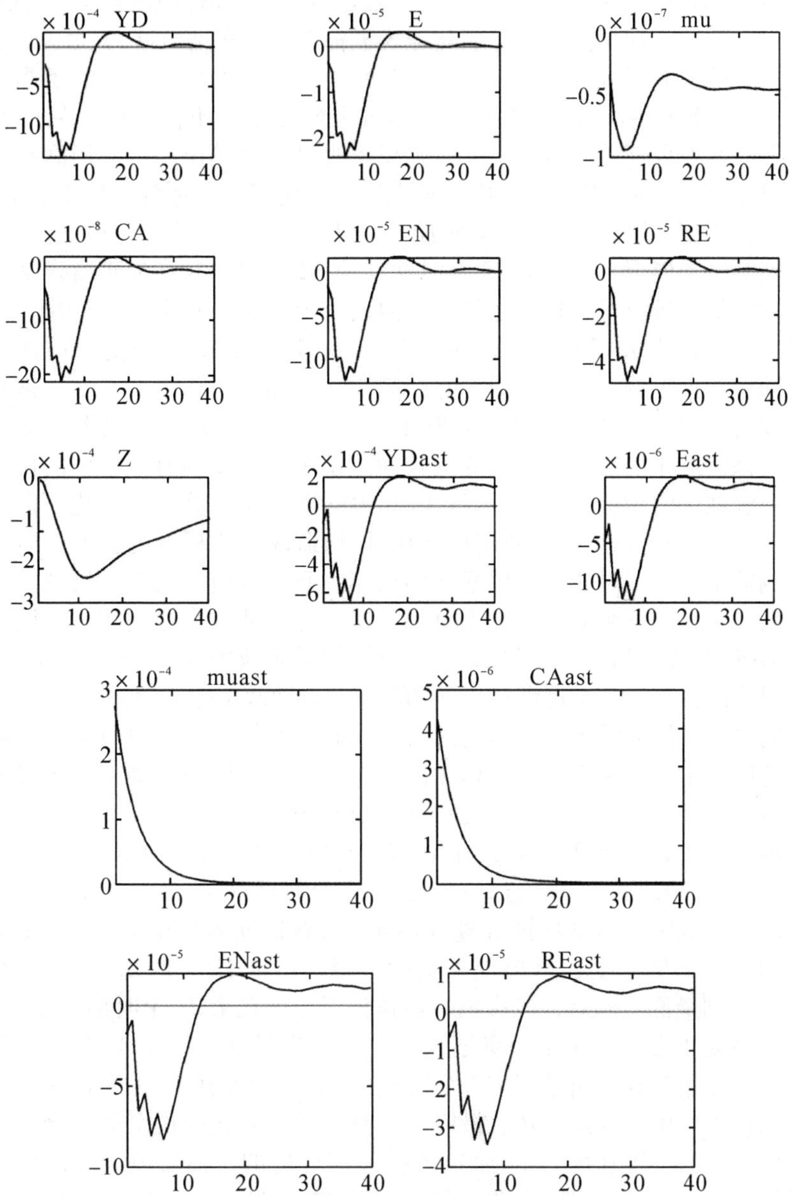

图 6-6　非协同模式下主要变量对其他地区环保税率的脉冲响应

（川渝地区化学需氧量税额标准为每污染当量 14 元；

云贵地区化学需氧量税额标准为每污染当量 1.4 元）

图 6-7 是基于两区域 E-DSGE 模型的主要变量对本地区征收大气污染税（以二氧化硫为例）的脉冲响应。其中，假设川渝地区按照《环保税法》规定的最高限额设定税率，云贵地区则按照《环保税法》规定的最低限额设定税率，即川渝地区二氧化硫税额标准为每污染当量 12 元，云贵地区二氧化硫税额标准为每污染当量 1.2 元。图 6-7 的各子图反映了当川渝地区二氧化硫税率提升 1 个单位，其对主要变量的不同影响。从图 6-7 中，本研究发现当川渝地区二氧化硫税率提升 1 个单位后：①川渝地区的 GDP 增长率（YD）会在短期内出现上升，并在第 2 个时期（第 2 个季度）后出现大幅度下降，在第 12 个时期（第 12 个季度）后达到最低。随后，该影响会迅速消退，并在第 22 个时期（第 22 个季度）恢复正常。②川渝地区的污染物排放量（E）会在短期内出现上升，并在第 2 个时期（第 2 个季度）后出现大幅度下降，在第 12 个时期（第 12 个季度）后达到最低。随后，该影响会迅速消退，并在第 22 个时期（第 22 个季度）恢复正常。③对于川渝地区企业的减排强度（mu）会在一开始出现大幅促进作用，但该促进作用会随着时间的延长而逐渐下降。④同时，税率的提升也会对川渝地区的企业减排成本（CA）、污染物排放积累（Z）、化石能源使用量（EN）和可再生能源使用量（RE）均造成不同程度的影响。造成上述影响的主要原因可能是在税率调整初期，政策效应未能及时反映。一段时间后，税率调整会对企业产生负面冲击，导致部分企业倒闭，进而降低区域 GDP 增长率和污染物排放量（E），促进企业的减排强度（mu）。但随着时间的推移，社会逐渐适应新的税率，导致政策效应消退。

同时，本研究发现当川渝地区二氧化硫税率提升 1 个单位后，也会对云贵地区各主要变量产生不同程度的影响：①与川渝地区类似，云贵地区的 GDP 增长率（YDast）也会在短期内出现上升，并在第 2 个时期（第 2 个季度）后出现大幅度下降，在第 12 个时期（第 12 个季度）后达到最低。随后，该影响会迅速消退，并在第 22 个时期（第 22 个季度）恢复正常。②云贵地区的污染物排放量（East）会在短期内出现上升，并在第 2 个时期（第 2 个季度）后出现大幅度下降，在第 12 个时期（第 12 个季度）后达到最低。随后，该影响会迅速消退，并在第 22 个时期（第 22 个季度）恢复正常。③对于云贵地区企业的减排强度（muast）会在一开始出现大幅促进作用，并在第 12 个时期（第 12 个季度）后达到最大。随后，该促进作用会逐渐下降。最终，川渝地区二氧化硫税率的提升会对云贵地区企业的减排强度（muast）产生一定程度的正面影响。④同时，税率的提升也会对云贵地区的企业减排成本（CAast），化石能源使用量（ENast）和可再生能源使用量（REast）均造成不同程度的影响。造成上述影响的主要原因可能是川渝地区税率提升会导致部分污染型企业从川渝地区转移到云贵地区，从而提升云贵地区的 GDP 增长率（YD）和污染物排放量（E）。此外，川渝地区税率调整后，会对云贵地区的企业产生联动和震慑作用。云贵地区的企业可能会预期本地也会逐步提高税率。但随着时间的推移，该效应会逐渐调整并消退。

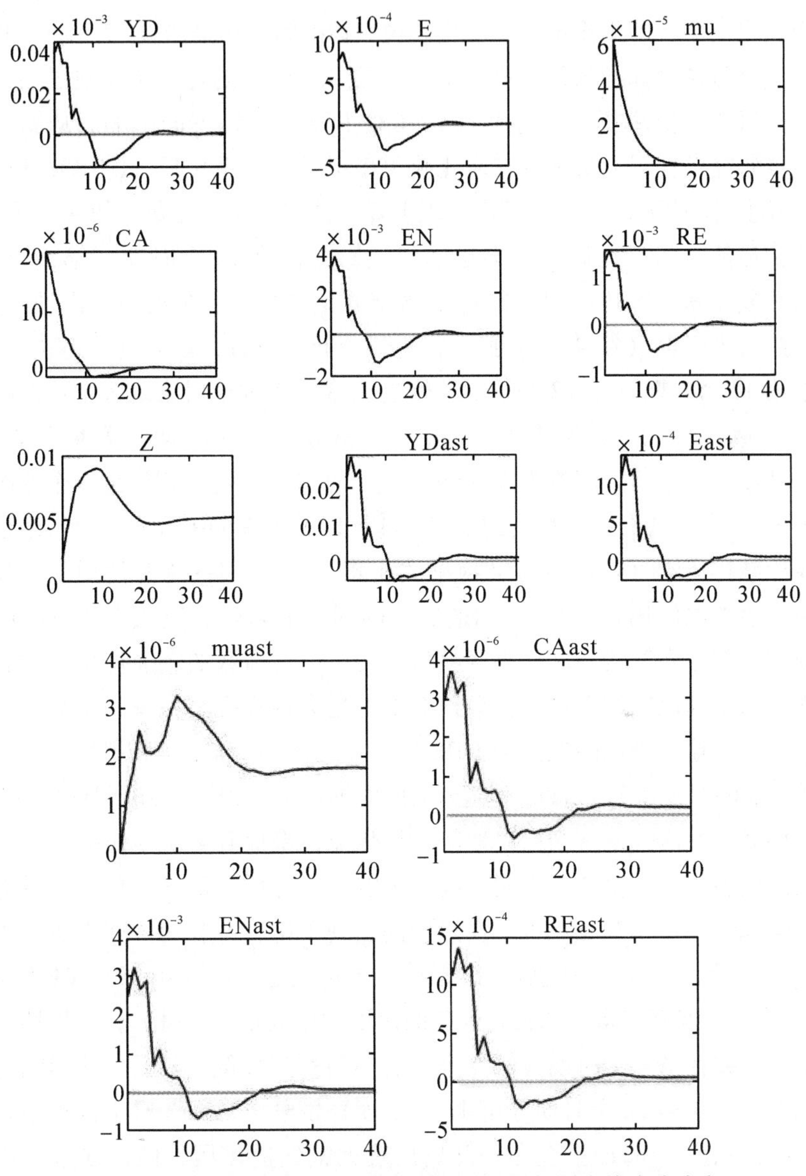

图 6-7　非协同模式下主要变量对本地区环保税率的脉冲响应
（川渝地区二氧化硫税额标准为每污染当量 12 元；
云贵地区二氧化硫税额标准为每污染当量 1.2 元）

图 6-8 是基于两区域 E-DSGE 模型的主要变量对本地区征收大气污染税（以二氧化硫为例）的脉冲响应。其中，假设川渝地区按照《环保税法》规定的最高限额设定税率，云贵地区则按照《环保税法》规定的最低限额设定税率，即川渝地区二氧化硫税额标准为每污染当量 12 元，云贵地区二氧化硫税额标准为每污染当量 1.2 元。图 6-8 的各子图反映了当云贵地区二氧化硫税率提升 1 个单位，其对主要变量的不同影响。从图 6-8 中，本研究发现当云贵地区二氧化硫税率提升 1 个单位后：①川渝地区的 GDP 增长率（YD）会在短期内出现下降，并在第 4 个时期（第 4 个季度）后达到最低。随后，该影响会迅速消退，并在第 12 个时期（第 12 个季度）恢复正常。②川渝地区的污染物排放量（E）会在短期内出现下降，并在第 4 个时期（第 4 个季度）后达到最低。随后，该影响会迅速消退，并在第 12 个时期（第 12 个季度）恢复正常。③对于川渝地区企业的减排强度（mu）会在一开始出现负面影响，并在第 4 个时期（第 4 个季度）后达到最低。随后，减排强度（mu）有所回升。最终，川渝地区企业的减排强度（mu）会有一定程度的下降。④同时，税率的提升也会对川渝地区的企业减排成本（CA）、污染物排放积累（Z）、化石能源使用量（EN）和可再生能源使用量（RE）均造成不同程度的影响。造成上述影响的主要原因可能是当云贵地区税率调整后，会对川渝地区的企业产生联动和震慑作用。川渝地区的企业可能会预期本地也会逐步提高税率，主动关闭部分污染型企业，进而降低区域 GDP 增长率（YD）和污染物排放量（E），促进企业的减排强度（mu）。但随着时间的推移，该效应会逐渐调整并消退。

同时，本研究发现当云贵地区二氧化硫税率提升 1 个单位后，也会对云贵地区各主要变量产生不同程度的影响：①与川渝地区类似，云贵地区的 GDP 增长率（YDast）也会在短期内出现下降，并在第 4 个时期（第 4 个季度）后达到最低。随后，该影响会迅速消退，并在第 12 个时期（第 12 个季度）恢复正常。②云贵地区的污染物排放量（East）会在短期内出现下降，并在第 4 个时期（第 4 个季度）后达到最低。随后，该影响会迅速消退，并在第 12 个时期（第 12 个季度）恢复正常。③对于云贵地区企业的减排强度（muast）会在一开始出现大幅促进作用，但该促进作用会随着时间的延长而逐渐下降。④同时，税率的提升也会对云贵地区的企业减排成本（CAast），化石能源使用量（ENast）和可再生能源使用量（REast）均造成不同程度的影响。造成上述影响的主要原因可能是在税率调整初期会对企业产生负面冲击，导致部分企业倒闭，进而降低区域 GDP 增长率（YD）和污染物排放量（E），促进企业的减排强度（mu）。但随着时间的推移，社会逐渐适应新的税率，导致政策效应消退。

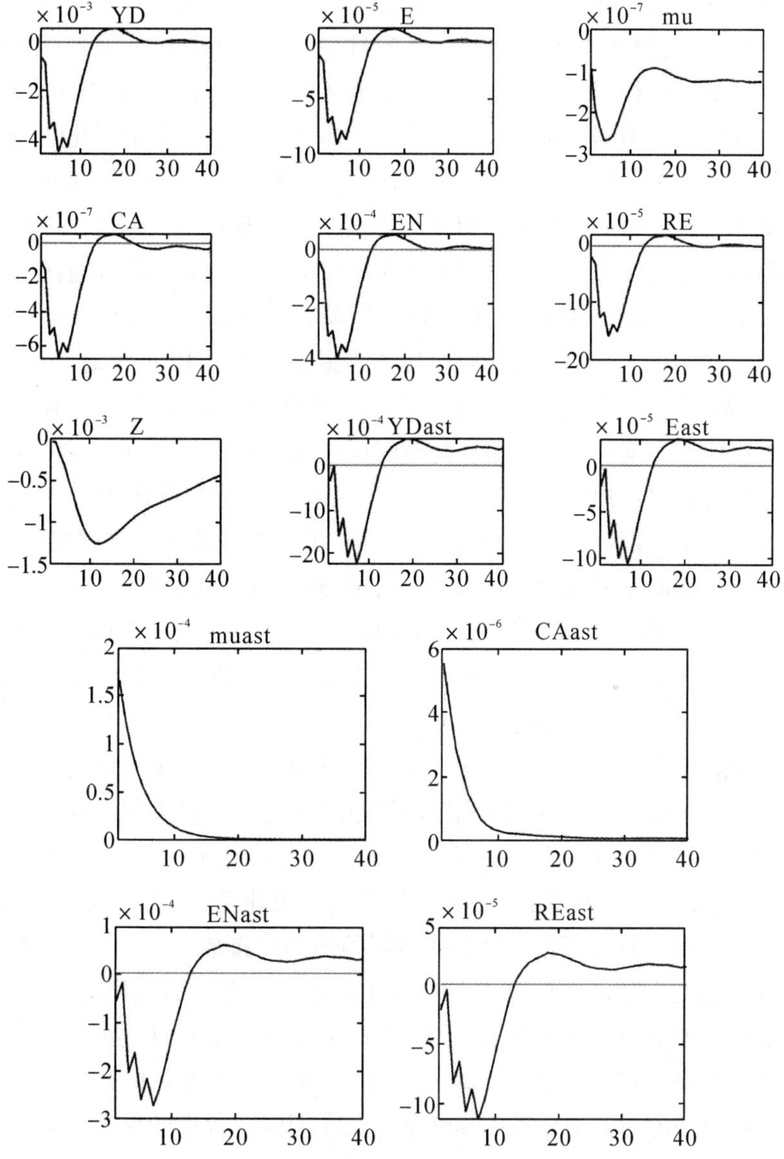

图 6-8 非协同模式下主要变量对其他地区环保税率的脉冲响应
（川渝地区二氧化硫税额标准为每污染当量 12 元；
云贵地区二氧化硫税额标准为每污染当量 1.2 元）

在图 6-9 至图 6-20 中，本研究假设长江上游地区三省一市采用环保税税率协作模式，即一致化税率模式，并将川渝地区和云贵地区各种参数取相同值，进行反事实分析。就图 6-9 而言，假设长江上游地区三省一市按照《环保税法》规定的最低限额设定水污染物（以化学需氧量为例）税率，即化学需氧量税额标准为每污染当量 1.4 元。在图 6-9 的各子图反映了当对经济产生相同影响的情况下，本地区化学需氧量税率提升 1 个单位，其对主要变量的不同影响。从图 6-9 中，本研究发现当本地区化学需氧量税率提升 1 个单位后：①本地区的 GDP 增长率（YD）会在短期内出现大幅度下降，并在第 4 个时期（第 4 个季度）后达到最低。随后，该影响会迅速消退，并在第 10 个时期（第 10 个季度）恢复正常。②本地区的污染物排放量（E）会在短期内出现大幅度下降，并在第 4 个时期（第 4 个季度）后达到最低。随后，该影响会迅速消退，并在第 10 个时期（第 10 个季度）恢复正常。③对于本地区企业的减排强度（mu）会在一开始出现大幅促进作用，但该促进作用会随着时间的延长而逐渐下降。④同时，税率的提升也会对本地区的企业减排成本（CA）、污染物排放积累（Z）、化石能源使用量（EN）和可再生能源使用量（RE）均造成不同程度的影响。造成上述影响的主要原因可能是在税率调整初期会对企业产生负面冲击，导致部分企业倒闭，进而降低区域 GDP 增长率（YD）和污染物排放量（E），促进企业的减排强度（mu）。但随着时间的推移，社会逐渐适应新的税率，导致政策效应消退。

同时，本研究发现当本地区化学需氧量税率提升 1 个单位后，也会对其他地区各主要变量产生不同程度的影响：①与本地区类似，其他地区的 GDP 增长率（YDast）也会在短期内出现大幅度下降，并在第 4 个时期（第 4 个季度）后达到最低。随后，该影响会迅速消退，并在第 12 个时期（第 12 个季度）恢复正常。②其他地区的污染物排放量（East）会在短期内出现大幅度下降，并在第 4 个时期（第 4 个季度）后达到最低。随后，该影响会迅速消退，并在第 12 个时期（第 12 个季度）恢复正常。③对于其他地区企业的减排强度（muast）会在一开始出现大幅促进作用，但该促进作用会随着时间的延长而逐渐下降。④同时，税率的提升也会对其他地区的企业减排成本（CAast），化石能源使用量（ENast）和可再生能源使用量（REast）均造成不同程度的影响。造成上述影响的主要原因可能是当本地区税率调整后，会对其他地区的企业产生联动和震慑作用。其他地区的企业可能会预期本地也会逐步提高税率，主动关闭部分污染型企业，进而降低区域 GDP 增长率（YD）和污染物排放量（E），促进企业的减排强度（mu）。但随着时间的推移，该效应会逐渐调整并消退。

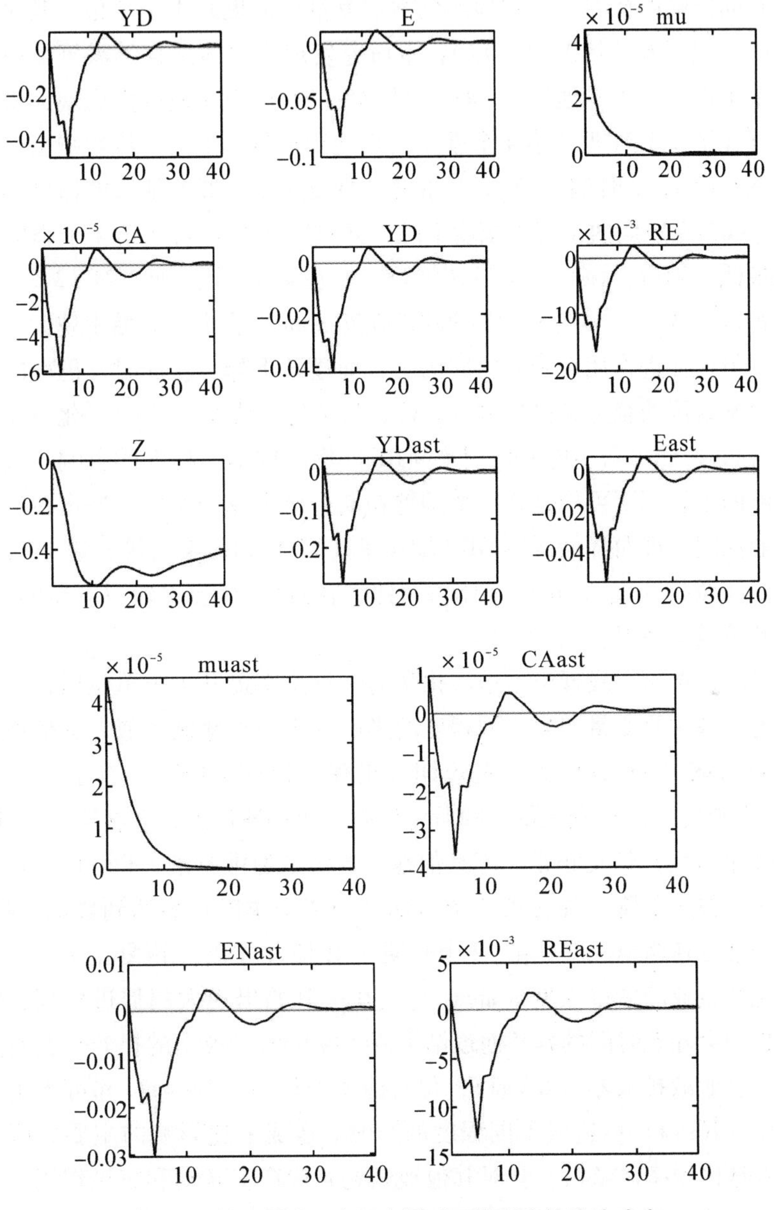

图 6-9　协作模式下主要变量对环保税率的脉冲响应

（三省一市采用一致且最低税率，化学需氧量税额标准为每污染当量 1.4 元）

图6-10中，本研究假设长江上游地区三省一市按照《环保税法》规定的最低限额设定水污染物（以化学需氧量为例）税率，即化学需氧量税额标准为每污染当量1.4元。图6-10的各子图反映了当对污染物排放量产生相同影响的情况下，本地区化学需氧量税率提升1个单位，其对主要变量的不同影响。从图6-10中，本研究发现当本地区化学需氧量税率提升1个单位后：①本地区的GDP增长率（YD）会在短期内出现大幅度下降，并在第4个时期（第4个季度）后达到最低。随后，该影响会迅速消退，并在第12个时期（第12个季度）恢复正常。②本地区的污染物排放量（E）会在短期内出现大幅度下降，并在第4个时期（第4个季度）后达到最低。随后，该影响会迅速消退，并在第12个时期（第12个季度）恢复正常。③对于本地区企业的减排强度（mu）会在一开始出现大幅促进作用，但该促进作用会随着时间的延长而逐渐下降。④同时，税率的提升也会对本地区的企业减排成本（CA）、污染物排放积累（Z）、化石能源使用量（EN）和可再生能源使用量（RE）均造成不同程度的影响。造成上述影响的主要原因可能是在税率调整初期会对企业产生负面冲击，导致部分企业倒闭，进而降低区域GDP增长率（YD）和污染物排放量（E），促进企业的减排强度（mu）。但随着时间的推移，社会逐渐适应新的税率，导致政策效应消退。

同时，本研究发现当本地区化学需氧量税率提升1个单位后，也会对其他地区各主要变量产生不同程度的影响：①与本地区类似，其他地区的GDP增长率（YDast）也会在短期内出现大幅度下降，并在第4个时期（第4个季度）后达到最低。随后，该影响会迅速消退，并在第12个时期（第12个季度）恢复正常。②其他地区的污染物排放量（East）会在短期内出现大幅度下降，并在第4个时期（第4个季度）后达到最低。随后，该影响会迅速消退，并在第12个时期（第12个季度）恢复正常。③对于其他地区企业的减排强度（muast）会在一开始出现大幅促进作用，但该促进作用会随着时间的延长而逐渐下降。④同时，税率的提升也会对其他地区的企业减排成本（CAast），化石能源使用量（ENast）和可再生能源使用量（REast）均造成不同程度的影响。造成上述影响的主要原因可能是当本地区税率调整后，会对其他地区的企业产生联动和震慑作用。其他地区的企业可能会预期本地也会逐步提高税率，主动关闭部分污染型企业，进而降低区域GDP增长率（YD）和污染物排放量（E），促进企业的减排强度（mu）。但随着时间的推移，该效应会逐渐调整并消退。

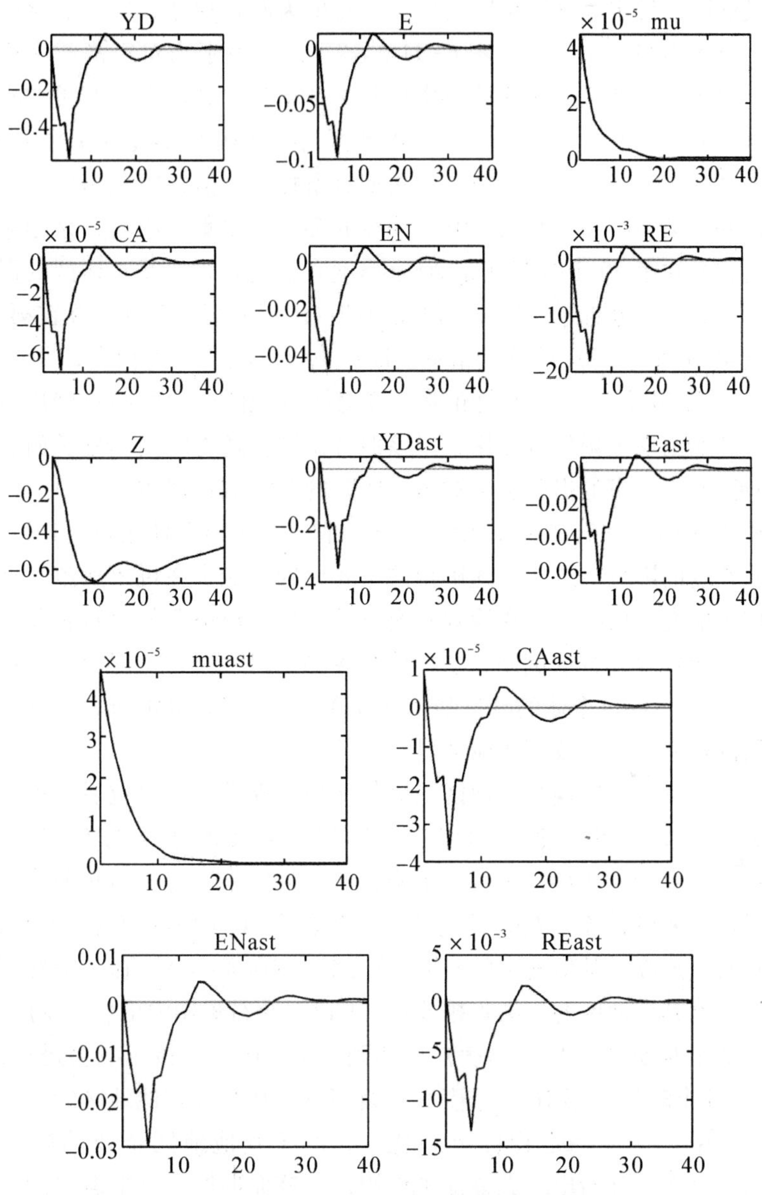

图 6-10　协作模式下主要变量对环保税率的脉冲响应

（三省一市采用一致且最低税率，化学需氧量税额标准为每污染当量 1.4 元）

图 6-11 中，本研究假设长江上游地区三省一市按照《环保税法》规定的最低限额设定大气污染物（以二氧化硫为例）税率，即二氧化硫税额标准为每污染当量 1.2 元。图 6-11 的各子图反映了当对经济产生相同影响的情况下，本地区二氧化硫税率提升 1 个单位，其对主要变量的不同影响。从图 6-11 中，本研究发现当本地区二氧化硫税率提升 1 个单位后：①本地区的 GDP 增长率（YD）在初期有所提升，但在短期内出现大幅度下降，并在第 10 个时期（第 10 个季度）后达到最低。随后，该影响会迅速消退，并在第 20 个时期（第 20 个季度）恢复正常。②本地区的污染物排放量（E）在初期有所提升，但在短期内出现大幅度下降，并在第 10 个时期（第 10 个季度）后达到最低。随后，该影响会迅速消退，并在第 20 个时期（第 20 个季度）恢复正常。③对于本地区企业的减排强度（mu）会在一开始出现大幅促进作用，但该促进作用会随着时间的延长而逐渐下降。④同时，税率的提升也会对川渝地区的企业减排成本（CA）、污染物排放积累（Z）、化石能源使用量（EN）和可再生能源使用量（RE）均造成不同程度的影响。造成上述影响的主要原因可能是在税率调整初期，政策效应未能充分反映。待政策效应充分反映后，税率调整会对企业产生负面冲击，导致部分企业倒闭，进而降低区域 GDP 增长率（YD）和污染物排放量（E），促进企业的减排强度（mu）。但随着时间的推移，社会逐渐适应新的税率，导致政策效应消退。

同时，本研究发现当本地区二氧化硫税率提升 1 个单位后，也会对其他地区各主要变量产生不同程度的影响：①其他地区的 GDP 增长率（YDast）会在短期内出现大幅度下降，并在第 9 个时期（第 9 个季度）后达到最低。随后，该影响会迅速消退，并在第 16 个时期（第 16 个季度）恢复正常。最终，其他地区的 GDP 增长率（YDast）会受到一定程度的促进作用。②其他地区的污染物排放量（East）会在短期内出现大幅度下降，并在第 9 个时期（第 9 个季度）后达到最低。随后，该影响会迅速消退，并在第 16 个时期（第 16 个季度）恢复正常。最终，其他地区的污染物排放量（East）会在一定程度上恶化。③对于其他地区企业的减排强度（muast）会在一开始出现大幅促进作用，但该促进作用会随着时间的延长而逐渐下降。④同时，税率的提升也会对云贵地区的企业减排成本（CAast），化石能源使用量（ENast）和可再生能源使用量（REast）均造成不同程度的影响。造成上述影响的主要原因可能是当本地区税率调整后，会对其他地区的企业产生联动和震慑作用。其他地区的企业可能会预期本地也会逐步提高税率，主动关闭部分污染型企业，进而降低区域 GDP 增长率（YD）和污染物排放量（E），促进企业的减排强度（mu）。但随着时间的推移，该效应会逐渐调整并消退。

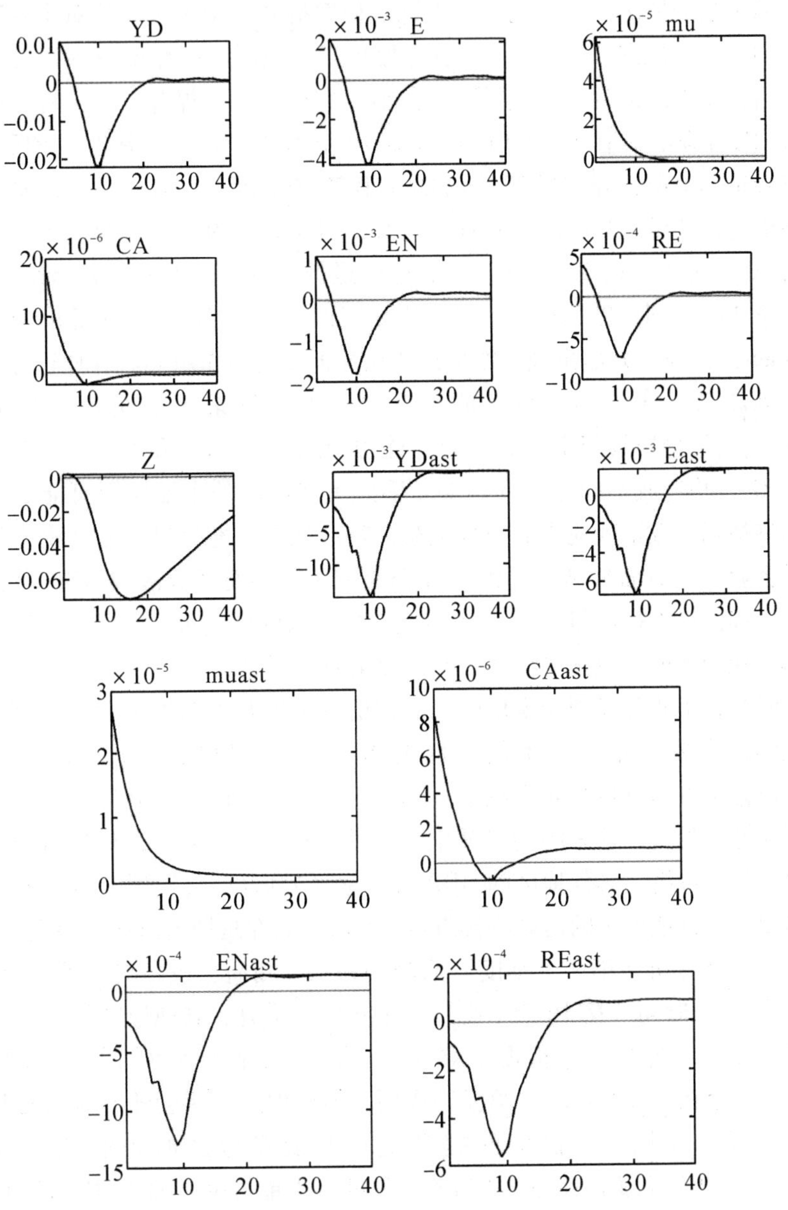

图 6-11 协作模式下主要变量对环保税率的脉冲响应

（三省一市采用一致且最低税率，二氧化硫税额标准为每污染当量 1.2 元）

图 6-12 中，本研究假设长江上游地区三省一市按照《环保税法》规定的最低限额设定大气污染物（以二氧化硫为例）税率，即二氧化硫税额标准为每污染当量 1.2 元。图 6-12 的各子图反映了当对污染物排放量产生相同影响的情况下，本地区二氧化硫税率提升 1 个单位，其对主要变量的不同影响。从图 6-12 中，本研究发现当本地区二氧化硫税率提升 1 个单位后：①本地区的 GDP 增长率（YD）在初期有所提升，但在短期内出现大幅度下降，并在第 10 个时期（第 10 个季度）后达到最低。随后，该影响会迅速消退，并在第 20 个时期（第 20 个季度）恢复正常。②本地区的污染物排放量（E）在初期有所提升，但在短期内出现大幅度下降，并在第 10 个时期（第 10 个季度）后达到最低。随后，该影响会迅速消退，并在第 20 个时期（第 20 个季度）恢复正常。③对于本地区企业的减排强度（mu）会在一开始出现大幅促进作用，但该促进作用会随着时间的延长而逐渐下降。④同时，税率的提升也会对川渝地区的企业减排成本（CA）、污染物排放积累（Z）、化石能源使用量（EN）和可再生能源使用量（RE）均造成不同程度的影响。造成上述影响的主要原因可能是在税率调整初期，政策效应未能充分反映。待政策效应充分反映后，税率调整会对企业产生负面冲击，导致部分企业倒闭，进而降低区域 GDP 增长率（YD）和污染物排放量（E），促进企业的减排强度（mu）。但随着时间的推移，社会逐渐适应新的税率，导致政策效应消退。

同时，本研究发现当本地区二氧化硫税率提升 1 个单位后，也会对其他地区各主要变量产生不同程度的影响：①其他地区的 GDP 增长率（YDast）会在短期内出现大幅度下降，并在第 9 个时期（第 9 个季度）后降到最低。随后，该影响会迅速消退，并在第 16 个时期（第 16 个季度）恢复正常。最终，其他地区的 GDP 增长率（YDast）会受到一定程度的促进作用。②其他地区的污染物排放量（East）会在短期内出现大幅度下降，并在第 9 个时期（第 9 个季度）后降到最低。随后，该影响会迅速消退，并在第 16 个时期（第 16 个季度）恢复正常。最终，其他地区的污染物排放量（East）会在一定程度上恶化。③对于其他地区企业的减排强度（muast）会在一开始出现大幅促进作用，但该促进作用会随着时间延长而逐渐下降。④同时，税率的提升也会对云贵地区的企业减排成本（CAast），化石能源使用量（ENast）和可再生能源使用量（REast）均造成不同程度的影响。造成上述影响的主要原因可能是当本地区税率调整后，会对其他地区的企业产生联动和震慑作用。其他地区的企业可能会预期本地也会逐步提高税率，主动关闭部分污染型企业，进而降低区域GDP增长率（YD）和污染物排放量（E），促进企业的减排强度（mu）。但随着时间的推移，该效应会逐渐调整并消退。

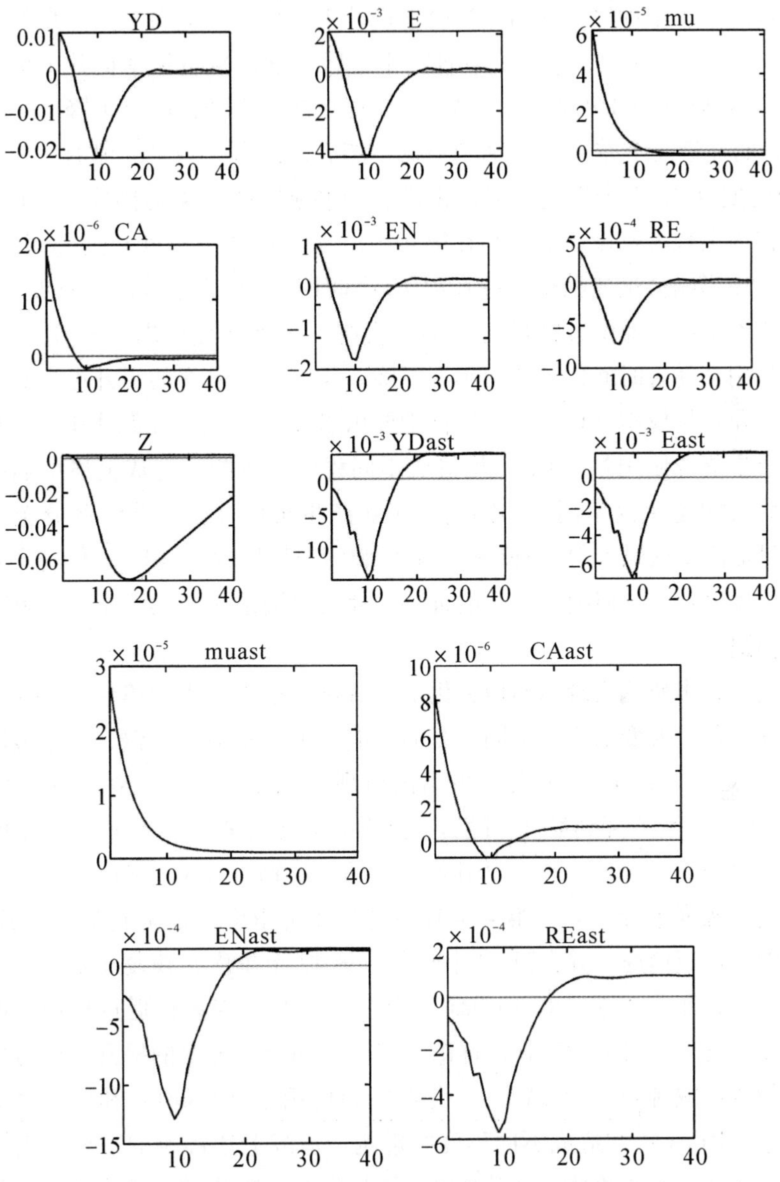

图 6-12　协作模式下主要变量对环保税率的脉冲响应

（三省一市采用一致且最低税率，二氧化硫税额标准为每污染当量 1.2 元）

图6-13中，本研究假设长江上游地区三省一市按照《环保税法》规定的中间额度设定水污染物（以化学需氧量为例）税率，即化学需氧量税额标准为每污染当量7元。图6-13的各子图反映了当对经济产生相同影响的情况下，本地区化学需氧量税率提升1个单位，其对主要变量的不同影响。从图6-13中，本研究发现当本地区化学需氧量税率提升1个单位后：①本地区的GDP增长率（YD）会在短期内出现大幅度下降，并在第4个时期（第4个季度）后降到最低。随后，该影响会迅速消退，并在第12个时期（第12个季度）恢复正常。②本地区的污染物排放量（E）会在短期内出现大幅度下降，并在第4个时期（第4个季度）后降到最低。随后，该影响会迅速消退，并在第12个时期（第12个季度）恢复正常。③对于本地区企业的减排强度（mu）会在一开始出现大幅促进作用，但该促进作用会随着时间的延长而逐渐下降。④同时，税率的提升也会对本地区的企业减排成本（CA）、污染物排放积累（Z）、化石能源使用量（EN）和可再生能源使用量（RE）均造成不同程度的影响。造成上述影响的主要原因可能是在税率调整初期会对企业产生负面冲击，导致部分企业倒闭，进而降低区域GDP增长率（YD）和污染物排放量（E），促进企业的减排强度（mu）。但随着时间的推移，社会逐渐适应新的税率，导致政策效应消退。

同时，本研究发现当本地区化学需氧量税率提升1个单位后，也会对其他地区各主要变量产生不同程度的影响：①与本地区类似，其他地区的GDP增长率（YDast）也会在短期内出现大幅度下降，并在第4个时期（第4个季度）后降到最低。随后，该影响会迅速消退，并在第12个时期（第12个季度）恢复正常。②其他地区的污染物排放量（East）会在短期内出现大幅度下降，并在第4个时期（第4个季度）后降到最低。随后，该影响会迅速消退，并在第12个时期（第12个季度）恢复正常。③对于其他地区企业的减排强度（muast）会在一开始出现大幅促进作用，但该促进作用会随着时间的延长而逐渐下降。④同时，税率的提升也会对其他地区的企业减排成本（CAast），化石能源使用量（ENast）和可再生能源使用量（REast）均造成不同程度的影响。造成上述影响的主要原因可能是当本地区税率调整后，会对其他地区的企业产生联动和震慑作用。其他地区的企业可能会预期本地也会逐步提高税率，主动关闭部分污染型企业，进而降低区域GDP增长率（YD）和污染物排放量（E），促进企业的减排强度（mu）。但随着时间的推移，该效应会逐渐调整并消退。

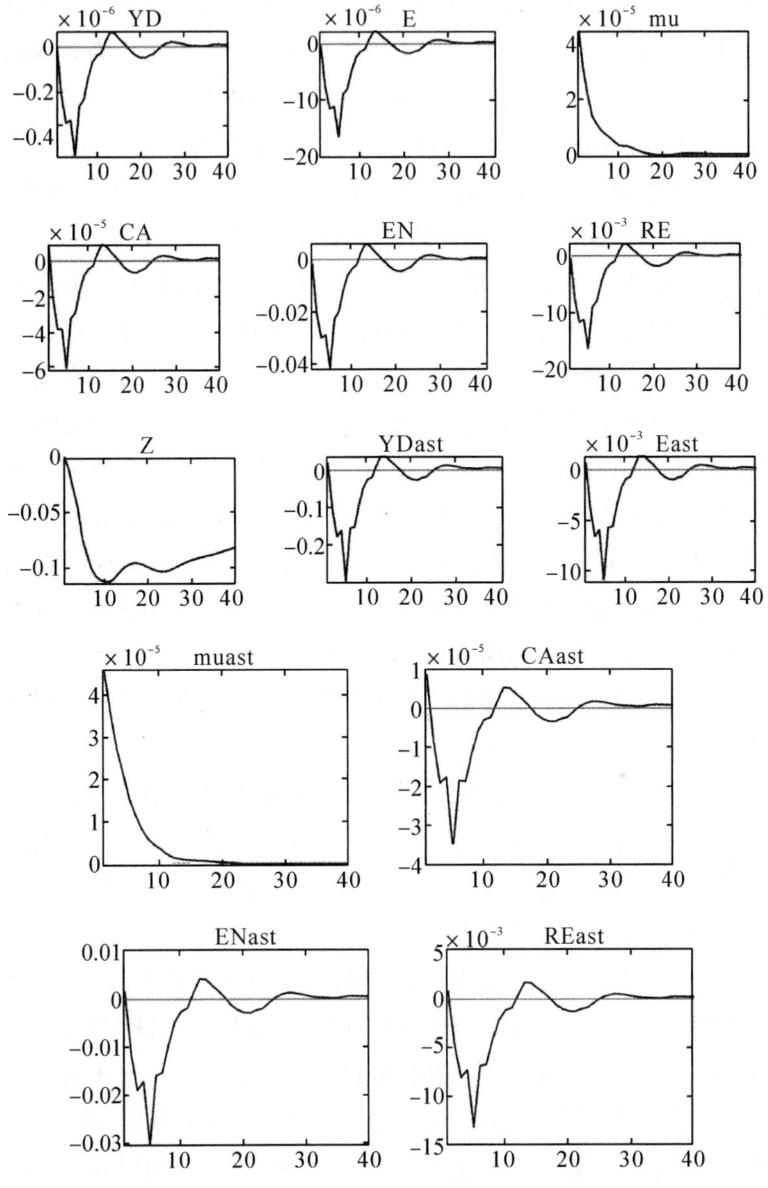

图 6-13　协作模式下主要变量对环保税率的脉冲响应

（三省一市采用一致且中间税率，化学需氧量税额标准为每污染当量 7 元）

图 6-14 中，本研究假设长江上游地区三省一市按照《环保税法》规定的中间额度设定水污染物（以化学需氧量为例）税率，即化学需氧量税额标准为每污染当量 7 元。图 6-14 的各子图反映了当对污染物排放量产生相同影响的情况下，本地区化学需氧量税率提升 1 个单位，其对主要变量的不同影响。从图 6-14 中，本研究发现当本地区化学需氧量税率提升 1 个单位后：①本地区的 GDP 增长率（YD）会在短期内出现大幅度下降，并在第 4 个时期（第 4 个季度）后降到最低。随后，该影响会迅速消退，并在第 12 个时期（第 12 个季度）恢复正常。②本地区的污染物排放量（E）会在短期内出现大幅度下降，并在第 4 个时期（第 4 个季度）后降到最低。随后，该影响会迅速消退，并在第 12 个时期（第 12 个季度）恢复正常。③对于本地区企业的减排强度（mu）会在一开始出现大幅促进作用，但该促进作用会随着时间的延长而逐渐下降。④同时，税率的提升也会对本地区的企业减排成本（CA）、污染物排放积累（Z）、化石能源使用量（EN）和可再生能源使用量（RE）均造成不同程度的影响。造成上述影响的主要原因可能是在税率调整初期会对企业产生负面冲击，导致部分企业倒闭，进而降低区域 GDP 增长率（YD）和污染物排放量（E），促进企业的减排强度（mu）。但随着时间的推移，社会逐渐适应新的税率，导致政策效应消退。

同时，本研究发现当本地区化学需氧量税率提升 1 个单位后，也会对其他地区各主要变量产生不同程度的影响：①与本地区类似，其他地区的 GDP 增长率（YDast）也会在短期内出现大幅度下降，并在第 4 个时期（第 4 个季度）后降到最低。随后，该影响会迅速消退，并在第 12 个时期（第 12 个季度）恢复正常。②其他地区的污染物排放量（East）会在短期内出现大幅度下降，并在第 4 个时期（第 4 个季度）后降到最低。随后，该影响会迅速消退，并在第 12 个时期（第 12 个季度）恢复正常。③对于其他地区企业的减排强度（muast）会在一开始出现大幅促进作用，但该促进作用会随着时间的延长而逐渐下降。④同时，税率的提升也会对其他地区的企业减排成本（CAast）、化石能源使用量（ENast）和可再生能源使用量（REast）均造成不同程度的影响。造成上述影响的主要原因可能是当本地区税率调整后，会对其他地区的企业产生联动和震慑作用。其他地区的企业可能会预期本地也会逐步提高税率，主动关闭部分污染型企业，进而降低区域 GDP 增长率（YD）和污染物排放量（E），促进企业的减排强度（mu）。但随着时间的推移，该效应会逐渐调整并消退。

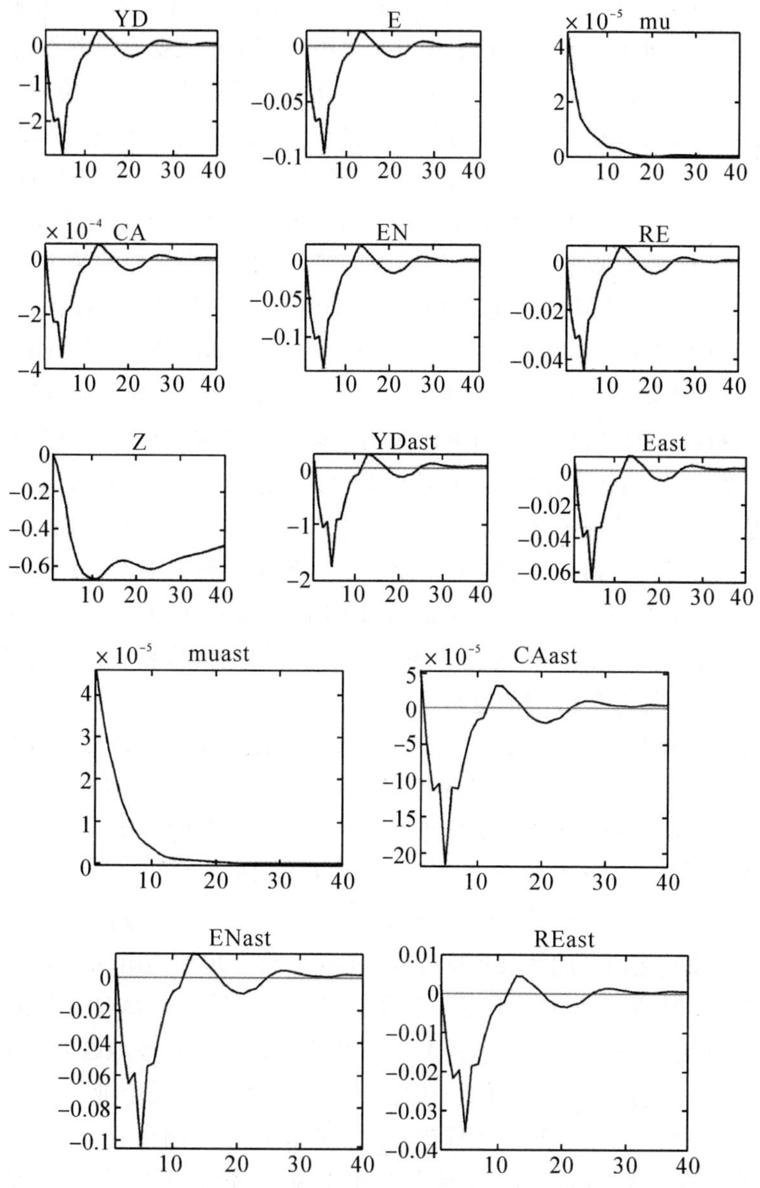

图 6-14　协作模式下主要变量对环保税率的脉冲响应

（三省一市采用一致且中间税率，化学需氧量税额标准为每污染当量 7 元）

图6-15中，本研究假设长江上游地区三省一市按照《环保税法》规定的中间额度设定大气污染物（以二氧化硫为例）税率，即二氧化硫税额标准为每污染当量6元。图6-15的各子图反映了当对经济产生相同影响的情况下，本地区二氧化硫税率提升1个单位，其对主要变量的不同影响。从图6-15中，本研究发现当本地区二氧化硫税率提升1个单位后：①本地区的GDP增长率（YD）在初期有所提升，但在短期内出现大幅度下降，并在第10个时期（第10个季度）后降到最低。随后，该影响会迅速消退，并在第20个时期（第20个季度）恢复正常。②本地区的污染物排放量（E）在初期有所提升，但在短期内出现大幅度下降，并在第10个时期（第10个季度）后降到最低。随后，该影响会迅速消退，并在第20个时期（第20个季度）恢复正常。③对于本地区企业的减排强度（mu）会在一开始出现大幅促进作用，但该促进作用会随着时间的延长而逐渐下降。④同时，税率的提升也会对川渝地区的企业减排成本（CA）、污染物排放积累（Z）、化石能源使用量（EN）和可再生能源使用量（RE）均造成不同程度的影响。造成上述影响的主要原因可能是在税率调整初期，政策效应未能充分反映。待政策效应充分反映后，税率调整会对企业产生负面冲击，导致部分企业倒闭，进而降低区域GDP增长率（YD）和污染物排放量（E），促进企业的减排强度（mu）。但随着时间的推移，社会逐渐适应新的税率，导致政策效应消退。

同时，本研究发现当本地区二氧化硫税率提升1个单位后，也会对其他地区各主要变量产生不同程度的影响：①其他地区的GDP增长率（YDast）会在短期内出现大幅度下降，并在第9个时期（第9个季度）后降到最低。随后，该影响会迅速消退，并在第16个时期（第16个季度）恢复正常。最终，其他地区的GDP增长率（YDast）会受到一定程度的促进作用。②其他地区的污染物排放量（East）会在短期内出现大幅度下降，并在第9个时期（第9个季度）后降到最低。随后，该影响会迅速消退，并在第16个时期（第16个季度）恢复正常。最终，其他地区的污染物排放量（East）会在一定程度上恶化。③对于其他地区企业的减排强度（muast）会在一开始出现大幅促进作用，但该促进作用会随着时间的延长而逐渐下降。④同时，税率的提升也会对云贵地区的企业减排成本（CAast），化石能源使用量（ENast）和可再生能源使用量（REast）均造成不同程度的影响。造成上述影响的主要原因可能是当本地区税率调整后，会对其他地区的企业产生联动和震慑作用。其他地区的企业可能会预期本地也会逐步提高税率，主动关闭部分污染型企业，进而降低区域 GDP 增长率（YD）和污染物排放量（E），促进企业的减排强度（mu）。但随着时间的推移，该效应会逐渐调整并消退。

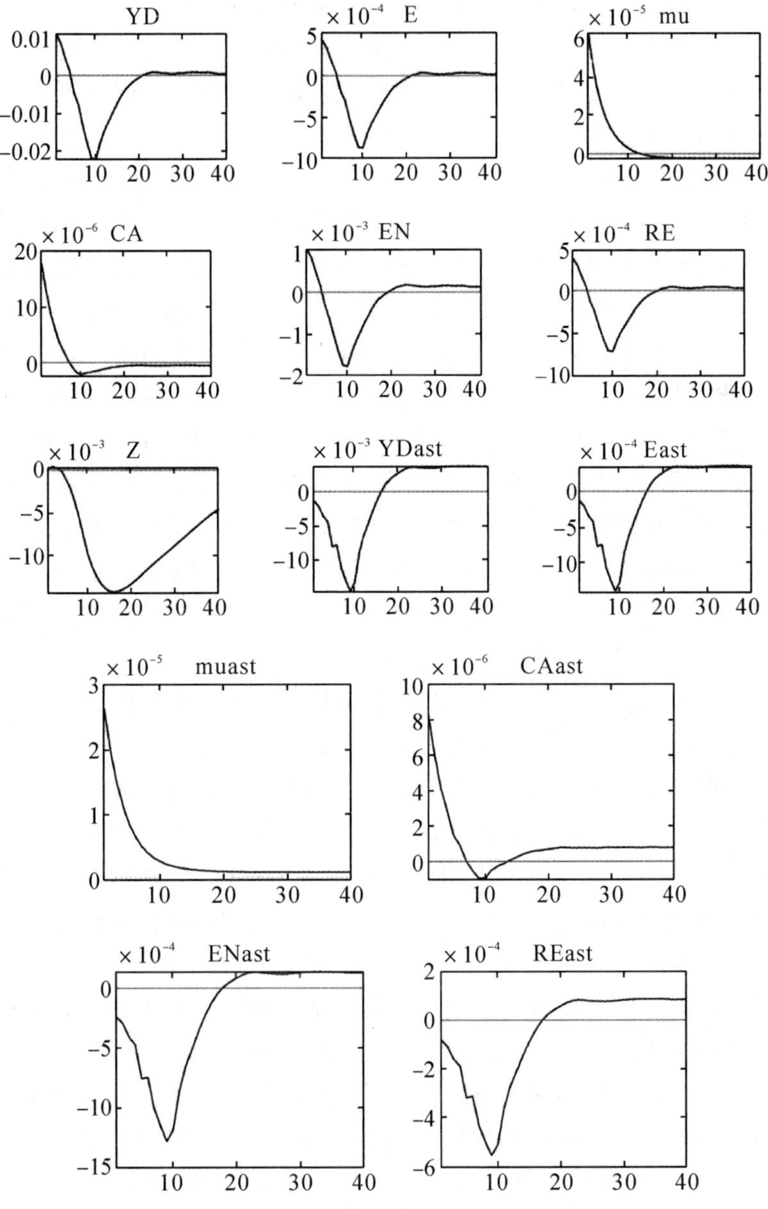

图 6-15　协作模式下主要变量对环保税率的脉冲响应

（三省一市采用一致且中间税率，二氧化硫税额标准为每污染当量 6 元）

图 6-16 中，本研究假设长江上游地区三省一市按照《环保税法》规定的中间额度设定大气污染物（以二氧化硫为例）税率，即二氧化硫税额标准为每污染当量 6 元。图 6-16 的各子图反映了当对污染物排放量产生相同影响的情况下，本地区二氧化硫税率提升 1 个单位，其对主要变量的不同影响。从图 6-16 中，本研究发现当本地区二氧化硫税率提升 1 个单位后：①本地区的 GDP 增长率（YD）在初期有所提升，但在短期内出现大幅度下降，并在第 10 个时期（第 10 个季度）后降到最低。随后，该影响会迅速消退，并在第 20 个时期（第 20 个季度）恢复正常。②本地区的污染物排放量（E）在初期有所提升，但在短期内出现大幅度下降，并在第 10 个时期（第 10 个季度）后降到最低。随后，该影响会迅速消退，并在第 20 个时期（第 20 个季度）恢复正常。③对于本地区企业的减排强度（mu）会在一开始出现大幅促进作用，但该促进作用会随着时间的延长而逐渐下降。④同时，税率的提升也会对川渝地区的企业减排成本（CA）、污染物排放积累（Z）、化石能源使用量（EN）和可再生能源使用量（RE）均造成不同程度的影响。造成上述影响的主要原因可能是在税率调整初期，政策效应未能充分反映。待政策效应充分反映后，税率调整会对企业产生负面冲击，导致部分企业倒闭，进而降低区域 GDP 增长率（YD）和污染物排放量（E），促进企业的减排强度（mu）。但随着时间的推移，社会逐渐适应新的税率，导致政策效应消退。

同时，本研究发现当本地区二氧化硫税率提升 1 个单位后，也会对其他地区各主要变量产生不同程度的影响：①其他地区的 GDP 增长率（YDast）会在短期内出现大幅度下降，并在第 9 个时期（第 9 个季度）后降到最低。随后，该影响会迅速消退，并在第 16 个时期（第 16 个季度）恢复正常。最终，其他地区的 GDP 增长率（YDast）会受到一定程度的促进作用。②其他地区的污染物排放量（East）会在短期内出现大幅度下降，并在第 9 个时期（第 9 个季度）后降到最低。随后，该影响会迅速消退，并在第 16 个时期（第 16 个季度）恢复正常。最终，其他地区的污染物排放量（East）会在一定程度上恶化。③对于其他地区企业的减排强度（muast）会在一开始出现大幅促进作用，但该促进作用会随着时间的延长而逐渐下降。④同时，税率的提升也会对云贵地区的企业减排成本（CAast），化石能源使用量（ENast）和可再生能源使用量（REast）均造成不同程度的影响。造成上述影响的主要原因可能是当本地区税率调整后，会对其他地区的企业产生联动和震慑作用。其他地区的企业可能会预期本地也会逐步提高税率，主动关闭部分污染型企业，进而降低区域 GDP 增长率（YD）和污染物排放量（E），促进企业的减排强度（mu）。但随着时间的推移，该效应会逐渐调整并消退。

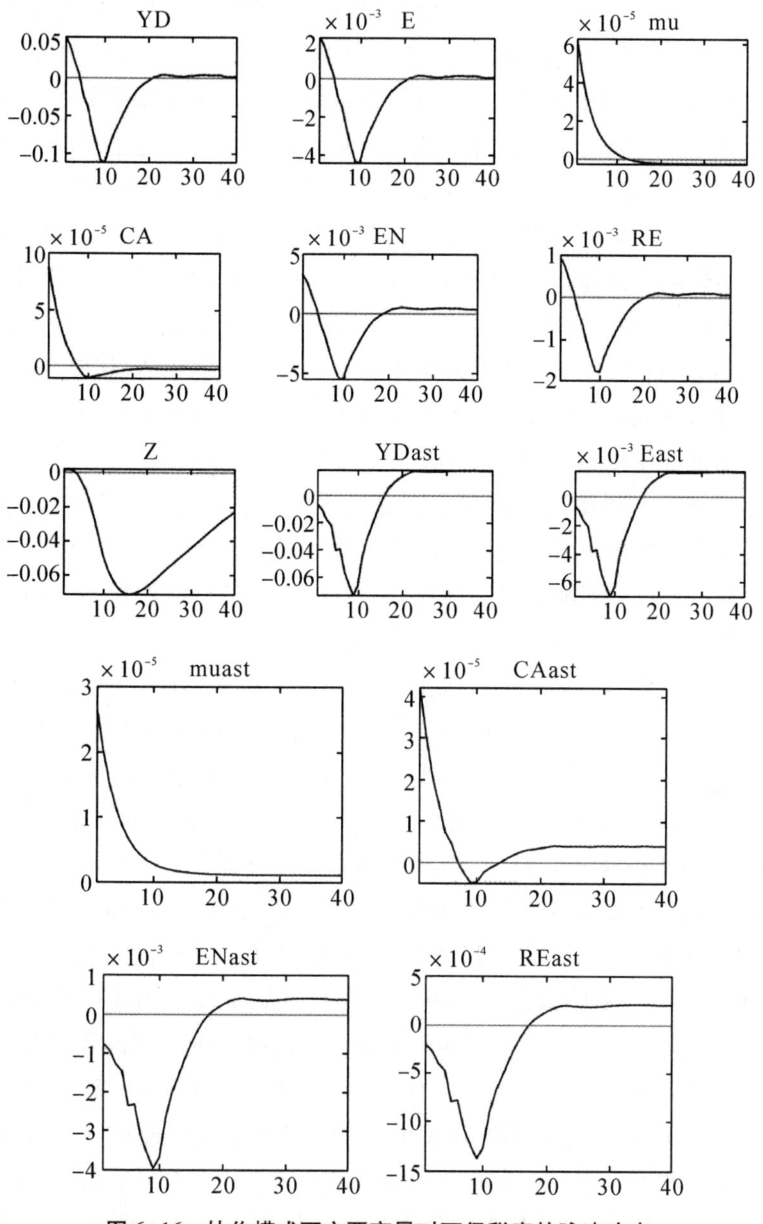

图 6-16 协作模式下主要变量对环保税率的脉冲响应

（三省一市采用一致且中间税率，二氧化硫税额标准为每污染当量 6 元）

图 6-17 中，本研究假设长江上游地区三省一市按照《环保税法》规定的最高限额设定水污染物（以化学需氧量为例）税率，即化学需氧量税额标准为每污染当量 14 元。图 6-17 的各子图反映了当对经济产生相同影响的情况下，本地区化学需氧量税率提升 1 个单位，其对主要变量的不同影响。从图 6-17 中，本研究发现当本地区化学需氧量税率提升 1 个单位后：①本地区的 GDP 增长率（YD）会在短期内出现大幅度下降，并在第 4 个时期（第 4 个季度）后降到最低。随后，该影响会迅速消退，并在第 12 个时期（第 12 个季度）恢复正常。②本地区的污染物排放量（E）会在短期内出现大幅度下降，并在第 4 个时期（第 4 个季度）后降到最低。随后，该影响会迅速消退，并在第 12 个时期（第 12 个季度）恢复正常。③对于本地区企业的减排强度（mu）会在一开始出现大幅促进作用，但该促进作用会随着时间的延长而逐渐下降。④同时，税率的提升也会对本地区的企业减排成本（CA）、污染物排放积累（Z）、化石能源使用量（EN）和可再生能源使用量（RE）均造成不同程度的影响。造成上述影响的主要原因可能是在税率调整初期会对企业产生负面冲击，导致部分企业倒闭，进而降低区域 GDP 增长率（YD）和污染物排放量（E），促进企业的减排强度（mu）。但随着时间的推移，社会逐渐适应新的税率，导致政策效应消退。

同时，本研究发现当本地区化学需氧量税率提升 1 个单位后，也会对其他地区各主要变量产生不同程度的影响：①与本地区类似，其他地区的 GDP 增长率（YDast）也会在短期内出现大幅度下降，并在第 4 个时期（第 4 个季度）后降到最低。随后，该影响会迅速消退，并在第 12 个时期（第 12 个季度）恢复正常。②其他地区的污染物排放量（East）会在短期内出现大幅度下降，并在第 4 个时期（第 4 个季度）后降到最低。随后，该影响会迅速消退，并在第 12 个时期（第 12 个季度）恢复正常。③对于其他地区企业的减排强度（muast）会在一开始出现大幅促进作用，但该促进作用会随着时间的延长而逐渐下降。④同时，税率的提升也会对其他地区的企业减排成本（CAast）、化石能源使用量（ENast）和可再生能源使用量（REast）均造成不同程度的影响。造成上述影响的主要原因可能是当本地区税率调整后，会对其他地区的企业产生联动和震慑作用。其他地区的企业可能会预期本地也会逐步提高税率，主动关闭部分污染型企业，进而降低区域 GDP 增长率（YD）和污染物排放量（E），促进企业的减排强度（mu）。但随着时间的推移，该效应会逐渐调整并消退。

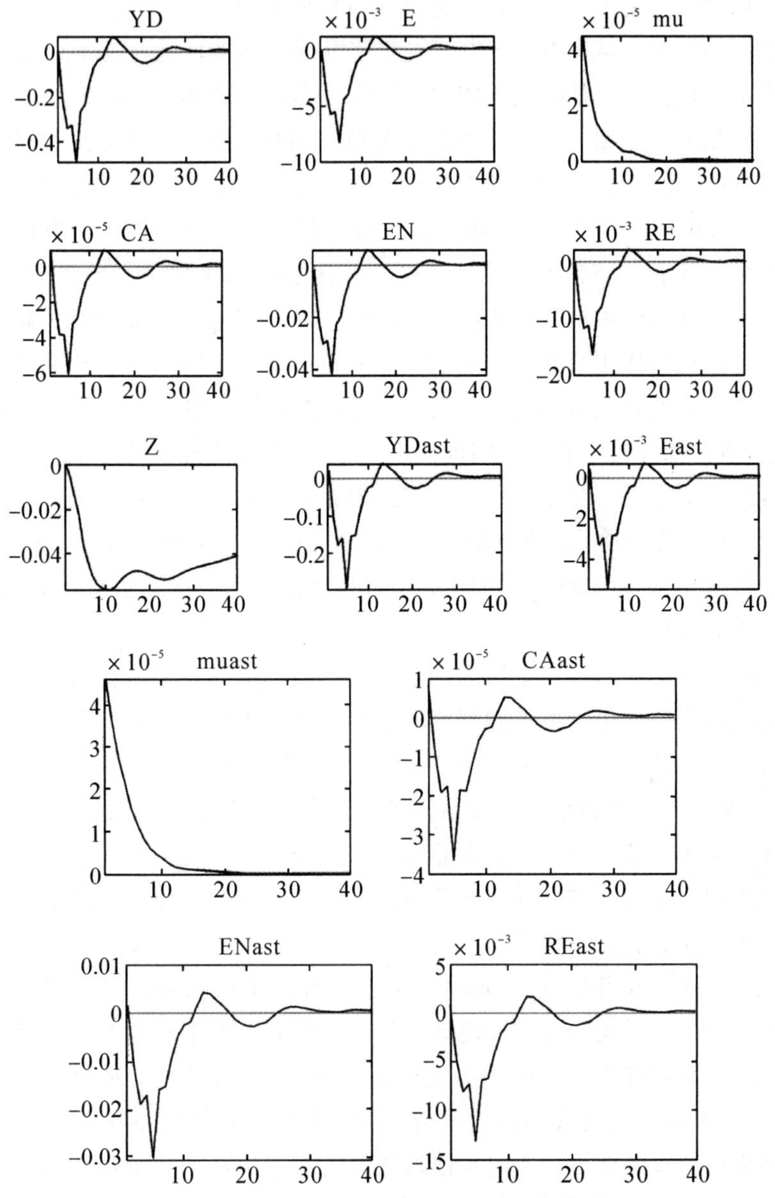

图 6-17　协作模式下主要变量对环保税率的脉冲响应

（三省一市采用一致且最低税率，化学需氧量税额标准为每污染当量 14 元）

图 6-18 中，本研究假设长江上游地区三省一市按照《环保税法》规定的最高限额设定水污染物（以化学需氧量为例）税率，即化学需氧量税

额标准为每污染当量 14 元。在图 6-18 的各子图反映了当对污染物排放量产生相同影响的情况下，本地区化学需氧量税率提升 1 个单位，其对主要变量的不同影响。从图 6-18 中，本研究发现当本地区化学需氧量税率提升 1 个单位后：①本地区的 GDP 增长率（YD）会在短期内出现大幅度下降，并在第 4 个时期（第 4 个季度）后降到最低。随后，该影响会迅速消退，并在第 12 个时期（第 12 个季度）恢复正常。②本地区的污染物排放量（E）会在短期内出现大幅度下降，并在第 4 个时期（第 4 个季度）后降到最低。随后，该影响会迅速消退，并在第 12 个时期（第 12 个季度）恢复正常。③对于本地区企业的减排强度（mu）会在一开始出现大幅促进作用，但该促进作用会随着时间的延长而逐渐下降。④同时，税率的提升也会对本地区的企业减排成本（CA）、污染物排放积累（Z）、化石能源使用量（EN）和可再生能源使用量（RE）均造成不同程度的影响。造成上述影响的主要原因可能是在税率调整初期会对企业产生负面冲击，导致部分企业倒闭，进而降低区域 GDP 增长率（YD）和污染物排放量（E），促进企业的减排强度（mu）。但随着时间的推移，社会逐渐适应新的税率，导致政策效应消退。

同时，本研究发现当本地区化学需氧量税率提升 1 个单位后，也会对其他地区各主要变量产生不同程度的影响：①与本地区类似，其他地区的 GDP 增长率（YDast）也会在短期内出现大幅度下降，并在第 4 个时期（第 4 个季度）后降到最低。随后，该影响会迅速消退，并在第 12 个时期（第 12 个季度）恢复正常。②其他地区的污染物排放量（East）会在短期内出现大幅度下降，并在第 4 个时期（第 4 个季度）后降到最低。随后，该影响会迅速消退，并在第 12 个时期（第 12 个季度）恢复正常。③对于其他地区企业的减排强度（muast）会在一开始出现大幅促进作用，但该促进作用会随着时间的延长而逐渐下降。④同时，税率的提升也会对其他地区的企业减排成本（CAast）、化石能源使用量（ENast）和可再生能源使用量（REast）均造成不同程度的影响。造成上述影响的主要原因可能是当本地区税率调整后，会对其他地区的企业产生联动和震慑作用。其他地区的企业可能会预期本地也会逐步提高税率，主动关闭部分污染型企业，进而降低区域 GDP 增长率（YD）和污染物排放量（E），促进企业的减排强度（mu）。但随着时间的推移，该效应会逐渐调整并消退。

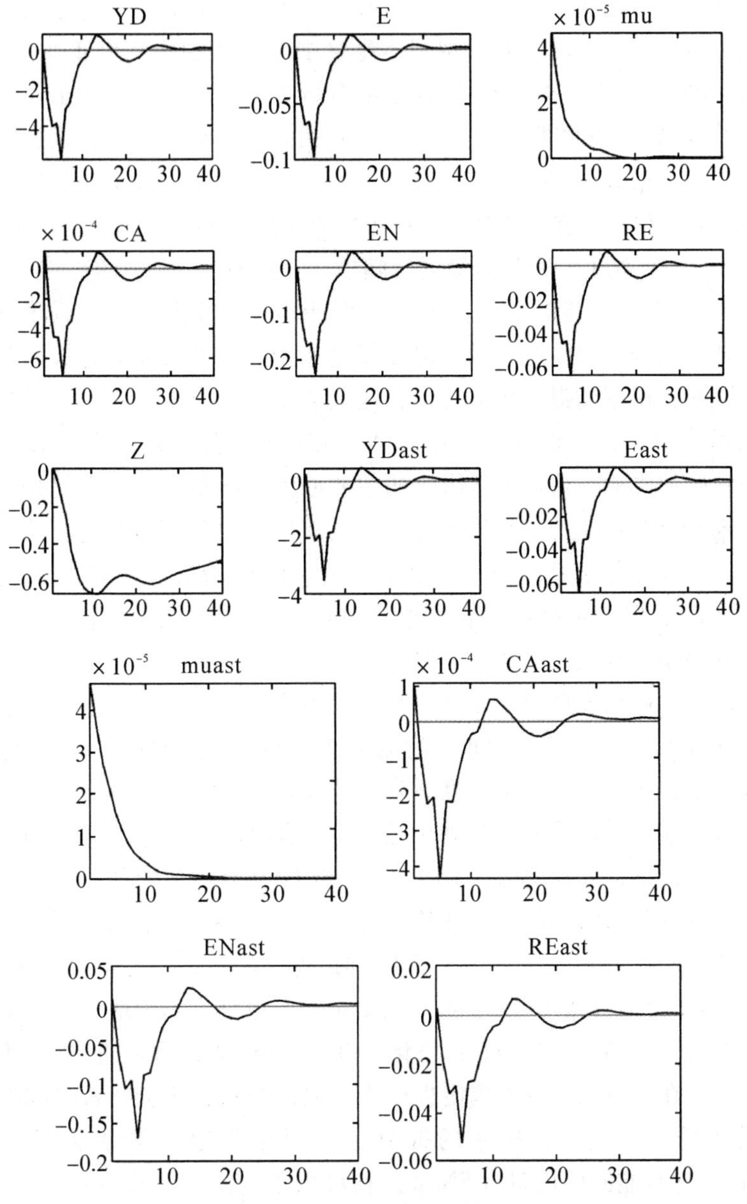

图 6-18　协作模式下主要变量对环保税率的脉冲响应

（三省一市采用一致且最低税率，化学需氧量税额标准为每污染当量 14 元）

图 6-19 中，本研究假设长江上游地区三省一市按照《环保税法》规定的最高限额设定大气污染物（以二氧化硫为例）税率，即二氧化硫税额标准为每污染当量 12 元。在图 6-19 的各子图反映了当对经济产生相同影

响的情况下，本地区二氧化硫税率提升 1 个单位，其对主要变量的不同影响。从图 6-19 中，本研究发现当本地区二氧化硫税率提升 1 个单位后：①本地区的 GDP 增长率（YD）在初期有所提升，但在短期内出现大幅度下降，并在第 10 个时期（第 10 个季度）后降到最低。随后，该影响会迅速消退，并在第 20 个时期（第 20 个季度）恢复正常。②本地区的污染物排放量（E）在初期有所提升，但在短期内出现大幅度下降，并在第 10 个时期（第 10 个季度）后降到最低。随后，该影响会迅速消退，并在第 20 个时期（第 20 个季度）恢复正常。③对于本地区企业的减排强度（mu）会在一开始出现大幅促进作用，但该促进作用会随着时间的延长而逐渐下降。④同时，税率的提升也会对川渝地区的企业减排成本（CA）、污染物排放积累（Z）、化石能源使用量（EN）和可再生能源使用量（RE）均造成不同程度的影响。造成上述影响的主要原因可能是在税率调整初期，政策效应未能充分反映。待政策效应充分反映后，税率调整会对企业产生负面冲击，导致部分企业倒闭，进而降低区域 GDP 增长率（YD）和污染物排放量（E），促进企业的减排强度（mu）。但随着时间的推移，社会逐渐适应新的税率，导致政策效应消退。

同时，本研究发现当本地区二氧化硫税率提升 1 个单位后，也会对其他地区各主要变量产生不同程度的影响：①其他地区的 GDP 增长率（YDast）会在短期内出现大幅度下降，并在第 9 个时期（第 9 个季度）后降到最低。随后，该影响会迅速消退，并在第 16 个时期（第 16 个季度）恢复正常。最终，其他地区的 GDP 增长率（YDast）会受到一定程度的促进作用。②其他地区的污染物排放量（East）会在短期内出现大幅度下降，并在第 9 个时期（第 9 个季度）后降到最低。随后，该影响会迅速消退，并在第 16 个时期（第 16 个季度）恢复正常。最终，其他地区的污染物排放量（East）会在一定程度上恶化。③对于其他地区企业的减排强度（muast）会在一开始出现大幅促进作用，但该促进作用会随着时间的延长而逐渐下降。④同时，税率的提升也会对云贵地区的企业减排成本（CAast），化石能源使用量（ENast）和可再生能源使用量（REast）均造成不同程度的影响。造成上述影响的主要原因可能是当本地区税率调整后，会对其他地区的企业产生联动和震慑作用。其他地区的企业可能会预期本地也会逐步提高税率，主动关闭部分污染型企业，进而降低区域 GDP 增长率（YD）和污染物排放量（E），促进企业的减排强度（mu）。但随着时间的推移，该效应会逐渐调整并消退。

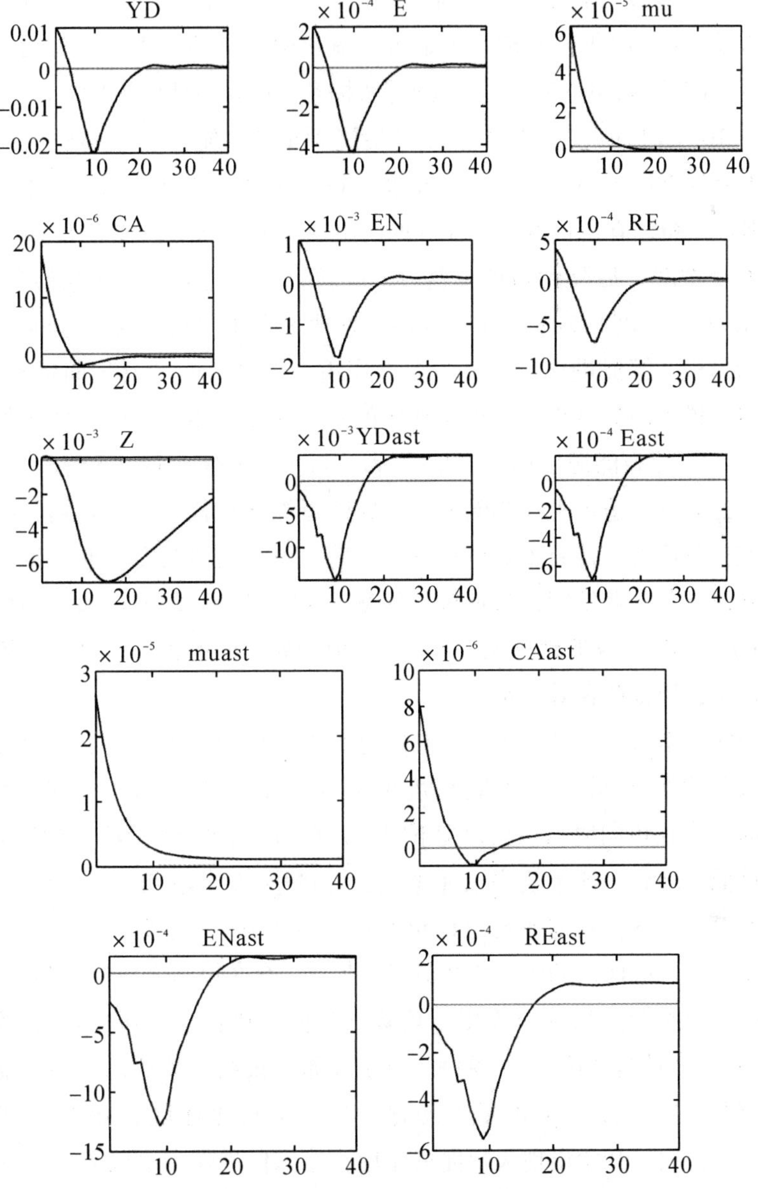

图 6-19 协作模式下主要变量对环保税率的脉冲响应

（三省一市采用一致且最高税率，二氧化硫税额标准为每污染当量 12 元）

图 6-20 中，本研究假设长江上游地区三省一市按照《环保税法》规定的最高限额设定大气污染物（以二氧化硫为例）税率，即二氧化硫税额标准为每污染当量 12 元。各子图反映了当对污染物排放量产生相同影响的

情况下，本地区二氧化硫税率提升 1 个单位，其对主要变量的不同影响。从图 6-20 中，本研究发现当本地区二氧化硫税率提升 1 个单位后：①本地区的 GDP 增长率（YD）在初期有所提升，但在短期内出现大幅度下降，并在第 10 个时期（第 10 个季度）后降到最低。随后，该影响会迅速消退，并在第 20 个时期（第 20 个季度）恢复正常。②本地区的污染物排放量（E）在初期有所提升，但在短期内出现大幅度下降，并在第 10 个时期（第 10 个季度）后降到最低。随后，该影响会迅速消退，并在第 20 个时期（第 20 个季度）恢复正常。③对于本地区企业的减排强度（mu）会在一开始出现大幅促进作用，但该促进作用会随着时间的延长而逐渐下降。④同时，税率的提升也会对川渝地区的企业减排成本（CA）、污染物排放积累（Z）、化石能源使用量（EN）和可再生能源使用量（RE）均造成不同程度的影响。造成上述影响的主要原因可能是在税率调整初期，政策效应未能充分反映。待政策效应充分反映后，税率调整会对企业产生负面冲击，导致部分企业倒闭，进而降低区域 GDP 增长率（YD）和污染物排放量（E），促进企业的减排强度（mu）。但随着时间的推移，社会逐渐适应新的税率，导致政策效应消退。

同时，本研究发现当本地区二氧化硫税率提升 1 个单位后，也会对其他地区各主要变量产生不同程度的影响：①其他地区的 GDP 增长率（YDast）会在短期内出现大幅度下降，并在第 9 个时期（第 9 个季度）后降到最低。随后，该影响会迅速消退，并在第 16 个时期（第 16 个季度）恢复正常。最终，其他地区的 GDP 增长率（YDast）会受到一定程度的促进作用。②其他地区的污染物排放量（East）会在短期内出现大幅度下降，并在第 9 个时期（第 9 个季度）后降到最低。随后，该影响会迅速消退，并在第 16 个时期（第 16 个季度）恢复正常。最终，其他地区的污染物排放量（East）会在一定程度上恶化。③对于其他地区企业的减排强度（muast）会在一开始出现大幅促进作用，但该促进作用会随着时间的延长而逐渐下降。④同时，税率的提升也会对云贵地区的企业减排成本（CAast），化石能源使用量（ENast）和可再生能源使用量（REast）均造成不同程度的影响。造成上述影响的主要原因可能是当本地区税率调整后，会对其他地区的企业产生联动和震慑作用。其他地区的企业可能会预期本地也会逐步提高税率，主动关闭部分污染型企业，进而降低区域 GDP

增长率（YD）和污染物排放量（E），促进企业的减排强度（mu）。但随着时间的推移，该效应会逐渐调整并消退。

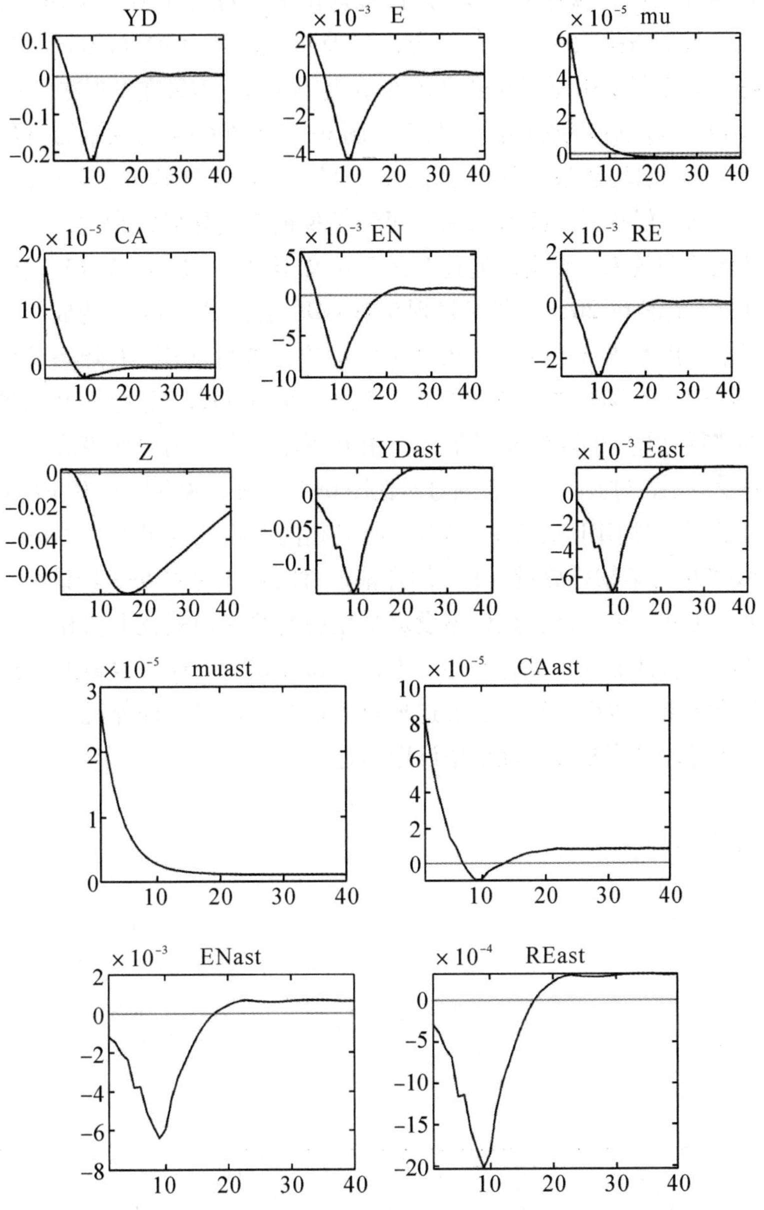

图 6-20　协作模式下主要变量对环保税率的脉冲响应

（三省一市采用一致且最高税率，二氧化硫税额标准为每污染当量 12 元）

本研究进一步针对上述五种场景中的重要变量，即对 GDP 增长率（YD）、污染物排放量（E）和企业减排强度（mu）进行分析。首先，在上述五种场景中，税率提升基本上都会在不同程度上导致 GDP 增长率（YD）和污染物排放量（E）下降，以及企业减排强度（mu）上升。其次，通过对比图 6-1 至图 6-4 和图 6-5 至图 6-8，本研究发现在对 GDP 增长率（YD）造成相同影响的情况下，图 6-1 至图 6-4 场景中污染物排放量（E）的降幅均超过图 6-5 至图 6-8 场景中污染物排放量。由此可见，在采用非协作模式时，降低两地区间环保税税率差异可以有效地提高该政策的环境治理效果。再次，通过对比图 6-9 至图 6-12、图 6-13 至图 6-16 和图 6-17 至图 6-20，本研究发现在对 GDP 增长率（YD）造成相同影响的情况下，图 6-9 至图 6-12 场景中污染物排放量（E）的降幅最高，图 6-13 至图 6-16 场景中污染物排放量其次，而图 6-17 至图 6-20 场景中污染物排放量（E）的降幅相对最低。由此可见，在采用协作模式时，环保税税率设定不宜过高。最后，通过对比图 6-1 至图 6-4 和图 6-9 至图 6-12，本研究发现在对 GDP 增长率（YD）造成相同影响的情况下，图 6-9 至图 6-12 场景中污染物排放量（E）的降幅超过图 6-1 至图 6-4 场景中污染物排放量。由此可见，环保税税率设定采用各地协作模式比非协作模式的环境和经济有效性更高。综合上述结果，本研究认为环保税政策的实施既会降低环境污染，也会对经济发展造成负面影响。同时，环保税税率的设定应该采用各地协作模式，且税率设定不宜过高。

7 典型探索

7.1 云南省典型探索

位于滇西地区的迪庆藏族自治州（以下简称“迪庆州”）和丽江市是云南省行政区域内较为典型的地区。该区域与西藏自治区和四川省毗邻，为青藏高原东南伸延部分，南北纵向排列着横断山脉，金沙江、澜沧江等大江流经该区域。区域内少数民族较多，两地总面积约为4.5万平方千米。该地区既是长江上游重要的生态屏障区，也是澜沧江等重要河流的生态屏障区。同时，丽江市也是云南省经济发展相对落后的区域，其人均GDP在省内排名靠后。因此，在征收环保税的过程中，同样需要克服生态环境脆弱和经济发展落后的内在矛盾。

自环保税政策实施以来，迪庆州税务部门联合生态环境部门等相关部门学习环保税政策内容，明晰政策目标，实现了政策由费改税的平稳过渡。同时，该州税务部门按照多排多征、少排少征、不排不征的原则，积极为全州各排污单位积极讲解政策相关内容，鼓励全州各排污单位减少排污量。为了进一步让纳税人充分了解环保税政策内容，该州各个办税大厅都设置了专门的环保税政策咨询岗位、咨询电话。经过几年的努力，该州环保税纳税人环保意识明显增强，全州排污量明显减少，生态环境得以改善。此外，全州各排污单位利用环保税政策为契机，充分享受该政策的税收减免优惠政策，对生产过程进行转型升级，逐步走上了主动减排治污的绿色发展道路。

该州税务部门积极在其辖区宣传废弃物再利用的好处：一是可以变废为宝，为社会创造价值；二是，可以享受政策优惠，减免因排放废弃物而征收的环保税。云南迪庆有色金属有限责任公司是一家矿产品开发公司。按照环保税政策规定，如果直接将其生产过程中附带产生的危险固体废弃物排放到自然界，就需要支付大量环保税。该公司经过对政策的充分学习和理解后，将危险固体废弃物运输到再生能源加工厂，从而减免了环保税。相较而言，该公司的危险固体废弃物不仅得到了再利用，而且其支付的废弃物处理费用也较环保税税额更低，从而达到了双赢的局面。

此外，该州税务部门还有效利用达标排放的免税政策引导其辖区企业对生产设备进行升级改造。迪庆香格里拉昆钢鸿达水泥有限公司由于生产过程的高污染性，同样是排污费和环保税的缴费纳税大户。在环保税政策实施后，经过对政策的充分学习和理解，了解到其排放的污染物浓度值如若低于国家和地方规定的排放标准则可享受税收减免的优惠。因此，该公司积极对生产设备进行升级改造。通过努力，其 2019 年上半年减税约 16 万元，为 2018 年同期的近三倍。同时，生产设备的改造还为该公司提升了近 40%的产能。

丽江市政府同样充分利用环保税政策实施为契机，通过积极宣传和政策优惠双管齐下的方式，激发其辖区企业主动走向减排治污的绿色发展道路。为此，丽江市税务部门专门走访其辖区内的污染型企业，让其充分理解环保税多排多征、少排少征、不排不征的原则，以及一系列政策配套优惠措施。润邦远华建设工程有限公司宁蒗分公司就是一家享受到环保税政策福利，进而实现转型升级的企业。该企业在生产过程中产生扬尘导致每年都要缴纳上万元的环保税。丽江市税务部门在充分了解该企业情况后，给出了节能减排的建议。税务部门告知该企业，其节能减排虽会在短期增加设备投入成本，但是每年都会为该企业节省一笔数目不小的环保税税费。从长期来看，上述改造对于企业是有利的。该企业通过充分考虑和测算后，采纳了税务部门建议。改造后，该企业每年仅需缴纳环保税不到 5 000 元，实现了经济效益和生态环境保护的双赢。

7.2 四川省典型探索

在四川省行政区域内，川西同样属于较为典型的地区。该区域主要包括成都市、绵阳市、雅安市等 6 个地级市和阿坝藏族羌族自治州、甘孜藏族自治州、凉山彝族自治州（以下简称“阿坝州、甘孜州、凉山州”）3个自治州。其中，阿坝州、甘孜州、凉山州西部属于川西高原。川西高原是四川省西部与青海、西藏交界的高海拔区，为青藏高原东南缘和横断山脉的一部分，可以进一步分为川西北高原和川西山地两部分，总面积约为23.6万平方千米。川西高原既是长江上游重要的生态屏障区，又属于经济发展相对落后的区域。因此，在征收环保税的过程中，同样需要克服生态环境脆弱和经济发展落后的内在矛盾。

以甘孜州为例，该州税务部门有效地利用环保税等绿色税收的征收为契机，助力川西北生态示范区建设。在实际执行过程中，该州税务部门通过结合污染源普查数据和实地走访的形式掌握其所辖区域的企业清单，了解企业排污情况及其减排措施等情况。同时，甘孜州税务部门通过与该州生态环境局协同合作的方式加强税收共治。两部门联合制发的《国家税务总局甘孜州税务局甘孜州生态环境局环境保护税征管协作机制》对各部门职责职能、工作机制、信息传递等内容进行明确分工，形成齐抓共管的工作局面。对于已征收的环保税的税额，该州税务部门还会按季度开展复核工作。通过将生态环境部门提供的涉及环保税相关数据与本部门所获得的数据进行比对，对异常数据提请环保部门复核。此外，为了进一步增强环保税的正向减排效应，该州税务部门还会向纳税人宣传环保税相关政策，增强纳税人环保意识，让纳税人意识到，加大环保设备投入虽然会在短期增加企业成本，却会在长期减少企业环保税纳税额度，享受税收优惠政策，形成企业与环境双赢的局面。统计数据显示，到2021年1月底，甘孜州共有环保税纳税人约400户。2020年甘孜州共征收环保税约430万元，累计减免优惠税额约6万元。其中，因噪声污染和固体污染物而征收的环保税较少，约15万元；因水污染物和大气污染物而征收的环保税相对较多，约410万元。

此外，川西地区的绵阳市安州区桑枣镇也受雾霾影响。随着环保税的开征以及多个部门的积极宣传和引导，该镇企业纷纷进行环保改造，成效显著。现在的桑枣镇已经由当初的“灰尘镇”成功转变为乡村绿色旅游热门目的地。该镇打造的园林景致和传统陶艺等吸引了广大国内外游客。同时，该镇还大力发展生态农业，“川茶”“川果”“川粮油”等产业快速发展，还打造了一系列特色品牌。

雅安市位于长江上游的重要生态屏障区，其特殊的地理位置直接关系到成渝地区双城经济圈乃至长江流域中上游的生态安全。为此，雅安市政府一直都以绿色发展作为其工作的第一要务，大力推动本地绿色产业发展和传统产业转型升级。该市税务部门同样以环保税等绿色税收为契机，积极宣传和引导当地企业走绿色发展道路，并且为当地绿色产业提供减税降费等优惠政策。此外，为了确保当地企业能充分享受到政府的优惠政策，该市税务部门还专门成立了税收服务团队，积极帮助企业深入理解政策，并为其提供相关帮助，从而使企业能够更加专注于生产经营和科技创新。

其中，最值得一提的是中国·雅安大数据产业园。该产业园是四川省单体规模最大、标准最高的绿色数据中心，吸引了数十家优质企业入驻。其中不乏中国移动、阿里巴巴、腾讯、字节跳动等优质企业。同时，雅安市税务部门还专门派驻第二税务分局入驻该产业园区，为该产业园区纳税人就近办理税费事项。这种精细、精准、定制化的配套服务极大地促进了中国·雅安大数据产业园的绿色快速发展。

此外，位于雅安市的四川泰昌建材集团有限公司同样也成功完成了生产经营绿色化改造。该公司主要从事水泥制造，属于高污染、高耗能产业。在环保税政策实施后，雅安市税务部门为该公司深入介绍了环保税政策内容以及相关配套优惠政策，并为该公司绿色化改造提供帮助。2021年，该公司减免税额约 40 万元，资源综合利用增值税即征即退约 700万元。

7.3 贵州省典型探索

黔南布依族苗族自治州、黔西南布依族苗族自治州和黔东南苗族侗族自治州（以下简称“黔南州、黔西南州、黔东南州”）是贵州省行政区域内较为典型的地区。该区域位于贵州省南部，珠江上游，与云南省、广西壮族自治区和湖南省毗邻。区域内少数民族较多，三州总面积约为 7.3 万平方千米。黔南三州是珠江的发源地之一，既是珠江上游重要的生态屏障区，同时也是贵州省经济发展相对落后的区域。因此，在征收环保税的过程中，同样需要克服生态环境脆弱和经济发展落后的内在矛盾。

为此，三州税务部门有效地利用环保税等绿色税收的征收为契机，助力该地区绿色发展。以黔南州为例，该州税务部门灵活运用环保税等绿色税收的环境和经济调节作用，助力当地企业和地方经济朝向绿色发展，打造生态之州。贵州盾安风电有限公司是位于该州的风力发电企业。风力发电虽然绿色环保，但是也存在着设备更新快、维护成本高等缺点。为此，该州税务部门为该企业讲解和辅导其申请政府减税降费政策，仅2020年就为该企业减免所得税超400万元，有效地发挥了绿色税收的环境—经济调节作用。此外，该州税务部门还在全州大力开展政策宣讲辅导，为几百户环保税纳税人办理环保纳税服务，为企业落实税收减免超2亿元。同时，该州税务部门对于绿色转型升级的企业加大税收减免力度，通过强化排污征管，发挥环保税的绿色税制激励作用。通过上述政策，当地企业逐步走向了主动减排治污的绿色发展道路。到2021年，黔南州享受环保税减免的企业超60户，企业投入环保相关资金近3 000万元，减少二氧化硫等污染物近4万吨。针对高新技术企业和中小微绿色发展企业，该州政府同样推出了一系列政策优惠措施。就高新技术企业而言，该州税务部门为企业推出一对一服务，确保企业能及时享受到政府相关优惠政策；就中小微绿色发展企业而言，该州政府则为其积极办理无抵押无担保贷款近7亿元，鼓励当地企业绿色转型升级。

黔东南州和黔西南州税务部门为促进本地环保税征管提质增效，促进绿色税收的环境和经济调节作用也进行了大量工作。面对环保税这一新的绿色税制，首先，当地政府带领当地税务部门和生态环境部门等相关部门学习环保税政策目标，充分领会环保税等绿色税收的环境—经济调节作用，以及其对推动绿色发展的重要性。其次，面对环保税的专业性，当地税务部门与生态环境部门建立协作机制，包括工作协调、数据审核、资料交接和业务培训等，为环保税的征收工作做好基础保障。具体而言，生态环境部门需定期将其核查的企业排污许可、污染物排放量等相关数据交送税务部门；而税务部门则需将纳税人的纳税申报、税款入库、减免税额、欠缴税款以及风险疑点等数据信息交送生态环境部门。除与生态环境部门建立协作机制外，当地税务部门还通过与生态环境部门交流培训的方式，强化税务部门相关征税人员的专业技术知识，做到征收管理人员全员参训，全员掌握相关专业技术知识。当地州、县税务部门与生态环境部门充分利用第二次污染源普查成果、环保税税源采集分析与监控平台、环境执法监管“双随机”平台等资源整合数据。此外，税务部门与生态环境部门还积极向企业宣传防治减排的税收减免优惠政策，推动企业绿色转型升级。上述工作通过齐头并进的方式，一方面做好环保税应征尽征，另一方面也鼓励企业充分利用和享受环保税政策带来的绿色转型升级契机，实现该地区朝向绿色发展方向迈进。

7.4 重庆市典型探索

在重庆市行政区域内，三峡库区属于较为典型的地区。该区域地处四川盆地与长江中下游平原的接合部，跨越鄂中山区峡谷及川东岭谷地带，北屏大巴山、南依川鄂高原。该区域主要包括因修建三峡水电站而被淹没的地区，涉及重庆核心城区、重庆市下辖 13 个区县及湖北省下辖 4 个区县。由此可见，三峡库区虽有部分区域属于湖北省，但其主体部分位于重庆市行政区域内，库区总面积约为 7.9 万平方千米。

三峡库区是长江上游重要的生态屏障区，其中水环境保护尤为重要，直接关系到长江中下游地区整体水质。同时，该区域中除重庆核心城区、涪陵区和万州区等少数大中型区域，其余大部分地区属于经济发展相对落后的区域。因此，在征收环保税的过程中，如何克服生态环境脆弱和经济发展落后的内在矛盾显得尤为重要。

为此，重庆市税务部门与财政、生态环境等多部门加强协作，建立数据共享机制。同时，重庆市还与四川省多部门合作，建立统一的建筑施工扬尘排污系数等政策口径。通过宣扬“多排多征、少排少征、不排不征”的口号，用税收杠杆激发企业环保内生动力，切实发挥好“绿色税制”促进绿色发展的功能。

以大渡口区的重庆市大九排水有限公司为例，自环保税实施以来，该公司持续增设截污管道。其截污管道已长达近 20 千米，服务面积近 20 平方千米。日益显现的生态效益，不仅为保护三峡库区水资源环境做出了贡献，同时也为该公司带来了大量的政策优惠。单就 2019 年而言，该公司享受到资源综合利用即征即退增值税累计 164 万元。同时，在 2019 年和 2020 年两年内，该公司共计减免环保税超 250 万元。企业可以将节省下来的资金用于继续优化污水处理工艺，走绿色发展道路，筑牢长江上游重要生态屏障。

位于巴南区的重庆三峰环境集团丰盛垃圾焚烧发电厂则是以焚烧垃圾

发电的方式变废为宝。该发电厂每天可以通过上述方式有效地将超 2 000 吨生活垃圾转化为约 100 万度生活用电，保障超 20 万户城镇家庭的用电需求。同时，垃圾焚烧后产生的炉渣则是交由有资质的第三方企业再次利用，如制作路面砖或筑路垫层等，飞灰则按要求经稳定固化处理后进行卫生填埋。因管理规范、排放达标，2019 年该企业享受环保税等税收优惠合计超 2 亿元，这让企业有更多资金投入到新项目建设，坚守环保责任更有动力。

重庆恒都农业集团公司同样是一家位于三峡库区的企业，坐落于重庆市丰都县高家镇。该企业是重庆市最大的肉牛规模化养殖企业，每年养殖肉牛上万头，产生牛粪、牛尿等污染物超 10 万吨。如何处理生产经营中产生的垃圾不仅是困扰该企业的难题，且每年还会为该企业带来 50 万元环保税费的额外负担。因此，如何实现环境保护与企业发展的双赢就成为当地政府和该企业的重点问题。自《环保税法》实施以来，丰都县税务局加大环保税政策实施力度，向该企业宣传环保税纳税人对畜禽养殖废弃物进行综合利用和无害化处理的，可享受环保税税收优惠，发挥环保税正向激励机制，帮助企业算好治污减排和缴纳环保税“两笔账”。该企业自 2019 年第 4 季度起，将养牛场的牛粪、牛尿销售给重庆丰泽园肥业有限公司进行无害化处理，制成有机肥料。资源的循环利用，不但为企业减少了环保税支出近 50 万元，还为企业带来了超 5 万元的额外收入。在政策引导帮助下，该企业实现了生态环境与企业效益的“双赢”。

2019 年，开州区税务局借助首届中国三峡库区生态保护法治论坛，开展《环保税法》宣传活动。该局通过现场发放宣传资料、宣讲税收政策、现场解答纳税人疑问等方式，就环保税立法的目的和作用、征收范围、如何网上申报缴纳环保税及环保税减免政策等进行了宣传。通过宣传，增强了社会公众和企业对发展绿色经济、减少污染物排放、保护生态环境重要性的认识，引导全社会共同监督，形成推动绿色发展的良好局面；同时鼓励企业科学生产，节能减排，为把重庆建设成山清水秀美丽之地贡献力量。

巫山县位于重庆市与湖北省交界地区，是三峡库区在重庆行政区域内的最后一个行政区，也是把好长江水质在重庆的最后一道关卡。环保税政策实施后，巫山县税务部门同样通过减税降费政策，正向激励环保企业提质增效，让长江巫山段水质类别稳定达到国家Ⅱ类标准。巫山县污水处理厂可以有效地将夹杂着垃圾、泥沙的污水通过一系列工艺流程净化后变得清澈透亮。数据显示，仅县城的污水处理厂就可服务超 10 万人，全年可以处理污水超 1 000 万吨。巫山县排水公司也得益于当地政府的减税降费政策，仅 2020 年，该公司共计享受资源综合利用即征即退增值税超 110 万元。该公司自 2020 年新冠病毒感染疫情暴发以来，2—4 月减免基本医疗保险费超 4 万元，截至 2020 年 9 月，减免养老、失业保险单位缴费部分超 40 万元。

8 空间协同

8.1 税率设定比较分析

本节以第4章和第5章的一系列实证分析为基础，对长江上游三省一市的环保税税率设定进行比较分析。首先，通过4.1节的分析结果，本研究发现在环保税立法和实施之初，长江上游三省一市的上市公司都出现了负向市场反应，说明在投资者看来，环保税的实施会给上市公司造成额外的环境成本，进而对公司经营状况产生负面影响。同时，2018年环保税实施之初，长江上游三省一市的大气污染物和水污染物税额标准分别为：云南省大气污染物每污染当量1.2元，水污染物每污染当量1.4元；四川省大气污染物每污染当量3.9元，水污染物每污染当量2.8元；贵州省大气污染物每污染当量2.4元，水污染物每污染当量2.8元；重庆市大气污染物每污染当量2.4元，水污染物每污染当量3元。以上数据显示，川渝地区的环保税税率较高，而云贵地区环保税的税率较低。然而，实证分析发现在环保税政策立法和实施的前后三天里，川渝地区上市公司的负向市场反应较低，云贵地区上市公司的负向市场反应较高（见表4-4）。可能的原因是，川渝地区经济较为发达，对于环保税政策的经济承受能力更强，从而其负向反应较低；而云贵地区虽然环保税税率较低，但是该地区经济较不发达，其对于环保税政策的经济承受能力较弱，从而其负向反应较高。在环保税政策立法和实施后六个月里，云南省上市公司的负向市场反应最大，四川省和重庆市居中，贵州省最低（见表4-7）。

此外，通过4.2节的分析结果，本研究发现在环保税立法的前后三天里，环保税政策对于川渝地区上市公司的影响相对有效，而对于云贵地区上市公司的影响相对无效（见表 4-15）。上述结果说明，环保税税率越高的地区，该政策在公司层面有效性越高，而环保税税率越低的地区，该政策在公司层面有效性越低。而在该政策实施 3 个月和 6 个月时，则是云南省和四川省相对有效，贵州省和重庆市相对无效（见表 4-17）。进一步地分析发现环保税税率高低对于该政策实施的前后三天微观层面（公司层面）政策有效性影响有限（见表 4-18）。然后，环保税税率对于该政策实施后一个月微观层面（公司层面）政策有效性呈正向影响，即环保税税率越高，该政策越有效（见表 4-19）。这个结果与表 4-15 的结论一致，在短期内，从投资者的角度来看，环保税税率较高可以提升政策微观层面的有效性。

在 4.3 节中，本研究使用 DID 模型对该政策在微观公司层面的长期经济效应进行分析，并发现环保税政策的实施对云贵地区上市公司的资产收益率有正向促进作用，而对川渝地区的影响则不显著（见表 4-34）。从前文可知，川渝地区的环保税税率较高，而云贵地区环保税税率较低。上述结果说明，环保税税率较低时会对企业发展产生正向促进作用，而当税率过高时，则这种正向促进作用会趋于消退。本研究进一步使用 DDD 模型研究税负平移和税负提升地区，环保税政策对企业资产收益率的影响，发现税负提升并不能有效促进企业资产收益率提高（见表 4-35）。因此，该结论与表 4-34 一致。

在 4.4 节中，本研究同样使用 DID 模型对该政策在微观公司层面的长期环境效应进行分析。与 4.3 节类似，本研究发现环保税政策的实施对云贵地区上市公司的全要素生产率有正向促进作用，而对川渝地区的影响则不显著（见表 4-46）。从前文可知，川渝地区的环保税税率较高，而云贵地区环保税税率较低。上述结果说明，环保税税率较低时会对企业生产率产生正向促进作用，而当税率过高时，则这种正向促进作用会趋于消退。本研究进一步使用 DDD 模型研究税负平移和税负提升地区，环保税政策对企业全要素生产率的影响，发现税负提升并不能有效促进企业全要素生产率提高（见表 4-47）。因此，该结论与表 4-47 一致。综合表 4-34、表 4-35、表 4-46 和表 4-47 的结果，本研究认为从长期微观层面来看环保税税率设定不宜过高。

在 5.1 节中，本研究使用空间计量模型对环保税政策在宏观层面的经济效应进行分析，并发现大气污染物税率和水污染物税率均对长江上游地区地级市本地的绿色全要素生产率产生正向促进作用，而对周边地区的绿色全要素生产率则产生负向抑制作用（见表 5-7 和表 5-8）。换句话说，当本地环保税税率越高时，本地绿色全要素生产率将会显著提高，而周边地区绿色全要素生产率则会下降。产生上述现象的原因可能是当本地环保税税率设定较高时，会逼迫本地企业提高其绿色全要素生产率以减少环保税纳税负担，或者迫使污染较重的企业迁往周边地区，从而对周边地区绿色全要素生产率产生负向影响。进一步的研究显示，大气污染物税率和水污染物税率均对长江上游地区地级市本地的人均 GDP 产生负向抑制作用，而对周边地区的人均 GDP 则产生正向促进作用（见表 5-9 和表 5-10）。换句话说，当本地环保税税率较高时，本地人均 GDP 将会下降，而周边地区人均 GDP 则会显著上升。产生上述现象的原因可能是当本地环保税税率设定较高时，会迫使本地污染较重的企业向外地迁移，进而导致本地人均 GDP 下降，同时迁入地人均 GDP 则会上升。综合表 5-7、表 5-8、表 5-9 和表 5-10 的结果，本研究认为从宏观层面来看环保税税率较高可以有效促进本地绿色全要素生产率提高，但会对周边地区的绿色全要素生产率产生负面影响；环保税税率较高会对本地人均 GDP 产生负面影响，但会对周边地区的人均 GDP 产生正面影响

在 5.2 节中，本研究同样使用空间计量模型对环保税政策在宏观层面的环境效应进行分析，并发现大气污染物税率对于长江上游地区地级市本地的工业废水排放量没有显著影响，但会对周边地区的工业废水排放量产生有效抑制作用；对于长江上游地区地级市本地的工业二氧化硫排放量产生有效抑制作用，但对周边地区的工业二氧化硫排放量没有显著影响；对于长江上游地区地级市本地的工业烟尘排放量产生有效抑制作用，但对周边地区的工业烟尘排放量没有显著影响（见表 5-20）。同时，本研究还发现水污染物税率对于长江上游地区地级市本地的工业废水排放量没有显著影响，但会对周边地区的工业废水排放量产生有效抑制作用；对于长江上游地区地级市本地的工业二氧化硫排放量没有显著影响，但会对周边地区的工业二氧化硫排放量产生有效抑制作用；对于长江上游地区地级市本地和周边地区的工业烟尘排放量没有显著影响（见表 5-21）。综合表 5-20 和表 5-21 的结果，本研究认为从宏观层面来看环保税税率较高可以有效抑制污染物排放，其中提升大气污染物税率对于控制本地污染物排放更为有效，而提升水污染物税率对于控制周边地区污染物排放更为有效。

8.2 协同模式与非协同模式比较分析

本节以第 6 章的一系列仿真预测为基础，对长江上游三省一市环保税税率设定采用协同模式与非协同模式进行比较分析。如第 6 章所述，本研究分别对 5 种场景进行了脉冲响应分析，其中非协同模式 2 种，协同模式 3 种。具体而言，非协同模式包括：①川渝地区和云贵地区皆按照最接近实际税率模式，川渝地区化学需氧量每污染当量 3 元；二氧化硫每污染当量 3.5 元；云贵地区化学需氧量每污染当量 2.8 元，二氧化硫每污染当量 2.4 元［(i) 模式］。②川渝地区一致且最高，云贵地区一致且最低，川渝地区化学需氧量每污染当量 14 元，二氧化硫每污染当量 12 元；云贵地区化学需氧量每污染当量 1.4 元，二氧化硫每污染当量 1.2 元［(ii) 模式］。协同模式包括：①三省一市采用协同且最低税率，化学需氧量每污染当量 1.4 元，二氧化硫每污染当量 1.2 元［(iii) 模式］。②三省一市采用协同且中间税率，化学需氧量每污染当量 7 元，二氧化硫每污染当量 6 元［(iv) 模式］。③三省一市采用协同且最高税率，化学需氧量每污染当量 14 元，二氧化硫每污染当量 12 元［(v) 模式］。对上述 5 种场景进行分析的主要原因是：第一，对 (i) 模式是依据经验分析法，对现实情况进行模拟分析。观察现实状况下，环保税率调整对于经济和环境的影响。第二，对 (ii) 模式是反事实分析，主要分析在非协同模式下，地区间税率差异较大时，环保税率调整对于经济和环境的影响。第三，对 (iii) 模式、(iv) 模式和 (v) 模式也是反事实分析，主要分析在协同模式下，长江上游三省一市采取协同且低、中、高三种税率情况下，环保税率调整对于经济和环境的影响。

首先，本研究对比 (i) 和 (ii) 两种非协同模式。通过对比图 6-1 和图 6-5 发现在场景 (i) 中川渝地区水污染物税率的调整在对川渝地区和云贵地区污染物排放量分别产生同等减排效应的情况下，其对于两个地区 GDP 增长率的负面影响都比场景 (ii) 小；通过对比图 6-2 和图 6-6 发现在场景 (i) 中云贵地区水污染物税率的调整在对川渝地区和云贵地区污染物排放量分别产生同等减排效应的情况下，其对于两个地区 GDP 增长率的负面影响都比场景（ii）小；通过对比图 6-3 和图 6-7 发现在场景（i）中川渝地区大气污染物税率的调整在对川渝地区和云贵地区污染物排放量分别产生同等减排效应的情况下，其对于两个地区 GDP 增长率的负面影响都比场景（ii）小；通过对比图 6-4 和图 6-8 发现在场景（i）中云贵地区大气污染物税率的调整在对川渝地区和云贵地区污染物排放量分别产生同等减排效应的情况下，其对于两个地区 GDP 增长率的负面影响都比场景（ii）小。因此，我们可以得出结论，在采用非协同模式的情况下，地区间税率差异较小能获得更高的环境经济效应比。

其次，本研究对比协同模式中（iii）（iv）和（v）三种场景。我们通过对比图 6-9、图 6-13 和图 6-17 发现，在对经济产生相同影响的情况下，场景（iii）中水污染物税率的调整对川渝地区和云贵地区污染物排放量的减排效应最佳，场景（iv）居中，而场景（v）的减排效应则最差；通过对比图 6-10、图 6-14 和图 6-18 发现，在对污染物排放量产生相同影响的情况下，场景（iii）中水污染物税率的调整对川渝地区和云贵地区 GDP 增长率产生的负面影响最小，场景（iv）居中，而场景（v）对 GDP 增长率产生的负面影响则最大；通过对比图 6-11、图 6-15 和图 6-19 发现，在对经济产生相同影响的情况下，场景（iii）中大气污染物税率的调整对川渝地区和云贵地区污染物排放量的减排效应最佳，场景（iv）居中，而场景（v）的减排效应则最差；通过对比图 6-12、图 6-16 和图 6-20 发现，在对污染物排放量产生相同影响的情况下，场景（iii）中大气污染物税率的调整对川渝地区和云贵地区 GDP 增长率产生的负面影响最小，场景（iv）居中，而场景（v）对 GDP 增长率产生的负面影响则最大。因此，我们可以得出结论，在采用协同模式的情况下，环保税税率设定较低时，其产生的环境经济效应比相对比环保税税率设定较高时产生的环境经济效应比更高。基于上述分析，本研究认为环保税税率设定不宜过高。

最后，本研究将非协同模式和协同模式中各自环境经济效应比最高的两种场景进行对比分析，即场景（i）和场景（iii）。通过对比图 6-1、图 6-2、图 6-9 和图 6-10 发现在场景（iii）中水污染物税率的调整在对川渝地区和云贵地区污染物排放量分别产生同等减排效应的情况下，其对于两个地区 GDP 增长率的负面影响相对较小，而场景（i）则相对较大；通过对比图 6-3、图 6-4、图 6-11 和图 6-12 发现在场景（iii）中大气污染物税率的调整在对川渝地区和云贵地区污染物排放量分别产生同等减排效应的情况下，其对于两个地区 GDP 增长率的负面影响相对较小，而场景（i）则相对较大。因此，我们可以得出结论，采用环保税税率协同模式所产生的环境经济效应比相对比采用环保税税率非协同模式所产生的环境经济效应比更高。

8.3 空间协同策略

通过 8.1 节和 8.2 节的分析，本研究在微观层面有以下发现：①就短期来看，环保税税率越高的地区，该政策在公司层面有效性越高，而环保税税率越低的地区，该政策在公司层面有效性越低。在政策实施后一个月，上述结论仍然成立，即环保税税率越高，该政策越有效。②然而，就长期来看，环保税税率较低时会对企业发展和企业生产率产生正向促进作用，而当税率过高时，则这种正向促进作用会趋于消退。进一步的研究同样证实税负提升并不能有效促进企业资产收益率和企业全要素生产率的提高。综合上述发现可以得出结论，环保税税率设定过高只能在短期内促进该政策微观层面的有效性。但是为了保持该政策在长期内的有效性，环保税税率则不宜设定过高。

此外，本研究在宏观层面有以下发现：①当本地环保税税率较高时，本地绿色全要素生产率将会显著提高，而周边地区绿色全要素生产率则会下降。当本地环保税税率较高时，本地人均 GDP 将会下降，而周边地区人均 GDP 则会显著上升。由此可见，环保税税率过高会导致严重的污染避难所效应，即排污企业向周边地区的大量转移。②环保税税率与本地或周边地区污染物排放量在不同程度上呈负向关系，即环保税税率较高，本地或周边地区污染物排放量会在不同程度上呈下降趋势。综合上述发现可以得出结论，环保税税率较高时，虽会在一定程度上控制污染物排放量，但也会导致严重的“污染避难所”效应，即排污企业向周边地区的大量转移，因此，与微观层面研究结论基本一致，即环保税税率则不宜设定过高。

最后，本研究通过构建包括两地区经济的环境动态一般均衡（E-DSGE）模型的仿真预测，有以下发现：①在采用非协同模式的情况下，地区间税率差异较小能获得更高的环境经济效应比；②在采用协同模式的情况下，环保税税率设定较低时，其产生的环境经济效应比相对比环保税税率设定较高时产生的环境经济效应比更高；③采用环保税税率协同模式所产生的环境经济效应比相对比采用环保税税率非协同模式所产生的环境经济效应比更高。

基于上述微观层面、宏观层面和仿真预测的综合分析，本研究认为提高环保税政策在长江上游地区三省一市的政策有效性应该采用协同化的税率设定模式，即各省市间环保税税率设定应协同一致，且环保税税率设定不宜过高。

9 主要结论、理论启示与政策建议

9.1 主要结论

9.1.1 环保税经济效应的研究结果

本研究首先使用事件分析法并结合市场调整模型和 Buy-and-Hold 模型评估环保税政策在长江上游地区微观层面（上市公司层面）的短中期经济效应。市场调整模型和 Buy-and-Hold 模型的分析结果均显示长江上游地区大部分行业对《环保税法》的反应是负面的。上述结果说明，从投资者角度来看，环保税实施会增加环境成本，从而降低公司绩效，进而在事件日短期和中期都表现为负向反应。进一步地，本研究基于市场调整模型和 Buy-and-Hold 模型分析了长江上游地区各省市的上市公司对环保税政策的反应。研究结果说明，从投资者角度来看，环保税政策的实施在短期里对于贵州省的负面影响最大，而在中期里对于四川省的负面影响最大。本研究基于市场调整模型和 Buy-and-Hold 模型，并结合 OLS 模型，对长江上游地区市场反应的影响因素进行了分析，发现公司治理结构对于市场反应的影响有限，其中董事会规模对于短期市场反应有负向影响。同时，公司财务基本面则对市场反应有较为明显的影响。异质性分析发现公司治理结构和财务基本面对于不同规模的公司以及不同事件日的市场反应影响均有所不同。

其次，本研究以环保税政策的实施为准自然实验，运用双重差分估计，来讨论该政策对长江上游地区微观层面（上市公司层面）的长期经济效应。实证结果表明环保税政策会显著提升长江上游地区重污染企业的资产收益率。同时，环保税对长江上游地区重污染企业的资产收益率的影响在各年都较小较不显著，但累积起来却会呈现相对较大较显著的影响。相对于资产收益率较高的企业，环保税政策对资产收益率处于较低水平的企业的提升作用更显著。环保税对云贵地区企业的资产收益率提升作用更大，而对川渝地区企业的资产收益率影响不显著。异质性分析结果显示，是否处于税负提升地区，是否存在政治关联性与是否为国有企业，对于长江上游地区重污染企业的资产收益率的影响都是不显著的。

此外，本研究利用 2004—2020 年中国长江上游地区三省一市 31 个地级市的面板数据，结合空间杜宾模型，来讨论该政策对长江上游地区宏观层面（地级市层面）的经济效应。首先，长江上游地区三省一市 31 个地级市各地区之间 GTFP 水平差异明显。莫兰指数表明绿色全要素生产率和经济发展水平在研究期间内存在明显的空间溢出效应。其次，基于空间杜宾模型验证了征收大气污染税与水污染税对地级市 GTFP 和经济发展水平存在显著的直接影响与空间溢出效应。从整体地区来看，大气污染税与水污染税对本地 GTFP 存在显著的促进作用，但同时也存在着负向的空间溢出效应。此外，大气污染税与水污染税对本地 Eco 存在明显的抑制作用，与前者相反，其溢出效应呈现出明显的正向影响。最后，门槛回归结果表明在不同技术创新水平下，征收大气污染税与水污染税对地区经济发展水平的影响具有差异性。当地区科学技术支出占地区 GDP 的比例小于 0.000 3 时，大气污染税与水污染税会显著抑制地区的经济发展水平，而当占比大于 0.000 3 时，大气污染税与水污染税对经济发展水平的影响由负向影响转为正向影响。这表明政府应该加大科学技术支出，使得其支出占比高于 0.000 3，以保证征收大气污染税与水污染税对地区经济发展水平产生正向促进作用。

最后，本研究通过构建 E-DSGE 模型对长江上游三省一市环保税税率设定采用协同模式与非协同模式的政策效应进行仿真预测和比较分析，其中非协同模式 2 种，协同模式 3 种。研究结果显示，如果采用非协同模式，且减排程度相同的情况下，地区间税率差异较小能获得更高的政策经济效应。如果采用协同模式，且减排程度相同的情况下，环保税税率设定较低的政策经济效应优于环保税税率设定较高。同时，采用环保税税率协同模式所产生的政策经济效应相对比采用环保税税率非协同模式所产生的政策经济效应更高。

9.1.2 环保税环境效应的研究结果

本研究首先使用事件分析法并结合市场调整模型和 Buy-and-Hold 模型评估环保税政策在长江上游地区微观层面（上市公司层面）的短中期环境效应。市场调整模型和 Buy-and-Hold 模型的分析结果均显示长江上游地区大部分行业受到了《环保税法》的有效影响。进一步地，本研究基于市场调整模型和 Buy-and-Hold 模型分析了长江上游地区各省市上市公司在环保税政策实施时的环境效应。研究发现四川省的上市公司受到最有效的影响，而贵州省的上市公司则受到最无效的影响。研究结果表明，从投资者角度来看，环境保护税的实施在短中期里对于四川省的上市公司最为有效，而对于贵州省的上市公司最为无效。本节基于市场调整模型和 Buy-and-Hold 模型，并结合 OLS 模型，对长江上游地区上市公司层面环境效应的影响因素进行了分析。研究发现，在短期里公司治理结构和财务基本面对于市场调整模型量化的环境有效性均没有显著性影响，而在中期里公司治理结构和财务基本面则有不同程度的显著性影响。在后续的异质性分析中，本研究发现公司治理结构和财务基本面对于不同规模的影响有所不同。

其次，本研究以环保税政策的实施为准自然实验，运用双重差分估计，来讨论该政策对长江上游地区微观层面（上市公司层面）的长期环境效应。实证结果表明环保税政策会显著提高长江上游地区重污染企业的全要素生产率。进一步研究发现，环保税政策对企业全要素生产率影响的显现需要一定的时间，说明环保税有一个相对长期的作用。基于这个实证结果，我们认为政府应该排除困难，长期坚持实施环保税政策，进而收到更为有效的政策实施效果。相对于全要素生产率较高的企业，环保税政策对于长江上游全要素生产率处于中间水平（50%分位水平）的企业具有更强的促进作用。环保税政策对云贵地区企业全要素生产率的促进作用更大，而对川渝地区企业的全要素生产率的影响却不显著。异质性分析结果显示，是否处于税负提升地区，是否存在政治关联性与是否为国有企业，对于长江上游地区重污染企业的全要素生产率的影响都是不显著的。

此外，本研究利用 2004—2020 年长江上游地区三省一市 31 个地级市的面板数据，结合空间杜宾模型，来讨论该政策对长江上游地区宏观层面（地级市层面）的环境效应。空间自相关检验结果表明，工业“三废”的空间溢出效应各有不同，但均呈现出不同程度的空间溢出效应。我们通过空间计量分析发现，大气污染税对本地城市的二氧化硫和工业烟尘在总样本范围起到抑制作用，对周边城市的二氧化硫和工业烟尘无影响。分组测试显示，在云贵地区大气污染税对本地城市工业“三废”无影响，但会加剧周边城市的水污染物和工业烟尘排放。在川渝地区大气污染税对本地城市工业“三废”无影响，但会抑制周边城市的水污染物排放。水污染税对本地城市工业“三废”无影响，对周边城市的水污染物和二氧化硫起抑制作用。分组测试显示在云贵地区水污染税加剧本地城市的二氧化硫，对本地城市水污染物和工业烟尘排放无影响。同时，水污染税加剧周边城市的水污染物和工业烟尘排放，对周边城市的二氧化硫无影响。在川渝地区，水污染税加剧了本地城市的水污染物排放，对本地城市二氧化硫和工业烟尘排放无影响。同时，水污染税对周边城市的水污染物排放起抑制作用，对周边城市二氧化硫和工业烟尘排放无影响。此外，门槛效应测试显示，考虑到技术创新的情况下，水污染物税费和大气污染物税费的征收对工业烟尘排放的抑制作用呈增强趋势。

最后，本研究通过构建 E-DSGE 模型对长江上游三省一市环保税税率设定采用协同模式与非协同模式的政策效应进行仿真预测和比较分析，其中非协同模式 2 种，协同模式 3 种。研究结果显示，如果采用非协同模式，在对经济产生相同影响的情况下，地区间税率差异较小能获得更高的政策环境效应。如果采用协同模式，在对经济产生相同影响的情况下，环保税税率设定较低的政策环境效应优于环保税税率设定较高。同时，采用环保税税率协同模式所产生的政策环境效应相对比采用环保税税率非协同模式所产生的政策环境效应更高。

9.2 理论启示与政策建议

9.2.1 建立环境制度“全领域协同”体系

《环保税法》是实现长江上游地区乃至整个长江经济带生态优先、绿色发展战略的重要政策抓手，但也必须清楚地认识到仅仅依靠环保税单一政策无法完全落实上述政策目标。因此，本研究认为应从顶层设计入手，将现有生态文明建设、环境保护治理紧密相关的政策进行整理、修订、汇编，实现各项政策之间的有机结合；建立专业化的分工协作机制，将税务部门的征管优势和环保部门的技术优势结合，实现环保政策和税收政策的无缝衔接。

9.2.2 建立跨行政区、跨主体功能区“全空间协同”体系

长江上游地区既有国家级生态屏障区（如三峡库区），又有国家级经济开发区（如成渝地区双城经济圈），区域内情况复杂。同时，上游地区的生态屏障区和经济开发区又大多处于多个省级行政区的接合部，存在跨省市的客观情况。若以传统行政区为基本单元进行环境治理必然导致政策不协调，区域内各省市税率参差不齐的现象。因此，本研究认为应该突破以传统行政区为基本单元的环保税税额征收机制，根据各省市及内部不同区域发展战略定位，结合自身生态环境容量、经济发展现状，以主体功能区为基本单元协同制定环保税制度。同时，应该加强引导长江上游地区的环保型企业往区域内的生态屏障区迁移，污染型企业往区域内的工业区迁移，并通过市场化、多元化的生态补偿制度或生态惩罚制度予以平衡。

9.2.3 建立上下游、干支流、左右岸“全流域协同”体系

长江上游地区水系发达，多条支流在上游地区与长江干流交汇，如岷江、沱江、嘉陵江和乌江等。因此，本研究认为应该树立“流域一盘棋”思想，要求各省市将自身发展放到协同发展的大局之中，加强长江上游地区流域上下游共建共享，打造跨省级同流域的环保税协同机制。基于流域经济和流域生态的科学角度，明确流域上下游、干支流、左右岸共同但有差异的生态环境建设责任及任务分工，设置与流域内生态环境建设责任相匹配的环保税额体系，将流域内征收的环保税按照一定比例用于流域生态补偿。

9.2.4 建立差异化、全覆盖的污染物税收征收“全方位协同”体系

当前，我国所实施的环保税政策还处于探索阶段，其所设置的税种并不完善。因此本研究认为应该循序渐进增加环保税种，扩大征税范围，逐步将二氧化碳、污染型产品、挥发性有机物、建筑噪声等纳入征税范围，适度取消如对农药、农膜的增值税优惠等不利于环境保护的税收优惠政策，增强税收的矫正效果。根据地区环境承载能力、企业承受能力、环境

治理成本等因素分阶段、分地区、分污染物等调整和细化环保税率，制定差异化税率。

9.2.5 建立和完善职能部门“全方面协同”体系

环保税属于一种专业性极强的绿色税种，单独依靠税务部门或环保部门均难以实现对排污企业的排污量和应税额度进行核定和征收。因此，本研究认为应该建立和完善职能部门“全方面协同”体系。高效的分工与协作离不开完善的协作制度与系统机制的保障。可以利用现代化网络平台加强各职能部门之间的信息互通，提高信息传达效率、降低沟通成本，实现新形势下税收征管协作的高效运行。具体而言，首先是分工，税务部门负责面向纳税人接收税务信息的申报并进行初步信息审核，环保部门负责对环保税源信息进行最终审核及监督管理；其次是协作，税务部门将初步审核后的纳税人税务信息通过现代化网络平台报送环保部门，环保部门根据精细的污染监控网络和管理系统对相关数据进行审核。税务部门与环保部门应共同推动协作沟通平台的构建，共同参与、维护协作平台，完善平台协作机制。

9.2.6 建立税收使用与跟踪评估“全过程协同”体系

一方面，环保税政策可以对企业排污行为起到震慑作用，迫使企业转型升级，走绿色发展道路，另一方面，环保税的税收也可以被灵活运用于鼓励和补贴环保型企业发展以及污染型企业转型升级，进一步达到环保税这一绿色税种的政策目标。因此，本研究认为应该成立污染治理资金专项项目，用于环境治理和生态补偿，实行“专款专用”；成立环保基金，撬动社会资本，鼓励企业转型升级，对在技术升级、治污设备购买上有资金困难的企业进行补贴；实行定制化跟踪评估，由税收部门和环保部门协同成立专门环保税直通服务团，在税收征收、使用上为企业尤其是污染性企业量身定制个性化、专业化的服务举措，在后续成效的跟踪评估中提供全方位全过程的服务举措。

参考文献

张埴，2003．有关建立环保税制的探讨［J］．理论探索（S1）：12-14.

郑照宁，刘德顺，2004．考虑资本—能源—劳动投入的中国超越对数生产函数［J］．系统工程理论与实践（5）：51-54，115.

胡子昂．我国环保税、费制度的现状及完善对策［J］．特区经济，2007（8）：222-224.

刘凤良，吕志华，2009．经济增长框架下的最优环境税及其配套政策研究：基于中国数据的模拟运算［J］．管理世界（6）：40-51.

李颖，2011．中国环保税收政策的“绿化”程度和完善对策［J］．经济问题探索（9）：138-143.

张成，陆旸，郭路，等，2011．环境规制强度和生产技术进步［J］．经济研究，46（2）：113-124.

雷立钧，郭杰，2012．我国环保政策颁布实施的影响研究［J］．内蒙古财经学院学报（1）：83-88.

马海良，黄德春，姚惠泽，2012．技术创新、产业绩效与环境规制：基于长三角的实证分析［J］．软科学，26（1）：1-5.

陈坤名，2013．环保政策对“中国制造”生产效率的影响［J］．统计研究，30（9）：7.

李斌，彭星，欧阳铭珂，2013．环境规制、绿色全要素生产率与中国工业发展方式转变：基于36个工业行业数据的实证研究［J］．中国工业经济（4）：56-68.

蔺茂华，王瑾，刘冬梅，2014．环境规制、技术创新与企业经营绩效［J］．南开管理评论，17（6）：106-113.

原毅军，谢荣辉，2014．环境规制的产业结构调整效应研究：基于中国省际面板数据的实证检验［J］. 中国工业经济（8）：57－69.
王杰，刘斌. 环境规制与企业全要素生产率：基于中国工业企业数据的经验分析［J］. 中国工业经济，2014（3）：44－56.
李建军，刘元生，2015. 中国有关环境税费的污染减排效应实证研究［J］. 中国人口·资源与环境，25（8）：84－91.
钟茂初，李梦洁，杜威剑，2015. 环境规制能否倒逼产业结构调整：基于中国省际面板数据的实证检验［J］. 中国人口·资源与环境，25（8）：107－115.
李树，赵晓乐，娄昌龙，2016. 环境规制与企业绩效：基于代理成本的视角［J］. 首都经济贸易大学学报，18（2）：89－97.
刘和旺，郑世林，左文婷，2016. 环境规制对企业全要素生产率的影响机制研究［J］. 科研管理，37（5）：33－41.
曾冰，郑建锋，邱志萍. 环境政策工具对改善环境质量的作用研究：基于2001—2012 年中国省际面板数据的分析［J］. 上海经济研究，2016（5）：39－46.
龙小宁，万威. 环境规制、企业利润率与合规成本规模异质性［J］. 中国工业经济，2017（6）：155－174.
卢洪友，朱耘婵，2017. 我国环境税费政策效应分析：基于“三重红利”假设的检验［J］. 中国地质大学学报（社会科学版），17（4）：9－26.
沈坤荣，金刚，方娴，2017. 环境规制引起了污染就近转移吗？［J］. 经济研究，52（5）：44－59.
余伟，陈强，陈华，2017. 环境规制、技术创新与经营绩效：基于 37 个工业行业的实证分析［J］. 科研管理 38（2）：8.
叶红雨，王圣浩，2017. 环境规制对企业财务绩效影响的实证研究：基于绿色创新的中介效应［J］. 资源开发与市场，33（11）：1328－1333.
姚林如，杨海军，王笑，2017. 不同环境规制工具对企业绩效的影响分析［J］. 财经论丛（12）：107－113.
郑石明，罗凯方，2017. 大气污染治理效率与环境政策工具选择：基于 29 个省市的经验证据［J］. 中国软科学（9）：184－192.
贺娜，李香菊，2018. 企业异质性、环保税与技术创新：基于税制绿化视角的研究［J］. 税务研究（3）：74－80.
黄健，李尧，2018. 污染外溢效应与环境税费征收力度［J］. 财政研究

(4)：75-85.
卢洪友，刘啟明，祁毓，2018. 中国环境保护税的污染减排效应再研究：基于排污费征收标准变化的视角［J］. 中国地质大学学报（社会科学版），18（5）：67-82.
汤凤林，赵攸，2018. 环保税开征对企业的影响及应对策略［J］. 财会月刊（19）：172-176.
周京，李方一，2018. 环境规制对企业盈利能力影响分析［J］. 黑龙江工业学院学报（综合版），18（4）：80-86.
谌仁俊，肖庆兰，兰受卿，等，2019. 中央环保督察能否提升企业绩效?：以上市工业企业为例［J］. 经济评论（5）：36-49.
杜龙政，赵云辉，陶克涛，等，2019. 环境规制、治理转型对绿色竞争力提升的复合效应：基于中国工业的经验证据［J］. 经济研究，54（10）：15.
林春艳，宫晓蕙，孔凡超，2019. 环境规制与绿色技术进步：促进还是抑制：基于空间效应视角［J］. 宏观经济研究（11）：131-142.
卢洪友，刘啟明，徐欣欣，等，2019. 环境保护税能实现"减污"和"增长"么?：基于中国排污费征收标准变迁视角［J］. 中国人口·资源与环境，29（6）：130-137.
任胜钢，郑晶晶，刘东华，等，2019. 排污权交易机制是否提高了企业全要素生产率：来自中国上市公司的证据［J］. 中国工业经济（5）：5-23.
邵帅，2019. 环境规制的区域产能调节效应：基于空间计量和门槛回归的双检验［J］. 现代经济探讨（1）：86-95.
史贝贝，冯晨，康蓉，2019. 环境信息披露与外商直接投资结构优化［J］. 中国工业经济（4）：98-116.
孙博文，傅鑫羽，任俊霖，等，2019. 环境规制的蓝色红利效应研究［J］. 中国环境科学，39（8）：3518-3529.
沈宏亮，金达，2019. 异质性环境规制、工业企业研发与就业技能结构：基于空间面板杜宾模型的实证研究［J］. 软科学，33（8）：39-43，53.
汤学良，顾斌贤，康志勇，等，2019. 环境规制与中国企业全要素生产率：基于"节能减碳"政策的检验［J］. 研究与发展管理，31（3）：47-58.
吴茵茵，徐冲，陈建东，2019. 不完全竞争市场中差异化环保税影响效应研究［J］. 中国工业经济（5）：43-60.

王海，尹俊雅，李卓，2019. 开征环保税会影响企业 TFP 吗：基于排污费征收力度的实证检验［J］. 财贸研究，30（6）：87–98.

许长新，胡丽媛，2019. 环境规制、技术创新与经济增长：基于 2008—2015 年中国省际面板数据的实证分析［J］. 资源开发与市场，35（1）：1–6.

张娟，耿弘，徐功文，等，2019. 环境规制对绿色技术创新的影响研究［J］. 中国人口·资源与环境，29（1）：168–176.

曾先峰，张超，曾倩，2019. 资源税与环境保护税改革对中国经济的影响研究［J］. 中国人口·资源与环境，29（12）：149–157.

范庆泉，储成君，高佳宁，2020. 环境规制、产业结构升级对经济高质量发展的影响［J］. 中国人口·资源与环境，30（6）：84–94.

关海玲，武祯妮，2020. 地方环境规制与绿色全要素生产率提升：是技术进步还是技术效率变动？［J］. 经济问题（2）：118–129.

耿云江，赵欣欣，2020. 环境规制、绿色创新与企业绩效：基于重污染上市公司的经验检验［J］. 财务研究（2）：15–24.

胡玉凤，丁友强，2020. 碳排放权交易机制能否兼顾企业效益与绿色效率？［J］. 中国人口·资源与环境，30（3）：56–64.

黄秋凤，李月娥，张钊铭，等，2020. 环境规制与企业全要素生产率能实现双赢吗?：基于两控区政策的实证研究［J］. 资源开发与市场，36（3）：291–297，330.

金友良，谷钧仁，曾辉祥，2020. “环保费改税”会影响企业绩效吗？［J］. 会计研究（5）：117–133.

刘明广，2020. 环境规制、绿色创新与企业绩效的关系研究［J］. 技术与创新管理，41（6）：539–547.

李青原，肖泽华，2020. 异质性环境规制工具与企业绿色创新激励：来自上市企业绿色专利的证据［J］. 经济研究，55（9）：192–208.

李小平，余东升，余娟娟，2020. 异质性环境规制对碳生产率的空间溢出效应：基于空间杜宾模型［J］. 中国软科学（4）：82–96.

上官绪明，葛斌华，2020. 科技创新、环境规制与经济高质量发展：来自中国 278 个地级及以上城市的经验证据［J］. 中国人口·资源与环境，30（6）：95–104.

孙钰鹏，苑泽明，2020. 环保税会倒逼企业升级吗?：基于创新投入中介效应的分析［J］. 税务研究（4）：95-102.

孙文远，周寒，2020. 环境规制对就业结构的影响：基于空间计量模型的实证分析［J］. 人口与经济（3）：106-122.

魏思超，范子杰，2020. 中国高质量发展阶段最优环境保护税率研究［J］. 中国人口·资源与环境，30（1）：57-66.

王晓祺，郝双光，张俊民，2020. 新《环保法》与公司绿色创新："倒逼"抑或"挤出"？［J］. 中国人口·资源与环境，30（7）：11.

王霞，尹佳，2020. 环保税征管行政协作的困境与出路［J］. 黑龙江社会科学（6）：96-101.

温湖炜，钟启明，2020. 环境保护税改革能否撬动企业绿色技术创新：来自中国排污费征收标准变迁的启示［J］. 贵州财经大学学报（3）：91-100.

薛钢，明海蓉，刘彦龙，2020. 环境保护税减排治污的"倒U"效应：基于区域征收强度的测算［J］. 税收经济研究，25（3）：25-34.

冯力沛，2021. 环保税地方"制度收入"的核算与启示［J］. 财会通讯（24）：139-142.

谷慧玲，王雪薇，张思艺，等，2021. 环境规制、公司治理结构与企业绩效：以重污染上市公司为例的实证分析［J］. 全国流通经济（17）：57-59.

胡俊南，徐海婷，2021. 环保税实施对重污染企业环境责任履行的激励效果研究：基于系统动力学仿真视角［J］. 财会通讯（24）：131-138.

吕靖烨，张林辉，2021. 技术创新视角下环境规制与经营绩效研究［J］. 经济与管理，35（2）：40-46.

马点圆，孙慧，秦颖，2021. 双重环境规制、政府监管与重污染企业全要素生产率［J］. 财会通讯（16）：74-78.

牛晓叶，刘宏地，曹志文，2021. 排污费改税对企业环保投入影响的实证研究［J］. 会计之友（21）：74-81.

王树强，范振鹏，2021. 环保收费制度改进对企业绿色创新效果的影响研究：基于环保费改税的准自然实验［J］. 工业技术经济，40（8）：31-39.

韦院英，胡川，2021. 环境政策、公司社会责任和公司绩效的关系研究：基于重污染行业环境违规公司的实证分析［J］. 华东理工大学学报（3）：125-133.

王珮，杨淑程，黄珊，2021. 环境保护税对企业环境、社会和治理表现的影响研究：基于绿色技术创新的中介效应［J］. 税务研究（11）：50-56.

王丽萍，姚子婷，李创，2021. 新环保法对上市工业公司绩效影响的准自然实验研究［J］. 产业经济研究（4）：14.

薛钢，明海蓉，蔡颜西，2021. 双重红利目标下我国环境保护税制度优化路径研究［J］. 国际税收（12）：29-38.

夏凉，朱莲美，王晓栋，2021. 环境规制、财政分权与绿色全要素生产率［J］. 统计与决策，37（13）：131-135.

袁文华，孟丽，张金涛，2021. 环境规制对企业全要素生产率的影响：基于中国新《环保法》的准自然实验研究［J］. 大连理工大学学报（社会科学版），42（3）：58-69.

杨友才，牛晓童，2021. 新《环保法》对我国重污染行业上市公司效率的影响：基于"波特假说"的研究视角［J］. 管理评论，33（10）：15.

杨蓉，彭安祺，2021. 环境规制、技术创新与重污染企业绩效［J］. 华东师范大学学报（哲学社会科学版），53（1）：129-141，173-174.

范丹，付嘉为，王维国，2022. 碳排放权交易如何影响企业全要素生产率？［J］. 系统工程理论与实践，42（3）：591-603.

尹正浩，2022. 环保税视角下环境规制对制造业企业财务绩效的影响研究［J］. 商业会计（8）：56-59.

CHRISTENSEN L R, JORGENSON D W, LAU L J, 1973. Transcendental logarithmic production frontiers [J]. The Review of Economics and Statistics: 28-45.

ROTEMBERG J J, 1982. Sticky prices in the United States [J]. Journal of Political Economy, 90 (6): 1187-1211.

ROBINSON R B, 1982. The importance of "outsiders" in small firm strategic planning [J]. The Academy of Management Journal, 25 (1): 80-93.

GOLLOP F M, ROBERTS M J, 1983. Environmental regulations and productivity growth: the case of fossil-fueled electric power generation [J]. Journal of Political Economy, 91 (4): 654-674.

BROWN S, WARNER J, 1985. Using daily stock returns: the case of event studies [J]. Journal of Financial Economics, 14 (1): 3-31.

GRAY W B, 1987. The cost of regulation: OSHA, EPA and the productivity slowdown [J]. The American Economic Review, 77 (5): 998-1006.

BARBERA A J, MCCONNELL V D, 1990. The impact of environmental regulations on industry productivity: direct and indirect effects [J]. Journal of Environmental Economics and Management, 18 (1): 50-65.

JORGENSON D W, WILCOXEN P J, 1990. Environmental regulation and US economic growth [J]. The Rand Journal of Economics, 21 (2): 314-340.

VERNON R, 1992. Transnational corporations: where are they coming from, where are they headed? [J]. Transnational Corporations, 1 (2): 7-35.

FÄRE R, GROSSKOPF S, NORRIS M, et al., 1994. Productivity growth, technical progress, and efficiency change in industrialized countries [J]. The American Economic Review, 84 (1): 66-83.

IKENBERRY D, LAKONISHOK J, VERMAELEN T, 1995. Market underreaction to open market share repurchases [J]. Journal of Financial Economics (39): 181-208.

JAFFE A B, PETERSON S R, PORTNEY P R, et al., 1995. Environmental regulation and the competitiveness of US manufacturing: what does the evidence tell us? [J]. Journal of Economic literature, 33 (1): 132-163.

MEHRAN H, 1995. Executive compensation, ownership, and firm performance [J]. Journal of Financial Economics, 38 (2): 163-184.

PORTER M E, VAN DER LINDE C, 1995. Toward a new conception of the environment-competitiveness relationship [J]. Journal of Economic Perspectives, 9 (4): 97-118.

OLLEY S, PAKES A, 1996. The dynamics of productivity in the telecommunications equipment industry [J]. Econometrica (64): 1263-1297.

PARGAL S, WHEELER D, 1996. Informal regulation of industrial pollution in developing countries: evidence from Indonesia [J]. Journal of Political Economy, 104 (6): 1314-1327.

CHUNG Y H, FARE R, GROSSKOPF S, 1997. Productivity and undesirable outputs: a directional distance function approach [J]. Journal of Environmental Management (51): 229-240.

JAFFE A B, PALMER K, 1997. Environmental regulation and innovation: a panel data study [J]. Review of Economics and Statistics, 79 (4): 610-619.

MANI M, WHEELER D, 1998. In search of pollution havens? Dirty industry in the world economy, 1960 to 1995 [J]. The Journal of Environment & Development, 7 (3): 215-247.

BOYD G A, MCCLELLAND J D, 1999. The impact of environmental constraints on productivity improvement in integrated paper plants [J]. Journal of Environmental Economics and Management, 38 (2): 121-142.

NAKAMURA M, TAKAHASHI T, VERTINSKY I, 2001. Why Japanese firms choose to certify: a study of managerial responses to environmental issues [J]. Journal of Environmental Economics and Management, 42 (1): 23-52.

TONE K, 2001. A slacks-based measure of efficiency in data envelopment analysis [J]. European Journal of Operational Research, 130 (3): 498-509.

ALPAY E, KERKVLIET J, BUCCOLA S, 2002. Productivity growth and environmental regulation in Mexican and US food manufacturing [J]. American Journal of Agricultural Economics, 84 (4): 887-901.

GRAY W B, SHADBEGIAN R J, 2003. Plant vintage, technology, and environmental regulation [J]. Journal of Environmental Economics and Management, 46 (3): 384-402.

GROSSKOPF S, 2003. Some remarks on productivity and its decompositions [J]. Journal of Productivity Analysis, 20 (3): 459-474.

KAHN S, KNITTEL C R, 2003. The impact of the clean air act amendments of 1990 on electric utilities and coal mines: evidence from the stock market [R]. Davis: University of California, Davis.

LEVINSOHN J, PETRIN A, 2003. Estimating production functions using inputs to control for unobservables [J]. The Review of Economic Studies, 70 (2): 317-341.

BYNOE M, 2004. Estimating the effects of environmental regulations on firm's competitiveness [J]. Social and Economic Studies, 53 (1): 125-157.

COPELAND B R, TAYLOR M S, 2004. Trade, growth, and the environment [J]. Journal of Economic Literature, 42 (1): 7-71.

FRYXELL G E, CHUNG S S, LO C W H, 2004. Does the selection of ISO 14001 registrars matter? Registrar reputation and environmental policy statements in China [J]. Journal of Environmental Management, 71 (1): 45-57.

TONE K, 2004. Dealing with undesirable outputs in DEA: a slacks-based measure (SBM) approach [R]. Toronto: Presentation At NAPW III: 44-45.

WATTS J, 2005. China: The air pollution capital of the world [J]. The Lancet, 366 (9499): 1761-1762.

HAMAMOTO M, 2006. Environmental regulation and the productivity of Japanese manufacturing industries [J]. Resource and Energy Economics, 28 (4): 299-312.

FAN J P H, WONG T J, ZHANG T, 2007. Politically connected CEOs, corporate governance, and Post - IPO performance of China's newly partially privatized firms [J]. Journal of financial Economics, 84 (2): 330-357.

FIRPO S, 2007. Efficient semiparametric estimation of quantile treatment effects [J]. Econometrica, 75 (1): 259-276.

GURTOO A, ANTONY S J, 2007. Environmental regulations: indirect and unintended consequences on economy and business [J]. Management of Environmental Quality: An International Journal, 18 (6): 626-642.

LANOIE P, PATRY M, LAJEUNESSE R, 2008. Environmental regulation and productivity: testing the porter hypothesis [J]. Journal of Productivity Analysis, 30 (2): 121-128.

NORDHAUS W, 2008. Impact on economic growth of differential population growth in an economy with high inequality [J]. South African Journal of Economics, 76 (2): 314-315.

GONZÁLEZ P D R, 2009. The empirical analysis for the determinants for environmental technology change: a research agenda [J]. Ecological Economics, 68 (3): 861-878.

LESAGE J, PACE R K, 2009. Introduction to spatial econometrics [M]. Boca Raton: CRC Press.

OBERNDORFER U, 2009. EU emission allowances and the stock market: evidence from the electricity industry [J]. Ecological Economics, 68 (4): 1116-1126.

VEITH S, WERNER J R, ZIMMERMANN J, 2009. Capital market response to emission rights returns: evidence from the European power sector [J]. Energy Economics, 31 (4): 605-613.

ZHANG W, 2009. China's monetary policy: quantity versus price rules [J]. Journal of Macroeconomics (31): 473-484.

MULATU A, GERLAGH R, RIGBY D, et al., 2010. Environmental regulation and industry location in Europe [J]. Environmental and Resource Economics, 45 (4): 459-479.

OH D H, 2010. A global Malmquist-Luenberger productivity index [J]. Journal of Productivity Analysis, 34 (3): 183-197.

RAMANATHAN R, BLACK A, NATH P, et al., 2010. Impact of environmental regulations on innovation and performance in the UK industrial sector [J]. Management Decision, 48 (10): 1493-1513.

TONE K, M TSUTSUI, 2010. An epsilon-based measure of efficiency in DEA - a third pole of technical efficiency [J]. European Journal of Operational Research, 207 (3): 1553-1563.

BECKER R A, 2011. Local environmental regulation and plant-level productivity [J]. Ecological Economics, 70 (12): 2516-2522.

CHEN S, SUN Z, TANG S, et al., 2011. Government intervention and investment efficiency: evidence from China [J]. Journal of Corporate Finance, 17 (2): 259-271.

CHRISTIANO L J, TRABANDT M, WALENTIN K, 2011. Introducing financial frictions and unemployment into a small open economy model [J]. Journal of Economic Dynamics & Control (35): 1999-2041.

LANOIE P, LAURENT-LUCCHETTI J, JOHNSTONE N, et al., 2011. Environmental policy, innovation and performance: new insights on the Porter hypothesis [J]. Journal of Economics & Management Strategy, 20 (3): 803-842.

RIUTORT J, DARDATI E A, 2011. Investment and environmental regulation: evidence on the role of cash flow [J]. Documentos De Trabajo, 21 (1): 25-40.

ZHANG C, LIU H, BRESSERS H T A, et al., 2011. Productivity growth and environmental regulations - accounting for undesirable outputs: analysis of China's thirty provincial regions using the Malmquist-Luenberger index [J]. Ecological Economics, 70 (12): 2369-2379.

HEUTEL G, 2012. How should environmental policy respond to business cycles? Optimal policy under persistent productivity shocks [J]. Review of Economic Dynamics, 15 (2): 244-264.

KANG Y S, KIM B Y, 2012. Ownership structure and firm performance: evidence from the Chinese corporate reform [J]. China Economic Review, 23 (2): 471-481.

WU W, WU C, ZHOU C, et al., 2012. Political connections, tax benefits and firm performance: evidence from China [J]. Journal of Accounting and Public policy, 31 (3): 277-300.

YANG C H, TSENG Y H, CHEN C P, 2012. Environmental regulations, induced R&D, and productivity: evidence from Taiwan's manufacturing industries [J]. Resource and Energy Economics, 34 (4): 514-532.

BUSHNELL J B, CHONG H, MANSUR E T, 2013. Profiting from regulation: evidence from the European carbon market [J]. American Economic Journal: Economic Policy, 5 (4): 78-106.

COLE M A, ELLIOTT R J R, OKUBO T, et al., 2013. The carbon dioxide emissions of firms: a spatial analysis [J]. Journal of Environmental Economics and Management, 65 (2): 290-309.

FAN J P H, HUANG J, ZHU N, 2013. Institutions, ownership structures, and distress resolution in China [J]. Journal of Corporate Finance (23): 71-87.

PIGOU A C, 2013. The economics of welfare [M]. New York: Palgrave Macmillan.

ANNICCHIARICO B, DI DIO F, 2015. Environmental policy and macroconomic dynamics in a new Keynesian model [J]. Journal of Environmental Economics and Management (69): 1-21.

KOH S K, DURAND R B, DAI L, et al., 2015. Financial distress: lifecycle and corporate restructuring [J]. Journal of Corporate Finance (33): 19-33.

RASSIER D G, EARNHART D, 2015. Effects of environmental regulation on actual and expected profitability [J]. Ecological Economics (112): 129-140.

RUBASHKINA Y, GALEOTTI M, VERDOLINI E, 2015. Environmental regulation and competitiveness: empirical evidence on the Porter Hypothesis from European manufacturing sectors [J]. Energy Policy (83): 288-300.

AHMED A, UDDIN G S, SOHAG K, 2016. Biomass energy, technological progress and the environmental Kuznets curve: evidence from selected European countries [J]. Biomass and Bioenergy (90): 202-208.

MILLIMET D L, ROY J, 2016. Empirical tests of the pollution haven hypothesis when environmental regulation is endogenous [J]. Journal of Applied Econometrics, 31 (4): 652-677.

WANG J, 2016. Environmental costs: revive China's green GDP programme [J]. Nature, 534 (7605): 37.

WANG Y, SHEN N, 2016. Environmental regulation and environmental productivity: the case of China [J]. Renewable and Sustainable Energy Reviews (62): 758-766.

ARGENTIERO A, ATALLA T, BIGERNA S, et al., 2017. Comparing renewable energy policies in EU-15, US and China: a Bayesian DSGE model [J]. The Energy Journal, 38 (KAPSARC Special Issue): 77-96.

BAGAYEV I, LOCHARD J, 2017. EU air pollution regulation: a breath of fresh air for Eastern European polluting industries? [J]. Journal of Environmental Economics and Management (83): 145-163.

COSTA-CAMPI M T, GARCÍA-QUEVEDO J, MARTÍNEZ-ROS E, 2017. What are the determinants of investment in environmental R&D? [J]. Energy Policy (104): 455-465.

LI B, WU S, 2017. Effects of local and civil environmental regulation on green total factor productivity in China: a spatial Durbin econometric analysis [J]. Journal of Cleaner Production (153): 342-353.

SHEN J, WEI Y D, YANG Z, 2017. The impact of environmental regulations on the location of pollution-intensive industries in China [J]. Journal of Cleaner Production (148): 785-794.

TURAN I, CHEGUT A, REINHART C, 2017. Connecting environmental performance analysis to cash flow modeling for financial valuation of buildings in early design [C]. San Francisco: Building Simulation 2017.

ZHENG D, SHI M, 2017. Multiple environmental policies and pollution haven hypothesis: evidence from China's polluting industries [J]. Journal of Cleaner Production (141): 295-304.

ARGENTIERO A, BOLLINO C A, MICHELI S, et al., 2018. Renewable energy sources policies in a Bayesian DSGE model [J]. Renewable Energy (120): 60-68.

CHEN H, HAO Y, LI J, et al., 2018. The impact of environmental regulation, shadow economy, and corruption on environmental quality: theory and empirical evidence from China [J]. Journal of Cleaner production (195): 200–214.

COHEN M A, TUBB A, 2018. The impact of environmental regulation on firm and country competitiveness: a meta-analysis of the porter hypothesis [J]. Journal of the Association of Environmental and Resource Economists, 5 (2): 371–399.

HU X, LIU Y, YANG L, et al., 2018. SO_2 emission reduction decomposition of environmental tax based on different consumption tax refunds [J]. Journal of Cleaner Production (186): 997–1010.

KATHURIA V, 2018. Does environmental governance matter for foreign direct investment? Testing the pollution haven hypothesis for Indian States [J]. Asian Development Review, 35 (1): 81–107.

SONG M, WANG S, SUN J, 2018. Environmental regulations, staff quality, green technology, R&D efficiency, and profit in manufacturing [J]. Technological forecasting and social change (133): 1–14.

WANG X, SUN C, WANG S, et al., 2018. Going green or going away? A spatial empirical examination of the relationship between environmental regulations, biased technological progress, and green total factor productivity [J]. International Journal of Environmental Research and Public Health, 15 (9): 1917.

WU J, TAL A, 2018. From pollution charge to environmental protection tax: a comparative analysis of the potential and limitations of China's new environmental policy initiative [J]. Journal of Comparative Policy Analysis: Research and Practice, 20 (2): 223–236.

XIAO B, FAN Y, GUO X, 2018. Exploring the macroeconomic fluctuations under different environmental policies in China: a DSGE approach [J]. Energy Economics (76): 439–456.

ZHAO X, LIU C, YANG M, 2018. The effects of environmental regulation on China's total factor productivity: an empirical study of carbon-intensive industries [J]. Journal of Cleaner Production (179): 325–334.

AL-HADI A, CHATTERJEE B, YAFTIAN A, et al., 2019. Corporate social responsibility performance, financial distress and firm life cycle: evidence from Australia [J]. Accounting & Finance, 59 (2): 961-989.

ANNICCHIARICO B, DILUISO F, 2019. International transmission of the business cycle and environmental policy [J]. Resource and Energy Economics (58): 101112.

CALLAWAY B, LI T, 2019. Quantile treatment effects in difference in differences models with panel data [J]. Quantitative Economics, 10 (4): 1579-1618.

FENG Y, WANG X, DU W, et al., 2019. Effects of environmental regulation and FDI on urban innovation in China: a spatial Durbin econometric analysis [J]. Journal of Cleaner Production (235): 210-224.

HERMAN K S, XIANG J, 2019. Induced innovation in clean energy technologies from foreign environmental policy stringency? [J]. Technological Forecasting and Social Change (147): 198-207.

HUANG X, LIU X, 2019. The impact of environmental regulation on productivity and exports: a firm-level evidence from China [J]. Emerging Markets Finance and Trade, 55 (11): 2589-2608.

LIN B, XU M, 2019. Exploring the green total factor productivity of China's metallurgical industry under carbon tax: a perspective on factor substitution [J]. Journal of Cleaner Production (233): 1322-1333.

LI G, MASUI T, 2019. Assessing the impacts of China's environmental tax using a dynamic computable general equilibrium model [J]. Journal of Cleaner Production (208): 316-324.

LI P, CHEN Y, 2019. The influence of enterprises' bargaining power on the green total factor productivity effect of environmental regulation: evidence from China [J]. Sustainability, 11 (18): 4910.

SHEN N, LIAO H, DENG R, et al., 2019. Different types of environmental regulations and the heterogeneous influence on the environmental total factor productivity: empirical analysis of China's industry [J]. Journal of Cleaner Production (211): 171-184.

WANG J Y, WANG K, SHI X P, et al., 2019. Spatial hetcrogeneity and driving forces of environmental productivity growth in China: would it help to switch pollutant discharge fees to environmental taxes? [J]. Journal of Cleaner Production (223): 36-44.

WU J, WEI Y D, CHEN W, et al., 2019. Environmental regulations and redistribution of polluting industries in transitional China: understanding regional and industrial differences [J]. Journal of Cleaner Production, 206: 142-155.

ZHANG G, FANG C, ZHANG W, et al., 2019. How does the implementation of the new Environmental Protection Law affect the stock price of heavily polluting enterprises? Evidence from China's capital market [J]. Emerging Markets Finance and Trade, 55 (15): 3513-3538.

ZHU X, ZENG A, ZHONG M, et al., 2019. Multiple impacts of environmental regulation on the steel industry in China: a recursive dynamic steel industry chain CGE analysis [J]. Journal of Cleaner Production (210): 490-504.

AI H, HU S, LI K, et al., 2020. Environmental regulation, total factor productivity, and enterprise duration: evidence from China [J]. Business Strategy and the Environment, 29 (6): 2284-2296.

BU M, QIAO Z, LIU B, 2020. Voluntary environmental regulation and firm innovation in China [J]. Economic Modelling (89): 10-18.

CAI W, YE P, 2020. How does environmental regulation influence enterprises' total factor productivity? A quasi-natural experiment based on China's new environmental protection law [J]. Journal of Cleaner Production (276): 124105.

CAO Y, WAN N, ZHANG H, et al., 2020. Linking environmental regulation and economic growth through technological innovation and resource consumption: analysis of spatial interaction patterns of urban agglomerations [J]. Ecological Indicators (112): 106062.

CHAN Y T, 2020. Collaborative optimal carbon tax rate under economic and energy price shocks: a dynamic stochastic general equilibrium model approach [J]. Journal of Cleaner Production (256): 120452.

CHEN X, QIAN W, 2020. Effect of marine environmental regulation on the industrial structure adjustment of manufacturing industry: an empirical analysis of China's eleven coastal provinces [J]. Marine Policy (113): 103797.

DU W, LI M, 2020. Influence of environmental regulation on promoting the low-carbon transformation of China's foreign trade: based on the dual margin of export enterprise [J]. Journal of Cleaner Production (244): 118687.

GUO R, YUAN Y, 2020. Different types of environmental regulations and heterogeneous influence on energy efficiency in the industrial sector: evidence from Chinese provincial data [J]. Energy Policy (145): 111747.

HILLE E, ALTHAMMER W, DIEDERICH H, 2020. Environmental regulation and innovation in renewable energy technologies: does the policy instrument matter? [J]. Technological Forecasting and Social Change (153): 119921.

HOU B, WANG B, DU M, et al., 2020. Does the SO2 emissions trading scheme encourage green total factor productivity? An empirical assessment on China's cities [J]. Environmental Science and Pollution Research, 27 (6): 6375-6388.

PENG X, 2020. Strategic interaction of environmental regulation and green productivity growth in China: green innovation or pollution refuge? [J]. Science of The Total Environment (732): 139200.

SHEHABI M, 2020. Diversification effects of energy subsidy reform in oil exporters: illustrations from Kuwait [J]. Energy Policy (138): 110966.

SU S, ZHANG F, 2020. Modeling the role of environmental regulations in regional green economy efficiency of China: empirical evidence from super efficiency DEA - Tobit model [J]. Journal of Environmental Management (261): 110227.

TANG H L, LIU J M, WU J G, 2020. The impact of command-and-control environmental regulation on enterprise total factor productivity: a quasi-natural experiment based on China's "Two Control Zone" policy [J]. Journal of Cleaner Production (254): 120011.

ZHAI X, AN Y, 2020. Analyzing influencing factors of green transformation in China's manufacturing industry under environmental regulation: a structural equation model [J]. Journal of Cleaner Production (251): 119760.

ZHAO X, LIU C, SUN C, et al., 2020. Does stringent environmental regulation lead to a carbon haven effect? Evidence from carbon-intensive industries in China [J]. Energy Economics (86): 104631.

CHEN H, GUO W, FENG X, et al., 2021. The impact of low-carbon city pilot policy on the total factor productivity of listed enterprises in China [J]. Resources, Conservation and Recycling (169): 105457.

DU K, CHENG Y, YAO X, 2021. Environmental regulation, green technology innovation, and industrial structure upgrading: the road to the green transformation of Chinese cities [J]. Energy Economics (98): 105247.

FENG Y, WANG X, LIANG Z, et al., 2021. Effects of emission trading system on green total factor productivity in China: empirical evidence from a quasi-natural experiment [J]. Journal of Cleaner Production (294): 126262.

GUO K, LI S, WANG Z, et al., 2021. Impact of regional green development strategy on environmental total factor productivity: evidence from the Yangtze river economic belt, China [J]. International Journal of Environmental Research and Public Health, 18 (5): 2496.

HE J, WANG L, TANG D, 2021. Research on green total factor productivity of Yangtze river economic belt based on environmental regulation [J]. International Journal of Environmental Research and Public Health, 18 (22): 12242.

LI T, MA J, MO B, 2021. Does Environmental policy affect green total factor productivity? quasi-natural experiment based on China's air pollution control and prevention action plan [J]. International Journal of Environmental Research and Public Health, 18 (15): 8216.

PENG J, XIE R, MA C, et al., 2021. Market-based environmental regulation and total factor productivity: evidence from Chinese enterprises [J]. Economic Modelling (95): 394-407.

SONG Y, ZHANG X, ZHANG M, 2021. The influence of environmental regulation on industrial structure upgrading: based on the strategic interaction behavior of environmental regulation among local governments [J]. Technological Forecasting and Social Change (170): 120930.

TU Q, WANG Y, 2021. New environmental protection taxes in China from the perspective of environmental economics [J]. Discrete Dynamics in Nature and Society (4): 1-10.

WANG H, CUI H, ZHAO Q, 2021. Effect of green technology innovation on green total factor productivity in China: Evidence from spatial durbin model analysis [J]. Journal of Cleaner Production (288): 125624.

WANG H, YANG G, OUYANG X, et al., 2021. Does central environmental inspection improves enterprise total factor productivity? The mediating effect of management efficiency and technological innovation [J]. Environmental Science and Pollution Research, 28 (17): 21950-21963.

XIAO B, FAN Y, GUO X, 2021. Dynamic interactive effect and co-design of SO_2 emission tax and CO_2 emission trading scheme [J]. Energy Policy (152): 112212.

XIAO J, LI G, ZHU B, et al., 2021. Evaluating the impact of carbon emissions trading scheme on Chinese firms' total factor productivity [J]. Journal of Cleaner Production (306): 127104.

YANG S, WANG C, ZHANG H, et al., 2021. Environmental regulation, firms' bargaining power, and firms' total factor productivity: evidence from China [J]. Environmental Science and Pollution Research, forthcoming, 29 (6): 1-13.

ZHANG G, JIA Y, SU B, et al., 2021. Environmental regulation, economic development and air pollution in the cities of China: spatial econometric analysis based on policy scoring and satellite data [J]. Journal of Cleaner Production (328): 129496.

ZHANG Y, LI X, SONG Y, et al., 2021. Can green industrial policy improve total factor productivity? Firm - level evidence from China [J]. Structural Change and Economic Dynamics (59): 51-62.

SONG M, PENG L, SHANG Y, et al., 2022. Green technology progress and total factor productivity of resource-based enterprises: a perspective of technical compensation of environmental regulation [J]. Technological Forecasting and Social Change (174): 121276.